Histoire du catholicisme québécois**

Tome 2
(1840-1898)

Histoire du catholicisme québécois**

dirigée par Nive Voisine

Les XVIIIe et XIXe siècles

Tome 2
Réveil et consolidation (1840-1898)
par
Philippe Sylvain et Nive Voisine

Boréal

Cet ouvrage a été publié grâce à une subvention de la Fédération canadienne des études humaines, dont les fonds proviennent du Conseil de recherches en sciences humaines du Canada.

Conception graphique: Gianni Caccia

© Les Éditions du Boréal
Dépôt légal: 4ᵉ trimestre 1991
Bibliothèque nationale du Québec

Diffusion au Canada: Dimedia

Distribution en Europe: Les Éditions du Seuil

Données de catalogage avant publication (Canada)

Vedette principale au titre:

Histoire du catholicisme québécois

L'ouvrage complet comprendra 3 t. en 5 v.
Comprend des références bibliographiques et des index.
Sommaire: 2. Les XVIIIᵉ et XIXᵉ siècles: t. 1. Les années difficiles, 1760-1839/par Lucien Lemieux - t. 2 Réveil et consolidation, 1840-1898/par Philippe Sylvain et Nive Voisine - 3. Le XXᵉ siècle: t. 1. 1898-1940/Jean Hamelin, Nicole Gagnon - t. 2. 1940 à nos jours/Jean Hamelin.

ISBN 2-89052-401-9 (t. 2, v. 2)

1. Église catholique - Québec (Province) - Histoire. 2. Église et État - Québec (Province) - Histoire I. Voisine, Nive.

BX1422.Q8H57 1984   282′714   C84-016274-X

AVANT-PROPOS

Ce deuxième tome de l'*Histoire du catholicisme québécois* complète notre étude, entreprise avec *Les Années difficiles (1760-1839)* de Lucien Lemieux, des XVIIIe et XIXe siècles. Le tome I retraçait, de la Conquête britannique jusqu'à la fin des Rébellions de 1837-1838, la période sans doute la plus sombre de l'Église du Québec. Mais il laissait entrevoir quelques lueurs d'espoir. Le «réveil religieux» tant attendu éclatera en 1840-1841; il permettra à l'Église de regagner le terrain perdu et de connaître une expansion qui acheminera le Québec «vers un régime de chrétienté». C'est la matière du présent ouvrage.

Spécialiste de l'histoire des idées religieuses, Philippe Sylvain a retracé, à partir de la matière de ses longues recherches sur l'antagonisme libéral-ultramontain et sur l'histoire de l'Université Laval, les étapes du renouveau religieux. Sans négliger les autres aspects, il s'est arrêté davantage aux conflits doctrinaux et nous montre comment Montréal prend alors la tête du mouvement de «régénération» de la société canadienne-française et comment son évêque, Ignace Bourget, bataille pour développer une Église toute romaine et ultramontaine, soucieuse à la fois du salut des âmes et de la nationalité.

Dans la seconde partie, Nive Voisine aborde davantage l'histoire des institutions et des mentalités et fait le pont avec l'exposé de Lucien Lemieux pour parler des pratiques, des dévotions, de la prédication, des missions, etc. Il complète et élargit l'analyse de Philippe Sylvain.

Il faut donc voir les deux parties, non pas comme distinctes et autonomes, mais comme un ensemble harmonieux, une entité globale dont les divers segments s'enrichissent réciproquement, en enjambant parfois la chronologie.

Nous profitons de l'occasion pour remercier, une fois de plus, ceux et celles qui ont contribué de près ou de loin à la réalisation de cet ouvrage. Un merci tout spécial à Jean Hamelin et à John R. Porter qui ont collaboré à l'illustration des deux tomes.

Philippe Sylvain
Nive Voisine

INTRODUCTION

Si la décennie 1830 a été assombrie par les difficultés économiques et politiques, la crise religieuse et finalement les prises d'armes de 1837 et 1838, brutalement réprimées par les autorités militaires et gouvernementales britanniques, les années 1840 s'annoncent tout aussi tragiques. Le *Rapport* de Lord Durham, paru en 1839, propose la disparition du Canada français; les premières nouvelles reçues à propos de l'Acte d'Union semblent confirmer la volonté de la métropole de mettre en application les conclusions du célèbre enquêteur. Pendant plusieurs mois, tout est incertitude, angoisse et désarroi.

Privé de sa constitution, désorienté par la mort ou l'exil de son élite politique, le Bas-Canada sombre dans un état de prostration que les poètes traduisent en des vers maladroits. Déjà, en 1838, Pierre-Joseph-Olivier Chauveau constate, dans un poème intitulé «L'insurrection»:

L'Anglais a triomphé et la clarté s'enfuit
Et partout c'est la mort, et partout c'est la nuit

Un an après, dans ses «Adieux à Sir John Colborne», il invective «le grand destructeur des ennemis rendus»:

Ne laissant derrière toi qu'un sanglant souvenir,
Et tout fier d'observer la publique tristesse

mais il parle aussi d'un peuple «qu'on descend vivant dans son cercueil» et qui est si traumatisé qu'il confond «les jours de fête avec les jours de deuil[1]».

D'autres textes cependant, parfois des mêmes auteurs, parlent de vengeance et d'espoir. François-Magloire Derome scandalise plusieurs adversaires en écrivant aux abonnés de la *Gazette de Québec* au début de janvier 1841:

> Laissons sévir le courroux inhumain;
> Et que chacun dise au fond de son âme:
> Le peuple un jour aura son lendemain!

Le *Quebec Mercury* traite le poème de «Marseillaise canadienne, capable d'électriser les masses populaires et de changer en guerriers jusqu'aux enfants», comme l'hymne patriotique du «citoyen» Rouget de Lisle; traduit en anglais, le texte cause un certain désarroi, cette fois chez les Britanniques[2]. Pour Chauveau aussi, le Canada français, «verdoyant érable», aura sa revanche et survivra grâce à Dieu:

> C'est le jour des banquiers! Demain sera notre heure.
> Aujourd'hui l'oppression, demain la liberté;
> Aujourd'hui l'on fustige un peuple entier qui pleure,
> Demain l'on voit debout tout un peuple ameuté;
> Aujourd'hui le forfait, et demain la vengeance;
> Aujourd'hui c'est de l'or, et demain, c'est du fer;
> Aujourd'hui le pouvoir, et demain l'impuissance;
> Aujourd'hui c'est l'orgie, et demain c'est l'enfer.
> Demain n'est pas à vous, il est à Dieu qui veille,
> Et Dieu donne toujours son brillant lendemain
> Aux pauvres nations qu'on maltraitait la veille[3].

C'est dans ce contexte sombre et angoissant que Mgr Ignace Bourget prend la tête du diocèse de Montréal et en entreprend la «régénération» morale. Mais grâce à l'appui de Mgr Charles de Forbin-Janson et de plusieurs communautés religieuses françaises, il fait de cette entreprise un véritable réveil — au sens des *revivals* américains et européens — qui marque le début d'une ère nouvelle pour le catholicisme au Québec.

PREMIÈRE PARTIE

LE RÉVEIL RELIGIEUX
(1840-1870)

CHAPITRE I

UN NOUVEAU DÉPART
POUR L'ÉGLISE CANADIENNE

À l'Hôtel-Dieu de sa ville épiscopale, le 19 avril 1840, décédait Mgr Jean-Jacques Lartigue. Premier évêque de Montréal, il s'était imposé «comme le chef de file, le penseur de l'épiscopat, celui dont les idées et les initiatives en matière de politique, d'éducation et d'action sociale influencèrent fortement l'action d'un Plessis, d'un Panet et d'un Signay[1]». Son savoir-faire et son zèle avaient permis au clergé catholique d'affirmer progressivement son autonomie vis-à-vis du pouvoir civil et, en même temps, de substituer son leadership, comme groupe social, à celui de Papineau et de ses partisans, après la déconfiture du mouvement patriote de 1837-1838. Évêque dont la pensée s'était largement inspirée du traditionalisme français et des ouvrages du Lamennais ultramontain, Lartigue avait encore accentué le caractère réactionnaire de sa doctrine dans son fameux mandement du 24 octobre 1837, en recourant aux arguments de l'encyclique *Mirari vos*, «un témoignage de la fidélité pontificale à l'ancien régime[2]», que Grégoire XVI avait publiée au début de son pontificat, le 15 août 1832. À l'échec politique s'était ajouté, pour les libéraux canadiens, par l'intervention de l'évêque de Montréal, l'échec des idées dont ils étaient porteurs. Désormais «la réaction catholique et ultramontaine dont Lartigue avait été le principal artisan était engagée[3]». Elle triomphera définitivement par la conjoncture de trois facteurs: l'action de Mgr Ignace Bourget, successeur de Mgr Lartigue à Montréal; l'influence profonde exercée dans le milieu bas-canadien par la prédication de Mgr Charles de Forbin-Janson, prélat français qui s'était illustré dans les fameuses missions de la Restauration; enfin, l'arrivée en terre canadienne de membres de congrégations religieuses, compatriotes de l'éloquent prédicateur, qui élargiront et perpétueront son influence.

MGR IGNACE BOURGET[4]

L'homme qui allait s'identifier pendant plus de soixante ans au diocèse de Montréal était pourtant un fils de la région de Québec, puisqu'il était né à Lauzon, le 30 octobre 1799. Une fois terminé son cours classique au Petit Séminaire de Québec, le jeune aspirant à la prêtrise se retrouvait, au mois de septembre 1818, non pas dans un grand séminaire pour y faire sa théologie, mais au Séminaire de Nicolet; comme cela se passait souvent à l'époque, c'est pratiquement en autodidacte qu'il dut y étudier les sciences sacrées tout en enseignant, pendant trois ans, dans les classes d'Éléments latins et de Syntaxe. Le 28 janvier 1821, Mgr Joseph-Octave Plessis lui conférait les ordres mineurs puis, le 20 mai suivant, le sous-diaconat dans l'église paroissiale de Nicolet.

Le lendemain, intervint un événement qui jouera un rôle décisif dans la carrière d'Ignace Bourget. En effet, il était nommé secrétaire de Mgr Lartigue, évêque auxiliaire à Montréal, qui l'ordonnait diacre, puis prêtre le 30 novembre 1822.

Pendant près de vingt ans, Ignace Bourget aura toutes les occasions de parfaire sa formation théologique, à la fois théorique et pratique, en partageant la vie quotidienne d'un évêque qui, très au fait du mouvement des idées dans le catholicisme français de tendance antigallicane et mennaisienne, veillait étroitement à la défense des droits de l'Église canadienne. Cette Église, Mgr Lartigue ne la concevait pas autrement que «comme un corps fortement hiérarchisé, étranger à toute idée démocratique du pouvoir, et soumis en tout à l'autorité de son chef», le pape, qui jouissait du «caractère de l'infaillibilité, indépendamment de l'assemblée des évêques[5]». Antigallican et ultramontain le jeune Bourget le sera aussi, à la suite de son supérieur hiérarchique dont il admirait la forte personnalité et approuvait l'intransigeance doctrinale.

Mgr Jean-Jacques Lartigue (1777-1840). Premier évêque de Montréal et maître de son successeur, Ignace Bourget. ANQ, coll. initiale.

Cette confiance était réciproque, si l'on en juge par les tâches confiées par l'évêque à son secrétaire, qui dut, outre sa fonction spécifique, assumer la surveillance des travaux d'édification de la maison épiscopale et de l'église Saint-Jacques, dont la première pierre fut bénite le 22 mai 1823. L'abbé Bourget fut alors nommé premier chapelain de Saint-Jacques; c'est à lui qu'il revenait d'organiser le ministère sacerdotal et de veiller au déroulement des exercices du culte. De plus, il avait à diriger le Grand Séminaire Saint-Jacques que Mgr Lartigue, en vue de procurer au moins un an de formation théologique à ses futurs prêtres, avait installé au rez-de-chaussée de sa maison épiscopale. Choisi comme coadjuteur en 1837, Bourget appuya de tout cœur les prises de position de son supérieur tout en multipliant les démarches pour réconforter les malheureuses victimes de l'insurrection dans leur infortune[6]. Son exemple fut imité, de sorte qu'il pouvait prévoir, dès 1837, que le clergé regagnerait la confiance populaire, un moment ébranlée par les diatribes de certains patriotes: «Le peuple, écrivait-il à Mgr Pierre-Flavien Turgeon, en voyant son clergé prendre en main ses intérêts en un temps où ses ci-devant meneurs l'abandonnent à la merci d'une autorité qu'il a outragée sans la connaître, reprendra ses sentiments d'affection et de confiance pour ses pasteurs[7]».

Pour se rendre compte le plus exactement possible des besoins du diocèse, Bourget en entreprit la visite. Du 1er juin au 4 juillet 1838, 16 paroisses l'accueillirent; autant l'année suivante, du 21 mai au 5 juillet. Il inaugura pour ses prêtres, en 1839, grâce à la collaboration du jésuite Jean-Pierre Chazelle, recteur du collège St. Mary, près de Bardstown au Kentucky, une retraite sacerdotale de huit jours dont le succès l'incita à en faire une institution annuelle permanente. Bref, au décès de Mgr Lartigue, Mgr Bourget héritait d'une tâche qu'il connaissait parfaitement et dont il avait mesuré toute l'ampleur: «Nous ne pouvons nous dissimuler, écrivait-il dans son mandement d'entrée, le 3 mai 1840, qu'il y a des plaies profondes à guérir, des abus invétérés à corriger, des scandales déplorables à réprimer. Nous ne pouvons nous cacher que l'indifférence et l'irréligion, l'ivrognerie et les excès de la débauche ont fait parmi vous d'étranges ravages[8]».

MGR CHARLES DE FORBIN-JANSON[9]

Les historiens qui ont traité un peu longuement du passage au Bas-Canada de Mgr de Forbin-Janson ne lui ont pas ménagé les éloges. Narcisse-Eutrope Dionne n'hésitait pas «à le placer au rang des plus grands bienfaiteurs du peuple canadien-français[10]». Selon l'historien jésuite Léon Pouliot, «il serait difficile d'exagérer l'importance de l'œuvre accomplie personnellement par Mgr de Forbin-Janson pour la survivance catholique de notre peuple[11]». L'abbé Lionel Groulx renchérit: ce fut tout simplement «une vraie croisade», un «événement providentiel»; «Après le désordre créé dans les âmes par l'insurrection, l'ébranlement fut profond, prodigieux[12]».

Curieusement, et c'est significatif d'une historiographie qui continuait à s'enliser dans l'ultramontanisme il n'y a pas si longtemps, personne ne s'est posé de questions sur l'idéologie de l'illustre visiteur. À la lumière de travaux récents portant à la fois sur la mentalité religieuse catholique de la première moitié du XIXe siècle et sur «cette grande figure de la Restauration de Juillet[13]», on replace aujourd'hui l'«événement providentiel» dans une plus juste perspective.

Issu d'une des plus grandes familles nobles de Provence, ardemment légitimiste, Charles de Forbin-Janson fut toute sa vie convaincu que la Révolution française résultait des conspirations suscitées par les francs-maçons et les républicains libéraux. Ordonné prêtre le 15 décembre 1811, il résolut de se consacrer à la réévangélisation de la France, devenue impie, à ses yeux, par suite des excès révolutionnaires. Il se joignit à l'abbé Jean-Baptiste Rauzan pour fonder, au mont Valérien, colline à l'ouest de Paris, les Missionnaires de France. Ce fut l'origine des célèbres missions de la Restauration. Doué d'une facilité oratoire peu commune, déployant une activité prodigieuse, persuadé que la restauration de l'autel ne se séparait pas de celle du trône, Forbin-Janson utilisa toutes les ressources d'un zèle ardent et d'une imagination fertile pour multiplier les manifestations religieuses théâtrales où, selon son biographe Paul Lesourd, se donnait libre cours le «cléricalisme politique». L'apogée d'une mission était l'érection d'un calvaire. Celui auquel tenait le plus Forbin-Janson était

la croix de mission gigantesque du mont Valérien, visible de
Paris et lieu de pèlerinage favori des Parisiens.

L'historien ecclésiastique Jean Leflon caractérise excellemment ce que fut son action dans le groupe des Missionnaires de France:

> Forbin-Janson, on doit en convenir, abusa plus que per-
> sonne des procédés spectaculaires, bruyants, qu'on leur
> a souvent reprochés; plus que personne, il chercha les
> gros effets, mêla la cause royale à la cause de l'Église,
> convaincu de bonne foi que sans la monarchie la religion
> ne pouvait subsister. La discrétion n'était point sa vertu
> majeure et la rectitude de son jugement se trouva plus
> d'une fois en défaut. Autoritaire, entier, absolu, il n'ad-
> mettait ni tempéraments, ni précautions, ni nuances;
> aucun obstacle ne l'arrêtait, aucune déconvenue ne l'ins-
> truisait[14].

Fort en vue, l'abbé de Forbin-Janson fut nommé par
Charles X évêque de Nancy et Toul, primat de Lorraine, le 21
novembre 1823. Au jugement de Lesourd, il n'avait rien de
ce qu'il fallait pour faire un bon évêque: d'un tempérament
à ne pas rester tranquille dans les limites étroites d'un diocèse,
il était allergique aux contraintes administratives, autoritaire,
cassant dans ses rapports avec ses prêtres, auxquels il préférait
ses confrères des Missionnaires de France dont il continua à
s'entourer. De sorte qu'il s'attira, en plus de l'hostilité de son
clergé, celle des autorités civiles et du public où dominaient
les libéraux réfractaires à la politique «ultra» du gouvernement. Aussi, dès l'annonce de la chute de Charles X, lors de
la révolution de Juillet, les émeutiers saccagèrent le séminaire
et l'évêché. Mgr de Forbin-Janson, en tournée de confirmation,
dut se résigner à quitter le diocèse. Il croyait son absence temporaire: elle fut définitive.

Disponible, il parcourut de nouveau la France pour
prêcher des retraites. Sa pensée était très proche de celle de
l'Œuvre de la Propagation de la Foi, fondée pour aider les
missionnaires des États-Unis. Il fut donc tenté de venir en
Amérique, d'autant plus qu'il y était sans cesse invité par des
compatriotes occupant des sièges épiscopaux. Il se rendit à

Rome, où Grégoire XVI approuva son projet de voyage outre-océan, lui confiant même une mission officielle.

Mgr Charles-Auguste de Forbin-Janson (1785-1844), évêque français exilé dont la prédication contribue puissamment au réveil religieux du Canada français. ANQ, coll. initiale.

Le 18 octobre 1839, Mgr de Forbin-Janson débarquait à New York. Les missions à grand spectacle, par lesquelles il

s'était illustré en France, avaient alors leur contrepartie aux
États-Unis: les «réveils» (*revivals*) soit protestants, soit catholiques. En effet, comme l'a démontré l'historien américain Jay
P. Dolan, l'expérience «revivaliste ne fut pas seulement une
entreprise protestante; elle a aussi traversé le catholicisme
américain» et a trouvé son expression, vers 1830, dans l'institution de la «mission paroissiale», qui se déroulait en une
ou plusieurs semaines. Comme les initiateurs de ces missions
étaient pour la plupart des Européens, jésuites ou rédemptoristes, la tradition catholique européenne en ce domaine rejoignit la pratique protestante américaine, de sorte que le
message prêché avait des thèmes communs, par exemple la
dénonciation du péché, l'effroi de l'enfer, le repentir, la conversion, avec toutefois un éclairage spécifiquement catholique:
le repentir devait conduire à la confession, puis à l'Eucharistie.

Autre différence soulignée par l'historien américain: la
religion prêchée dans les missions privilégiait surtout une
morale de la soumission, de l'acceptation, de la passivité
socio-politique, à l'inverse du «réveil» protestant, tourné vers
une perspective de succès et de progrès[15].

L'activité américaine de Mgr de Forbin-Janson s'inscrivait donc dans une pratique qui lui était familière. Invité par
le sulpicien Vincent Quiblier, curé de Notre-Dame de Montréal, qui l'avait connu en Europe et qui traduisait les intentions de Mgr Bourget, l'évêque de Nancy franchit la frontière
canadienne[16]. De Cincinnati, passant par Montréal et Trois-
Rivières, il gagna Québec où il fit un premier sermon à la
cathédrale, le dimanche 6 septembre 1840. S'ensuivit une retraite qui débuta le 13. Elle devait durer une semaine et réunir
tous les catholiques de la ville, y compris ceux de Saint-Roch.
La foule fut si empressée qu'on dut prolonger cette retraite
jusqu'au 27 septembre. Suivant le témoignage du curé de
Notre-Dame de Québec, l'abbé Charles-François Baillargeon:

> Il serait difficile de peindre le zèle et l'empressement des
> citoyens de Québec pour assister aux sermons durant
> toute la retraite. Le matin, l'église était remplie autant
> qu'elle pouvait l'être de femmes; et le soir elle avait peine
> à contenir tous les hommes. C'était un spectacle édifiant
> de voir tant de gens fatigués des travaux de la journée,

accourir de toutes les parties de la ville, et demeurer attentifs à la parole de Dieu durant une heure et demie, et quelquefois deux heures que duraient les sermons — debout, baignés de sueur, au milieu d'une chaleur étouffante qui leur permettait à peine de respirer[17].

Mgr de Forbin-Janson prononça en tout 24 sermons précédés et suivis du chant des cantiques qui, selon son expérience de missionnaire, «disposent merveilleusement les cœurs à profiter des sermons» et provoquent parfois chez les pécheurs des conversions étonnantes. Tous les thèmes qui avaient assuré le succès de ses prédications soit en France, soit aux États-Unis, furent exploités à fond par l'éloquent prélat.

Mgr de Forbin-Janson, qui reprenait en terre canadienne les recettes sensationnelles qu'il avait mises en œuvre durant la Restauration, n'eut garde d'omettre celle qui lui réussissait le mieux, si l'on en juge par cette description de l'un de ses sermons dans le *Canadien* du 20 janvier 1841:

[...] comme il [le prédicateur] développe avec une sombre majesté les appareils du grand jour du Seigneur! Comme il renverse la pierre des tombeaux! Comme il fait sortir vivants les squelettes poudreux des demeures sépulcrales! Et lorsque, à sa parole, la mort a pesé sur l'abîme, lorsque l'abîme s'est dilaté, puis refermé, comme il appelle l'éternité! Et l'éternité semble accourir à sa voix. C'est alors que, s'élevant sur son auditoire, l'œil étincelant, la voix sourde, il déroule devant lui les horreurs des gouffres infernaux, qu'il rend présents à tous les esprits, et comme ouverts sous cette immense assemblée. Entendez les accents terribles de sa voix qu'il fait courir comme des roulements de tonnerre sous les arches du temple. Ajoutez à cela que c'est au milieu de la nuit, au reflet de quelques pâles flambeaux, qu'il fait entendre ces paroles d'épouvante et qu'il ouvre les sombres cavernes et les désolations de l'éternité.

Et l'auteur de cette relation ajoutait, se rendant compte que le prédicateur n'avait pas eu recours aux ressources ultimes de son arsenal de terreur: «C'est avec raison qu'il dit n'avoir pas voulu effrayer l'esprit timide des mères et des épouses par l'appareil épouvantable de la dernière catastrophe».

Le résultat de tels efforts fut concluant: les confessionnaux ne suffirent pas à accueillir les 10 000 hommes et femmes qui assistaient quotidiennement aux sermons du matin et du soir. Les prêtres du Séminaire et des paroisses environnantes, en tout 35 confesseurs, ne purent en une semaine entendre toutes les confessions. «On estime à plus de mille, écrivait le curé Baillargeon, le nombre des personnes éloignées depuis plusieurs années de la confession, qui s'approchèrent des sacrements durant la retraite[18]».

Comme aux États-Unis, la mission se termina par cet engagement social collectif qu'était la formation d'une société de tempérance, moyen qui se révéla tellement efficace pour raffermir les convictions religieuses des paroissiens de Notre-Dame de Québec, que les trois retraites paroissiales qui suivirent «nous apparaissent essentiellement comme des campagnes de tempérance[19]».

D'emblée, l'évêque de Montréal avait vu dans le succès à Québec de la prédication de Mgr de Forbin-Janson — qui avait déjà accepté de prêcher dans son diocèse — le signe que «la divine Providence a[vait] dirigé vers nous Monseigneur l'Évêque de Nancy pour créer ici ce qu'il a[vait] fait avec tant d'avantage ailleurs», comme il l'écrivait à son clergé, le 6 octobre 1840. Lui qui, quelques mois plus tôt, voyait «l'horizon chargé de sombres nuages[20]», il reprenait espoir grâce à cette collaboration spontanée du prélat français.

La mission de Québec fut le prélude d'une longue série de prédications qui eurent lieu surtout dans la région de Montréal, mais aussi dans des dizaines d'autres localités, jusqu'aux Provinces maritimes. Partout sur son passage, l'évêque de Nancy déchaînait l'enthousiasme des foules. Il était entouré de confesseurs — curé de la paroisse et autres prêtres invités —, mobilisés pour répondre à l'afflux des fidèles repentants[21]. La relation que fit à un ami l'abbé Georges-Stanislas Derome, curé de Sainte-Marie-de-Beauce, de la mission que Mgr de Forbin-Janson prêcha dans sa paroisse, du

5 au 15 août 1841, donne une idée exacte de l'atmosphère qui caractérisait chacune des étapes de l'éloquent prédicateur.

Mgr de Forbin-Janson à Sainte-Marie-de-Beauce

Imagine une foule nombreuse et avide d'entendre le st Évêque, le jour avancé, ou plutôt la nuit même, le temple à demi illuminé, et le prélat en haut de la chaire à peine vu; une voix fatiguée et tremblante d'émotions vives, un silence parfait; et tu comprendras combien le moment étoit solennel et le spectacle religieux. Le chant du cantique Joyeux: Bénissons à jamais entonné par la voix mélodieuse des dames et répété avec enthousiasme par tout le peuple, termina cette belle fête, cette belle entrée de Mgr de Nancy. Oh! toute ma vie je me rappellerai cette belle soirée! Jamais spectacle n'a laissé dans mon âme une joie si parfaite, une satisfaction si douce! Le bon Évêque en étoit tout ému; et les poignées de mains qu'il me donnoit, dans la joie de son cœur, pénétroient jusqu'au fond de mon âme et remplissoient d'amour et de respect pour sa personne sacrée [...]

Le moment le plus touchant fut celui de son départ. Il eut peine à se rendre à sa voiture: le peuple n'étoit plus autour de lui, mais bien sur lui. On ne se contentoit plus de demander sa bénédiction, mais on la ravissoit. L'un baisoit la bague, l'autre la main; une foule touchait ses habits avec confiance, et le bon Évêque souriait avec bonté, à toutes ces marques de vénération. Il étoit déjà loin et les yeux étoient encore fixés sur le chemin qui l'avoit vu disparaître.

(Honorius Provost, *Sainte-Marie de la Nouvelle-Beauce, Histoire religieuse*, Québec, La Société historique de la Chaudière, 1967, p. 114-115.)

Mgr de Forbin-Janson lui-même ne se faisait pas faute de relater en termes dithyrambiques dans des lettres à des compatriotes et dans l'*Ami de la religion*, l'organe quasi officiel du clergé français, les prodiges de componction (on n'a jamais versé autant de larmes que durant ces semaines de retraite!), de docilité et d'ardente sympathie qui le consolaient des déboires essuyés dans son ingrate patrie.

Le suprême réconfort de son apostolat canadien comme sa plus douce revanche fut l'érection, sur le mont Saint-Hilaire ou Belœil, d'une croix gigantesque, qui «nous vengera très chrétiennement, ainsi qu'il l'apprenait à un ami, de la destruction radicale de notre grand Calvaire de Paris». Le mont Saint-Hilaire faisait un pendant heureux au désastre du mont Valérien, car les adversaires politiques de l'évêque de Nancy avaient ruiné, en 1830, la croix et la chapelle qu'il y avait édifiées à grands frais.

Bien des croix avaient été dressées — pratique popularisée par les Missionnaires de France[22] — au passage de Mgr de Forbin-Janson. Celle du mont Saint-Hilaire, il voulait en faire un monument grandiose, à la fois religieux et national. Grâce au savoir-faire d'un menuisier de Belœil, au zèle du curé Jacques Odelin et à des corvées, elle s'éleva enfin, haute de 100 pieds, large de six et épaisse de quatre. Des ouvertures éclairaient l'intérieur, où des échelles permettaient l'ascension, «comme dans la colonne Vendôme», ajoutait le prélat dans une lettre. Elle fut inaugurée et bénite en grande pompe le 6 octobre 1841. «Vingt-cinq mille personnes, d'autres disent trente mille, assistèrent à cette cérémonie», nous apprend l'historien N.-E. Dionne.

C'était le couronnement d'un apostolat que l'évêque de Nancy avait réalisé au pas de charge en une soixantaine de villes et de villages canadiens. Ce labeur forcené, s'ajoutant aux courses qu'il avait accomplies sur l'immense territoire américain, l'avait épuisé. «De ce voyage en Amérique, de ce surmenage qu'il s'imposa, écrit son biographe Lesourd, date l'origine du mal qui, trois ans plus tard, l'emportera.» Il avait lui-même le pressentiment que ses jours étaient comptés lorsqu'il s'embarqua à New York, le 8 décembre 1841, pour regagner l'Europe.

Mgr de Forbin-Janson allait conserver un souvenir enchanté de ses «chers Canadiens aux cœurs d'or et aux clochers d'argent». Pendant son séjour à Montréal, lui, l'ardent légitimiste, le paladin des Bourbons, le pourfendeur de ces libéraux révolutionnaires responsables de tant de ruines dans sa patrie y compris celle de sa propre carrière, s'était penché sur le sort des patriotes que des meneurs, animés des principes qui le hérissaient, avaient égarés et qu'on avait emprisonnés puis condamnés à la déportation. Au nombre de 58, ils avaient pris le chemin de l'exil le 28 septembre 1839. Avant son départ, le prélat avait prévu plaider leur cause auprès du gouverneur, Sir Charles Bagot. Mais en débarquant à Londres, le 15 août 1842, il jugea que son intervention aurait des chances d'être davantage efficace. En effet, sa démarche auprès du secrétaire d'État Lord Stanley, en faveur de «[ses] pauvres Canadiens», fut probablement l'amorce, comme il le crut, des mesures de clémence qui ramenèrent sur le sol natal, en janvier 1845, un premier contingent de 38 exilés.

La situation socio-économique du Bas-Canada

Depuis 1826, la misère et souvent la famine s'installent graduellement dans les campagnes, à la suite de plusieurs mauvaises récoltes. Le malaise se répercute sur les villes et s'accentue suivant les déboires du commerce et de l'industrie intimement liés à la conjoncture internationale. La situation est telle que la famine ou du moins les privations imposées par la disette et la pauvreté surgissent presque à chaque hiver chez les Canadiens français peu fortunés. Mais le peuple n'a pas encore vu la fin de ses malheurs, car deux terribles épidémies de choléra, en 1832 et 1834, s'ajoutent aux misères coutumières pour semer la mort de paroisse en paroisse [...].

D'un autre côté, l'échec de l'insurrection contrecarre pour un temps les aspirations politiques, économiques et nationalistes des Canadiens français. La répression sanglante de Colborne n'est pas encore oubliée que le parlement impérial impose l'acte d'Union, interprété comme le désir évident d'angliciser ce peuple rebelle.

Voilà résumée la série d'épreuves qui, en près de quinze ans, s'est abattue sur les Canadiens français. Sur tous les plans, politique, économique et social, ils ont subi des échecs; et le peuple en est d'autant plus conscient que le clergé n'a cessé de les souligner [...].

Ainsi nous semble-t-il que toutes ces raisons poussent les Canadiens français à se replier sur eux-mêmes et les disposent à entendre la voix du clergé dont ils avaient négligé les appels au moment des insurrections. Ils sont psychologiquement prêts à se jeter désespérément sur la seule solution présentée, la religion. C'est un exutoire mais aussi l'explication qu'ils trouvent à leurs maux.

(René Hardy, «Note sur certaines manifestations du réveil religieux de 1840 dans la paroisse Notre-Dame de Québec», SCHEC, *Sessions d'étude* 35 (1968), p. 96.)

Mais ce qui ne laisse aucun doute, c'est l'efficacité de la prédication, qui produisit un véritable retournement religieux dans la population canadienne, comme le soulignait Pierre-Joseph-Olivier Chauveau dans le *Courrier des États-Unis* du 9 novembre 1841: «Le culte habilement environné de l'éclat et de la poésie qui lui conviennent, revêtu surtout d'une couleur toute nationale, a rendu la religion plus populaire que jamais, lui a ramené bien des déserteurs et a exalté au plus haut degré les sentiments catholiques des masses.»

Alors que, en France, Forbin-Janson et les missionnaires de la Restauration n'avaient pas obtenu tous les résultats désirés, car «leur action était trop passagère, trop tapageusement orchestrée[23]», au Canada français, la situation socio-économique et politique avait au contraire préparé les esprits, depuis plus d'une décennie, à accueillir un message qui les réconfortait dans leur détresse.

Faut-il le souligner? Les conséquences heureuses et permanentes ne se présentent pas partout à la fois ni de façon instantanée[24].

LES CONGRÉGATIONS RELIGIEUSES FRANÇAISES AU CANADA

Mgr de Forbin-Janson n'avait pas encore quitté le sol canadien que l'évêque de Montréal franchissait l'Atlantique pour mettre à contribution les ressources de l'Europe catholique au service de l'Église canadienne. Ce voyage, qui dura du 3 mai au 23 septembre 1841, fut, selon son biographe, «par ses heureuses conséquences, un des événements les plus importants de notre histoire religieuse[25]».

Le projet de Mgr Bourget n'avait rien d'original dans le contexte nord-américain de l'époque: depuis 1816, des évêques catholiques américains d'origine française, irlandaise ou allemande sillonnaient l'Europe et surtout la France, afin d'en ramener les prêtres et les communautés religieuses indispensables au progrès ou même à la survie de leurs diocèses.

En 1841, la pénurie d'ouvriers apostoliques n'est pas moins sensible dans le jeune diocèse de Montréal; il faut recruter le personnel nécessaire aux cures à pourvoir, aux écoles et aux collèges à fonder, aux missions à établir ou à consolider. Le manque de prêtres, surtout, préoccupe l'évêque. Car même si la situation s'est améliorée depuis 1830 dans le Bas-Canada, il reste évident que le diocèse de Montréal est moins avantagé que celui de Québec. Ses besoins sont plus pressants et le prosélytisme protestant y marque des points depuis l'arrivée de missionnaires évangéliques suisses de langue française à partir de 1834[26].

Une fois à Paris, Mgr Bourget est mis en présence du mouvement intense de rechristianisation qui avait marqué la Restauration, au crédit de laquelle on doit mettre «le rapide relèvement des forces matérielles de France, les milliers d'églises rouvertes ou construites, la floraison de centaines de congrégations et d'œuvres diverses, les conversions innombrables opérées par les missions, et surtout le rajeunissement des cadres du clergé[27]».

Multipliant les démarches de recrutement auprès des congrégations religieuses de la capitale française, adressant appels sur appels aux évêques de France, Mgr Bourget fait face à bien des déconvenues. Des engagements sont déjà pris, les sujets manquent. C'est seulement à Marseille, d'où il veut embarquer pour Civitavecchia et, de là, poursuivre son voyage jusqu'à Rome, qu'il réussit à convaincre l'évêque du diocèse, Mgr Eugène de Mazenod, fondateur et supérieur général des Oblats de Marie-Immaculée, de détacher quelques membres de sa jeune congrégation vers les missions des rives du Saint-Laurent. À Rome, le père Johannes Roothaan, général des Jésuites, accepte de réorienter vers le Canada six pères et trois frères destinés à Madagascar. De retour en France, l'évêque de Montréal rencontre à Vourles, près de Lyon, le père Louis Querbes, fondateur des Clercs de Saint-Viateur, et, au Mans, celui de la Congrégation de Sainte-Croix, le père Basile Moreau. Le résultat de ces visites se concrétisera six ans plus tard. À Angers, il obtient l'adhésion des Sœurs du Bon-Pasteur. De nouveau à Paris, peu avant de revenir au Canada, il sollicite des recrues auprès de la fondatrice de la Société du Sacré-Cœur, mère Madeleine-Sophie Barat; sa requête sera transmise à la supérieure provinciale de la congrégation à New York, mieux placée pour étudier la possibilité d'un établissement à Saint-Jacques-de-l'Achigan.

De retour dans sa ville épiscopale, Mgr Bourget ne tardera pas à constater que ses efforts de recrutement outre-Atlantique n'ont pas été vains. Trois Sulpiciens français se joindront à leurs confrères de Montréal dès l'automne 1841. Le 2 décembre de la même année, des Oblats de Marie-Immaculée s'installeront à Montréal, suivis des Jésuites et des Dames du Sacré-Cœur en 1842, puis, en 1844, des religieuses de Notre-Dame de Charité du Bon-Pasteur d'Angers.

CHAPITRE II

UNE ÉGLISE EN VOIE D'AFFERMISSEMENT

Les renforts venus d'Europe contribuent à consolider les assises d'une Église qui accentue de plus en plus son leadership, les nouveaux chefs politiques tardant à affirmer le leur. Quand Louis-Hippolyte LaFontaine, élu député le 23 septembre 1841, cherche à convaincre ses compatriotes d'accepter l'Union des deux Canadas comme moyen d'obtenir la responsabilité ministérielle, le clergé est d'abord réticent. Mais il finit par lui accorder sa confiance lorsque, le 19 septembre 1842, le député est appelé par le gouverneur Bagot à prêter serment comme procureur général du Bas-Canada et chef du gouvernement. Mgr Bourget prend alors «le risque d'être identifié au groupe de LaFontaine». Sans doute, Bourget et LaFontaine «différaient-ils encore d'avis sur plusieurs sujets, mais depuis que LaFontaine avait obligé le gouverneur à souscrire à ses conditions, ils se comprenaient mieux qu'ils ne l'avaient fait auparavant[1]».

D'autres événements contribuaient à rehausser l'autorité du clergé sur les plans social et culturel. Ainsi, le vote de la loi scolaire de 1841, qui mettait fin à une crise de cinq ans au Bas-Canada, plaçait les écoles sous la domination d'un surintendant qui fut, en 1842, un catholique étroitement lié au clergé: Jean-Baptiste Meilleur. De cette façon, les écoles échappaient à l'assimilation, l'un des principaux objectifs de l'Union.

Le passage à Montréal et à Québec, de novembre 1840 à mars 1841, du philanthrope français Alexandre Vattemare permit à Mgr Bourget de souscrire à un projet qui, s'il s'était réalisé, aurait devancé d'environ trois ans la fondation de l'Institut canadien. Vattemare, en effet, souhaitait fonder à Montréal et à Québec un institut de littérature, des sciences et des arts, réunissant dans un même édifice un centre d'enseignement, une bibliothèque et un musée. Ce projet fit long feu, mais non sans avoir mobilisé, pour un moment, «les autorités politiques, le clergé catholique et protestant, les sociétés littéraires et scientifiques, les notables, les jeunes gens et les femmes[2]».

L'ŒUVRE DES BONS LIVRES

Sans doute stimulé par le passage de Vattemare, le clergé résolut de créer des bibliothèques et de les surveiller étroitement. D'autant plus que des ministres protestants de langue française, venant principalement de la Suisse, démontraient un intense prosélytisme. Dans les premières années des *Mélanges religieux*, journal lancé en décembre 1840, «on sent les directeurs et les rédacteurs préoccupés par le souci de vaincre un ennemi réputé dangereux. Nombreux sont les faits relatifs aux *colporteurs de bibles*. Nombreuses les communications des lecteurs où le catholicisme est vengé, la prédication des *ministres suisses* victorieusement attaquée[3]».

Là encore, l'exemple vint de France. Le 15 novembre 1820, l'archevêque de Bordeaux avait autorisé l'association dite des bons livres. Dès 1834, cette association rayonnait sur onze diocèses, où elle comptait plus de cent dépôts. Le 22 novembre 1841, Mgr Bourget écrivait au curé de la paroisse Sainte-Geneviève, Louis-Marie Lefebvre: «J'encourage en toute occasion l'établissement des bibliothèques dans les diverses paroisses de la campagne aussi bien qu'en ville. [...] En attendant que l'on puisse s'organiser pour en faire une œuvre diocésaine, je désire que les curés fassent des tentatives là-dessus afin de profiter ensuite de leur expérience[4]».

Du côté de Québec, l'établissement de bibliothèques paroissiales suscita le même zèle. Le 10 avril 1842, le curé de la cathédrale de Québec proposait au prône la fondation «d'une Bibliothèque Religieuse et Instructive, dans la paroisse de Québec, disant qu'une pareille œuvre n'était que le complément des efforts que l'on faisait pour donner une éducation élémentaire aux classes pauvres, et qu'il était inutile de savoir lire si on ne lisait et s'instruisait». À la réunion tenue le même jour dans la chapelle Saint-Louis de la cathédrale, l'évêque coadjuteur de Québec, Mgr Pierre-Flavien Turgeon, agissait comme président et l'avocat Jacques Crémazie, comme secrétaire. On décida l'établissement d'une bibliothèque et la formation d'une société, la Société des bons livres de la paroisse de Québec, chargée de sa fondation et de son entretien. À l'époque cette initiative est vue comme «une bonne œuvre, et une œuvre de progrès social que notre digne clergé vient ajouter aux preuves déjà si nombreuses et si éclatantes de son zèle pour l'avancement religieux, moral et temporel du peuple confié à ses soins[5]».

C'est surtout dans la région de Montréal que se faisait sentir le besoin de bibliothèques paroissiales. Il fallait rapidement répondre au développement de l'instruction publique et fournir à la population des livres conformes à la morale. Le journal officiel de l'évêché, les *Mélanges religieux* — créé, suivant l'exemple français, comme organe de diffusion des prédications et de relation de la mission, en décembre 1840 sous le nom de *Prémices des Mélanges religieux*, cet hebdomadaire s'intitula plus brièvement *Mélanges religieux* à la fin de janvier 1841[6] —, le journal, donc, s'efforçait de stimuler les initiatives. Il citait en exemple les curés de l'Assomption, de Saint-Roch-de-l'Achigan et des Cèdres, qui avaient organisé des bibliothèques dans leur paroisse.

Mais c'est dans la paroisse Notre-Dame, le fief des Sulpiciens, que l'Œuvre des bons livres démarra vraiment. Leur fidélité au gouvernement lors des événements de 1837-1838, avait valu aux Messieurs de Saint-Sulpice, en 1840, la reconnaissance officielle de leur société et de leurs droits seigneuriaux par le pouvoir civil. Chargés la même année de la formation du clergé dans leur Grand Séminaire et confirmés par Mgr Bourget dans les privilèges, conférés autrefois par Mgr de Laval et Mgr de Saint-Vallier, d'être à perpétuité les curés, en la personne de leurs supérieurs, et les desservants de la paroisse Notre-Dame, les Sulpiciens jouissaient d'une position de leaders à la fois religieux et culturels dans la région de Montréal. En 1845, pour 33 361 catholiques, on comptait 21 Sulpiciens[7].

L'Œuvre des bons livres de Bordeaux était rattachée au séminaire sulpicien de cette ville. Aussi, les Sulpiciens de Montréal songèrent-ils à affilier leur fondation à l'Œuvre bordelaise, d'autant plus que cette dernière avait été élevée, par un indult apostolique de Grégoire XVI, le 16 septembre 1831, au rang d'archiconfrérie, avec tous les privilèges y afférents, c'est-à-dire qu'elle pouvait transmettre à l'association agrégée tous les privilèges, indulgences et autres faveurs spirituelles communicables qu'elle avait reçus ou qu'elle recevrait directement et nominativement du Saint-Siège.

Fort de cette affiliation, Mgr Bourget établissait, par un mandement daté du 20 septembre 1845, l'Œuvre des bons livres en association de piété[8]. Déjà au mois d'octobre suivant, la collection atteignait 4000 volumes. C'était essentiellement une bibliothèque de «bons livres»: les ouvrages de religion, de littérature morale et d'histoire constituaient 86% de l'ensemble[9]. Une stricte orthodoxie, une fidélité sans faille à l'Index présidaient à l'acquisition des ouvrages. Ce fut la caractéristique, tout le long de son existence, de l'Œuvre des bons livres, en France comme ici, si l'on en croit François Mauriac qui, enfant à Bordeaux, était offensé, comme il l'écrira dans ses *Nouveaux Mémoires intérieurs*, «par des interdits contre ce [qu'il mettait] le plus haut: la littérature moderne», alors que son entourage de «personnes incultes par principe [...] s'interdisait toute lecture en dehors des livres de *L'Œuvre des bons livres* dont les grands auteurs s'appelaient Zénaïde Fleuriot et Raoul de Navery[10]».

L'historien Marcel Lajeunesse, qui a étudié en détail l'établissement et le fonctionnement de l'œuvre montréalaise, a calculé 25 000 prêts de 1845 à 1849. Pour une population de 26 150 francophones en 1851 à Montréal, c'est un nombre très

Église Notre-Dame de Montréal. Construite et desservie par les Sulpiciens, elle manifeste, par sa richesse et sa splendeur, la force de la Compagnie de Saint-Sulpice en face de l'évêque de Montréal. ANQ, coll. initiale, coll. Notman.

élevé, même si le taux de scolarisation des Montréalais dépassait celui du reste de la population du Bas-Canada, qui était loin d'atteindre 50%. «Le prêt des volumes en ces années 1840 dénote, pour une population faiblement alphabétisée, un désir de lecture considérable, sans doute surtout chez les adultes.» Il faut en déduire que «bien que fortement religieuse, la bibliothèque de l'Œuvre des bons livres était, par le niveau de ses livres, une bibliothèque populaire, et qu'à l'exception des clercs, des personnes de professions libérales et d'un bon nombre de commerçants, elle était adaptée à la clientèle[11]». Mais ce sont précisément cet accent mis trop exclusivement sur le livre religieux et ce manque d'ouvrages touchant la littérature et la pensée modernes qui seront à l'origine de la fondation de la bibliothèque de l'Institut canadien.

L'INSTALLATION EN TERRE CANADIENNE
DES CONGRÉGATIONS RELIGIEUSES FRANÇAISES

Les Oblats de Marie-Immaculée

De tous les religieux recrutés en France par Mgr Bourget, les Oblats de Marie-Immaculée furent les premiers arrivés à Montréal, le 2 décembre 1841. On leur assigna comme résidence le presbytère de la paroisse Saint-Hilaire, à proximité du calvaire gigantesque érigé à la suggestion de Mgr de Forbin-Janson. Ce devrait être le centre missionnaire d'où ils pourraient rayonner. Ils ne tardèrent pas à se mettre à l'œuvre. Treize mois s'étaient à peine écoulés qu'ils avaient déjà prêché 14 missions, à telle enseigne que leur zèle finit par offusquer le «patriote» Louis Perrault, qui écrivait à Ludger Duvernay: «[...] nos prêtres prennent les moyens de fanatiser notre peuple à l'extrême. Depuis que les Pères Oblats (quatre Français importés par l'évêque de Montréal) sont en Canada, ils se transportent d'une paroisse à l'autre et ce sont des retraites ou missions qui s'y font, de trois semaines de longueur[12]».

Cette remarque d'un anticlérical témoigne du succès des Oblats auprès de la population canadienne, succès qui relayait celui de Mgr de Forbin-Janson. Toutefois, voués aux missions, aux retraites, à la prédication itinérante, ces missionnaires n'affectionnaient pas particulièrement le ministère paroissial. Prévenant le consentement de Mgr Bourget, ils s'installaient le 2 août 1842, grâce aux largesses de plusieurs bienfaiteurs dont Antoine-Olivier Berthelet, à Longueuil; ils se libéreront par la suite de la desserte de Saint-Hilaire. En 1843 leur arrivent trois nouveaux confrères, un prêtre et deux diacres. Mais c'est Bytown, le futur Ottawa, que l'évêque de Montréal destine aux Oblats. Les gens des chantiers et les Indiens de la région sont «de vraies brebis dispersées de la Maison d'Israël», écrit-il au fondateur des Oblats, pour le convaincre d'accepter ces nouveaux champs d'apostolat. Ce dernier ne peut que répondre: «Vous me montrez un champ fertile à cultiver, me serait-il permis de vous refuser d'y travailler[13]?» C'est le père Joseph-Eugène-Bruno Guigues, arrivé au début d'août 1844, qui sera le premier évêque du nouveau diocèse de Bytown (1847).

Les Jésuites

Après les Oblats, les Jésuites entrèrent à Montréal le 31 mai 1842. Si les premiers furent incontestablement recrutés par Mgr Bourget, les seconds avaient d'abord été pressentis par les Sulpiciens. Seigneurs de l'île, les Sulpiciens disposaient de ressources suffisantes pour faciliter l'établissement de Jésuites à Montréal, alors que, comme ils le firent remarquer par la suite, on ne pouvait «pas absolument» compter sur les dispositions de l'évêque en matière de financement.

Mais se fiant à la promesse que Mgr Bourget leur avait faite dans son *Appel* adressé au général de la Compagnie de leur donner un collège à diriger, les Jésuites abordaient, confiants, la terre canadienne: ils étaient six pères, trois frères coadjuteurs et quatre frères séculiers. À leur tête, le père Pierre Chazelle qui, au cours de la retraite sacerdotale de 1839, avait pris soin de demander «aux évêques comme aux Sulpiciens dans quelles conditions financières se trouveraient les Jésuites s'ils acceptaient l'invitation canadienne».

L'évêque de Montréal avait d'abord pensé leur offrir le Collège de Saint-Hyacinthe, projet qui fut abandonné avant l'arrivée des religieux, ou le Collège de Chambly, qui en fait était un «collège moribond»: ses dettes, en 1841, avaient fait «gravement réfléchir Messire Manseau, président de la Corporation» dont, «deux ans plus tard, tous les biens [...] seront hypothéqués pour faire face aux créances[14]».

Dans ces conditions, le père Chazelle ne pouvait évidemment pas accepter une offre aussi hasardeuse. Qu'en était-il des promesses de 1839? En fait, en avril 1841, Mgr Bourget pense que «si jamais ces bons Pères mettent le pied dans ce pays, il faudra bien que le Gouvernement regorge leurs biens, qu'il n'a pu posséder que comme en dépôt, en attendant qu'il plût à la Divine Providence de les rendre à la Religion[15]». Ce calcul se révélait plein d'embûches aux yeux des Sulpiciens qui reprochaient «aux évêques de tenir à de tels biens au point de songer à utiliser les Jésuites comme instruments dans le dessein de recouvrer même une partie de ces Biens[16]».

Profondément déçu, le père Chazelle se demandait quelle serait la suite des événements. Depuis à peine un mois au pays, il était allé de désillusions en désillusions. On avait promis un collège aux Jésuites; or, au début de juillet, ils devaient se replier presque à contrecœur, vu la modicité des ressources, sur une cure, celle de Laprairie. N'y tenant plus, le père Chazelle confiait, le 29 juin 1842, à son supérieur romain les déboires dont il rendait responsable Mgr Bourget:

> La confiance en Dieu est, chez lui, portée à un tel excès, qu'il ne prévoit rien, néglige les moyens ordinaires, entreprend toutes espèces de choses, contracte des dettes, n'a point de fonds ni même d'espérances solides, et, au milieu de ces embarras va toujours en avant, n'écoute pas les avis, mais répond à tout en parlant de la Providence. Jamais on n'a eu une grande idée de sa capacité. À présent, les défauts de son administration sont trop visibles. [...] Voici ce qu'on dit: après avoir fait venir les Oblats qu'il a laissés sans résidences et sans resssources, après avoir demandé plusieurs autres communautés, hommes et femmes, il a fait venir les J[ésuites]. Rien de prévu et de préparé pour eux; et maintenant il ne s'en occupe point, il ne songe pas à leur avenir. Ainsi parlent les prêtres et beaucoup de laïques[17].

Bien loin de partager le désarroi du père Chazelle, Mgr Bourget faisait part, le 22 juillet suivant, au provincial jésuite de Paris, de la situation telle qu'il l'envisageait: «La Providence permet que l'on éprouve quelques petites difficultés pour le placement immédiat de ces bons Pères à la tête d'une maison d'éducation; mais j'espère que les obstacles seront bientôt levés et que les Canadiens auront bientôt à se réjouir des services importants qu'ils recevront de la part des Jésuites[18]».

En fait, ils attendront six ans avant de fonder un collège à Montréal. Depuis le 2 juillet, ils desservaient Laprairie, paroisse de 4036 catholiques, dont 2652 communiants. Si l'on en croit le père Remi Tellier, qui en fut le curé de 1844 à 1846, la santé morale des paroissiens laissait fort à désirer: le peuple était «léger et fou de plaisir [...], ignorant et routinier [...], voyageur et buveur». Le moyen de remédier à ces désordres fut la retraite. Elle produisit de tels fruits que «la paroisse changea complètement de physionomie et ne se reconnaissait plus elle-même [...], les blasphémateurs se turent; les jeux et pratiques immorales furent réglés; la société de tempérance s'établit [...][19]».

Des raisons économiques avaient amené les Jésuites à Laprairie où ils exerçaient un ministère paroissial un peu contre leur gré. Les circonstances leur permettront bientôt de se consacrer à la tâche spécifique pour laquelle ils avaient été convoqués en terre canadienne: l'enseignement, puis les missions.

Les Dames du Sacré-Cœur

Il y avait à peine six mois que des Jésuites foulaient le sol canadien que quatre religieuses françaises de la Société du Sacré-Cœur arrivaient à Saint-Jacques-de-l'Achigan. Elles venaient y prendre la direction du couvent que le curé de la paroisse, l'abbé Jean-Romuald Paré, avait d'abord destiné aux Dames de la Congrégation. C'était encore une initiative de Mgr Bourget. On se souvient qu'il avait rendu visite à la fondatrice à Paris, le 15 août 1841. Comme la Société du Sacré-Cœur était établie depuis 1817 aux États-Unis, c'est de Saint-Louis au Missouri qu'étaient parties trois religieuses et leur supérieure, Henriette-Claire de Coetnempren de Kersaint. Débarquées à Montréal le 17 décembre 1842, les quatre Françaises prenaient possession de leur maison de Saint-Jacques-de-l'Achigan neuf jours plus tard. Les *Mélanges religieux* du 10 janvier 1843 font état de l'ambitieux programme scolaire proposé aux élèves par ces «savantes religieuses, pour la somme de cinquante dollars par an»: l'écriture, la lecture, la grammaire française et anglaise, l'histoire ancienne et moderne, la chronologie, la mythologie, la littérature, un petit cours de logique et de rhétorique, la géographie, la sphère, les éléments d'astronomie, de physique, de chimie et de botanique, l'économie domestique, la couture et la broderie en tous genres. L'allemand, l'italien et l'espagnol ainsi que la musique, le dessin, la peinture, etc. seraient enseignés comme matières facultatives.

Au pensionnat était annexée une école paroissiale gratuite, destinée aux externes. Un noviciat accueillait les jeunes aspirantes à la vie religieuse. Mais, dès 1846, il fut transféré à Saint-Vincent-de-Paul, car on prévoyait que le recrutement y serait plus avantageux pour la communauté.

Ce déplacement, suivi de celui du pensionnat en juillet 1853, révélait les difficultés d'adaptation au milieu achiganien: «On s'amusait un brin à Saint-Jacques, écrivent les historiens de la paroisse, d'un certain esprit trop maniéré, affiché jusque dans les moindres entreprises de la communauté[20]». «Les villageois, écrit de son côté l'annaliste de la communauté, y avaient plus d'un préjugé contre nous», que l'abnégation de mère de Kersaint ne parvint sans doute pas à faire disparaître tout à fait: «Au printemps, ajoute-t-elle, on la voyait bêcher, sarcler la terre, planter les légumes, etc. Quand venait la moisson, dès 6 h du matin, l'édifiante supérieure partait pour les champs avec deux compagnes et, pendant tout le jour, faisait l'office des moissonneurs que la pauvreté de la maison ne permettait pas de louer[21]».

Loin de partager les préventions de leur entourage, les élèves de Henriette de Kersaint, gagnées par ses exquises qualités d'éducatrice, l'avaient surnommée la «Mère du Cœur saint[22]».

En plus de la xénophobie latente de la population, les Dames du Sacré-Cœur avaient à vaincre les appréhensions d'une communauté canadienne vouée à la même œuvre d'éducation: «Votre Grandeur, écrivait la supérieure du Sacré-Cœur à Mgr Bourget, le 22 janvier 1843, aura sans doute entendu dire que nos bonnes et excellentes Sœurs de la

Congrégation ont témoigné quelque inquiétude de voir notre société nuire à la leur[23]».

Les religieuses françaises du Sacré-Cœur n'échappèrent donc pas plus aux difficultés d'une implantation quasi improvisée en terre canadienne que leurs compatriotes oblats et jésuites.

Les religieuses du Bon-Pasteur d'Angers

Le 7 juin 1844, quatre religieuses de la Congrégation du Bon-Pasteur d'Angers apportaient à Montréal leur contribution à l'œuvre de bienfaisance que Mgr Bourget s'affairait à mettre en place.

Elles furent logées d'abord à l'Hôtel-Dieu, puis dans une maison située dans le quartier Sainte-Marie, près de l'église de Bonsecours. Cette maison avait été achetée et aménagée par le Sulpicien Jacques-Victor Arnaud, secondé par un pieux laïc, Joseph Beaudry, qui avait cédé tous ses biens au Séminaire de Saint-Sulpice. Les religieuses la quitteront en 1847 pour occuper leur monastère, rue Sherbrooke, édifié sur un terrain donné par l'épouse de Denis-Benjamin Viger. Elles se consacreront aux «pénitentes», aux «filles préservées», aux orphelines, etc., ainsi qu'à l'enseignement[24].

Avec les religieuses du Bon-Pasteur d'Angers se terminait la première phase du recrutement religieux que Mgr Bourget avait préparé en 1841 lors de son premier voyage en France.

* * *

Comme le fait remarquer le sociologue Gabriel Dussault, aucune de ces communautés n'est venue spontanément au Canada. Elles répondaient à une demande du dynamique évêque de Montréal.

Mrg Bourget s'était adressé à la France au moment où les fondations et le recrutement des congrégations religieuses connaissaient un progrès spectaculaire, progrès favorisé par la volonté politique, particulièrement dans les domaines de

l'enseignement et de l'assistance sociale. Aussi les communautés se développèrent-elles à un rythme accéléré, surtout les
communautés de femmes. L'historien Claude Langlois l'a bien
constaté; il a intitulé sa thèse sur l'histoire des congrégations
religieuses françaises de femmes au XIXe siècle: *Le Catholicisme
au féminin*[25].

La venue au Canada des religieux français s'inscrivait en
droite ligne dans l'action exercée par Mgr de Forbin-Janson
lors de son passage sur les rives du Saint-Laurent. Le fondateur des Oblats, Eugène de Mazenod, aussi réfractaire que
l'était son ami Forbin-Janson à l'idéologie révolutionnaire, tra-
çait cette ligne de conduite à ses disciples: comme la Révolution française avait opéré «son œuvre d'iniquité», il fallait
«remédier à tous ses maux» et «corriger tous ses désordres[26]».

Les Jésuites n'étaient pas en reste avec les Oblats quant
au rejet de ces principes. L'hostilité qui, en France, avait obtenu la suppression de leur ordre au XVIIIe siècle, continuait
à les poursuivre après leur rétablissement en 1814. Il n'est
donc pas insolite que tout accommodement avec un monde
qui s'acharnait à les rejeter leur parût inacceptable. L'épisode
Rozaven-Lamennais est révélateur. Théologien consommé, le
Breton Jean-Louis de Rozaven, assistant pour la France de la
Compagnie de Jésus, s'était employé d'abord à réfuter le système philosophique de Lamennais; puis, devenu son ennemi
juré, il avait rédigé une véhémente réprobation du programme politique de l'*Avenir*, qui tentait de réconcilier le
catholicisme avec le monde moderne[27].

Mais l'indice le plus significatif, à la fois chez les Oblats
et les Jésuites, d'une attitude qui avait caractérisé les «bons
prêtres» de la période révolutionnaire: se tourner vers Rome,
fut de diffuser une doctrine qui avait l'aval romain depuis
1831 et dont l'auteur, Alphonse de Liguori, fut canonisé en
1839. À la suite de l'historien jésuite Jean Guerber, les auteurs
de l'*Histoire religieuse de la France contemporaine* nous apprennent de quelle façon Eugène de Mazenod s'était familiarisé,
à partir de 1805, avec l'œuvre liguorienne et comment les
Jésuites italiens et français en avaient assuré la diffusion jusqu'à ce que l'abbé Thomas Gousset, du diocèse de Besançon,

publiât en 1832 sa *Justification de la Théologie morale du B.A.M. de Ligorio*[28].

Mgr Bourget s'empressa d'inciter son clergé, par sa circulaire du 5 janvier 1842, à se ranger aux directives d'une doctrine dont les Oblats se faisaient les promoteurs depuis qu'ils avaient commencé à donner des missions dans la région de Montréal:

> Comme la doctrine de St. Alphonse de Liguori sert de règle aux Missionnaires Oblats; et qu'il est très important qu'il y ait entre nous uniformité de conduite, j'en prends occasion de vous répéter ce que je vous ai déja dit: que ce saint et savant Théologien est le Docteur de ce Diocèse; qu'il est très-avantageux pour nous de le prendre pour notre guide, en étudiant sa morale, que chaque confesseur peut suivre en toute sûreté de conscience, comme l'a décidé la Sacrée Pénitencerie, le 5 juillet 1831[29].

Le ralliement à la théologie morale de saint Alphonse de Liguori fut l'un des éléments décisifs de la romanisation du clergé et, par l'accent mis sur l'infaillibilité pontificale, de l'essor de l'ultramontanisme.

CHAPITRE III

LA MISE EN PLACE DES ORGANISMES DE BIENFAISANCE ET D'ÉDUCATION

Face aux besoins pressants d'une Église en voie de consolidation, les quelques religieux recrutés en France étaient bien incapables de répondre à tous les appels d'une société où l'État se déchargeait volontiers sur eux de ses devoirs d'éducation et d'assistance sociale. En dépit de ses démarches et de ses demandes réitérées auprès des communautés religieuses françaises, elles-mêmes surchargées de requêtes venues de tous les horizons, Mgr Bourget subit bien des revers. Force lui fut de se replier sur les ressources de son propre diocèse et de travailler à la fondation de congrégations religieuses autochtones.

LES FONDATIONS

Les Sœurs de la Providence

À Paris, l'évêque de Montréal avait été frappé par le rayonnement des Filles de la Charité de Saint-Vincent de Paul[1]. D'où son désir d'en attirer un certain nombre à Montréal. On lui promit de l'exaucer.

En rentrant au pays, il apprenait que l'asile de Montréal pour les femmes âgées et infirmes, fondé par madame Émilie Gamelin en 1827, venait de recevoir du Parlement canadien la personnalité civile. Le 6 novembre 1841, il conférait l'institution canonique au groupe des Dames de la Charité, en attendant les religieuses françaises, qui devaient arriver au printemps 1842, accompagnées d'aumôniers lazaristes. Comme ce fut le cas pour les Dames du Sacré-Cœur dont une délégation était venue des États-Unis enquêter sur les lieux avant l'établissement définitif, le lazariste Jean-Baptiste Étienne, procureur général de la Compagnie des Filles de la Charité, enjoignit à un confrère de Saint-Louis (Missouri), le père Jean Timon, de se rendre à Montréal pour s'entendre avec Mgr Bourget. Sur place, le lazariste se dit satisfait de tout ce qu'il voit et entend: les religieuses seront logées dans un édifice neuf et on réserve à leurs aumôniers la cure de Longue-Pointe. Toutefois, en novembre 1842, les religieuses tant attendues manquent encore à l'appel. Mgr Bourget ne désespère pas: dans sa pastorale sur l'asile de la Providence, datée du 11 de ce mois, il annonce que les Filles de Saint-Vincent de Paul «feront bientôt l'ornement de cette ville». Mais il doit déchanter. Requises par le gouvernement français pour l'Afrique, elles sont dans l'impossibilité de donner suite à leurs promesses. Qu'à cela ne tienne, l'évêque de Montréal fondera sa propre communauté, le 25 mars 1843. Madame Gamelin qui, du 11 septembre au 6 octobre, ira aux États-Unis s'initier à la règle des Sœurs de la Charité d'Emmitsburg, congrégation fondée en 1809 par Élisabeth Seton sur le modèle des Filles de la Charité de Saint-Vincent de Paul, sera la première supérieure de la nouvelle congrégation: les Filles de la Charité, Sœurs de la Providence[2].

Répondant à des besoins criants, cet organisme de bienfaisance se développa rapidement, grâce surtout aux soins apportés par Mgr Bourget au recrutement et à l'expansion. En 1844, des orphelines et des dames âgées furent accueillies à l'asile de la Providence. L'année suivante, on fonda l'hospice Saint-Joseph, destiné à loger des prêtres âgés ou infirmes; et on ouvrit un bureau de placement pour le personnel domestique. En 1846, deux autres maisons de charité furent inaugurées, l'une à Longue-Pointe, l'autre à Laprairie[3]. Des laïques, sous le nom de Dames de la Providence, et des auxiliaires de l'Association de Sainte-Blandine apportèrent leur contribution à l'œuvre des religieuses, de sorte que l'institut servit d'intermédiaire efficace entre les riches et les pauvres, que ces derniers fussent ou non en institution[4].

La Congrégation des Sœurs des Saints-Noms de Jésus et de Marie

C'est encore sur le modèle français que cette congrégation fut créée. En effet, le père Pierre Telmon, supérieur des Oblats arrivés au Canada en 1841, fut mis en relation à Longueuil avec une jeune fille du nom d'Eulalie Durocher, qui aspirait à devenir religieuse, bien qu'elle n'eût pas réussi jusque-là à s'agréger à une congrégation déjà existante. Le père Telmon crut avoir trouvé la solution du problème. À Marseille en 1843 pour assister au chapitre général de sa congrégation, il se dit que les Sœurs des Saints-Noms de Jésus et de Marie, institut enseignant fondé en 1825 dans le diocèse de Mgr de Mazenod, n'hésiteraient pas à déléguer quelques sujets à Montréal pour constituer une filiale de leur congrégation, dont Eulalie Durocher serait la première novice canadienne. Mais la supérieure redoutait d'entrer en concurrence avec la Congrégation de Notre-Dame. C'est ainsi que Mgr Bourget dut, encore une fois, se passer des recrues espérées. Le 8 décembre 1844, il établissait canoniquement une congrégation enseignante ayant son siège à Longueuil, qui empruntait son nom, son costume et sa règle à celle de Marseille. Eulalie Durocher, sous le nom de mère Marie-Rose, en fut la première supérieure, le père Telmon l'initiateur et l'évêque de Montréal le «père», ainsi que la congrégation le nomma dès ses débuts[5].

L'Institut des Sœurs de Miséricorde

En même temps qu'il jonglait avec les problèmes suscités par l'établissement dans son diocèse de congrégations étrangères et autochtones, Mgr Bourget se préoccupait d'un fléau social auquel aucun organisme charitable ne remédiait encore: la situation misérable des mères célibataires. Or, une veuve de 50 ans, Rosalie Cadron Jetté, travaillait déjà à venir en aide à ces infortunées, rejetées par les familles et méprisées par la société. L'évêque de Montréal sut la convaincre de devenir la fondatrice d'un nouvel institut religieux. Le 11 mai 1845 fut établi l'Hospice Sainte-Pélagie et, en dépit de traverses sans nombre, les collaboratrices de la fondatrice permirent à Mgr Bourget d'instituer canoniquement, le 16 janvier 1848, les Sœurs de Miséricorde, directrices de la Maternité de Montréal. «Devenue sœur de la Nativité, la veuve Jetté refuse tout poste d'autorité dans sa communauté, se jugeant incapable de bien gouverner l'œuvre pendant la période de développement qui s'annonce. Dans l'ombre, elle participe cependant à tout le ministère de l'institut: accueil des pénitentes, soin des enfants nouveau-nés à "la maternité", soin des malades à domicile jusqu'en 1862, visite des prisons, etc.[6]». En 1859, comme complément à la fondation, était inauguré l'institut secondaire des Madeleines.

Les Sœurs de Sainte-Anne

Les Sœurs de Miséricorde avaient à peine reçu l'institution canonique qu'une autre congrégation, enseignante celle-là, faisait son apparition dans le diocèse de Montréal, plus précisément à Vaudreuil, où une institutrice, Marie-Esther Blondin, dirigeait une école paroissiale que les villageois appelaient l'Académie Blondin. Son but était de préparer des enseignantes destinées aux écoles mixtes de la campagne. Encouragée par son curé, elle décida, en 1848, de jeter les bases d'une nouvelle communauté entièrement vouée à l'éducation. Mgr Bourget ne pouvait qu'encourager la réalisation de ce projet. En septembre 1850, Esther Blondin, avec quatre compagnes, prononçait ses vœux de religion sous le nom de mère Marie-Anne. Établie à Vaudreuil, la nouvelle congrégation connut une expansion rapide, à telle enseigne que, en 1853, alors qu'elle comprenait déjà 34 religieuses, elle dut être transférée à Saint-Jacques-de-l'Achigan, où elle occupa la vaste

école devenue vacante par le départ des Dames du Sacré-
Cœur pour Saint-Vincent-de-Paul. En 1864, la maison mère
fut fixée définitivement à Lachine[7].

LES DIFFICULTÉS

La fondation en moins d'une décennie de quatre congrégations féminines dans le diocèse de Montréal n'est pas sans
susciter d'interrogations. On peut se demander si l'évêque de
Montréal n'a pas cédé à un zèle excessif et imprudent en favorisant l'éclosion de communautés sans en mesurer les répercussions financières et psychologiques. On a vu ce que pen-
saient le père Pierre Chazelle et bien des prêtres et des laïcs
de Montréal de la situation pénible à laquelle l'imprévoyance
de Mgr Bourget avait réduit les Oblats et les Jésuites à leur
arrivée en terre canadienne. Dès 1840, cette activité fébrile
dans le diocèse de Montréal avait alerté l'évêché de Québec:
on n'était pas sans inquiétude au sujet d'entreprises qui ne
seraient pas «au niveau des circonstances[8]».

Mais l'évêque de Montréal, le regard toujours fixé sur la
divine Providence, allait de l'avant avec une intrépidité qui,
dans certains cas, frisait le mépris des plus élémentaires exigences de la prudence.

D'où des difficultés sans nombre imposées à des femmes
qui avaient placé en lui toute leur confiance. Par exemple, la
fondatrice des Sœurs de Miséricorde avait quitté ses enfants
et sa demeure pour aller se loger dans rien de moins qu'un
affreux taudis. De jeunes malheureuses n'ayant pas tardé à
s'y présenter, le lamentable hospice dut se transporter dans
une maison plus vaste; mais là encore une pauvreté atroce
attendait la veuve Jetté et ses collaboratrices: «Le peu de
viande que l'on pouvait se procurer ou que la charité envoyait
à l'hospice était donné aux pénitentes. Les directrices étaient
réduites à se contenter de pain et d'eau[9]».

Le taudis de madame Jetté

La maison qu'allait habiter madame Jetté était située rue Saint-Simon, aujourd'hui Saint-Georges, et quelle maison! si l'on peut décorer de ce nom une masure, tout entière construite en bois, vieille, étroite, à demi enfoncée dans la terre. Encore n'avait-on loué que l'appartement supérieur, c'est-à-dire une sorte de grenier, où l'on grimpait au moyen d'une échelle. Cette pièce était de grandeur suffisante, mais basse, sujette à toutes les variations de la température, glacière l'hiver, étuve l'été; livrant passage, à travers les ais disjoints, à tous les vents. En un mot, c'était une installation telle qu'en souhaite la divine Providence, quand elle veut manifester au regard des hommes l'étendue de sa puissance et de son action. Plein d'espérance pour l'avenir, le pieux évêque décora cette masure du titre d'Hospice Sainte-Pélagie, en l'honneur de la sainte pénitente de ce nom.

(Léon Pouliot, *Monseigneur Bourget et son temps*, III, Montréal, Bellarmin, 1972, p. 67.)

L'évêque de Montréal ne fut nullement désemparé devant tant de misère. Lors de leurs premières professions, il invita au contraire les religieuses, avec son onction coutumière, à un héroïsme littéralement surnaturel:

De grandes tribulations vous attendent dans cette nouvelle fondation, mais vous en serez amplement dédommagées par les consolations si douces que vous ressentirez à la vue de vos pénitentes fondant en larmes et s'épanchant en soupirs. Oh! qu'elles sont délicieuses les larmes que fait verser l'amour! Qu'ils sont touchants les gémissements que produit l'Esprit-Saint dans des cœurs contrits et humiliés! Qu'ils sont ineffables les secrets que la sainte componction découvre aux âmes généreuses qui sacrifient tout pour un Dieu qui n'a rien épargné pour le salut des pécheurs[10]!

Aux difficultés inhérentes aux fondations elles-mêmes s'ajoutaient celles qui venaient de l'extérieur: du public et des autres congrégations déjà en place.

Ainsi, au lendemain de la fondation des Sœurs de la Providence, quand les Montréalais se rendant à la messe dominicale virent pour la première fois le groupe des religieuses et de leurs protégées, ils exprimèrent leur surprise en propos peu amènes: «Leur apparition fit sensation parmi le peuple... La nouveauté du costume donna lieu à divers commentaires, plus ou moins bienveillants. *Madame Gamelin n'avait pas assez de folles, en voilà d'autres*, disaient ceux-ci. *Voyez donc les folles de madame Gamelin*, répétaient ceux-là, et l'on haussait les épaules de pitié[11]».

Même les Sœurs Grises de l'Hôpital général réagirent mal: elles se voyaient spoliées de leur nom et de la couleur de leur costume! En effet, les Sœurs de la Providence s'appelaient aussi Filles de la Charité et elles osaient revêtir «un habit gris comme le nôtre», se plaignait la supérieure de l'Hôpital général à Mgr Bourget, qui n'eut aucune peine à calmer des alarmes dont l'origine, suivant la même religieuse, se rattachait aux gens qui avaient conspué madame Gamelin et ses compagnes le dimanche précédent: «[...] les têtes ont été un peu montées. Car plusieurs personnes du monde étant venues à la Maison demandèrent aux Sœurs si elles avaient vu les Srs Grises de Monseigneur; on ne les a pas nommées autrement chaque fois, de sorte que cela a tout remué, voyant qu'elles prenaient l'habit ainsi que le nom de Srs de la Charité que nous portons[12]».

Les Sœurs Grises étaient les protégées des Sulpiciens, les Sœurs de la Providence, celles de Mgr Bourget. Les multiples initiatives de l'évêque dans les domaines de l'assistance sociale et de l'éducation ne pouvaient qu'irriter le supérieur de Saint-Sulpice, qui était depuis 1831 Joseph-Vincent Quiblier. Se comportant en grand seigneur, très attaché aux prérogatives de sa Maison, surtout depuis que Londres, en 1840, avait confirmé l'institution dans la possession de ses seigneuries, le supérieur sulpicien disposait de ressources infiniment plus abondantes que celles de l'évêque. De 1840 à 1846, le revenu annuel moyen du Séminaire s'élevait à 14 200 $ et le montant des dépenses à 12 202 $, dont 12,5% allaient à l'aide sociale et près de 25% à l'éducation, deux champs d'apostolat qui, traditionnellement, étaient la chasse gardée de Saint-Sulpice[13].

Sur le plan social, outre le soutien accordé aux familles indigentes — pain, loyer, argent, combustible —, le Séminaire participait à l'œuvre de l'Hôpital général des Sœurs Grises auprès des orphelins, des invalides et des vieillards par une contribution financière égale à un certain nombre de pensions annuelles[14]. Or, même si les Sœurs de la Providence s'adonnaient à une œuvre pratiquement identique, Saint-Sulpice ne leur manifestait pas un intérêt semblable. En effet, des débuts jusqu'en 1871, il leur fut accordé en subventions 19 fois moins qu'aux Sœurs Grises de l'Hôpital général[15]!

Comme l'assistance sociale, l'éducation à Montréal, disions-nous, était du ressort des Sulpiciens. Ainsi, au début du XIXe siècle, avaient-ils commencé à établir des écoles primaires gratuites. Rappelons que c'est à Quiblier que revient principalement le mérite d'avoir fait venir de France, en 1837, quatre Frères des Écoles chrétiennes. Ils les logea d'abord dans un bâtiment en face du Séminaire, puis en 1838 dans une maison qu'il leur céda, enfin, en 1840, à l'école Saint-Laurent, qui accueillait 860 écoliers répartis en huit classes, dont quatre de langue anglaise[16].

D'autre part, Quiblier encouragea directement l'éducation des jeunes filles en pressant la Congrégation de Notre-Dame d'ouvrir des classes d'externes dans les faubourgs. En 1846, elles comptaient 1359 élèves.

Protégées par les Sulpiciens, les religieuses de la Congrégation pouvaient penser que l'éducation féminine dans la région de Montréal leur revenait de droit. Aussi craignirent-elles, on l'a vu, la concurrence des Dames du Sacré-Cœur, recrutées par Mgr Bourget. Celui-ci dut les rassurer sur «l'intérêt très vif» qu'il leur portait: «Car quoique vos bonnes filles, écrivait-il à la supérieure, le 19 avril 1843, n'aient pas toujours eu et n'aient pas encore peut-être beaucoup confiance dans mes dispositions envers leur communauté, ma conscience me rend témoignage que je désire son bien de tout mon cœur, et que je suis décidé à le promouvoir de toutes mes forces, et cela me suffit[17]».

Projets assez souvent réalisés hâtivement, conditions pré-
caires de financement voire pauvreté absolue, obstacles suscités par un milieu hostile, suspicion de la part des congrégations déjà en place, telles sont les principales caractéristiques
qui ont marqué les commencements des communautés religieuses instituées par Mgr Bourget. Heureusement, l'évêque
pouvait compter sur un dévouement qui touchait parfois à
l'héroïsme. Madame Gamelin devint la fondatrice de l'Institut
des Sœurs de Charité de la Providence par défaut de la venue
des Filles de la Charité de Saint-Vincent de Paul. Madame
Jetté, en dépit de la résistance de ses enfants, accepta de
fonder, dans des conditions inouïes de pauvreté, les Sœurs
de Miséricorde. Marie-Esther Blondin, confrontée à Saint-
Jacques-de-l'Achigan à l'antipathie d'un chapelain intraitable
imposé par l'évêque, dut céder, sur son ordre exprès, le poste
de supérieure de la congrégation qu'elle avait fondée, à Vaudreuil trois ans plus tôt.

Dans le comportement de l'évêque, surtout dans ce dernier épisode infiniment douloureux, on décèle un autoritarisme, inconcevable de nos jours, mais bien caractéristique de
l'époque: «Église, code civil, parents et conjoints, les pouvoirs
s'employaient tout uniment à contrôler les femmes respectives
qu'ils tenaient sous leur autorité, veillant attentivement à les
convaincre qu'elles ne sauraient par nature ni par droit,
échapper à leur état de mineures perpétuelles[18]».

L'APPUI DES LAÏCS[19]

Mgr Bourget excellait à faire appel à tous les dévouements.
S'il put réaliser tant de grandes œuvres durant son épiscopat,
il le dut d'abord à une énergie et à une détermination pous-
sées parfois à une tension extrême, mais aussi à des collabo-
rations qui ne lui furent jamais mesurées. Les communautés
religieuses masculines et féminines de son diocèse se dépen-
sèrent sans compter aux tâches qui leur furent assignées. Mais
ces communautés n'auraient pu atteindre leurs objectifs, si
elles n'avaient pas été épaulées efficacement par le soutien
individuel, collectif et financier des laïcs que le leadership de

l'évêque avait su grouper autour de sa personne et de ses réalisations.

Il faut d'abord faire état des conférences de Saint-Vincent-de-Paul et de la Banque d'épargne.

Les conférences de Saint-Vincent-de-Paul

De septembre 1846 à mai 1847, l'évêque de Montréal effectua un deuxième séjour en Europe. Il y poursuivit son travail d'inventaire et d'évaluation des institutions sociales et éducatives françaises: il visita des maisons destinées aux aliénés, aux mendiants, aux enfants trouvés; des pénitenciers, des refuges, des établissements pour sourds-muets et aveugles, des hospices pour les orphelins et des institutions de maternité. Mais il s'attarda surtout au Conseil général de la Société de Saint-Vincent-de-Paul à Paris, et aux conférences établies dans certaines villes de France.

Cette fois, Mgr Bourget avait été devancé par Joseph Painchaud, né à Québec le 12 juin 1819, qui terminait à Paris sa formation en médecine. En 1845, Painchaud avait profité de son séjour parisien pour devenir membre de la Société de Saint-Vincent-de-Paul. Il avait participé activement aux réunions et aux œuvres de la conférence Saint-Sévérin. De retour au pays en 1846, il s'affaira à rendre plus conforme aux exigences de la Société la conférence qui avait été organisée à Québec deux ans plus tôt. Ses efforts furent couronnés de succès. Dès le 7 mars 1847, la conférence de Québec reçut son agrégation de Paris et, deux mois plus tard, les huit nouvelles conférences et le conseil particulier de Québec étaient aussi agrégés[20].

Lorsque, le 19 mars 1848, Mgr Bourget présida dans son évêché l'assemblée de fondation de la conférence de Montréal, il marchait sur les brisées des membres québécois de la Société de Saint-Vincent-de-Paul.

Les progrès furent rapides. Dès le 8 décembre 1848, les conférences montréalaises comptaient 381 personnes, surtout des ouvriers, et six ans plus tard, en 1854, 582 membres. Le premier président du conseil particulier, Hubert Paré, fut remplacé au bout de quelques mois par Ovide Leblanc, qui assuma cette charge jusqu'en 1860, alors que Raphaël Bellemare lui succéda[21]. Côme-Séraphin Cherrier en fut le vice-président et Alfred Larocque, gendre d'Olivier Berthelet, le premier trésorier jusqu'en 1855.

Pour donner un aperçu de l'assistance procurée aux pauvres de la région de Montréal, disons qu'on a calculé que les contributions des laïcs engagés dans la Société de Saint-Vincent-de-Paul s'élevèrent, pour une période de 18 ans, à 68 223 $, soit une moyenne annuelle de 3790 $[22].

La Banque d'épargne

C'est encore grâce à l'initiative de laïcs charitables de l'entourage immédiat de Mgr Bourget, que fut fondée, le 26 mai 1846, la Banque d'épargne pour la ville et le district de Montréal. Ces banques, qui visaient à favoriser l'épargne dans les classes pauvres, étaient nées au XVIIIe siècle et connaissaient un grand succès aux États-Unis, en Angleterre et en France. Différentes des banques à charte, elles n'émettaient pas de billets, mais pouvaient posséder des valeurs bancaires. La Banque d'épargne de Montréal voulait favoriser les sociétés religieuses charitables ainsi que les fabriques des paroisses du diocèse. Elle versa 24 260 $ en dons de charité au cours des 17 premières années de son existence[23].

Antoine-Olivier Berthelet

Parmi les laïcs qui, par leur zèle et leurs ressources financières, apportèrent une assistance inappréciable aux œuvres religieuses et para-religieuses du diocèse de Montréal, il faut faire une place à part à Antoine-Olivier Berthelet. On aurait pu l'appeler le «ministre des finances» de Mgr Bourget, mais «ministre des finances d'une espèce rare qui n'allait pas chercher l'argent dans le gousset des autres, mais qui se taxait lui-même[24]».

Né à Montréal le 25 mai 1798, Berthelet se lança dans les affaires après ses études chez les Sulpiciens au Collège de Montréal et, à la mort de son père survenue en 1830, hérita d'une fortune acquise surtout dans le commerce des fourrures. Comme il avait prévu que la ville se développerait du côté est, il y acquit d'immenses terrains, ce qui «nous le fait apparaître comme un véritable entrepreneur foncier[25]». Les profits de la vente de ces propriétés augmenteront sensiblement sa fortune dont il fit largement bénéficier les œuvres diocésaines. Il fut un membre actif de la Société de Saint-Vincent-de-Paul et contribua à la fondation de la Banque d'épargne. D'après les statistiques dressées par son arrière-petit-fils, l'ingénieur Alfred Larocque, Antoine-Olivier Berthelet aurait donné aux maisons de charité et d'éducation plus de 400 000 $. «À Montréal, il n'est pratiquement aucune communauté qui ne profitât de ses générosités: Sœurs de la Providence, Compagnie de Jésus, Oblats de Marie-Immaculée, Sœurs de Miséricorde, du Bon-Pasteur, de Sainte-Anne, du Sacré-Cœur, Frères de la Charité, etc.[26]».

LES SULPICIENS

Sur le même territoire que l'évêque et assez souvent en conflit avec lui, œuvraient les Sulpiciens, chargés de l'immense paroisse Notre-Dame. Leur supérieur de 1831 à 1846, Joseph-Vincent Quiblier, apparut à ses compatriotes Alexis de Tocqueville et Gustave de Beaumont durant leur séjour au Canada du 21 août au 3 septembre 1831, comme «un homme qui jugeait les Canadiens de l'extérieur et n'avait pas de préjugé anti-anglais[27]».

C'était définir en quelques mots le comportement de Quiblier comme Français et comme supérieur de Saint-Sulpice.

Activement secondé à Rome par son agent, le sulpicien Jean-Baptiste Thavenet, Quiblier eut maille à partir avec Mgr Signay, l'évêque de Québec, au sujet de la nomination des évêques du Bas-Canada. Au cours de l'insurrection des patriotes, il encouragea les Irlandais à passer de l'attitude de neutralité à l'engagement actif dans la milice britannique. Son loyalisme envers les autorités anglaises fut finalement récompensé par l'adoption à Londres, au printemps de 1840, de la loi qui confirmait Saint-Sulpice dans la possession de ses biens.

À cette époque, l'atmosphère entre l'épiscopat et le Séminaire s'étant allégée, Mgr Bourget demanda aux Sulpiciens de prendre en charge la formation théologique et spirituelle des futurs clercs. Ils acceptèrent, le 24 août 1840, en ouvrant un séminaire de théologie dans une aile du Collège de Montréal. Mais les tendances gallicanes que l'évêque ne tarda pas à déceler dans leur enseignement accentuèrent les divergences entre son dynamisme pastoral et l'«état de routine et d'inaction (vieillissement de l'effectif, incapacité de faire face à l'accroissement sensible du nombre des fidèles, attitudes défensives et réactionnaires héritées du passé)» des Sulpiciens, situation dont Quiblier «était sans doute en bonne partie responsable[28]».

Les Sulpiciens étaient les protecteurs attitrés de deux congrégations religieuses fondées à Montréal sous le régime français: la Congrégation de Notre-Dame et les Sœurs Grises de l'Hôpital général, mais aussi des Sœurs de l'Hôtel-Dieu.

Nous avons vu que les Sœurs de la Congrégation avaient multiplié leurs écoles de quartiers à l'instigation de Quiblier et qu'elle s'étaient dites lésées par l'apparition de nouvelles communautés d'enseignantes patronnées par Mgr Bourget. De leur côté, les Sœurs Grises, qui avaient pris parti pour les Sulpiciens dans le conflit qui les avait opposés à Mgr Lartigue, n'avaient pas apprécié la fondation des Sœurs de la Providence, autres «sœurs Grises», dévouées comme elles au service des pauvres en institution aussi bien qu'à celui des indigents à domicile.

Mais que sont ces misères, trop humaines pour ne pas échapper même aux personnes les plus pieuses, en comparaison des immenses bienfaits sociaux de la charité religieuse ou laïque, à une époque où l'État s'en tenait à une contribution symbolique? Même dans un pays aussi évolué que la France du XIXe siècle, le gouvernement ne voulait «prendre à sa charge ni l'instruction primaire ni l'assistance sociale[29]». Au terme d'une étude sur l'assistance aux pauvres dans la région de Montréal de 1831 à 1871, Huguette Lapointe-Roy pouvait écrire: «Notre recherche témoigne de la volonté de l'Église catholique de diminuer la souffrance humaine très présente dans la société montréalaise au siècle dernier. L'État n'a fait qu'appuyer ces initiatives, sans exercer un quelconque leadership[30]».

Chapitre IV

LE DIOCÈSE ET LA PROVINCE ECCLÉSIASTIQUES DE QUÉBEC

En comparaison avec le dynamisme des organismes religieux et charitables du diocèse de Montréal, le rythme de la vie religieuse et sociale du diocèse de Québec pouvait passer pour de l'immobilisme. C'est ce que pensait l'abbé Étienne-Charles Brasseur de Bourbourg, qui séjourna au Séminaire de Québec de l'automne 1845 au printemps de l'année suivante:

> Le diocèse de Québec [vers 1840] se laissait vivre et végétait comme une plante sans sève depuis la mort de M. Plessis. Celui de Montréal, sous l'influence de son évêque et la protection de Marie [...], marchait de cette marche qui caractérise les grandes choses. Québec [...] répudiait avec une défiance timide tout établissement religieux qui aurait pu exciter l'ombrage du gouvernement britannique, et se refusait à voir naître dans les villes et les forêts de son diocèse les grandes institutions qui ont planté la foi et la civilisation en Europe[1].

Le dépit avait inspiré ces lignes au prêtre français, qui n'avait pas trouvé à Québec toutes les facilités indispensables à ses recherches historiques. Mais sa perspicacité n'était pas complètement en défaut, surtout si l'on tient compte du style administratif de l'évêque d'alors, Mgr Joseph Signay.

LES ÉVÊQUES SIGNAY ET TURGEON

Titulaire depuis 1831 du siège épiscopal de Québec, Mgr Signay était un «évêque zélé mais autocrate et distant, dont l'excessive prudence se refusait aux innovations autant qu'au partage serein des responsabilités[2]».

Pour Mgr Lartigue, l'évêque de Québec était un homme timoré. D'abord à l'endroit des autorités britanniques, auxquelles il craignait de déplaire en prenant le titre d'archevêque qui lui revenait, puis envers le Séminaire de Saint-Sulpice, dont il ne voulait pas s'aliéner l'amitié. Dans deux circonstances précises, il s'était opposé aux projets de Lartigue: la fondation d'un journal religieux pour répondre aux attaques de la presse libérale ou protestante, et l'établissement d'une province ecclésiastique, mesure qui eût donné «beaucoup de force et d'union» à l'Église canadienne[3].

Heureusement Mgr Signay s'était donné un collaborateur efficace et compétent en la personne de l'abbé Pierre-Flavien Turgeon. Procureur du Séminaire de Québec depuis 1824, l'abbé Turgeon fut nommé, par un bref de Grégoire XVI du 28 février 1834, évêque *in partibus* de Sidyme et coadjuteur, avec droit de succession. Cela, en dépit des intrigues du duo des Sulpiciens Thavenet à Rome et Quiblier à Montréal, qui le soupçonnaient d'être l'adversaire de leur Maison et lui opposaient leur candidat, Jean-Baptiste Saint-Germain, curé de Saint-Laurent près de Montréal.

En acceptant d'être le coadjuteur de Mgr Signay, l'évêque Turgeon héritait d'une charge délicate. Mais avec un doigté parfait, il mena à terme des projets considérables sans perdre la confiance de son supérieur hiérarchique. À la fois admirateur et critique des réalisations de Mgr Bourget, il sut mettre à profit le dynamisme caractéristique des œuvres du diocèse de Montréal pour en faire dériver une partie vers le diocèse de Québec. C'est ainsi que l'évangélisation des missions du Saguenay fut confiée aux Oblats de Marie-Immaculée en 1844, avant leur venue à Québec en 1852. En 1843, cinq Frères des Écoles chrétiennes étaient arrivés à Québec pour l'éducation des garçons. Et un an plus tard, les Sœurs de la Congrégation de Notre-Dame établissaient un couvent, pour les filles, dans la paroisse Saint-Roch de Québec.

Nous avons vu que, pour une fois, Québec avait, en 1844, devancé Montréal dans la mise sur pied de conférences de Saint-Vincent-de-Paul. Mgr Turgeon les soutint activement. En 1849, il obtint le retour des Jésuites; la même année, il recruta des Sœurs de la Charité de l'Hôpital général de Montréal qui, sous la direction de Sœur Marie-Anne-Marcelle Mallet, vinrent ouvrir une maison pour la garde des orphelins et l'éducation des enfants pauvres. En 1850, il donna son appui à Marie Fisbach, assurée elle-même de la collaboration des conférences de Saint-Vincent-de-Paul, pour fonder l'asile Sainte-Madeleine, qui deviendra l'œuvre du Bon-Pasteur, pour la réhabilitation des ex-prisonnières et des mères célibataires[4].

Mgr Turgeon était secondé dans ses activités épiscopales par le secrétaire du diocèse, l'abbé Charles-Félix Cazeau, que son zèle, son savoir-faire, son entregent et ses relations politiques avaient rendu indispensable à l'administration temporelle du diocèse. Mais peut-être cet aspect de la personnalité entreprenante de Cazeau offusquait-il Mgr Signay qui, durant son épiscopat, lui manifesta beaucoup de méfiance, à telle enseigne que Mgr Turgeon dut intervenir et suggérer à l'évêque de ne pas trop humilier le secrétaire du diocèse et de lui témoigner plus de confiance, d'autant plus «que l'on ne [pouvait] se passer de ses services[5]».

LA PAROISSE NOTRE-DAME DE QUÉBEC

Tout à côté des évêques Signay et Turgeon œuvrait le curé de Notre-Dame de Québec, la plus importante paroisse du diocèse, administrée, de septembre 1831 à mai 1850, par l'abbé Charles-François Baillargeon.

La cure de Québec, dont le territoire englobait toute la haute ville et la partie de la basse ville qui longeait le fleuve, imposait une lourde tâche à son titulaire. En 1834, cela signifiait 10 291 Canadiens français et 6270 Irlandais catholiques à desservir pour une population de 23 343 personnes. Les

Irlandais, depuis 1833, disposaient de leur propre église, St. Patrick, mais ils profitaient de certains services religieux et charitables assurés par la paroisse Notre-Dame, où il se donnait environ 900 baptêmes et 900 sépultures par année, du moins entre 1831 et 1835[6].

Comme ce fut le cas dans la région de Montréal, l'État, pourvu de faibles ressources financières et pressé d'autres exigences politiques, ne versait que des subventions symboliques aux institutions religieuses du diocèse et de la ville de Québec. En réalité, «mis à part quelques rares cas d'exception (service de santé aux temps des épidémies, pensions pour les infirmes et d'autres malades chroniques en résidence dans les hôpitaux)», le gouvernement se déchargeait sur les organismes religieux et para-religieux de l'assistance sociale et des soins de l'éducation[7]. Aussi le clergé, par l'autorité morale dont il disposait auprès de la population, autorité qui s'était encore affirmée après la déconfiture des patriotes de 1837-1838, avait-il tout naturellement été amené à exercer une influence à la fois sociale et éducative dont le curé de Notre-Dame de Québec était la parfaite illustration.

L'abbé Baillargeon dut particulièrement déployer les ressources de son zèle sacerdotal lors des nombreuses épidémies de choléra et de typhus, déclenchées à l'arrivée de milliers d'immigrants des îles Britanniques dans le port de Québec en 1832, 1834, 1847, 1849 et 1851. «Face à ces calamités, le curé demeure assez disponible et respecté pour se voir investir de la confiance de la majorité des habitants[8]». Secondé par ses vicaires et des prêtres du Séminaire, il console et assiste les mourants; il secourt les veuves et trouve aux orphelins des parents adoptifs chez les habitants de la campagne ou les loge chez les Sœurs de la Charité.

Outre le fléau des épidémies sévit celui des incendies:

Le 28 mai 1845, un «immense lac de feu», selon les mots du curé, consume les deux tiers du faubourg Saint-Roch et le quartier du Palais. Il détruit, dans l'espace de six heures, 1630 habitations, fait périr vingt et une personnes et en laisse 12 000 dans la rue. Les secours ne sont pas encore totalement prodigués que, le 28 juin de la même année, un incendie aussi terrible ravage le faubourg

Saint-Jean. Ce sont donc les deux tiers de la ville de Québec qui, dans l'intervalle d'un mois, disparaissent sous les flammes. L'année suivante, le 12 juin, c'est au tour du théâtre Saint-Louis d'y passer: les sapeurs découvrent 46 victimes dans les décombres[9].

Présidés par le curé, des comités de secours s'organisent pour venir en aide aux sinistrés. Ils recueillent et distribuent de l'argent et des dons en nature. «Tout ce système repose sur le prestige du pasteur qui stimule les bonnes volontés, dicte la conduite de chacun, réprimande, encourage et ramène à l'ordre ceux qui seraient tentés de tirer profit de la situation[10]».

À l'indigence et à la misère causées par les épidémies et les incendies s'ajoute la pauvreté chronique, qu'aggravent les hivers, d'une partie de la population: «400 à 500 paroissiens, suivant les années, reçoivent chaque hiver la valeur en provisions d'un pain par semaine pour chaque personne, outre un peu de bois, quelques habits et souliers et quelque argent quand il y a des malades». Dans les moments exceptionnels de misère, plus de 1000 indigents dépendent, pour survivre, des ressources que leur dispense la cure de Québec[11].

L'installation à Québec des conférences de Saint-Vincent-de-Paul allait apporter une collaboration importante à l'œuvre de charité que le curé Baillargeon, jusque-là, dirigeait seul:

Tout en s'occupant des secours aux pauvres, les membres de la Saint-Vincent-de-Paul fondent, en mai 1849, un bureau de placement pour les ouvriers en chômage, organisent des collectes de vêtements et déterminent des endroits fixes dans la ville pour y déposer les objets utiles aux indigents. [...] Cependant, l'œuvre d'animation et de coordination des efforts repose entre les mains du curé qui, seul, par son autorité, son prestige et la sympathie qu'il inspire peut intéresser tous les paroissiens[12].

Le rôle proprement charitable du curé Baillargeon englobait également le domaine de l'éducation; et le district municipal de Québec, en 1843, comprenait 85 écoles élémentaires. L'État versait des subventions à ces établissements pour qu'ils accueillent gratuitement les pauvres. Mais l'achat des manuels et des fournitures scolaires restait la responsabilité des parents, pas toujours prêts à assumer cette dépense. C'est là qu'intervenait le curé en organisant des quêtes, comme celle dont il était question dans son prône du 20 août 1843, à l'occasion de l'arrivée des cinq Frères des Écoles chrétiennes, le 11:

> En annonçant une quête pour procurer les livres aux enfants pauvres qui auront l'avantage d'aller à l'école des Frères, c'est déclarer clairement que ces écoles sont pour les pauvres, et non seulement pour les riches, comme les gens mal informés ou mal intentionnés ont prétendu. Une autre preuve que ces écoles sont pour les pauvres, c'est qu'elles sont gratuites — l'invitation des Frères, c'est pour l'instruction des pauvres[13].

À ces religieux enseignants correspondaient, pour l'éducation des filles, les congrégations des Sœurs de la Charité, des Ursulines, des Sœurs du Bon-Pasteur et des Sœurs de la Congrégation de Notre-Dame au couvent de Saint-Roch, qui bénéficiaient des quêtes et des bazars suscités par l'initiative cléricale.

Enfin, l'expansion de la société de tempérance, fondée en septembre 1840, lors du passage de Mgr de Forbin-Janson dans la paroisse, est l'objet de tous les soins du curé. Déjà «quinze mois après la date de fondation, le curé fait annoncer 3000 inscriptions dans la paroisse Notre-Dame, 2000 dans St. Patrick et 4000 dans Saint-Roch[14]». Son zèle pour maintenir le mouvement se heurte parfois à l'indifférence des paroissiens, comme c'est le cas à la retraite de 1847, mais du moins il réussit à influencer les législateurs qui modifient complètement, en 1851, la loi sur les «liqueurs fortes», «sans aller toutefois jusqu'à la prohibition, sous prétexte de préserver le commerce, alors que de nombreuses pétitions, garnies de milliers de signatures originaires de toutes les paroisses du Bas-Canada, la réclament[15]».

LE SÉMINAIRE DE QUÉBEC

Dans la paroisse Notre-Dame, où s'exerçait si efficacement l'action religieuse, sociale et éducative du curé Baillargeon, aidé de ses auxiliaires ecclésiastiques et laïcs, se trouvait le Séminaire de Québec, foyer d'une intense activité intellectuelle et pédagogique. Ses prêtres éminents, administrateurs ou éducateurs, constituaient une élite cléricale alors unique chez les Canadiens français. Quand Mgr Bourget prit l'initiative de fonder une université catholique en 1851, après avoir scruté les ressources de son propre diocèse, c'est sur le Séminaire de Québec qu'il jeta judicieusement son dévolu.

Car le corps professoral y était le plus apte à assumer cette tâche considérable: il comptait des hommes qui en avaient longuement et patiemment fait le lit. Parmi eux, il faut accorder la prééminence à l'abbé Jérôme Demers.

L'abbé Jérôme Demers

[...] il ne fait aucun doute que l'université Laval n'aurait pu voir le jour au début des années 1850 sans l'immense travail que Demers avait accompli au séminaire. À titre de supérieur et de procureur, ce dernier a dirigé durant 27 ans et de main de maître la maison de Mgr de Laval. Il lui a donné un second souffle sur le plan interne, portant l'enseignement à un rang d'excellence par son intelligence et ses qualités d'éducateur, par le choix qu'il fit d'un homme comme Holmes, avec qui il effectua, entre 1830 et 1835, des changements importants dans les programmes d'études et dans les pratiques pédagogiques. Il sut encore retenir au séminaire des jeunes talents, tels que Louis-Jacques Casault et Elzéar-Alexandre Taschereau, pour ne nommer que ceux-là, qui seront en mesure de relever le défi de l'université. Par son intense activité dans la construction des églises, il a montré la qualité des services que le diocèse recevait du séminaire. Le rôle discret de conseiller qu'il a exercé auprès des administrateurs et des hommes publics lui a apporté le respect de la classe politique. C'est Demers qui a permis à la vénérable institution d'être de son siècle par ses innovations et son immense labeur, et par son souci d'être présent aux problèmes de la société de son temps. Pierre-Joseph-Olivier Chauveau a pu dire avec raison que rarement un homme aussi modeste que Demers aura exercé une plus souveraine influence. Jérôme Demers a été l'un des hommes les plus remarquables du Bas-Canada durant la première moitié du siècle.

(Claude Galarneau, «Demers, Jérôme», DBC, VIII, p. 239.)

Demers avait publié en 1835 le premier manuel de philosophie qui ait été édité à Québec: *Institutiones philosophicae ad usum studiosae juventutis*. Quatre ans plus tôt, l'abbé John Holmes avait fait paraître un *Nouvel Abrégé de géographie moderne suivi d'un petit abrégé de géographie ancienne à l'usage de la jeunesse*, qui marque une date importante dans l'histoire de la diffusion de la géographie au Canada français; on l'utilisera dans les collèges classiques pendant près de trois quarts de siècle. C'est encore à cet Américain, Canadien d'adoption, que l'on doit l'introduction de l'enseignement de l'histoire moderne et de l'histoire du Canada dans les programmes d'études des collèges. Directeur des élèves et préfet des études de 1830 à 1849, sauf en 1836 et 1837 où il voyage en Europe, il imprime un tel élan aux études tout en innovant sur le plan de la pédagogie et de la modernisation du programme que ses contemporains et la postérité le considèrent «comme l'un des grands éducateurs du XIXe siècle»; et bien qu'il décédât le 18 juin 1852, donc avant l'obtention de la charte royale, datée du 8 décembre suivant, «le séminaire reconnut l'œuvre d'éducateur de Holmes en inscrivant son nom parmi les fondateurs de l'université Laval[16]».

À ceux des Demers et des Holmes, il faut joindre les noms de Léon Gingras et d'Antoine Parant. Le premier publia en 1847 à Québec, en deux volumes, un ouvrage remarquable, fruit de ses observations sur place: *L'Orient ou Voyage en Égypte, en Arabie, en Terre-Sainte, en Turquie et en Grèce*. Le second, en sa qualité d'administrateur du Séminaire, prit une part active aux délibérations qui menèrent à l'approbation du projet d'une université.

Ainsi, grâce à l'excellence de son corps professoral, à ses lumières et à ses initiatives diverses, le Séminaire de Québec donna une impulsion décisive au développement de l'éducation et assura, pour un temps, à la région de Québec un rôle directif dans la formation morale et intellectuelle d'une élite au sein de la nation.

LA PROVINCE ECCLÉSIASTIQUE DE QUÉBEC

De tous les diocèses canadiens, ceux de Québec et de Montréal étaient les mieux avantagés en personnel et en structures administratives. Celui de Québec, le plus ancien de l'Amérique britannique, possédait des institutions et des traditions auxquelles il était fortement attaché. Tandis que celui de Montréal manifestait un dynamisme, une indépendance vis-à-vis du pouvoir civil et un élan novateur qu'il devait à son premier évêque, Mgr Lartigue, et surtout à son successeur, Mgr Bourget.

Très sensibles aux progrès du catholicisme aux États-Unis[17], qu'ils attribuaient à la liberté d'action apostolique du clergé et à la possibilité, pour les évêques, de se réunir en conciles depuis 1829 pour régler leurs problèmes communs, Lartigue d'abord, puis Bourget n'eurent de cesse d'obtenir l'établissement d'une province ecclésiastique et la tenue de conciles, afin de parvenir aux mêmes résultats que leurs collègues américains.

Comme l'a déjà souligné l'historien Lucien Lemieux[18], ils se heurtèrent très tôt à la réserve, voire à l'opposition de Mgr Signay, qui craignait les embarras d'une charge de métropolitain. À l'occasion de la consécration épiscopale de Mgr Bourget, le 25 juillet 1837, Mgr Signay étant absent, les évêques se concertèrent pour aller lui présenter une requête en faveur de ce projet, qui leur paraissait s'imposer. Leurs démarches demeurèrent vaines. Alors, de guerre lasse, Mgr Lartigue s'adressa à Rome. Les événements de 1837-1838 et la maladie l'empêchèrent de pousser à fond le dossier; il mourut avant de voir les résultats de ses efforts. Mais son successeur ne tarda pas à prendre le relais.

Le séjour de Mgr Bourget dans la Ville éternelle en 1841 lui permit d'obtenir l'assentiment des cardinaux de la Propagande au dessein qui lui tenait tellement à cœur; toutefois, leur décision finale était subordonnée à l'accord du gouvernement britannique qui, après bien des va-et-vient d'instructions entre Londres et les autorités canadiennes, laissa entendre qu'il ne mettrait pas d'obstacle à l'établissement projeté. Finalement, Grégoire XVI, par son bref du 12 juillet 1844, créait la première province ecclésiastique du Canada avec comme métropole Québec et les diocèses suffragants de Montréal, de Kingston et de Toronto. Le 24 novembre suivant, Mgr Bourget présidait la cérémonie de la remise du pallium à Mgr Signay, dont le titre d'archevêque de Québec fut reconnu officiellement par les autorités britanniques au printemps de 1846.

La raison d'être d'une province ecclésiastique, c'était de favoriser la rencontre des évêques en conciles, afin de débattre en commun des problèmes et d'uniformiser l'administration des diocèses. Voilà pourquoi Mgr Bourget pressait Mgr Signay d'agir. À peine un mois après lui avoir remis le pallium, l'évêque de Montréal proposait au nouveau métropolitain, le 26 décembre 1844, de convoquer le premier concile provincial au cours de l'année qui viendrait, «afin que l'on montrât à tous qu'un titre archiépiscopal n'était pas un vain titre et qu'une responsabilité importante y était attachée». Piqué au vif par cette remarque cinglante, Mgr Signay se renforça dans son inertie: un concile provincial exigeait une longue préparation et beaucoup de consultations. De sorte qu'en 1846, rien n'avait encore bougé. C'est alors que le secrétaire Cazeau intervint auprès de Mgr Bourget: il l'invitait à venir constater par lui-même l'état déplorable des affaires de l'archidiocèse par suite de l'impéritie de Mgr Signay et le priait, à la veille de son deuxième départ pour Rome, de réclamer la démission de l'archevêque. L'impatience de l'évêque de Montréal devant tant d'atermoiements n'avait pas besoin d'être aiguillonnée davantage. Le 25 septembre 1846, il avait la rude franchise de mander à son chef hiérarchique qu'il allait retenir la suggestion de l'abbé Cazeau: «Depuis longtemps je pense que V. G. devrait résigner l'administration de son archidiocèse, se contentant de conserver le titre de Métropolitain. Je vais profiter de mon voyage à Rome pour exposer au Saint-Siège les raisons qui me font croire qu'il serait temps que vous vous déchargeassiez de ce fardeau[19]».

En réalité, Mgr Signay avait compris de lui-même qu'il devait démissionner, mais, à Rome, on ne s'empressait pas de faire droit à sa requête[20]. Au début d'octobre 1849, il informait le préfet de la Propagande qu'il confierait sous peu l'administration de son diocèse à Mgr Turgeon; ce dernier s'empressa de demander si, en qualité de coadjuteur et d'administrateur, il était autorisé à agir comme métropolitain de la province ecclésiastique. La réponse fut affirmative.

Le 3 octobre 1850 mourut Mgr Signay. Le mandement d'entrée de Mgr Turgeon est daté du 8 octobre. Dès le 6 janvier 1851, le nouveau métropolitain convoquait par édit les évêques suffragants à un concile provincial. Une étape cardinale venait d'être franchie par l'Église canadienne.

CHAPITRE V

LE DIOCÈSE DE MONTRÉAL, FER DE LANCE DE L'ÉGLISE CANADIENNE

La création d'une province ecclésiastique réalisait enfin, après plus d'une décennie, le rêve des chefs du diocèse de Montréal, d'abord Mgr Lartigue, puis Mgr Bourget. On pouvait maintenant revenir à d'autres objectifs, comme celui du recrutement des religieux européens promis à l'évêque de Montréal lors de son premier voyage de 1841. Mgr Bourget ira donc sur place rappeler leurs engagements aux supérieurs des congrégations concernées. Il en profitera pour étudier minutieusement les institutions des secteurs éducatif et hospitalo-caritatif, dont l'État français et les collectivités locales, n'entendant pas multiplier leurs charges, laissaient l'établissement et le maintien à l'initiative privée.

LE TRAVAIL INLASSABLE DE MGR BOURGET

Deuxième voyage en Europe

Le 28 septembre 1846, le libraire montréalais Édouard-Raymond Fabre écrivait à son fils Hector, alors à Paris: «L'évêque de Montréal part demain pour la France sur le paquebot

Duchesse d'Orléans». Avec le prélat s'embarquaient le sulpicien Pierre-Adolphe Pinsoneault et d'autres Montréalais, de sorte qu'aux yeux du libraire, l'ensemble constituait «une vraie cargaison de Jean-Baptiste[1]».

Après avoir visité un grand nombre d'institutions religieuses françaises, notamment à Paris, Mgr Bourget s'arrêta à Marseille pour obtenir l'assentiment de Mgr de Mazenod au choix de l'oblat Joseph-Eugène-Bruno Guigues comme premier titulaire du siège épiscopal du diocèse projeté de Bytown (Ottawa). Puis il arriva à Rome à la mi-décembre 1846.

La péninsule italienne connaissait alors une effervescence extraordinaire. L'impopulaire Grégoire XVI était mort le 1er juin précédent et, dès le 16 du même mois, le cardinal Jean-Marie Mastai-Ferretti avait été élu pape sous le nom de Pie IX.

Lorsqu'il était évêque d'Imola, le futur pape s'était fait connaître pour ses sympathies envers les partisans nationalistes qui désiraient libérer l'Italie de l'emprise autrichienne. Aussi quand, le 17 juillet, il eut signé le décret amnistiant les prisonniers et les exilés politiques, une immense vague d'enthousiasme déferla-t-elle sur l'État pontifical et bientôt sur toute la péninsule. Aux yeux du public, ce décret prenait les proportions d'un manifeste qui rompait avec la politique du précédent pontificat et amorçait, quant à la question nationale, un changement complet dans l'attitude du Saint-Siège. En Pie IX allait s'incarner la cause nationale de l'Italie.

Les événements qui suivraient devaient aggraver jusqu'au drame l'équivoque initiale qui couvrait la divergence fondamentale entre les aspirations populaires et les véritables intentions de Pie IX. Avant son élévation au souverain pontificat, le cardinal Mastai avait envisagé les réformes à apporter au gouvernement des États de l'Église comme des problèmes d'ordre interne. Il n'avait pas songé à la libération du territoire national par l'expulsion de l'étranger autrichien, qui occupait le nord de l'Italie.

Mais l'opinion publique, déjà saturée par les idées mises en circulation par les écrivains libéraux et nationalistes, était toute prête à créer le «mythe de Pie IX». La publication du

Mgr Ignace Bourget (1799-1885), deuxième évêque de Montréal, chef des ultramontains et adversaire impitoyable des libéraux. ANQ, coll. initiale.

décret d'amnistie en précipita la cristallisation. D'autres mesures semblaient indiquer que le pape était bien décidé à progresser dans la voie des réformes. Le successeur de Grégoire XVI mettait la papauté à la tête du siècle. Il semblait unifier en sa personne les deux grandes aspirations de son époque, le christianisme et la démocratie: «Ce pontife, écrivait Frédéric Ozanam à dom Guéranger au début de 1847, qu'on rencontre à pied dans les rues, qui cette semaine s'en allait un soir visiter une pauvre veuve et la secourir sans se faire connaître, qui prêchait, il y a quinze jours, au peuple assemblé à Saint-André *della Valle*, ce courageux réformateur des abus du gouvernement temporel, semble vraiment envoyé de Dieu pour conclure la grande affaire du XIXe siècle, l'alliance de la religion et de la liberté[2]».

À Rome, Mgr Bourget assistait, extasié, aux manifestations populaires scandant chaque mesure, chaque geste du nouveau pontife; d'emblée Pie IX devint à ses yeux le pape par excellence, qu'il célébrerait et défendrait à temps et à contretemps durant tout son épiscopat. Ce séjour exaltant dans la Ville éternelle allait créer dans sa psyché la conviction que tout ce qui émanait de Rome participait de la sainteté et de l'infaillibilité pontificales. Dépourvu de tout esprit critique à l'endroit de l'entourage du pape, il allait voir en quelque sorte l'administration des États de l'Église comme le gouvernement d'une divine Utopie.

Pie IX, le nouveau Salomon

Alors se succédaient à Rome, presque sans interruption, de pompeuses ovations et de magnifiques illuminations, pour célébrer son glorieux avènement au Trône Pontifical. Alors les collines de la Cité Éternelle retentissaient jour et nuit des bruyants applaudissements d'un peuple ivre de bonheur sous son gouvernement libéral et paternel. Le monde entier fesait [sic] écho aux réjouissances de la capitale; et toutes les nations catholiques bénissaient la Divine Providence de leur avoir donné un si bon Pasteur. Le nom de ce grand Pontife était dans toutes les bouches; et Rome voyait affluer dans son sein une foule empressée à venir de tous les points du globe pour contempler la sagesse de ce nouveau Salomon.

Nous avons vu de nos yeux, Nos Très Chers Frères, ce que Nous vous rapportons ici.

(Mgr Bourget, «Lettre pastorale de Monseigneur l'Évêque de Montréal, ordonnant des prières pour Notre Saint Père le Pape, Pie IX, obligé de quitter Rome et de se réfugier dans un royaume étranger, par suite des troubles arrivés dans sa capitale, en novembre dernier», 18 janv. 1849, MEM, II, 22-23.)

Ce qu'il écrivait dans sa lettre pastorale du 18 janvier 1849, il le répétait dans son mandement du 19 mars 1860: «Dans notre second voyage, en 1846, Nous pûmes jouir des brillantes ovations qui signalèrent l'avènement de notre Immortel Pontife[3]».

Le 30 décembre 1846, Mgr Bourget remettait à la Propagande un mémoire demandant l'érection du diocèse de Bytown et la nomination de l'oblat Bruno Guigues comme premier évêque. À cette date, il avait conquis le cœur de Pie IX et des cardinaux. Le sulpicien Pinsoneault répétait à qui voulait l'entendre le témoignage du secrétaire de la Propagande: «Je puis vous dire sans compliment que peu d'évêques sont en aussi grande faveur auprès du Saint-Père, qui estime singulièrement Mgr Bourget. Le Pape ne parle de votre évêque qu'avec effusion de cœur; c'est plus que de l'estime qu'il a pour lui, c'est de l'affection et de l'amour[4]».

Repassant par la France, l'évêque de Montréal recruta les sujets qu'on lui avait promis quelques mois plus tôt, de sorte qu'à son arrivée dans sa ville épiscopale, le 27 mai 1847, il était accompagné de 20 religieuses et religieux français: une sœur du Sacré-Cœur, deux jésuites, trois clercs de Saint-Viateur, un père de Sainte-Croix et un prêtre qui n'avait pas encore fait profession, huit frères de Saint-Joseph et quatre sœurs Marianites.

Initiatives hors du diocèse

En plus d'avoir joué un rôle prépondérant dans l'établissement de la province ecclésiastique, Mgr Bourget fut à l'origine de plusieurs fondations hors de son propre diocèse. C'est en partie grâce à lui que le diocèse de Toronto, détaché de celui de Kingston, fut créé en 1841 et doté d'une cathédrale, qu'il consacra le 29 septembre 1848. Mgr Rémi Gaulin, incapable d'assurer l'administration du diocèse de Kingston, reçut comme coadjuteur Mgr Patrick Phelan en 1843. La ville même de Kingston, choisie comme capitale du Canada-Uni, était vraiment démunie sur les plans de l'éducation catholique et de l'assistance aux malades: Mgr Bourget invita la

Congrégation de Notre-Dame à y fonder une école primaire
et les religieuses hospitalières de Saint-Joseph de l'Hôtel-Dieu
à établir un hôpital pour les malades de la ville et des environs, projet qui se réalisa en septembre 1845. L'année
précédente, des Jésuites avaient gagné leurs missions du
Haut-Canada et les Oblats étaient arrivés à Bytown, suivis
peu après d'un groupe de Sœurs Grises. (En 1840, cette même
communauté avait détaché un contingent de religieuses à
Saint-Hyacinthe, puis, quatre ans plus tard, à la Rivière-
Rouge.) Enfin, le premier évêque du nouveau diocèse de
Bytown sera le père Guigues, supérieur au Canada des Oblats
de Marie-Immaculée, candidat de l'évêque de Montréal.

La seule énumération de ces réalisations témoigne éloquemment de l'activité débordante de l'infatigable Bourget,
qui payait largement de sa personne, quoiqu'il fût assisté
depuis le 5 juillet 1844 d'un coadjuteur, Mgr Jean-Charles
Prince[5].

Nouvelles recrues, nouvelles fondations

Peu après leur arrivée à Montréal, les religieux français se
rendirent compte qu'une épidémie de typhus sévissait dans
la ville. La terrible maladie, apportée par les quelque 100 000
immigrants des îles Britanniques qui, à l'été de 1847, emprun-
tèrent la voie du Saint-Laurent, en fit périr à Montréal près
de 4000. Elle obligea l'évêque à détacher plusieurs prêtres de
son équipe sacerdotale récemment renforcée pour les secours
aux pestiférés. Il donna lui-même l'exemple et eut la chance
d'échapper à la contagion, contrairement à neuf prêtres et à
treize religieuses qui succombèrent, victimes de leur dévouement[6].

Leur tâche assignée, les recrues se dispersèrent pour fonder de nouveaux établissements. Les trois clercs de Saint-
Viateur s'orientèrent vers le village d'Industrie (Joliette) pour
y diriger une école paroissiale, ouvrir un noviciat et prendre
possession d'un collège en pierre de deux étages, qui venait
d'être construit entièrement aux frais du seigneur entrepreneur Barthélemy Joliette[7].

«Le collège de Joliette prétendait innover en matière d'éducation: il devait former un homme nouveau à partir d'un programme d'études de cinq ans axé sur les disciplines scientifiques et industrielles, les arts libéraux et les langues modernes, le français et l'anglais». Mais à l'exception de leur supérieur, le frère Étienne Champagneur, les clercs, formés en France à l'enseignement primaire et au service du curé dans les petites localités, n'étaient pas préparés à la tâche qu'on leur destinait. La situation fut sauvée par l'arrivée de deux prêtres de la même congrégation, qui œuvraient aux États-Unis depuis 1841, et la présence de deux clercs tonsurés parmi les neuf recrues canadiennes[8].

Ce sont ces recrues qui permirent aux Clercs de Saint-Viateur de se voir confier le Collège de Chambly en 1849, celui de Rigaud en 1850 et l'institution des sourds-muets à Côte Saint-Louis, à Montréal, en 1853. Car cette congrégation fut celle qui envoya le moins de religieux au Canada. Si on fait abstraction du contingent de 1847, elle ne devait fournir que cinq religieux en 29 ans! D'où la rapide canadianisation de cet institut de frères enseignants, sa «cléricalisation» et son orientation vers l'enseignement classique pour des raisons d'ordre économique[9].

Une orientation identique devait infléchir la destinée de la Congrégation de Sainte-Croix, à laquelle s'incorporèrent les Frères de Saint-Joseph. Elle inaugura, dans la paroisse Saint-Laurent, au nord de l'île de Montréal, grâce à la générosité financière du curé Jean-Baptiste Saint-Germain, une «Académie industrielle», qui deviendra en 1861 le Collège de Saint-Laurent. Mais «faute de ressources», «on avait abandonné les boutiques une à une» et, au risque de mécontenter Mgr Bourget, qui estimait que les collèges classiques étaient trop nombreux, on s'était progressivement replié sur l'enseignement moins coûteux en équipement du latin et du cours classique[10].

Les Jésuites, quant à eux, fondèrent en 1848 le Collège Sainte-Marie, voué à la formation d'une élite laïque. Puis, pour des motifs d'ordre pécuniaire, ils finirent par adjoindre à leurs classes régulières «un cours de commerce», afin d'«accroître le nombre des élèves» et d'«alléger le fardeau» financier de l'institution[11].

Mais les expédients budgétaires des différentes communautés eussent certainement abouti au désastre, si n'étaient intervenus des bienfaiteurs qui pallièrent de leur mieux l'insuffisance économique inhérente au contexte canadien-français de l'époque.

Ainsi, le 20 août 1846, l'hôtelier et marchand John Donegani cédait pour 15 000 $ aux Jésuites, en vue de la construction du Collège Sainte-Marie, un terrain qu'il estimait valoir 50 000 $. Lorsque l'on ouvrit une souscription destinée au financement du nouvel édifice, il déboursa encore 2000 $; sa femme et ses deux enfants, «une somme presque égale»; un autre Montréalais souscrivit 6400 $. En 1863, Antoine-Olivier Berthelet et son gendre Alfred Larocque procurèrent aux Jésuites le terrain du Gésu évalué à 20 000 $. Entre le 24 octobre 1864 et juillet 1865, une souscription publique, dont le produit fut affecté à la construction de l'église, rapporta environ 10 000 $. Entre septembre 1870 et mai 1871, une nouvelle souscription, cette fois pour sauver le collège et l'église de la ruine financière, produira 14 000 $[12].

Le curé Saint-Germain de la paroisse Saint-Laurent espérait depuis des années la venue de frères enseignants. Lorsque les religieux de Sainte-Croix se présentèrent enfin, il les aida efficacement. En juillet 1862, un peu plus d'un an avant sa mort, il évaluait à 5000 $ l'ensemble des dons, en nature et en espèces, qu'il avait faits à la communauté depuis ses débuts. Par testament, il devait en outre lui léguer un terrain valant environ 6000 $.

Les Clercs de Saint-Viateur, pour leur part, avaient reçu de leur bienfaiteur Barthélemy Joliette des propriétés évaluées à quelque 29 000 $, plus précisément «l'usufruit et jouissance pleine et entière et à perpétuité» de ces biens. Ce n'est qu'en 1884 qu'ils en obtiendront la complète propriété. Pour ce qui est du Collège de Rigaud, le terrain en avait été «obtenu gratuitement des seigneurs» du lieu[13].

Ces biens, provenant des mécènes dont il vient d'être question, les communautés allaient s'employer à les faire fructifier, par le travail de leurs membres, qui se révéla un facteur important d'enrichissement. D'autant plus qu'il était soutenu par «une éthique du travail qui tend[ait] à accroître leur ren-

dement et leur productivité». En clair, cela signifiait la réduc-
tion à l'extrême des temps de repos, le contrôle sévère de la
consommation et la valorisation accrue de la vie frugale et
pauvre. Avec comme résultat un «taux effrayant» de décès de
jeunes religieux. Par exemple, chez les Frères des Écoles chrétiennes, pendant les 40 premières années de l'Institut au pays,
la «moyenne des âges au décès [fut] de 23 ans»! Quant aux
Jésuites, cette moyenne, pour les 26 pères et frères qui œuvrè-
rent au Canada entre le 4 septembre 1845 et le 11 décembre
1858, s'établit à 38 ans.

   «En résumé», conclut le sociologue Gabriel Dussault, à
qui nous empruntons l'explication et le constat de cette effroyable hécatombe de jeunes vies, «la devise des communautés en cette époque semble avoir été: Produire le plus possible
en consommant le moins possible. Dans ces conditions, malgré les bas salaires et les maigres rémunérations dévolus au
cheap labor intellectuel qu'elles constituaient, l'accumulation
primitive, même non recherchée, était inévitable. Il suffisait
d'y mettre le prix, et ce prix était le sacrifice d'une ou deux
générations d'hommes[14]».

La fondation du *True Witness*

Le 1er mai 1850, l'archevêque Turgeon de Québec, l'administrateur Phelan du diocèse de Kingston et l'évêque Guigues de
Bytown se retrouvaient à Montréal avec l'évêque du lieu et
son coadjuteur Mgr Prince. Cette réunion des évêques, la première depuis la formation de la province ecclésiastique, avait
été organisée à l'instigation de Mgr Bourget pour servir en
quelque sorte de préface au premier concile provincial de
Québec.

   Parmi les nombreuses questions touchant l'organisation
ecclésiastique et la conduite des fidèles figurait celle de la fondation d'un journal catholique de langue anglaise, à laquelle
Mgr Bourget attachait une extrême importance. Il voulait,
pour la communauté irlandaise du Bas et du Haut-Canada,
de plus en plus nombreuse en raison de l'immigration, un
organe officiel qui servît à exposer ses légitimes revendications

comme à défendre efficacement ses droits religieux et politiques. En somme, le rôle que jouaient les *Mélanges religieux* auprès de l'élément canadien-français, les évêques voulurent qu'un journal de langue anglaise le remplît vis-à-vis de la population catholique anglophone.

Pour le diriger, ils songèrent d'abord à un Américain, Orestes A. Brownson, dont les conférences faisaient accourir l'élite intellectuelle de Montréal et de Québec. Converti au catholicisme depuis juin 1844, c'était un disciple de Montalembert avec qui il commençait, précisément en 1850, une correspondance qui demeure, après plus d'un siècle, un témoignage singulièrement émouvant d'une grande amitié franco-américaine. Originaire d'une petite ferme du Vermont et devenu, par la seule puissance de son esprit et de sa plume, l'une des illustrations littéraires et philosophiques de la Nouvelle-Angleterre transcendantaliste, Brownson accédait alors à une audience européenne: il se révélait, au témoignage d'un journaliste parisien, un observateur perspicace de la politique française. Après ses premiers démêlés retentissants avec le Newman de *An Essay on the Development of Christian Doctrine*, sa revue intitulée, sans excès de modestie, la *Brownson's Quarterly Review*, s'imprimait simultanément à Boston et à Londres, étant probablement le premier périodique américain à connaître une édition anglaise.

Brownson trouvait également des lecteurs et des abonnés au Canada. À le lire, on ne tarda pas à vouloir l'entendre. James Sadlier, directeur de la succursale montréalaise de la maison d'édition D. & J. Sadlier and Co. de New York, dans une lettre datée du 15 mars 1850, se fit l'interprète de ses concitoyens auprès de Brownson qui, flatté, ne se fit pas prier. Dès qu'il eut corrigé les épreuves de la livraison d'avril de sa revue, il quitta Boston. Le 4 avril, il arrivait à Montréal.

Le succès considérable qu'il remporta comme conférencier à Montréal et à Québec pendant tout le mois d'avril explique d'une certaine façon qu'on ait songé à confier à un Américain la rédaction d'un journal destiné surtout à des Irlandais. L'abbé Edward John Horan, du Séminaire de Québec, qui l'avait connu lors de ses études à l'Université Harvard, fut dépêché vers Brownson «pour lui faire connaître les désirs de NN. SS. les évêques de la province ecclésiastique», comme il l'écrivait, le 2 mai 1850, à l'abbé Charles-Félix Cazeau. Mais l'Américain ne pouvait accepter la proposition: «M. Brownson, poursuivait l'abbé Horan, m'a chargé de vous exprimer sa vive reconnaissance pour l'honneur que les Évêques lui ont fait, honneur dont il se reconnaît indigne, et auquel il n'avait aucun droit de s'attendre. Il m'a chargé aussi de vous dire que, dans les circonstances où il se trouve, il lui est bien difficile, sinon impossible, de quitter Boston pour venir s'établir au Canada».

Brownson disparu de l'horizon canadien, il fallait vite repérer un autre publiciste capable de prendre en main la direction du journal projeté. Au défaut du converti américain, on put heureusement faire appel à la foi conquérante et à la plume d'un autre converti, un Écossais récemment débarqué sur les rives du Saint-Laurent, George Edward Clerk.

Né à Penicuik, comté d'Edimbourg, le 18 mars 1815, d'une famille aristocratique mais pauvre, étudiant à Eton, cadet de marine, éleveur de moutons en Australie, Clerk avait acquis, jeune encore, une large expérience de la vie, lorsqu'il se convertit au catholicisme à la lecture d'un ouvrage de Wiseman. Il fit son abjuration en juin 1847. Désormais, il n'aspira plus qu'à conformer le plus exactement possible sa vie aux exigences du credo auquel il avait adhéré d'un seul élan de son esprit et de son cœur.

En route pour un deuxième séjour en Australie, il arriva à Montréal, le 7 octobre 1847, avec l'intention de n'y faire qu'une courte halte. Mais une attaque de fièvre rhumatismale, provoquée par le temps humide, l'obligea à rester. Enfin, l'amour — il épousait Marie-Louise-Élisabeth Dupuis à Laprairie, le 27 novembre 1849 — conféra à ce nomade une sédentarité exemplaire, l'enracinant pour le reste de son existence dans la région montréalaise.

Pour vivre, il tâta d'abord du notariat. Il entra alors en relation avec Mgr Bourget et l'abbé Joseph La Rocque, rédacteur des *Mélanges religieux*. Grâce à eux, il eut accès à la bibliothèque du Séminaire, ce qui lui permit d'établir les assises de cette culture philosophique et théologique qui devait assurer son succès et son autorité comme journaliste.

L'évêque de Montréal ne tarda pas à apprécier la vivacité d'esprit, la culture, la maîtrise de la langue anglaise, mais surtout l'intensité de la foi chrétienne de Clerk. De là à songer à lui confier la rédaction du journal projeté, il n'y avait qu'un pas.

Mais ce n'est qu'après que Brownson eut décliné, le 2 mai 1850, leur invitation, que les évêques canadiens s'adressèrent à Clerk. Encouragé chaleureusement par les porte-parole des Irlandais catholiques de Montréal et de Québec, l'Écossais accepta. Dès le 8 mai, il exposait un projet de journal devant les évêques, qui l'approuvèrent. Trois jours plus tard, une circulaire annonçait que les Irlandais disposeraient bientôt d'une publication consacrée à la défense de leur foi et de leurs droits: «Pressés par les besoins de l'époque, et à la demande de plusieurs laïques profondément affligés de voir que le catholicisme en Canada n'a pas un seul organe, dans la langue anglaise, pour repousser les attaques incessantes des journaux protestants, nous nous sommes arrêtés à ce qui suit: 1° Nous approuvons de tout notre cœur, comme une œuvre avantageuse à la religion, la publication d'un journal religieux anglais, pourvu qu'il ne s'attache à aucun parti politique[15]».

Ce fut désormais pour les Montréalais un spectacle de haut goût que d'assister aux campagnes vivement menées de cet authentique Écossais devenu, sans arrière-pensée, le héraut et le défenseur attitré des Irlandais catholiques du Canada. Car le personnage, non plus que le journaliste, n'était dépourvu de ces traits, de ces singularités même, qui excitent et retiennent la curiosité publique, toujours friande de ces types d'hommes dont l'apparence et l'allure originales rompent la monotonie grégaire. Large d'épaules, l'œil d'un bleu intense abrité généralement derrière des lunettes également bleues, le front bien dégagé, les favoris et la moustache taillés à la mode, la bouche au dessin nettement tracé, la mise un peu bizarre, Clerk, quoique travailleur acharné, quittait aussi souvent qu'il le pouvait sa plume et ses livres pour déambuler, par tous les temps, dans les rues, son inséparable parapluie de coton rapporté d'Australie à la main, accompagné d'amis et suivi de deux ou trois chiens.

Il intitula son journal, un hebdomadaire, dont le premier numéro parut le 16 août 1850, *The True Witness and Catholic Chronicle*. Ce titre indiquait tout un programme. C'était aussi une déclaration de guerre à John Dougall, du *Montreal Witness*, et à George Brown, fondateur et rédacteur en chef du journal torontois *The Globe*. Un Écossais émigré levait la *claymore* contre deux autres Écossais, émigrés comme lui. De part et d'autre, il s'engagea alors sur les rives du Saint-Laurent, avec une ardeur toute calédonienne, une lutte qui certes ne perdit rien de sa vivacité à ne pas se dérouler sur les bords de la Clyde[16].

LE PREMIER CONCILE PROVINCIAL DE QUÉBEC

Avec l'établissement de la province ecclésiastique de Québec en 1844 et la réunion épiscopale de 1850 à Montréal, on sent les évêques canadiens désireux de regrouper les forces de leur Église désormais libérée de toute entrave étatique, de raffermir l'union entre les diocèses, de renforcer la discipline ecclésiastique, d'uniformiser la liturgie et l'enseignement par l'adoption d'un catéchisme commun, enfin de se rapprocher de Rome. Cette tendance à la «romanisation» est favorisée par deux facteurs: l'accélération des communications entre l'Amérique et l'Europe, symbolisée par la construction, en 1845, du premier transatlantique en fer et à hélice, le *Great Britain*; et les tribulations de la papauté, après l'euphorie des années 1846-1848, qui font apparaître Pie IX comme la victime innocente des menées révolutionnaires dans ses États.

Comme lors de la création de la province ecclésiastique, Mgr Bourget fut «l'inspirateur, l'initiateur et le principal animateur du premier Concile de Québec, de sa préparation, de ses travaux comme de ses réalisations ultérieures[17]».

Dans toutes ses démarches, l'évêque de Montréal reviendra constamment sur la nécessité de mettre l'Église canadienne à l'heure de Rome, cette heure conservât-elle quelque chose de flou. Le *Cérémonial des évêques* surtout retiendra les soins de sa vigilance. Pour dissiper toute ambiguïté, ce qui était évidemment superflu chez le «Romain» qu'il était depuis toujours, il écrivait à l'archevêque Turgeon, le 15 novembre 1850: «J'ai fait main basse sur tous les usages particuliers de la cathédrale, pour adopter tout ce qui est prescrit dans le Cérémonial des Évêques, le seul qui ait reçu l'approbation de l'Église[18]».

Cette impétuosité ultramontaine n'était pas du goût de l'abbé Charles-François Baillargeon, que les évêques, réunis à Montréal en mai 1850, avaient délégué comme leur agent à Rome en vue de la préparation du concile, après sa démission comme curé de Notre-Dame de Québec. Critique à l'endroit de la politique pontificale, qu'il jugeait réactionnaire, témoin sans complaisance des pratiques des cardinaux de la curie et du comportement des fonctionnaires des États de l'Église, l'abbé Baillargeon faisait part à son supérieur hiérarchique, le 7 octobre 1850, de son opinion sur les initiatives «romaines» de Mgr Bourget: «On m'a informé que, dans l'assemblée des Évêques à Montréal, il avait été décidé de faire un nouveau Manuel de cérémonie pour la province ecclésiastique; et que l'Évêque de Montréal, chargé de ce travail, avait résolu, du consentement des autres, je suppose, d'adopter le Cérémonial suivi à Rome. Si c'est le cas, j'en suis vraiment affligé... Évidemment l'Évêque de Montréal est trop ami des réformes, ou plutôt des nouveautés, sous le pieux prétexte de vouloir se conformer en tout à Rome». Offusqué quand il prit connaissance de cette mise au point entre la théorie et la pratique dans la Ville éternelle, Mgr Bourget regretta «que les jugements de Mr Baillargeon [fussent] un peu trop lestes et faits avec un peu trop de précipitation[19]».

L'abbé Baillargeon ne tarda pas à juger superflue sa présence sur les bords du Tibre: pour éclairer les préposés à la Propagande, des mémoires expédiés par la poste suffiraient. Mais il dut, à son corps défendant, retarder son retour à Québec, car il venait d'être choisi comme coadjuteur de l'archevêque Turgeon et on souhaitait qu'il fût sacré sur place. «Rome ne put que souscrire au choix des évêques canadiens qui avaient vanté ses vertus et ses qualités personnelles: science profonde en matière ecclésiastique, grand zèle pour la discipline, fermeté de caractère, connaissance judicieuse des hommes, prudence et habileté dans les affaires, confiance des

évêques, du clergé, des laïcs et des protestants[20]». Ayant reçu
la consécration épiscopale le 23 février 1851, il rentrait au
Canada quatre mois plus tard.

Entre-temps, l'archevêque Turgeon avait publié, le 6 janvier 1851, l'édit officiel de convocation du premier concile provincial de Québec, qui s'ouvrit le 15 août suivant. Dix évêques
se présentèrent à Québec, accompagnés de 25 théologiens et
canonistes. Quelques autres prêtres assuraient les services du
secrétariat et des cérémonies.

On y aborda les questions soulevées antérieurement. Que
l'enseignement primaire soit confié, autant que possible, à des
religieux et à des religieuses de préférence à des instituteurs
laïcs. Que la ségrégation des sexes et des confessions soit
appliquée dans toutes les écoles où cela était réalisable. Que
ne soient plus établis de nouveaux collèges classiques, les car-
rières libérales étant encombrées. Que la nécessité d'écoles
normales confessionnelles s'imposait en vue de la formation
de maîtres chrétiens. Les évêques regrettaient de ne pouvoir
retirer des collèges les séminaristes y enseignant, pour leur
permettre de s'adonner plus complètement à l'étude de la
théologie. Ce n'est que très brièvement que l'on toucha à la
question de la fondation d'une université catholique.

On s'attarda davantage à l'enseignement religieux élémentaire et aux ouvrages concernant la liturgie. Depuis quelques années, les évêques de Montréal et de Bytown avaient
convenu du besoin d'un catéchisme uniforme et l'assemblée
de mai 1850 en avait décidé la rédaction. Ils avaient confié le
travail à Mgr Phelan et à Mgr Guigues[21].

Les rédacteurs avaient décidé très vite de proposer le
catéchisme de l'évêque irlandais James Butler pour les fidèles
de langue anglaise. Quant au catéchisme français, l'évêque de
Bytown en avait soumis une première version à Mgr Bourget.
Mais il avait dû reprendre son travail à la lumière de la
«Direction pour celui qui rédigera le Catéchisme de la Province Ecclésiastique de Québec», élaborée à l'assemblée pré-
paratoire au concile de mai 1851[22]. Cette version remaniée fut
discutée au Premier concile de Québec et approuvée avec
quelques corrections. L'archevêque de Québec se chargea ensuite de l'édition, avec l'aide de quatre théologiens. Au début

de 1853, paraîtra *Le Petit Catéchisme de Québec, publié avec l'approbation et sur l'ordre du Premier Concile Provincial de Québec.* Un mandement de Mgr Turgeon en avril 1853 et un autre de l'ensemble des évêques en septembre de la même année expliqueront que «les Pères du Concile ont voulu que le petit catéchisme français, dans une nouvelle édition qu'ils en ont commandée, avec injonction de n'y rien changer au fond, fût augmenté dans certaines parties, et rédigé dans un autre ordre et sous une forme nouvelle[23]». Le texte collectif insistera particulièrement sur le devoir des parents de participer à l'instruction religieuse de leurs enfants[24].

Très tôt, cependant, plusieurs prêtres du diocèse de Montréal critiqueront auprès de leur évêque ce catéchisme trop difficile à enseigner aux jeunes enfants. Leurs doléances, reprises par Mgr Bourget, aboutiront à un projet de révision unilatéral en 1863-1864 et à la défense de Rome de discuter du catéchisme au deuxième synode de Montréal en 1864[25].

Pour revenir au concile d'août 1851, on décida, concernant les cérémonies liturgiques, de se conformer le plus possible à l'usage romain. Ici, l'influence de Bourget et de son coadjuteur Prince domina celle de Québec, qui tenait à certaines coutumes locales et dont le maître à penser ès matières doctrinales, philosophiques et liturgiques restait Mgr Jean-Baptiste Bouvier, évêque du Mans. Il fallait, avait écrit l'évêque de Montréal à l'archevêque Turgeon, le 21 février 1851, un «Rituel Romain tout pur» en latin, qu'on ferait suivre d'un texte en français et en anglais traitant de la prédication et des devoirs sacerdotaux. Le *Cérémonial des évêques* sera celui, revisé, de Giuseppe Baldeschi, le liturgiste qui avait codifié les cérémonies pontificales sous le pape Léon XII.

Avant de se séparer, les évêques s'entendirent pour demander à Rome la création de deux nouveaux diocèses: Saint-Hyacinthe et Trois-Rivières.

Le Premier concile provincial de Québec

Le premier concile provincial de Québec resterait mémorable surtout peut-être par l'image nouvelle qu'il avait projetée d'une Église catholique imposante et pleinement libre. Les évêques restaient bien conscients par ailleurs de n'avoir rien réalisé d'extraordinaire. Ils le déclaraient dans la lettre qu'ils adressaient au Saint-Père, avec l'envoi des Actes et des Décrets. Ils avaient seulement cherché à répondre aux besoins des fidèles qui leur étaient confiés; ils avaient décrété ce qui leur avait paru le plus utile pour le service de l'Église catholique en Amérique du Nord.

(Jacques Grisé, *Les conciles provinciaux de Québec et l'Église canadienne (1851-1886)*, p. 99.)

Mgr Jean-Charles Prince, accompagné du chanoine Joseph La Rocque, se rendit à Rome pour faire approuver par le Saint-Siège les *Actes* du concile. La Propagande reçut favorablement la supplique des évêques concernant les nouveaux diocèses. Mgr Prince fut promu à celui de Saint-Hyacinthe et le chanoine La Rocque nommé par Pie IX, le 6 juillet 1852, évêque *in partibus* et coadjuteur de Montréal pour succéder à Mgr Prince, tandis que Thomas Cooke fut nommé titulaire du siège épiscopal de Trois-Rivières. Une fois les *Actes* agréés par Rome[26], et imprimés, après d'ultimes retouches, les ouvrages dont ils avaient discuté la nécessité et la pertinence, «les évêques pouvaient être satisfaits d'avoir réussi à mettre en application à peu près complètement les décisions de leur premier concile[27]».

Les tables tournantes

Les évêques étaient allés au plus pressé en réglementant la vie chrétienne en général: catéchisme, liturgie, confréries, écoles séparées... Faute de temps, ils avaient dû laisser de côté certains problèmes, dont celui des tables tournantes et du spiritisme.

À cette époque, le spiritisme, «doctrine et pratique faisant de l'évocation des morts une activité naturelle, gage de connaissance scientifique[28]», profitait à la fois du courant d'intérêt pour la science et les découvertes modernes et d'une certaine soif de spirituel. Il manifestait chez plusieurs la faiblesse d'une foi incapable de faire la distinction entre gestes scientifiques et actes superstitieux[29]. Le phénomène harcelait la conscience de Mgr Bourget surtout depuis que la vogue des tables tournantes, née aux États-Unis puis passée en Europe, avait rebondi au Canada.

Ce sont les filles d'un forgeron, John D. Fox, qui, les premières, perçurent à Hydesville, dans l'État de New York, le 11 décembre 1847, des sons étranges dans la maison où leur famille venait de s'installer. Lorsqu'elles déménagèrent à Rochester dans le courant de l'été 1848, les demoiselles Fox étaient en mesure d'interpréter les bruits — coups frappés sur le sol par l'un des pieds du meuble — qui accompagnaient la danse des tables: c'étaient les âmes des défunts qui voulaient entrer en communication avec les vivants. Elles ouvrirent un bureau de consultation où le public put venir causer, par leur intermédiaire — d'où leur nom de *médiums* —, avec les esprits; et les journaux se remplirent de certificats et d'attestations de graves personnages confessant qu'ils avaient entendu des *rappings*.

Dès lors, la carrière des médiums devait se poursuivre, triomphante. En 1850, on comptait déjà aux États-Unis plusieurs milliers de spirites, et la presse, avide de sensationnel, contribuait de son mieux à l'ébahissement du nouveau monde devant la bienveillance des esprits, qui avaient choisi l'Amérique pour se révéler aux hommes. En 1852, quatre ans seulement après la découverte du «télégraphe de Dieu», se tenait à Cleveland le premier congrès spirite.

Puis la manie de faire tourner les tables et parler les esprits traverse d'Amérique en Europe, en Angleterre d'abord, ensuite en Allemagne où le public, en 1853, ne s'occupe que de *Tischrucken*; puis le *Tafeldans* pénètre en Hollande; enfin, l'épidémie gagne la France. C'est en mai 1853 que se produit la grande invasion. La mode s'en mêle. «Jamais l'acajou n'a eu autant d'esprit», écrivait Augustin Cochin à sa femme, le 5 juin 1853. «Je ne connais que le temps et les hommes qui tournent», disait à son tour François Guizot dans une lettre à Laure de Gasparin.

Dès l'apparition des tables en Amérique, des clercs avaient décelé dans ce phénomène une présence satanique. Cependant, les gens avertis faisaient une distinction capitale entre la simple révolution des tables et le fait qu'elles pouvaient parler, car à la suite du grand chimiste Chevreul qui, dès 1854, étudia scientifiquement la question, on admit facilement que la table pouvait être mue «par l'action de mouvements musculaires inconscients, tout comme la baguette ou le pendule, mais avec cette différence que les mouvements, étant ici multiples, [étaient] soit contrariés, soit le plus souvent amplifiés par le plus grand nombre d'impulsions reçues».

Mais les tables ne se contentaient pas de tourner, elles parlaient! Bien plus, elles donnaient parfois lieu à des manifestations intellectuelles dépassant nettement la capacité humaine, comme la transmission de révélations concernant le futur ou l'au-delà. Ici l'explication devenait moins facile, et tout naturellement, on songea à une influence diabolique. C'est à cette conclusion d'ailleurs qu'aboutit celui qui, le premier, décrivit dans un journal parisien le phénomène suscitant une curiosité si passionnée autour des demoiselles Fox. Il s'agissait de Henry de Courcy, correspondant à New York depuis 1845 de l'*Univers* de Louis Veuillot.

Grâce à de Courcy, l'*Univers* du 26 juillet 1852 révélait aux Français, sous le titre «Les spiritualistes d'Amérique», les étranges événements survenus chez les Fox. Après avoir décrit l'extraordinaire diffusion à travers le pays du mouvement né dans le hameau, ignoré jusque-là, de Hydesville, de Courcy s'empressait d'y voir une intervention satanique et d'en tirer une conclusion religieuse et politique: «La seule interprétation possible, écrivait-il, c'est que le démon est au fond de ces criminelles impostures, et pour s'en convaincre, il suffit de remarquer que les révélations des esprits ont toutes pour but de saper la religion, et que les journaux socialistes d'Amérique font un grand bruit de ces superstitions, dans l'espoir de les faire servir à populariser leurs ardentes convoitises».

Henry de Courcy continua à s'intéresser aux phénomènes des tables parlantes et à écrire dans le même sens. À l'invitation formelle de Mgr John Hughes, archevêque de New York, il résolut d'assister à une séance spirite chez les trois sœurs Fox, installées à New York, dans la 26e rue, où elles donnaient trois consultations par jour. On y accourait de toutes les régions du pays et même du Canada.

La relation de la séance à laquelle participa Henry de Courcy est extrêmement importante[30], car elle est à l'origine des premières condamnations doctrinales du spiritisme. Comme conclusion à son étude, de Courcy n'hésitait pas à écrire que «les *spiritual rappings* étaient un nouvel instrument pour saper la religion», et qu'ils ne laissaient «aucun doute sur leur origine réprouvée pour tout ce qui n'est pas, dans les phénomènes produits, imposture et supercherie».

Mais Henry de Courcy servit surtout Mgr Bourget. Par l'intermédiaire de Jacques Viger, le numéro de la *Revue contemporaine* publiant «De la sorcellerie moderne en Amérique» fut prêté à l'évêque de Montréal, qui y trouva un «puissant secours» pour «donner la chasse aux prétendus esprits qui faisaient tourner plus de têtes que de tables» à Montréal. Ainsi s'exprimait l'évêque dans un mot à de Courcy, le 13 janvier 1854; il lui transmettait aussi un exemplaire de sa lettre pastorale prouvant qu'il y avait abus dans l'usage des tables tournantes, que cet abus était superstitieux, qu'il s'ensuivait des effets déplorables, et déclarant, «au nom de la religion», que c'était «un péché grave de sa nature que de consulter les esprits par le moyen des tables[31]».

Ce texte, «resté célèbre», eut une telle efficacité dans le diocèse de Montréal qu'il «tua les tables», comme l'apprenait Jacques Viger à son ami québécois Barthélemi Faribault, le 10 février 1854.

Non moins décisive fut la lettre pastorale, rédigée dans le même sens, par l'archevêque Turgeon. Son raisonnement était simple: qui peut répondre par l'intermédiaire de la table? Non la table elle-même, inerte et inintelligente. Les âmes des morts? Mais les élus ne quitteront point leur béatitude pour satisfaire notre curiosité. Les damnés pas davantage, retenus sous la puissance du démon. Non plus les âmes du purgatoire, séparées de nous de toutes façons par la volonté de Dieu et pour lesquelles nous ne pouvons qu'implorer sa clémence.

Alors? Alors reste le diable lui-même, les légions des démons
qui s'amusent de la crédulité des hommes, allant jusqu'à dicter des communications pour attirer les naïfs dans leur chute.
Il concluait: «Qui s'amuse avec le diable ne sera pas admis à
se réjouir en Jésus-Christ[32]».

Cet écrit épiscopal «eut un grand retentissement dans le
monde catholique», comme le constate une spécialiste des
sciences métapsychiques, Yvonne Castellan[33]. Grâce à Henry
de Courcy, il parut en entier dans le numéro du 16 mars de
l'*Ami de la religion* de Paris. (Disons entre parenthèse qu'en
guise d'introduction, Courcy écrivait: «Nos lecteurs seront
bien aises de voir avec quelle distinction la langue française
est écrite et parlée au Canada»!) Deux ans plus tard, le jésuite
Jean-Pierre Gury utilisera ce mandement dans le chapitre «De
tabulis rotantibus» de son manuel de théologie morale, qui
connut au XIXe siècle d'innombrables éditions[34].

Le 4 août 1856, le Saint-Office adressait aux évêques du
monde entier une lettre qui condamnait solennellement «les
abus du magnétisme». Devant la recrudescence du spiritisme,
attribuable surtout à l'activité à Paris d'Allan Kardec, la Sacrée
Congrégation de l'Index réprouvait en bloc, le 1er mai 1864,
l'ensemble des ouvrages, brochures et journaux spirites traitant de spiritisme.

* * *

Après son deuxième voyage en Europe et la réalisation
du premier concile provincial de Québec, Mgr Bourget pouvait penser disposer des instruments et du personnel ecclésiastique et religieux nécessaires au parachèvement de la
«christianisation», comme il disait, de toutes les strates de la
société. Toutefois, un couronnement manquait à son plan
grandiose: une université catholique. Et il s'affairait déjà à une
fondation dont il venait, d'ailleurs, de prendre l'initiative.

CHAPITRE VI

LA FONDATION DE L'UNIVERSITÉ LAVAL

Le recrutement en France de religieux et de religieuses voués à l'enseignement, la facilité qui leur fut accordée de s'adjoindre sur place des sujets qui augmenteront considérablement leurs effectifs et élargiront leur action, les fondations autochtones, tout cela obéissait à un dessein concerté: donner une place prépondérante à l'Église dans un secteur estimé capital où, suivant l'énoncé d'une doctrine formulée encore en 1909 par le théologien le plus influent au Canada français, Louis-Adolphe Pâquet, l'État n'avait qu'un rôle subsidiaire à remplir: «L'œuvre éducatrice, de par sa nature, relève de la famille et de l'autorité ecclésiastique. L'État doit, pour sa part, seconder et encourager l'initiative privée en apportant son concours financier et en établissant les rouages administratifs nécessaires au bon fonctionnement des écoles[1]».

Les lois de 1845 et de 1846, créant des commissions scolaires distinctes selon la confession religieuse et donnant au curé ou au ministre de chaque paroisse le droit de veto à toute décision relative au choix des maîtres et des manuels scolaires, obtinrent l'adhésion du clergé. Toutefois, un autre pas restait à faire: accorder la préférence, quand les circonstances s'y prêtaient, à l'instituteur religieux plutôt qu'au laïc. Or, vers le milieu du XIXe siècle, on est loin du compte, car «le corps enseignant primaire est dans un pourcentage écrasant formé de laïques[2]». Mais le renversement de la situation est déjà amorcé, de sorte que, vers 1874, on observera la «cléricalisation du personnel masculin» de l'enseignement primaire[3].

Quant aux collèges-séminaires classiques, les clercs et les religieux occupent «tout le terrain[4]».

Pour parachever l'emprise du clergé sur l'ensemble du système éducatif, il fallait se hâter de promouvoir l'enseignement universitaire, d'autant plus que la jeunesse instruite de Montréal voyait déjà la nécessité d'une université, mais à direction laïque: on voit poindre cette idée au sein de l'Institut canadien dès 1847. Mgr Bourget, plus que tout autre, était conscient de l'urgence d'agir, comme il l'écrivait à l'archevêque Turgeon, le 31 mars 1851: «À propos de Séminaires et de Collèges, V. G. croirait-elle que le Concile devrait s'occuper de la formation d'une Université et de l'érection régulière de collèges, dépendant de cette maison-mère d'Éducation. Ne serait-il pas temps de prendre le devant, et de nous faire constituer légalement maîtres de l'enseignement catholique?» Il ajoutait: «Je crains que les laïques ne s'emparent plus tard, ici comme en France, de l'éducation; ne serait-elle pas une raison puissante pour nous de travailler du moins à réaliser ce projet» d'une institution universitaire qui serait confiée au Séminaire de Québec[5]? Mais l'évêque de Montréal n'était arrivé à cette solution qu'après avoir envisagé une autre issue qui l'eût davantage satisfait, puisqu'elle concernait directement son propre diocèse.

LES PROJETS DE MGR BOURGET

Déjà, de 1843 à 1846, le clergé avait révélé au public et au gouvernement son intérêt pour la question universitaire, à l'occasion des débats au Parlement du Canada-Uni sur l'utilisation des biens des Jésuites. Dans la lettre qu'il écrivait, le 29 mai 1844, à Montalembert, l'abbé Joseph-Sabin Raymond se disait confiant qu'une «grande partie de ces biens sera destinée à nos Collèges. Le reste pourtant sera pour l'Université projettée [sic]», que l'évêque de Montréal avait l'intention de confier aux Jésuites[6]. Ce que confirmera, en 1874, l'ancien supérieur des Jésuites montréalais, le père Félix Martin, qui ajoutera: «L'idée d'Université poussée toujours par Mgr Bourget, et en notre faveur, avait suscité à une époque des explications et des plaintes de la part du Séminaire de Québec[7]».

Dans un document de janvier 1845, intitulé *Projet d'établissement d'éducation à faire, si les Biens des Jésuites sont remis à l'Église catholique du Canada,* les évêques précisaient que le clergé catholique offrirait alors «aux classes industrielles et élevées de sa communion», «un enseignement semblable [à celui de l'Université catholique de Louvain], dans le même but et par les mêmes moyens[8]».

Mais les réclamations épiscopales se heurtèrent à une fin de non-recevoir de la part des autorités politiques et le projet de la future université dut attendre des circonstances plus propices.

Les évêques espéraient des «jours plus sereins[9]» et trouvaient du réconfort dans l'exemple de certains pays européens où avaient surgi des établissements universitaires catholiques, grâce aux efforts d'ecclésiastiques qui voulaient voir l'Église reprendre sa place dans le monde intellectuel.

Louvain apparaissait comme le modèle par excellence d'une université catholique. Supprimée en 1797 par le gouvernement révolutionnaire, elle avait été rétablie en 1834, par les évêques belges, grâce à la liberté de l'enseignement accordée par le gouvernement de la Belgique indépendante. L'abbé Xavier De Ram, disciple de Lamennais, en avait été le premier recteur et, sous son influence, assure l'historien belge Aloïs Simon, «tout était imprégné de libéralisme à Louvain[10]». L'institution n'en impressionnera pas moins le premier recteur de Laval, l'abbé Louis-Jacques Casault, au cours de la tournée européenne qu'il fera en 1852 pour étudier sur place le fonctionnement d'une université. Il s'établira, entre les deux universités catholiques, la belge et la canadienne, des contacts qui ne seront sans doute pas étrangers à l'attitude «libérale» qu'adopteront les dirigeants de l'Université Laval.

Pour Mgr Bourget, c'est l'Université de Dublin qui était le prototype de l'université catholique dégagée de toute ingérence gouvernementale et protestante. Souhaitée par la Sacrée Congrégation *de Propaganda Fide,* elle avait été fondée en 1850-

1851 par les évêques irlandais; ils en avaient confié le rectorat à l'illustre Newman, qui souhaitait établir en Irlande un nouvel Oxford à l'usage des catholiques de langue anglaise[11].

Mais c'est naturellement du côté de la France que se tournaient les regards canadiens. En 1845, Mgr Denys-Auguste Affre, archevêque de Paris, avait créé une École des hautes études ecclésiastiques, qu'il établit dans le monastère des Carmes, rue de Vaugirard. Ce fut l'«École des Carmes» avec ses trois sections: lettres, sciences et théologie. Newman salua avec ferveur ce qui lui parut, à bon droit, être le germe d'une université catholique[12].

Louvain, Dublin et Paris, autant d'initiatives heureuses qui avaient débouché sur des réalisations admirables. Le clergé de Québec ou de Montréal ne pourrait-il pas, à son tour, fonder un établissement qui serait leur digne pendant en terre canadienne?

LA FONDATION DE L'UNIVERSITÉ LAVAL

Trois institutions pouvaient constituer l'embryon d'une future université: le Séminaire de Saint-Sulpice et le Collège Sainte-Marie à Montréal, et le Séminaire de Québec. Diverses considérations éliminèrent rapidement les deux premières.

Le Séminaire de Saint-Sulpice possédait une longue expérience en éducation et des biens considérables, mais les tendances gallicanes de son personnel, en grande partie français, et ses relations difficiles avec Mgr Bourget l'écartaient d'un tel projet. Le Collège Sainte-Marie et les Jésuites étaient en absolue conformité avec leur évêque ultramontain, mais les ressources financières leur manquaient manifestement. Ne restait donc que l'institution québécoise. Le 31 mars 1851, Mgr Bourget faisait part à l'archevêque Turgeon de son choix définitif du Séminaire de Québec, pour «être l'Université Catholique de notre Amérique Britannique».

Pour protéger néanmoins les intérêts de la région de Montréal, il précisait: la future université, qu'il voulait provinciale, serait davantage une association groupant les différents collèges de la province sous la juridiction de tous les évêques qu'une institution autonome affiliant des collèges[13]. Une année plus tard, dans une lettre à l'archevêque de Québec, il explicitait sa pensée: «Nos vœux les plus ardents étaient ici de former une Université dont la tête aurait été le Séminaire de Québec et dont les membres auraient été nos divers Collèges, que nous aurions ainsi rehaussés en les rendant Collèges Universitaires[14]».

Le 4 avril 1851, le Séminaire de Québec se déclarait «toujours disposé à faire ce que pourra exiger de lui le bien de la religion et du pays[15]» et, quelques jours plus tard, Mgr Turgeon se disait prêt à soumettre la question universitaire aux évêques de la province ecclésiastique et à consulter les ministres catholiques du gouvernement au sujet d'une loi concernant l'éventualité de la fondation d'une université[16]. On a vu que le premier concile provincial se contenta d'approuver le principe. La question universitaire semblait donc remise *sine die*.

Le rôle du Séminaire de Québec

Le projet n'en continuait pas moins de mûrir lentement. À Montréal, Mgr Bourget semblait s'en désintéresser, préoccupé davantage par la loi du 30 août 1851 sur l'établissement d'une école normale. L'évêque se demandait si les autorités civiles n'en profiteraient pas pour créer une institution interconfessionnelle, où élèves catholiques et protestants se coudoieraient. «Votre Grandeur, écrivait-il à l'archevêque, ne trouve-t-elle pas que le Gouvernement est mystérieux dans ses opérations au sujet de cette Institution[17]?» Mais il n'oubliait pas totalement l'université projetée et assurait à Mgr Turgeon: «Je suis prêt à souscrire à tout projet d'établissement d'une Université à Québec. Personne plus que moi désire que le Séminaire de la Ville Métropolitaine soit le centre de cette œuvre[18]».

À Québec, si l'archevêque pilotait le dossier avec énergie, le Séminaire l'étudiait avec réalisme et prudence. Ses directeurs ne pouvaient cacher, disaient-ils, leurs «moyens pécuniaires assez bornés» et leur «personnel insuffisant même

pour l'œuvre dont ils sont maintenant chargés». Ils pré-
voyaient aussi une «grande opposition»: «des intérêts rivaux
se croiront lésés, la préférence accordée au Séminaire sur les
autres collèges du pays froissera certains sentiments d'amitié
et de reconnaissance; enfin, des intérêts de localité feront qu'il
n'y aura peut-être que les citoyens de Québec qui estimeront
l'université bien placée chez nous». Mais, du même souffle,
ils se disaient prêts à faire «tous les efforts» que pourraient
leur permettre les moyens à leur disposition[19]».

Cependant, il devenait de plus en plus évident que les
vues de Montréal et de Québec divergeaient. «Mgr de Montréal, écrivait le supérieur Casault, paraît tenir à l'idée du
grand établissement universitaire, unique pour toute la province et dont tous ou la plupart des collèges existants feraient
sans doute partie[20]». Il voulait d'un enseignement théologique
ultramontain et purgé de tout gallicanisme, «où l'on s'atta-
chera de cœur et d'âme à la Sainte Église Romaine». Il voyait
son établissement «sans le concours du Gouvernement et sur
la seule base de l'autorité ecclésiastique. Une *Bulle* nous suf-
firait sans *Bill*». Il insistait sur la rédaction d'une constitution
«dans laquelle seraient clairement définis les règles, devoirs,
droits, pouvoirs et privilèges de la nouvelle Université, pour
son bon fonctionnement, et aussi les avantages qu'elle offrirait
aux Collèges qui se placeraient sous son contrôle». Enfin,
ayant perdu tout espoir «de former de longtemps une Université Provinciale», il lançait l'idée d'une université à Montréal et demandait à l'archevêque de signer une supplique qu'il
projetait, lui aussi, d'envoyer à Rome[21]!

Québec, pour sa part, proposait une université diocésaine
et sous la seule autorité de l'archevêque de Québec. On
s'adresserait directement à la reine pour obtenir une charte.
Celle-ci «serait préférable à un acte du Parlement provincial,
parce qu'elle vaudrait pour tout l'empire britannique. Elle ne
devrait renfermer qu'un petit nombre de dispositions, de manière à ce que l'on eût plus tard toute la liberté désirable pour
accommoder l'établissement aux circonstances». Le document
ne ferait pas expressément mention de l'affiliation des collèges, mais l'université ne serait pas réservée aux seuls étudiants du Séminaire de Québec et ses privilèges incluraient

tous les collèges de la province. «Comme cette institution n'aurait point le monopole du haut enseignement, elle ne serait point un obstacle à ce qu'il s'établît plus tard d'autres institutions semblables, partout où le bien de la religion le requerrait». Finalement, on adresserait une supplique au souverain pontife pour que l'université fût autorisée à conférer les degrés en théologie. L'archevêque demanderait à tous ses suffragants de signer cette requête[22].

Rien à craindre du gallicanisme

Quant à l'enseignement théologique du Séminaire de Québec, je pense que Votre Grandeur ne le doit pas redouter. On y comprend bien toute l'absurdité du Gallicanisme et nos professeurs savent faire bonne justice de ce qui en reste dans la théologie [celle de Bouvier] que l'on y enseigne, ainsi que dans les autres auxquelles les étudiants peuvent recourir. Je crois qu'il vaut mieux pour le succès de la mesure aujourd'hui en contemplation que nous ne nous donnions pas la peine de publier trop haut que nous réprouvons le Gallicanisme, car Votre Grandeur sait combien l'Ultramontanisme est épouvantable aux oreilles de ceux qui peuvent nous nuire en cette affaire.

(Mgr Turgeon à Mgr Bourget, 27 avril 1852, ACAM, 820.001, 852-6.)

À propos des collèges, Mgr Turgeon précisait à Mgr Bourget que l'Université projetée offrirait à tous les collèges catholiques de la Province du Canada tous les avantages d'une véritable union et qu'elle accorderait à leurs élèves ce qu'elle accordera à ceux du Séminaire de Québec[23]».

Satisfait de ces engagements et même de la possibilité que les institutions d'enseignement de la région de Montréal soient couvertes par la charte universitaire et ainsi habilitées à conférer des diplômes, Mgr Bourget donna enfin son accord au projet de Québec, le 14 mai 1852[24].

La charte universitaire

L'acceptation de l'évêque de Montréal permettait d'aller de
l'avant. Dès mai 1852, l'archevêque de Québec se mettait en
rapport avec Lord Elgin, gouverneur général du Canada, de
qui, après avoir fourni certaines explications, il obtenait confirmation d'un appui des autorités gouvernementales. Le conseil du Séminaire de Québec adoptait deux textes, une pétition
à la reine et un projet de charte universitaire. En moins d'un
mois, le sous-secrétaire provincial, Étienne Parent, communiquait à Mgr Turgeon deux ordres en conseil, l'un exprimant
le bien-fondé de l'établissement d'une université francophone
pour la population catholique du Bas-Canada, l'autre annonçant que le gouverneur général donnerait un avis favorable à
la requête du Séminaire de Québec auprès de la reine.

Ces appuis facilitèrent la mission de l'abbé Casault dans
la capitale britannique et lui permirent d'obtenir rapidement
l'approbation désirée. À la fin de juillet 1852, la charte de la
nouvelle université était acceptée telle que les directeurs du
Séminaire l'avaient rédigée. Mais à la demande de l'abbé
Casault, elle fut datée du 8 décembre 1852.

À Rome, où l'envoyé de Québec se rendit en juillet 1852,
les choses traînèrent en longueur à cause de certaines frictions
entre l'Angleterre et le Saint-Siège. Le 6 mars 1853, Pie IX
signait un bref autorisant l'archevêque de Québec à conférer
les degrés en théologie. Mais c'est seulement le 15 mai 1876
que, par la bulle *Inter varias sollicitudines*, l'université recevra
sa charte pontificale[25].

L'université fut baptisée du nom de Laval. D'après sa
charte, les charges de supérieur du Séminaire de Québec et
de recteur de l'université étaient désormais inséparables.
L'abbé Casault, supérieur du séminaire depuis 1851, devint
donc le premier recteur de l'Université Laval[26].

* * *

La fondation de l'Université Laval constitue un événement capital dans l'histoire sociale et culturelle du Canada
français. Elle est le couronnement de l'emprise du clergé sur

l'évolution intellectuelle du Québec. Exerçant déjà une influence prépondérante dans l'enseignement primaire, régnant sans partage sur l'enseignement secondaire, le clergé parachève son œuvre en établissant la première université catholique au Canada français.

Cette emprise cléricale sur l'éducation au Canada français progresse à un rythme sensiblement égal à celui de l'ultramontanisme dans l'Église de Pie IX. Il y a plus qu'une simple coïncidence entre la fondation de l'Université Laval et la publication, un an plus tard, de l'encyclique *Inter multiplices*, qui marquera le triomphe de l'ultramontanisme veuillotiste sur le gallicanisme de l'archevêque de Paris et le libéralisme catholique des Dupanloup, Montalembert, Falloux et Cochin. Mgr Bourget se laissait porter par le vent romain et agissait en fidèle disciple des Veuillot et des Gaume en pressant les autorités du Séminaire de Québec de «purger» leur «école de ce vieux levain qu'aujourd'hui l'Église de France repousse de toutes ses forces».

Les discussions à propos de la future université révèlent déjà l'opposition entre l'attitude des autorités ecclésiastiques du diocèse de Québec et l'intransigeance montréalaise. Sensible aux situations concrètes, plus proche du pouvoir, au point de passer volontiers par Londres avant d'aller à Rome, l'ultramontanisme québécois est plus réaliste, davantage pragmatique, «libéral», diront ses adversaires. D'où malentendus et frictions qui dégénéreront bientôt en conflits bruyants et interminables.

Enfin, Mgr Bourget demeure fermement convaincu de la nécessité d'offrir un enseignement universitaire à la jeunesse catholique montréalaise. Voilà pourquoi il insiste pour créer une université provinciale ou, à son défaut, une deuxième université, dans son diocèse. De guerre lasse, il se rendra aux raisons de Québec, mais l'on devine, à ses réticences, qu'il n'est pas sans appréhensions pour l'avenir.

CHAPITRE VII

RÉSISTANCES LAÏQUES AUX ENTREPRISES CLÉRICALES: L'INSTITUT CANADIEN

L'écrasement du mouvement patriote en 1837-1838 avait laissé des blessures bien mal cicatrisées. Certains ne pardonnaient pas à Mgr Lartigue d'avoir pris carrément parti contre leur cause par le célèbre mandement du 24 octobre 1837, inspiré de l'encyclique *Mirari vos* du 15 août 1832 où Grégoire XVI affirmait le principe de la soumission absolue due à l'autorité légitimement constituée. Telle était la doctrine de l'Église: chaque chrétien devait y adhérer et l'évêque de Montréal l'appliquait à la politique canadienne.

Mirari vos réprouvait les thèses de l'*Avenir* sur les libertés et sur la séparation de l'Église et de l'État. Mais plus que cette encyclique, ce fut le bref pontifical du 8 juin 1832, adressé aux évêques de Pologne, qui allait entraîner Lamennais hors de l'Église. Par ce bref, Grégoire XVI condamnait très durement des insurgés déjà vaincus, au nom de l'obéissance au gouvernement légitime, et traitait le souverain schismatique Nicolas 1er, responsable de nombreux massacres, de «magnanime empereur».

Du coup, Lamennais, qui avait suivi avec passion les péripéties de la révolte polonaise du 29 novembre 1830 au

8 septembre 1831 contre l'armée russe, fut atterré. Il ne pouvait plus croire à l'infaillibilité personnelle du pape. Il fallait distinguer Grégoire-pape et Grégoire-homme, le chef de l'Église et le souverain temporel.

En 1834 paraissait *Paroles d'un croyant*, transposition en apologues facilement accessibles du programme de l'*Avenir* et réponse à *Mirari vos*; et *Affaires de Rome*, ouvrage publié en 1836, avait pour thèse que la papauté, en s'alliant au despotisme russe contre les Polonais catholiques, avait failli à sa mission.

Au Canada français, ces deux ouvrages allaient redonner à Lamennais, dont l'influence comme ultramontain et catholique libéral avait été très marquée, une extraordinaire popularité chez les patriotes.

La fortune de *Paroles d'un croyant* avait débuté à Québec à peine deux mois après sa parution à Paris, le 30 avril 1834. C'est sans doute, au XIXe siècle, un phénomène littéraire unique qu'un ouvrage ait provoqué quasi simultanément, en France et au Québec, une aussi grande ferveur populaire. À Paris, au témoignage de l'éditeur des *Paroles*, les ouvriers ne pouvaient composer le texte «sans être soulevés et transportés», à telle enseigne que «l'imprimerie était tout en l'air». À Québec, Étienne Parent, qui avait toujours suivi Lamennais «avec ardeur», reproduisait dans le *Canadien* du 16 juillet 1834 de larges extraits de l'ouvrage, qui s'annonçait comme un succès de librairie exceptionnel, en les faisant précéder de la note suivante: «Les *Paroles d'un Croyant* de M. de la Mennais obtiennent un succès prodigieux qui ne s'était pas rencontré depuis longtemps, et qui atteste combien d'esprits sympathisent de toutes parts avec les pensées de progrès et d'avenir éloquemment exprimées». Un contemporain nous apprend qu'après avoir pris connaissance de ces *Paroles* dans le *Canadien*, «le peuple, sentant toute la poésie, toute l'éloquence de ce génie extraordinaire, applaudissait».

Ce succès prolongé finit par alerter les autorités ecclésiastiques. Durant toute l'année 1836, Mgr Lartigue se tint à l'affût d'une réédition canadienne des *Paroles d'un croyant*, dont l'initiative serait prise soit par le protestant suisse Amury Girod, soit par Ludger Duvernay. Finalement, le 10 août 1837, informé depuis peu «qu'on [avait] répandu avec profusion dans quelques paroisses de ce diocèse les *Paroles d'un croyant*», il écrivit une circulaire à ses prêtres, les exhortant à rechercher «sans bruit et avec prudence si ce livre pernicieux circul[ait] dans les limites de [leur] desserte»; si c'était le cas, leur «devoir» serait «d'avertir en particulier ceux de [leurs] paroissiens qui pourraient s'en servir, qu'ils ne [devaient] lire ni retenir cet ouvrage, dont les doctrines perverses [avaient] été condamnées par le Saint-Siège Apostolique[1]».

Diamétralement opposée à celle de Mgr Lartigue, la position de son propre cousin, Denis-Benjamin Viger, fut exposée dans des articles de l'*Aurore des Canadas* en 1841 et 1842. Se référant aux *Affaires de Rome*, Viger contestait la portée doctrinale de *Mirari vos* et, par conséquent, du mandement contre les patriotes qui s'en était inspiré: on devait refuser «toute portée dogmatique» à l'acte épiscopal qui les avait «condamnés», comme à l'encyclique qui avait «condamné Lamennais». À la suite de son maître à penser, Viger affirmait que, «sur des matières civiles qu'il [était] difficile d'isoler de la partie dogmatique de la religion», l'infaillibilité pontificale n'était pas de foi[2]».

Les membres de l'Institut canadien, héritiers de la pensée patriote, soutiendront une thèse identique dans leur lutte contre le clergé, dont ils estimaient intolérable l'influence dans la collectivité canadienne-française.

LA NAISSANCE DE L'INSTITUT CANADIEN

Le 17 décembre 1844, environ 200 jeunes gens, étudiants en droit, membres de professions libérales, artisans et employés de commerce, se réunissaient dans une salle empruntée à la *Natural History Society of Montreal*, pour fonder une sorte d'université populaire, l'Institut canadien. Il s'agissait d'un projet d'entraide intellectuelle. Les membres pourraient approfondir leurs connaissances, étendre leur culture, améliorer leur langue écrite et parlée, grâce à une bibliothèque commune et à des séances hebdomadaires de discussion. Ce groupe ne tarda pas à se révéler né pour vivre, à la différence de certaines associations languissantes établies à la même époque et dans la même ville. Il comptait, en effet, dans ses rangs quelques-uns des jeunes Canadiens français les plus doués de leur génération et dont le dynamisme allait s'extérioriser en un ferment extraordinaire d'idées, de projets et d'expériences de tous genres. Si l'Institut avait duré, sans doute aurait-il placé le Canada français au niveau des sociétés les plus évoluées d'alors[3]. Ce n'est pas par pure flagornerie qu'Étienne Parent, dans sa conférence «Du travail chez l'homme», prononcée devant eux le 23 septembre 1847, prédisait: «si jamais notre race joue un rôle distingué dans l'histoire de l'Amérique, votre Institut aura droit, j'en suis sûr, d'en réclamer, en grande partie, le mérite et la gloire[4]».

Pour élargir leur influence, et parce qu'au Canada comme en France, à cette époque, «le vrai moyen d'action pour un homme ou pour un parti, c'était la presse[5]», ces jeunes gens, fortement imprégnés des idées du Lamennais libéral, fondèrent un journal auquel ils donnèrent le titre significatif de l'*Avenir*. Le premier numéro parut le 16 juillet 1847. George Batchelor en fut l'éditeur-gérant jusqu'en novembre. Jean-Baptiste-Éric Dorion le remplaça alors à la direction du journal.

LES CHEFS DE FILE DE L'INSTITUT CANADIEN

Parmi les membres de l'Institut canadien dont les noms ont survécu, il faut faire une place à part à trois hommes qui ont infléchi, par le radicalisme de leur attitude politique et religieuse, d'abord l'orientation initiale de l'*Avenir*, puis, à partir de 1849-1850, celle de l'Institut canadien: Jean-Baptiste-Éric Dorion, Joseph Doutre et Louis-Antoine Dessaulles.

Jean-Baptiste-Éric Dorion

À première vue, rien ne prédestinait le frère cadet de Nérée, Antoine-Aimé, Hercule et Louis-Eugène Dorion à assumer le rôle politico-religieux qui sera le sien. Car, à la différence de ses aînés, qui avaient étudié au Collège de Nicolet, Jean-Baptiste-Éric n'avait pas dépassé l'école élémentaire.

Il était né à Sainte-Anne-de-la-Pérade, le 17 septembre 1826. Son père, Pierre-Antoine Dorion, un marchand enrichi dans le commerce du bois, était un partisan de Louis-Joseph Papineau. Une débâcle de la rivière Sainte-Anne ayant ruiné le commerce familial, Jean-Baptiste-Éric dut renoncer aux études collégiales et songer de bonne heure à gagner sa vie.

En 1842, il dénicha à Trois-Rivières un emploi de commis-marchand. L'année suivante, il devenait membre actif de la Société littéraire de Trois-Rivières et publiait une petite feuille, *Gros Jean l'Escogriffe*, dont il était le rédacteur et l'imprimeur. Humoristique et satirique, elle laissait déjà pressentir, dit-on, le «caractère furibond» de Dorion[6].

En 1844, il rejoignait à Montréal son frère ainé, Antoine-Aimé, qui, depuis deux ans, y pratiquait comme avocat. Le jeune Dorion ne tarda pas à se faire connaître. Membre fondateur de l'Institut canadien, il devenait secrétaire de la Société mercantile d'économie qui regroupait des commis-marchands comme lui. Cet organisme avait «pour but d'encourager les commis-marchands canadiens à économiser leurs salaires et à faire tous les efforts pour répandre les connaissances mercantiles parmi la classe de jeunes gens dans le commerce[7]».

L'année 1847 fut pour lui cruciale. À la fin de juin, il lançait, avec George Batchelor, le *Sauvage* qui, après deux numéros, devenait l'*Avenir*, «un journal publié dans les intérêts de la jeunesse». En novembre, il était élu deuxième vice-président de l'Institut canadien; à la fin du mois, Batchelor se retirait de la rédaction de l'*Avenir* et Dorion en devenait le maître avec son frère Antoine-Aimé comme copropriétaire[8].

Il se servit de ces deux tribunes pour développer ses idées sur une question qui lui tenait à cœur: une éducation plus pratique orientée vers le commerce et l'industrie. Le commerce était pour lui «le régulateur du progrès matériel, l'avant-garde de la civilisation». Il attachait aussi une grande importance au développement de l'agriculture, particulièrement dans les Cantons de l'Est qui s'ouvraient alors à une colonisation intensive. D'ailleurs, une partie de sa famille s'y trouvait: son frère, Hercule, missionnaire colonisateur depuis

1843, œuvrait à Wickham, près de Drummondville; ses frères Nérée et François-Edmond y étaient commerçants. Pour lui comme pour plusieurs de ses jeunes amis de l'Institut canadien, établir dans les régions neuves des Cantons de l'Est des familles agricoles venues des vieilles paroisses contribuerait à enrayer l'émigration vers les États-Unis. C'était aussi le sentiment de l'abbé Bernard O'Reilly, jeune prêtre irlandais exerçant son ministère dans les Cantons de l'Est, qui, dans le *Canadien* de Québec du 12 octobre 1847, soulignait l'importance pour la collectivité canadienne-française de se tourner vers ce territoire, au lieu de laisser ses fils franchir la frontière américaine.

Alors que les journaux de Québec se contentaient de publier les articles du jeune prêtre, à Montréal la *Minerve* et les *Mélanges religieux* se montraient plus sympathiques. Dorion, lui, incitait l'Institut canadien et la Société mercantile d'économie à répondre aux vœux du missionnaire de «former une association de prêtres et de laïcs» pour promouvoir «l'émigration [dans les Cantons de l'Est] des familles canadiennes, qui obtiendrait pour elles les terres les plus avantageuses; qui les réunirait dans un même canton fertile, qui veillerait sur leurs premiers travaux et encouragerait, récompenserait leurs premiers succès[9].»

Peu après les élections de janvier 1848, où ses membres avaient appuyé le parti réformiste de LaFontaine, l'Institut décidait de réaliser le projet de l'abbé O'Reilly et obtenait sa bénédiction et celle de l'évêque. Dans une grande assemblée tenue le 5 avril, on jetait les bases de l'Association des Établissements canadiens des townships. Mgr Bourget était nommé président du conseil central et représentait à lui seul tout le clergé; siégeaient avec lui Louis-Joseph Papineau, comme deuxième vice-président, et plusieurs membres ou sympathisants de l'Institut. Malgré le discours très partisan de l'ancien chef patriote, les prêtres du diocèse de Montréal, réunis en assemblée le 31 mai 1848, décidaient d'encourager l'association «aussitôt que l'Évêque l'aurait recommandée par une Lettre Pastorale», ce qui fut fait le 17 juin suivant. Mgr Bourget la présentait comme une «œuvre de foi», tout en la considérant comme une «affaire temporelle», et il demandait au clergé et aux fidèles de l'encourager d'autant plus, disait-il, que «sa politique est une entière neutralité pour tous les partis; sa couleur est uniquement l'empreinte religieuse et charitable, sa seule devise est «le bien du peuple[10]».

Il y avait pour le moins une équivoque. Et la présence de Mgr Bourget et de Papineau à la tête d'un même mouvement pouvait-elle être autrement qu'éphémère? Le 14 juillet, à une réunion où l'association devait désigner ses officiers permanents, le clan de LaFontaine et celui de Papineau (appuyé par l'Institut canadien) s'affrontaient violemment et élisaient, de guerre lasse, l'évêque comme président. Mais celui-ci ne voulait pas mécontenter le gouverneur Elgin et le ministère réformiste — qui avaient les mêmes projets de colonisation — et il offrait sa démission en septembre 1848[11]. Malgré cet échec attribuable aux divisions politiques et idéologiques, Dorion avait eu le temps de saluer l'ouverture d'un établissement dû à l'association, celui de Roxton qui, en 1851, comptera 1222 habitants.

Joseph Doutre

On ne peut concevoir personnalités plus contrastées que celles de Jean-Baptiste-Éric Dorion et de Joseph Doutre! Alors que le premier était autodidacte et simple commis-marchand, le second, formé par les Sulpiciens et étudiant en droit, était attiré par la littérature au point de commettre un roman; Dorion, espiègle et turbulent, surnommé «l'enfant terrible» par sa famille, deviendra «l'enfant terrible» de la politique canadienne, alors que Doutre, de tempérament passionné, sera écarté par des adversaires déterminés du rôle politique auquel il se croyait destiné.

Joseph Doutre naquit à Beauharnois, le 11 mars 1825. Fils d'un cordonnier, qui était aussi sacristain de l'église Saint-Clément, il se révélait supérieurement doué et, à 11 ans, quittait son village natal pour entrer au Collège de Montréal, grâce à la générosité cléricale. Il en sortait, sept ans plus tard, pour se mettre à l'étude du droit sous la direction de Norbert

Dumas, puis d'Augustin-Norbert Morin et enfin de Lewis Thomas Drummond. Il fut admis au barreau le 30 avril 1847[12].

Il était encore étudiant quand il commença à faire du journalisme et à écrire ses premières œuvres littéraires: un conte, «Faut-il le dire...[13]» et, surtout, un roman, *Les Fiancés de 1812*[14]. Inspiré des *Mystères de Paris* d'Eugène Sue, qui connaissaient alors un succès foudroyant en Amérique comme en France, le roman de Doutre s'élevait, comme son modèle, contre les préjugés, l'ignorance et l'inertie de ses compatriotes. Et contre une religion qui dégénérait trop souvent en pharisaïsme. Aussi dénonçait-il «ces pieux chevaliers de manchette, qui passent leur vie à l'église ou sous la soutane d'un prêtre» tout en étant véreux en affaires[15]. Mais le style n'était pas à la hauteur des intentions du jeune auteur et ses idées heurtaient la sensibilité de plus d'un lecteur. Bien que Doutre eût réclamé l'indulgence de son public, les critiques jugèrent sévèrement son œuvre, la surcharge de la composition, la pauvreté du style, l'invraisemblance de l'histoire et, bien entendu, sa morale[16]. Le 17 novembre 1848, les *Mélanges religieux* déclaraient *Les Fiancés de 1812* «œuvre assez immorale pour que les pères en défendissent la lecture à leurs enfants et pour que la femme qui en commençait la lecture ne pût s'empêcher de rougir et de rejeter loin d'elle une pareille production».

Sauf un récit, «Le frère et la sœur», paru en janvier 1846 dans l'*Album littéraire et musical de la Revue canadienne*[17], Doutre ne poussa pas plus loin ses exercices littéraires et se consacra désormais à la pratique du droit et aux jeux de la politique.

Contrairement à ce que des historiens ont pu affirmer, Joseph Doutre ne figurait pas parmi les jeunes fondateurs de l'Institut canadien. Mais il ne tarda pas à rallier le groupe et, en juillet 1847, il était au nombre des 13 jeunes gens qui constituèrent le noyau des collaborateurs de l'*Avenir*[18].

Louis-Antoine Dessaulles

Pas plus que Doutre, Louis-Antoine Dessaulles n'avait participé à la fondation de l'Institut canadien. Mais il ne tarda pas à s'imposer avec fougue au groupe, si bien que son nom reste indissolublement lié à l'histoire tourmentée de ce mouvement.

Né le 31 janvier 1819 du mariage de Jean Dessaulles, seigneur de Saint-Hyacinthe, et de Rosalie Papineau, sœur de Louis-Joseph, il fit ses études classiques, partie au collège de sa ville natale, partie au Collège de Montréal.

Encore élève, le jeune Louis-Antoine s'était enivré du lyrisme des *Paroles d'un croyant*. Il raconte quelque part que son professeur lisait en classe ces pages éloquentes et qu'ayant appris qu'elles venaient d'être condamnées par l'encyclique *Singulari nos*, il s'était écrié: «Cela m'est bien égal, je sais les *Paroles* par cœur!»

Déjà mennaisien par entraînement juvénile, il avait raffermi définitivement ses convictions libérales, à Paris, en 1839, au contact de son oncle et en présence de l'homme de génie dont les écrits avaient illuminé ses années de collège.

Une lettre subsiste qui marque excellemment la source principale des idées du Dessaulles de 20 ans. C'est la très longue missive qu'il adressait de Paris, le 29 septembre 1839, à son cousin Denis-Émery Papineau, tout juste après avoir lu les *Affaires de Rome*, ouvrage dans lequel on constatait «par combien d'intrigues, de menées sourdes, de bassesses», on avait réussi «à obtenir la condamnation du grand écrivain». «C'est là qu'on voit, ajoutait-il, que ce sont purement et simplement des considérations politiques qui ont décidé le Pape à la prononcer. C'est l'Autriche qui a condamné Mr De La Mennais, c'est la Russie; ce n'est pas Grégoire XVI».

Tout au long de son argumentation, Dessaulles soutenait en 1839 une thèse identique à celle que Denis-Benjamin Viger développerait trois ans plus tard dans ses articles de l'*Aurore des Canadas*. La distinction des deux sociétés, la spirituelle et la temporelle, cette dernière indépendante de la puissance ecclésiastique: tel était l'argument essentiel des *Affaires de Rome* que Dessaulles faisait sien à la suite de Lamennais. Cette séparation du religieux et du politique, le polémiste, devenu porte-parole de l'Institut canadien, en fera son cheval de bataille dans une lutte inexpiable contre l'emprise cléricale incarnée par son tenace adversaire ultramontain, Mgr Bourget[19].

L'INSTITUT CANADIEN ET LE CLERGÉ

Durant les trois premières années de son existence, «les relations sont excellentes entre les membres de l'Institut canadien et ceux du clergé. Ces derniers expédient des livres et souscrivent à la bibliothèque; des curés, de passage à Montréal, assistent aux réunions. Plusieurs clercs montent à la tribune de l'Institut: Bernard O'Reilly, Charles Chiniquy, le jésuite Félix Martin[20]». Le directeur du Collège de Saint-Hyacinthe, l'abbé Isaac Désaulniers, donne à sa bibliothèque «cinq magnifiques cartes géographiques françaises». Le sulpicien français Armand de Charbonnel, futur évêque de Toronto, prononce devant ses membres, le 6 mai 1847, une conférence sur les caractères de la société chrétienne. À cette occasion, les autorités religieuses du diocèse de Montréal mettent la cathédrale à la disposition de l'Institut: signe non équivoque de l'intérêt du clergé et de son désir ardent «de lui voir acquérir cette haute importance qui le mette à même de procurer sous tous ses rapports le bonheur de la société», comme l'écrit le chanoine Paré, de l'évêché de Montréal, à Louis Labrèche-Viger, le 15 mai 1847.

Mais c'est surtout l'admiration, mondialement partagée alors, pour le pape Pie IX qui fera retentir à la tribune de l'Institut canadien des accents de ferveur comme on n'en réentendra plus à cet endroit. Et cela, de la part de deux hommes pourtant bien éloignés de tout cléricalisme, le premier d'esprit voltairien, et le second longtemps sceptique en matière religieuse: le juge Charles-Elzéar Mondelet et Étienne Parent.

Le 3 février 1848, Mondelet prononçait devant ses auditeurs de l'Institut une conférence qu'il avait intitulée «Les jeunes gens du Canada, ce qu'ils se doivent à eux-mêmes, à leurs semblables, à la société, au pays; leurs perspectives, leur avenir». Quand on connaît l'attitude de celui qui, dans l'affaire Guibord, n'hésita pas à braver Mgr Bourget et l'opinion canadienne[21], on se rend compte de l'enthousiasme qui s'était emparé de l'esprit de cet anticlérical avéré à l'avènement de Pie IX.

Pie IX vu par Mondelet

Il est un homme qui, toute providentielle que soit sa mission, n'en doit pas moins beaucoup à l'action de sa volonté énergique, puissante par là-même qu'elle est éclairée. Cet homme a eu la force d'esprit de secouer la poussière des tems, de briser les liens du servilisme; il a proclamé à l'univers que la religion et la liberté sont, non seulement compatibles, mais qu'elles sont faites pour ne jamais se séparer, et que les intérêts de cette religion qui en est une de charité et de bienveillance, seront mieux servis par des hommes éclairés que par des ignorants, par des hommes libres que par des esclaves; et que tous les hommes doivent être regardés et traités comme des frères. Aussi, cette volonté d'un seul homme, doué des plus heureuses qualités, a rendu à César ce qui appartient à César. Fidèle à sa mission, et comprenant l'enseignement de son divin maître, il a restitué au citoyen ce qui est au citoyen, et sait n'attribuer à la puissance Ecclésiastique que ce qui est de son ressort, révolution morale plus étonnante encore que le grand drame que les convictions et le devoir ont fait jouer aux treize colonies anglaises, et qui agira sur le monde entier, avec d'autant plus d'effet, que naguère on regardait comme entaché de servilisme, une autorité qui ne peut agir avec efficacité qu'autant qu'elle a pour appui le consentement et la raison que l'être suprême a donnée à l'homme afin qu'il le connût et le servît avec intelligence. Je crains d'avoir affaibli, au lieu de faire ressortir le mérite d'un homme au-dessus de l'éloge; je pense donc qu'il vaut mieux n'en rien dire, et me contenter de livrer à votre admiration la volonté inébranlable de Pie IX!

(*L'Avenir*, 12 fév. 1848)

De la conférence du juge Mondelet à celle d'Étienne Parent, c'est-à-dire du 3 février au 17 décembre 1848, les révolutions européennes passionnèrent les Canadiens, surtout celle du 24 février en France, qui marqua l'avènement de la démocratie. On suivait aussi attentivement les événements qui se bousculaient en Italie sous l'égide, croyait-on, de Pie IX, que l'enthousiasme du moment transformait en leader de l'indépendance nationale ou *Risorgimento*: «En Italie, écrivait-on dans l'*Avenir* du 29 avril 1848, l'avènement à la chaire apostolique d'un grand homme en même temps que saint Pontife

comprenant le progrès des idées et les besoins des populations, leur soif de ce qui est vrai, juste et bon; cet avènement
a été le jour marqué dans les décrets de la providence comme
le déclin de l'oppression et la fin de la servitude pour les
peuples des nombreux mais petits états de ce beau pays».

Dans son discours intitulé «Du prêtre et du spiritualisme
dans leurs rapports avec la société», Parent n'était pas moins
admiratif à l'endroit de Pie IX, «un grand et saint pontife qui,
rompant tout à coup avec le passé, eut, lui, chef de l'Église,
le courage inspiré de se poser, en face de l'absolutisme,
comme la personnification du sacerdoce libérateur[22]». Mais il
était déjà dépassé par les événements survenus, le mois précédent, en Italie. Partageant évidemment le point de vue de
l'orateur, ses auditeurs les plus éclairés durent se rendre
compte que l'éloge qu'il faisait de Pie IX ne collait déjà plus
à la réalité telle que la décrivaient, semaine après semaine, les
journaux arrivant d'Europe.

LA FIN DU MYTHE DE PIE IX

La conjoncture romaine

Depuis qu'il avait accédé au souverain pontificat, Pie IX était
devenu l'idole de ses sujets. Sa résistance, en août 1847, aux
prétentions de l'Autriche au nord de l'État pontifical avait
encore accru sa popularité. Les Italiens se berçaient d'une immense espérance, même ceux que l'on eût pu croire, de prime
abord, insensibles pour toujours au prestige d'un pape. Ainsi
Mazzini, qui, pendant des années, avait ridiculisé «la papauté
caduque» et «l'Église moribonde», finit par reconnaître que
Pie IX était le seul homme qui pouvait, à ce moment, libérer
l'Italie de la présence étrangère et l'unifier. Le 8 septembre
1847, de Londres, il l'exhortait dans une lettre ouverte à prendre l'initiative d'une croisade contre l'Autriche. Et Garibaldi,
de Montevideo, dans une note datée du 12 septembre suivant
et adressée au nonce apostolique du Brésil, Mgr Gaetano
Bedini, mettait sa célèbre légion au service de la papauté. Bref,

on saluait Pie IX comme le chef national d'une guerre de libération!

Seule une hystérie collective pourrait expliquer une méprise aussi effroyable. Le pape, cela va de soi, n'avait jamais eu l'idée de fondre l'État pontifical dans une Italie unifiée sous le contrôle de Mazzini! De même, il n'avait jamais songé à déclarer la guerre aux Autrichiens qui, catholiques, étaient ses fils au même titre que les autres catholiques. Protester contre leurs empiétements dans le nord de ses États était une chose; mais lever une armée contre eux ou encourager les autres États italiens à le faire était bien différent et tout à fait incompatible avec sa position spirituelle.

Les révolutions qui, en 1848, bouleversèrent l'Europe, accentuèrent l'agitation à Rome et dans toute l'Italie. La révolution de Février, en France, mais surtout celle de Vienne, la capitale de l'Autriche détestée, marquaient pour bien des Italiens l'heure d'expulser les Autrichiens de la péninsule et de faire de leur pays autre chose qu'une «expression géographique», selon la dédaigneuse formule de Metternich. À Rome, le barnabite Alessandro Gavazzi, à l'éloquence entraînante, s'imposa comme aumônier de la «croisade» qui mobilisait des milliers de volontaires. Ce corps d'armée, commandé par le général piémontais Giovanni Durando, devait aller rejoindre, au nord, les troupes de Charles-Albert, le roi du Piémont, qui venait de déclarer la guerre à l'Autriche.

Pie IX se rendit compte qu'il arrivait à la croisée des chemins, au point où ses devoirs de pape et ses devoirs de patriote italien divergeaient inexorablement. Le 29 avril 1848, il prononça devant les cardinaux une allocution par laquelle il affirmait solennellement que, s'il ne pouvait empêcher ses sujets d'aller combattre pour l'Italie, il ne déclarerait cependant pas la guerre à l'Autriche; «quoique indigne», il représentait sur terre «Celui qui est l'auteur de la paix et l'ami de la concorde», aussi, «en conformité avec les devoirs» du «souverain pontificat», embrassait-il «tous les peuples et toutes les nations d'un égal amour paternel».

L'allocution pontificale rendit furieux presque tout le monde. Sa popularité phénoménale, qui l'avait hissé à la tête du *Risorgimento*, Pie IX la perdit en moins de 24 heures; dans l'estime publique, il rejoignit son prédécesseur, Grégoire XVI. La défaite de l'armée piémontaise à Custoza, le 26 juillet 1848, accabla les patriotes; ils attribuèrent en grande partie leurs malheurs à la démoralisation provoquée dans le peuple par l'intervention pontificale du 29 avril précédent. L'anarchie ne fit que se développer à Rome. Elle atteignit un sommet par l'assassinat, le 15 novembre 1848, de Pellegrino Rossi, le ministre de Pie IX. La situation du pape devenait intenable. En quittant furtivement Rome dans la soirée du 24 novembre pour se réfugier à Gaète, dans le royaume de Naples, il entendait surtout préserver sa liberté d'action. Le 1er janvier 1849, il publiait une encyclique monitoire ou acte d'excommunication: toute atteinte à la souveraineté pontificale tombait sous le coup des décrets édictés au cours des siècles par les pontifes romains et les conciles, celui de Trente en particulier.

Le 9 février suivant, la constituante romaine déclarait «le pape déchu de fait et de droit du gouvernement temporel de l'État romain» et proclamait que «la forme du gouvernement» de cet État serait «la démocratie pure» et prendrait «le nom glorieux de République romaine». Garibaldi, revenu avec sa légion de son exil américain, se chargerait de la défense de la ville.

Dès le 14 février, Pie IX protestait contre cette usurpation. Quatre jours plus tard, il adressait une note à l'Autriche, à la France, à l'Espagne et à Naples, requérant leur intervention armée pour rétablir le gouvernement papal à Rome.

Le 31 mars 1849, l'assemblée nationale française, après des débats tumultueux, votait avec une majorité d'une centaine de voix un ordre du jour autorisant le pouvoir exécutif à procéder à «une occupation partielle et temporaire en Italie». Le 3 juillet suivant, le corps expéditionnaire français, commandé par le général Oudinot, entrait dans Rome que Garibaldi, à la tête de sa petite troupe d'environ 4000 volontaires, avait quittée la veille. Le pouvoir pontifical était de nouveau restauré, grâce au gouvernement du prince-président de la seconde république, Louis-Napoléon Bonaparte, le futur Napoléon III. La «réaction» triomphait partout en Europe[23].

La conjoncture canadienne, 1848-1850

Le contrecoup de cette cascade d'événements européens se fit sentir avec force au Canada. Le monde politique canadien était en ébullition. Le ministère LaFontaine-Baldwin, formé le 11 mars 1848, serait celui de la responsabilité ministérielle. Papineau, de retour d'exil depuis 1845, s'opposait avec véhémence à la stratégie gouvernementale de son ancien lieutenant, en prônant «le rappel de l'Union» et le principe des nationalités ou droit d'un peuple à disposer de lui-même. L'*Avenir*, dont Jean-Baptiste-Éric Dorion était devenu le principal artisan après avoir abandonné son emploi de commis dans une maison de commerce, appliquait, le 15 avril 1848, le principe des nationalités aux affaires canadiennes et attaquait l'Union dans des considérations fort articulées[24].

Le clergé, qui depuis 1846 appuyait LaFontaine et soutenait ouvertement l'idée que «la foi catholique, la nationalité canadienne-française et le lien britannique étaient interdépendants[25]», ne restait pas neutre dans la lutte. D'autant plus que selon la théorie des nationalités, la volonté des populations devenait le principe dominateur souverain, auquel correspondait l'affirmation du suffrage universel: ce principe révolutionnaire, faisant litière du droit divin, semblait avaliser tous les bouleversements. Les révolutions, qui renversaient en Europe des gouvernements qu'il considérait comme légitimes, en administraient, à ses yeux, une preuve décisive. Les événements inouïs survenus en Italie justifiaient les appréhensions cléricales: ils mettaient en cause l'existence même du pouvoir temporel pontifical que les catholiques, à peu d'exceptions près, considéraient alors comme essentiel à l'exercice de la puissance spirituelle du chef de l'Église. «L'émotion très vive suscitée dans le monde catholique par l'exode de Pie IX à Gaète[26]» accentua encore chez Mgr Bourget sa dévotion au pape, dont les «terribles épreuves» haussèrent d'un cran son ultramontanisme «dans ces temps mauvais, où le diable sorti de l'abîme ébranl[ait] toutes les puissances du monde et sédui[sait] les nations[27]». Il ne lui semblait rien de moins que «la fin du monde approch[ait][28]».

Le 18 janvier 1849, l'évêque de Montréal avait ordonné, par une lettre pastorale, «des prières pour Notre Saint Père le Pape Pie IX, obligé de quitter Rome et de se réfugier dans un royaume étranger, par suite des troubles arrivés dans sa capitale, en novembre dernier». Il souhaitait que la «révolution» se détournât de nos rives. Il ne pouvait que déplorer — l'allusion à l'*Avenir* était on ne peut plus claire — «qu'un certain journal français cherchait à répandre des principes révolutionnaires[29]».

Mgr Bourget redoutait par-dessus tout le retour de «l'esprit de 1837». Il dut se rendre compte que ses appréhensions étaient fondées quand il prit connaissance, dans l'*Avenir* du 14 mars suivant, d'un article coiffé du titre «Pouvoir temporel»...

Entre-temps avait lieu au Parlement, dans la nuit du 22 au 23 janvier, le duel oratoire Papineau-LaFontaine, au terme duquel, dans l'opinion publique, «l'emprise de Papineau avait cessé d'exister[30]». Mais son nom restait un signe de ralliement pour les collaborateurs de l'*Avenir* à qui s'agrégeait, au début de janvier, son plus jeune fils, Philippe-Gustave. C'était le parti de l'*Avenir* ou de Papineau, auquel les adversaires finirent par donner le nom de «parti rouge[31]».

On se souvient que Denis-Benjamin Viger avait eu recours, en 1841, aux arguments du Lamennais des *Affaires de Rome* pour récuser la portée doctrinale du célèbre mandement de Mgr Lartigue contre les patriotes; l'article du 14 mars 1849 de l'*Avenir*, tout entier mennaisien de pensée et de style, aboutissait à des conclusions similaires touchant l'intervention cléricale dans des matières politiques. Il s'inspirait étroitement de l'analyse qu'avait faite des *Affaires de Rome* Louis-Antoine Dessaulles dans sa lettre du 29 septembre 1839 à son cousin Denis-Émery Papineau: comme Grégoire XVI avait eu tort, dans son bref aux évêques de la Pologne, de condamner le mouvement national polonais, ainsi Pie IX avait abusé des armes spirituelles en excommuniant, par le moniteur du 1er janvier 1849, les adversaires du pouvoir temporel pontifical. Il n'avait pas fait la distinction, en sa personne, du chef visible de l'Église et du roi temporel de Rome. «Nous avons regretté, écrivait le journaliste de l'*Avenir*, l'emploi du moniteur lancé par le Pape contre ceux qui participeraient au gouvernement nouveau. Car nous y trouvons un abus du pouvoir spirituel de la part du Pape pour conserver une autorité temporelle et purement profane».

Ces considérations sur le pouvoir temporel pontifical et le droit des Italiens comme peuple «de se choisir la forme de gouvernement qui leur [était] la plus avantageuse» heurtaient de plein fouet l'unanimité de l'opinion catholique à l'endroit du pape-roi. Le clergé, surtout, y vit des propos rien de moins que sacrilèges[32].

On peut donc dater du 14 mars 1849 l'opposition irréductible dont furent l'objet, de la part du clergé, les démocrates de l'*Avenir* et du parti rouge. L'immense influence dont il disposait, il la mit au service de leurs adversaires politiques. Quand, après la disparition de l'*Avenir*, le 22 janvier 1852, le libéralisme radical, forcé de s'éclipser pour un temps du domaine de la presse, se réfugia à l'Institut canadien, ce fut pour y reprendre une nouvelle carrière, encore plus virulente. Car au conflit avec le clergé devait s'ajouter un conflit culturel: «On le sait, les combats des Rouges au XIXe siècle n'étaient pas seulement dirigés contre l'emprise du clergé sur la politique mais contre son pouvoir sur la culture[33]».

Chapitre VIII

CONSOLIDATIONS

Après les soubresauts politiques et les prises de position idéologiques des années 1847-1850, au cours desquelles les événements européens ont ajouté de l'effervescence aux affaires canadiennes, une accalmie permet maintenant aux partis politiques et aux groupes sociaux d'évaluer chacun ses forces et sa place au sein de la nation. L'épisode Gavazzi-Bedini — rappelons que le passage du clerc apostat Alessandro Gavazzi, en juin 1853, provoquera des émeutes à Montréal; retourné aux États-Unis, il poursuivra de sa haine Mgr Gaetano Bedini, en route vers le Brésil, qui jugera plus prudent de se réfugier au Canada[1] — cet épisode, donc, ne sera que l'effet à retardement des révolutions de l'Europe, où la réaction s'est désormais installée. Les deux pays dont l'influence se fait davantage sentir chez nous, l'Italie et la France, ont carrément rejeté le processus révolutionnaire. La république romaine, abattue par les armes françaises en juillet 1849, a fait place à l'État pontifical restauré et Pie IX est de retour à Rome en avril 1850, bien revenu des velléités réformatrices du début de son pontificat. En France, la seconde république succombe au coup d'État du 2 décembre 1851 et, un an plus tard, le prince-président est proclamé empereur des Français sous le nom de Napoléon III. Des deux côtés de l'Atlantique, on travaille à restaurer la paix.

NOUVELLE AFFIRMATION DE L'ÉGLISE CANADIENNE

Le premier concile provincial de Québec, en 1851, permet à l'Église de recourir à toutes les ressources qui lui sont propres pour s'affirmer au grand jour comme l'institution la plus apte à canaliser les aspirations d'un peuple. Les cérémonies solennelles qui marquent l'ouverture et la clôture du concile donnent une allure festive et démonstrative à la religion qui, d'une façon incontestable, fait partie du patrimoine national.

Les évêques sont persuadés que les fêtes religieuses exercent une influence décisive, non seulement sur la vie chrétienne des fidèles, mais également sur leurs activités politiques. «Mgr Bourget pourra même se vanter au gouverneur général d'avoir entretenu le peuple dans des dispositions pacifiques par des fêtes et des exercices religieux[2]». La Fête-Dieu, qui déploie ses cortèges et orne ses reposoirs, les Quarante-Heures, la visite épiscopale et bien d'autres cérémonies et processions, qui sont autant de manifestations populaires, mobilisent toute une paroisse. L'appareil extérieur y tient peut-être plus de place que la prière proprement dite. Mais cette piété n'est pas moins réelle: elle est accordée à la sensibilité expansive de l'époque. Toute une société vibre à l'unisson de ces longues célébrations[3].

Outre les manifestations plus directement reliées à la liturgie, il y avait les activités moins spectaculaires des confréries auxquelles les fidèles étaient exhortés à s'agréger: l'Œuvre de la Propagation de la Foi, l'archiconfrérie du Très Saint et Immaculé Cœur de Marie, les confréries des dames de la Sainte-Famille, du Saint-Sacrement, du Scapulaire, du Rosaire et de la Bonne Mort, les congrégations de la Sainte Vierge[4].

La plus importante de ces associations était sans contredit la Société de tempérance. On estimait, en 1849, à 170 000 les membres de cette société dans le seul district de Montréal et à 200 000 ceux des districts réunis de Québec et de Trois-Rivières. C'est dire que la presque totalité de la population adulte, hommes et femmes, en faisait partie, puisque la population totale du Bas-Canada, vers 1850, ne dépassait pas 800 000 âmes.

Afin de corriger les défaillances remarquées en 1852-1853, les évêques sollicitèrent à Rome des indulgences spéciales et firent présenter au Parlement un projet de loi sur les auberges. Des prédicateurs itinérants visitèrent les paroisses. L'un des premiers et des plus célèbres fut l'abbé Charles Chiniquy qui souleva l'enthousiasme des foules en faveur de la tempérance d'abord dans la région de Québec, puis, de 1846 à 1851, dans le diocèse de Montréal. Il devint un héros national: «M. Chiniquy continue sa marche triomphante de prédicateur», pouvaient assurer les *Mélanges religieux* le 16 novembre 1848; le 30 juillet 1849, le même journal précisait qu'en 18 mois, le prêtre avait donné 500 sermons dans 110 endroits et conquis à la tempérance 200 000 adhérents. Adulé par la foule, honoré par le Parlement du Canada en 1850, Chiniquy débordait parfois le champ de la tempérance, polémiquant avec l'*Avenir* à propos de la papauté ou affrontant, au nom de Mgr Bourget, les antagonistes protestants francophones (les «Suisses»). Son style parfois grossier et truffé d'histoires triviales ne plaisait guère à l'évêque de Montréal qui le mit régulièrement en garde contre tout excès; il lui conseillait également de prendre de «strictes précautions dans [ses] rapports avec les personnes du sexe». Finalement, Mgr Bourget lui retira toute juridiction en septembre 1851. Le célèbre prédicateur alla s'installer dans le diocèse de Chicago, parmi la population canadienne-française, où il fit défection et fut excommunié en 1856. Devenu pasteur protestant, il revint prêcher au Québec; sa nouvelle prédication souleva pendant longtemps des réactions très vives[5]. Le grand vicaire Alexis Mailloux fut tout aussi célèbre et demeura infatigable. Les missionnaires Oblats, aidés plus tard de plusieurs communautés religieuses, assurèrent la relève. Ce mouvement de tempérance constitua un élément majeur du réveil religieux des années 1840-1850[6].

La dévotion à sainte Philomène

À cause des circonstances exceptionnelles qui entourèrent son origine, sa diffusion et sa popularité, il faut faire une place à part au mouvement qui caractérisa le culte de sainte Philo-

mène, l'un des phénomènes de l'ultramontanisme au XIXᵉ siècle. Bien que mineure parmi celles qui alimentèrent la piété
des fidèles pendant plus d'un siècle, cette dévotion accusa
tout particulièrement les rapports étroits entre le catholicisme
canadien-français et les deux pôles dont il subissait l'attrac-
tion: Rome et la France catholique.

Le 24 mai 1802, on découvrait dans la catacombe de
sainte Priscille des ossements qu'on attribua à une jeune martyre romaine du nom de Philomène. De 1800 à 1850, on réussit
ainsi à extraire de la Rome souterraine les reliques de 1600 à
1800 jeunes saints et saintes qui s'éparpillèrent aux quatre
coins de la chrétienté.

Le culte de sainte Philomène fut celui de tous les corps
saints qui connut la diffusion la plus extraordinaire: en France,
il joua un rôle pionnier, dom Guéranger, prieur de Solesmes,
se faisant le héraut de la vénération des reliques de jeunes
martyrs au fur et à mesure qu'on les mettait au jour[7].

C'est en 1835, simultanément à Québec et à Montréal,
que le Canada français commença à s'intéresser à une sainte
dont le culte, précisément à cette date, apparaissait en France,
grâce à Pauline Jaricot, fondatrice de l'Œuvre de la Propagation de la Foi. Si l'on en juge par le témoignage de l'abbé John
Holmes, qui écrivait en 1837: «[...] sur dix filles que je baptise,
neuf s'appellent Philomène», la jeune sainte suscitait déjà dans
le peuple une vénération que sanctionna Mgr Lartigue par
son mandement du 12 mars 1839: l'évêque introduisait dans
le diocèse de Montréal l'office de la messe de sainte Philomène, autorisé par Grégoire XVI depuis 1837. Les Oblats, arrivés en 1841, et les Jésuites, revenus en 1842, se firent les
propagateurs de la nouvelle dévotion. Les religieuses des
Saints-Noms de Jésus et de Marie, à Longueuil, en furent de
ferventes adeptes, l'une des leurs ayant été guérie par la
sainte. La Congrégation de Notre-Dame rivalisa de zèle auprès de ses élèves. Mgr Bourget, qui considérait Rome comme
un «grand reliquaire», s'empressa de mettre une paroisse sous
le patronage d'une martyre révélée par les catacombes. Ce fut
Sainte-Philomène de Châteauguay, érigée canoniquement en
1842.

Ce culte, qui connut une vogue considérable pendant une dizaine d'années, subit ensuite une certaine éclipse. Il redevint populaire à partir des années 1870 chez les Canadiens français et les Franco-Américains, jusqu'à son exclusion du bréviaire et du calendrier, le 14 février 1961[8].

Les congrégations religieuses féminines

Parmi les ressources dont disposait l'Église canadienne en 1850, les nouvelles congrégations religieuses féminines représentaient un capital imposant de dévouement et d'abnégation qui, sans cesse augmenté et vivifié, allait constituer, sous le contrôle du clergé, une force sociale unique dans les domaines de l'éducation et de la charité. Leur importance provenait d'abord de leur nombre: de 1850 à 1899, neuf communautés vinrent de France et 16 furent fondées au Québec; le nombre de religieuses passa de 650 en 1851 à 6629 en 1901; elles constituaient alors 1,5% de la population féminine de plus de 20 ans et 6,1% des femmes non mariées[9]. Le contexte religieux et socio-économique explique en grande partie cette prolifération des congrégations et l'essor des vocations religieuses féminines.

Le rôle de Mgr Bourget, de 1840 à 1850, concernant la naissance et la croissance de cette force, fut déterminant. Dans la décennie qui suivit, l'évêque de Montréal céda la place à d'autres promoteurs.

En 1855, par exemple, la congrégation lyonnaise des Sœurs de Jésus-Marie, qui s'était déjà internationalisée par ses fondations en Inde et en Espagne, ouvrait une maison dans la région de Québec, d'abord à Saint-Joseph-de-Lévis, puis à Sillery, en 1870, par le transfert du noviciat et de la maison provinciale[10].

À Saint-Grégoire de Nicolet, le curé Jean Harper, assisté de l'abbé Calixte Marquis, fondait la congrégation enseignante paroissiale des Sœurs de l'Assomption de la Sainte-Vierge, dont le mandement d'érection fut émis en 1856 par Mgr Thomas Cooke, évêque de Trois-Rivières[11].

Enfin, à Saint-Hyacinthe, à l'initiative d'Aurélie Caouette, naquit la première communauté contemplative, celle des Sœurs du Précieux-Sang, dont le premier monastère fut bénit en 1861 par l'évêque du diocèse, Mgr Joseph La Rocque[12].

L'expansion des couvents

Ce contexte, marqué par la lenteur du changement et le manque de perspectives économiques, présente des indices importants pour comprendre l'expansion des couvents. C'est parce qu'il y a peu de choses dans la vie des femmes québécoises de la fin du siècle dernier pour les dissuader de prendre le voile que les vocations se multiplient et que les communautés religieuses prolifèrent. Presque tout, au contraire, semble les pousser à entrer au couvent. En insistant sur la répression des penchants individuels et l'importance des besoins collectifs, l'économie familiale inculque aux femmes les valeurs nécessaires à la pratique de la vie religieuse: le goût du travail et l'esprit de sacrifice. Aux femmes des classes moyennes et supérieures, nettement moins assujetties aux rigueurs de l'économie familiale, la société laïque offre peu de chances de s'épanouir et d'avancer socialement. Que peut faire la femme ambitieuse si ce n'est rechercher la mobilité sociale par le mariage ou la vie religieuse? En fin de compte et contrairement aux autres milieux nord-américains et européens de cette époque, personne au Québec ne conteste aux couvents le droit d'exister. Personne, non plus, ne met en doute le droit des femmes d'opter pour la vocation; bien au contraire, celles-ci se font constamment rappeler que «les cieux sont leur domaine» et que la religion fait expressément appel à elles.

(Marta Danylewycz, *Profession: religieuse*, Montréal, Boréal, 1988, p. 88-89.)

Au siècle dernier, ces congrégations, où les caractéristiques de la piété et de l'action féminines se déploient librement, permettent en quelque sorte la «montée» de la femme. En effet, sur le plan personnel, «en entrant dans une congrégation, la femme échappe à bien des sujétions familiales: elle trouve stabilité, protection, respectabilité. À côté des motivations religieuses, ces attraits ont très certainement pesé aussi». Sur le plan professionnel, les congrégations offrent aux femmes «des postes de responsabilité où elles pourront faire preuve d'initiative et d'esprit d'entreprise, même si elles sont contrôlées par le clergé[13]». Dans le Québec du XIXe siècle, «aux célibataires qui, dans le monde séculier risquent d'être acculées à une existence marginale, la vie en communauté offre toute une gamme d'emplois et d'expériences»; «à défaut d'emplois et d'occasions» dans le monde, les femmes ambitieuses mais portées vers la religion peuvent opter pour une autre solution, celle du couvent, respectable et très prisée, pouvant leur ouvrir les portes d'une carrière[14].

La colonisation

Si, dans les domaines de l'éducation et de l'assistance sociale, l'Église, grâce aux communautés religieuses et au clergé séculier, consolide ses positions dans la collectivité canadienne-française, dans le secteur de la colonisation, son leadership se révèle presque sans partage: «Il n'est pas exagéré d'affirmer que l'Église joue un rôle qui, dans une société moderne, serait dévolu à l'État. C'est l'Église qui amorce le mouvement de colonisation, ce sont les prêtres qui canalisent les énergies, choisissent les endroits de colonisation et dirigent les travaux. L'État ne joue guère qu'un rôle supplétif[15]».

Amorcées au printemps de 1848 par l'Institut canadien qui, pour réhabiliter Louis-Joseph Papineau comme homme politique, organise la Grande Assemblée de Montréal, les sociétés de colonisation ne tardent pas à tomber sous l'emprise cléricale, le gouverneur Elgin et le gouvernement de l'époque préférant «que le clergé, et non Papineau, assume le leadership du mouvement de colonisation[16]».

Il était évident que cette mission lui serait confiée tôt ou tard, si l'on tient compte de ces deux traits fondamentaux de la mentalité canadienne-française: l'attachement à la paroisse natale et les croyances religieuses.

Les missionnaires colonisateurs

Sans le prêtre-missionnaire, il y a de fortes chances que la colonisation piétinerait sur place. Le clergé, mû par l'idéologie du Bon Pasteur, prend sur lui de canaliser les surplus démographiques vers les terres neuves. Les prêtres-missionnaires entraînent avec eux les populations en élevant des clochers en pleine forêt. Pour attirer des colons, il faut «qu'on fixe d'abord la place que devra [sic] plus tard occuper l'église et le presbytère; qu'une humble chapelle y soit bâtie; ou seulement une bonne maison d'école; qu'on fasse savoir qu'un prêtre y demeure, ou seulement ira de temps à autre y exercer son ministère en faveur des nouveaux colons». Il ne s'agit pas là de considérations vaporeuses. Les sources sont remplies de ces témoignages.

(Jean Hamelin et Yves Roby, *Histoire économique du Québec, 1851-1896*, Montréal, Fides, 1971, p. 168.)

«L'histoire des Cantons de l'Est, du Saguenay et du nord laurentien constitue une véritable épopée à la gloire de nos admirables "faiseurs de terre"[17].» À la gloire aussi, doit-on ajouter, du clergé canadien-français, qui fut à l'avant-garde de ce mouvement. Seulement pour la région des Bois-Francs, André Laganière a recensé 34 missionnaires colonisateurs à l'œuvre de 1840 à 1870[18]. Animés par un «messianisme conquérant», ils déployèrent toute leur influence pour contrecarrer l'émigration vers les États-Unis qui, selon Yolande Lavoie, se chiffra à quelque 580 000 personnes entre 1850 et 1900[19]!

L'Université Laval

Pour compléter ce survol des moyens dont disposait le clergé pour s'affirmer comme leader incontesté de la collectivité canadienne-française, il faut tenir compte de l'institution universitaire qu'il venait de fonder et dont le développement allait requérir le plus vif de son potentiel en argent, en personnel et en énergie.

L'université devait comprendre quatre facultés: la théologie, le droit, la médecine et les arts. Faute d'étudiants, la faculté de théologie ne fut inaugurée qu'en 1866, les besoins pressants et multiples du ministère paroissial empêchant les évêques de laisser les séminaristes poursuivre leurs études des sciences sacrées. Ouverte dès 1853, la faculté de médecine s'organisa autour d'un noyau de professeurs issus d'une école de médecine qui existait depuis le 15 mai 1848. La faculté de droit commença en 1854 avec deux professeurs: le juge Augustin-Norbert Morin, chargé des cours de droit naturel et de droit des gens, et Jacques Crémazie, professeur de droit civil. Malgré l'arrivée de trois nouveaux enseignants en 1855, la nouvelle faculté végétait et n'offrait que quelques cours, les professeurs faisant passer leurs autres préoccupations avant l'enseignement. Le 20 décembre 1856, le recteur de l'université devait avouer que la faculté de droit «allait mal» et qu'il craignait qu'elle ne se fît «une réputation bien mauvaise[20]». Il confiait alors à l'abbé Thomas-Étienne Hamel, étudiant à l'École des Carmes de Paris, le soin de recruter un jeune docteur en droit, religieux, talentueux et studieux. Ce fut Auguste-Eugène Aubry qui commença à donner son cours de droit romain le 15 janvier 1857[21]. L'automne suivant, il inaugurait un cours d'histoire universelle à la faculté des arts. À partir de septembre 1858, le jésuite français Jules Tailhan assura un cours de philosophie; l'abbé Jean-Baptiste-Antoine Ferland commença à enseigner l'histoire du Canada, en janvier 1859. Les leçons publiques ou conférences du soir étaient très courues; elles compensaient pour les cours réguliers de lettres et de sciences que l'absence d'étudiants empêchait d'organiser.

Dès l'annonce de l'ouverture des cours à l'Université Laval en 1853-1854, des étudiants se présentèrent. En plus de la trentaine de pensionnaires du Grand Séminaire, il y eut une vingtaine d'inscrits en droit et en médecine dont le nombre s'accrut rapidement; s'ajoutèrent, en 1859, ceux de la faculté des arts dont le nombre grossit plus lentement. Les étudiants venaient en majorité de la région immédiate de Québec, mais on en comptait d'Ottawa, du Lac-Saint-Jean, de l'Île-du-Prince-Édouard et même du Maine[22].

La faculté des arts

On ne pouvait, en effet, fonder à Québec l'enseignement supérieur des sciences et des lettres à l'époque où il eût été difficile de recruter un nombre suffisant d'auditeurs. Les jeunes gens qui avaient reçu dans nos collèges et dans nos petits séminaires une première formation littéraire ou scientifique ne se préoccupaient pas de pousser plus loin en ce sens leur instruction. Obligés de s'établir tout de suite dans le monde pour y gagner leur vie et d'entrer sans retard dans l'une ou l'autre des professions libérales, ils commençaient, au sortir même du cours classique, leurs études de théologie, de droit ou de médecine, et ils n'avaient ni le temps ni l'argent à consacrer aux études supérieures des lettres et des sciences. C'est pourquoi l'Université Laval ne crut pas opportun d'ouvrir, dès les premières années de son existence, des chaires d'enseignement supérieur à la Faculté des Arts.

(Camille Roy, «L'abbé Louis-Jacques Casault, fondateur et premier recteur de l'université Laval», *La Nouvelle-France*, II (1903), p. 209-222.)

D'abord logée dans un pavillon du Séminaire, l'université fit construire, en 1854-1855, un pavillon central, le pavillon de médecine et le pensionnat, dont les plans furent confiés à l'architecte Charles Baillairgé[23].

Mais il importait encore plus de recruter et de former le personnel enseignant. Le 26 août 1853, les abbés Louis Beaudet, Alphonse Marmet et Cyrille-Étienne Légaré partaient en Europe étudier les lettres à l'École des Carmes. L'année suivante, l'abbé Thomas-Étienne Hamel rejoignait Beaudet et Légaré — Marmet était décédé dans l'intervalle — pour suivre des cours de mathématiques. Beaudet, Légaré et Hamel réintégrèrent Québec munis, les deux premiers, de la licence ès lettres et le troisième, de la licence ès sciences mathématiques. À la fin du rectorat de l'abbé Casault, l'université comptait donc dans ses rangs trois diplômés de l'université de France. Rome, pour sa part, avait conféré à l'abbé Elzéar-Alexandre Taschereau, après un séjour de deux ans sur les bords du Tibre, de 1854 à 1856, le grade de docteur en droit canon[24].

L'INSTITUT CANADIEN

Si, à Québec, l'Université Laval était le fief clérical de la haute éducation, à Montréal, l'Institut canadien en était la contre-partie laïque. Grâce à ses jeunes porte-parole de talent, il met-tait le Canada au diapason des idées les plus modernes qui agitaient le monde. L'université populaire avait cependant un lourd handicap à surmonter. Il ne s'agit pas ici de l'incendie qui, le 17 février 1850, détruisit son édifice et sa bibliothèque. Mais des nombreux adversaires qui lui avaient déclaré la guerre. Les violentes campagnes que quelques-uns de ses membres avaient menées dans l'*Avenir* contre l'intervention du clergé en politique, pour l'abolition des dîmes ou contre l'enseignement dispensé dans les collèges dirigés par des ec-clésiastiques, mais surtout leurs prises de position à l'endroit du pape, leur avaient aliéné les sympathies d'une partie de la population et du clergé, qui donna son appui à leurs adver-saires politiques. Leur principal maître à penser, le Lamennais des *Paroles d'un croyant*, des *Affaires de Rome* et des *Discussions critiques*, les avait amenés à distinguer dans le pape le chef politique d'un État du chef religieux de l'Église et à affirmer l'autonomie du politique par rapport à la religion: en somme, ils prônaient la séparation de l'Église de l'État. Par le principe des nationalités, ils avaient réclamé le rappel de l'Union en se détachant du parti réformiste pour créer le parti démocrate ou «rouge». Ayant d'abord rêvé d'un État national dirigé inté-gralement par des Canadiens français, ils avaient fini, de dé-sespoir, par se rallier à la thèse de l'annexion aux États-Unis.

Deux conceptions opposées divisaient donc l'intelligent-sia canadienne-française: l'une, attachée aux valeurs tradition-nelles de fidélité au passé, à l'Église, au gouvernement qui avait conquis la responsabilité ministérielle et maintenu le lien avec l'Angleterre; l'autre, tournée vers l'avenir, touchée par les idées de liberté, de progrès, d'ouverture au monde, telles qu'elle les voyait mises en œuvre dans la grande république qui prospérait à ses portes.

Nouvelle orientation de l'Institut canadien

Après les démissions de Baldwin et de LaFontaine à l'été et à l'automne 1851, les élections furent peu favorables aux démocrates, que leurs adversaires taxèrent d'anticléricaux et d'annexionnistes. Les «rouges» dénoncèrent l'ingérence du clergé pour expliquer la défaite de plusieurs de leurs partisans[25].

La disparition de l'*Avenir* et son remplacement, en janvier 1852, par le *Pays* signifiaient la mise en sourdine des thèses les plus osées des démocrates, celles qui leur avaient attiré l'opposition de moins en moins voilée du clergé. Mais s'ils montraient une certaine circonspection dans la presse, il n'en était pas de même à l'Institut canadien, qui connut un nouveau départ.

En 1850, l'Institut avait laissé tomber la clause de sa constitution qui n'admettait comme membres que les seuls Canadiens français. La nouvelle mesure voulait, disait-on, corriger une «flagrante contradiction entre le fait et le droit», puisque l'association était alors présidée par un Irlandais de mère et de père, Francis Cassidy[26]. De plus, souligna un autre commentateur, «la *fraternité universelle* qui dilatait alors tous les cœurs fit regarder comme mesquine l'exclusion des autres races, et la qualification nationale fut rayée[27]».

En plus des anglophones, l'Institut acceptait désormais dans ses rangs des protestants, notamment Narcisse Cyr et Théodore Lafleur. Anciens catholiques, ils avaient fait des études théologiques à Genève et, de retour au Canada en 1848 et 1850, s'étaient lancés dans l'entreprise d'évangélisation de leurs compatriotes. Depuis 1851, leur journal, le *Semeur canadien*, dénonçait avec violence les abus commis au nom d'une «religion dénaturée», d'un «christianisme frelaté[28]».

Autres signes: en mai 1852, le «citoyen» Pierre Blanchet accédait à la présidence et, en décembre de la même année, les membres modérés échouaient dans leur tentative de faire exclure de la salle de lecture le journal de Cyr. Les vaincus firent défection et se regroupèrent dans une association rivale, l'Institut national, placée sous le patronage de Mgr Bourget[29].

Loin d'en être affecté, l'Institut canadien marchait de progrès en progrès: incorporation par le Parlement en 1853, achat d'un vaste édifice en 1854, augmentation notable du membership (165 nouveaux membres en 1854 seulement). Plusieurs nouvelles recrues, comme Henri-Émile Chevalier et Félix Vogéli, contribuaient à augmenter le radicalisme du groupe et son dynamisme. Il se tint 47 séances publiques en 1854 et cette activité déborda sur le plan politique par l'élection de 11 de ses membres, la «Pléiade rouge» ironisaient les adversaires[30]. Ce succès électoral permettait de faire entendre au Parlement des thèses déjà discutées à l'Institut, comme la séparation de l'Église et de l'État, et la neutralité scolaire[31].

Parmi les conférenciers qui se succédaient à la tribune de l'Institut canadien, Louis-Antoine Dessaulles se faisait remarquer par son intransigeance. Il multipliait les sarcasmes à l'endroit de ses adversaires politiques, partisans du gouvernement responsable. Dans ses conférences sur l'annexion aux États-Unis, en 1850, il exaltait à la fois le principe des nationalités et le «dogme sacré de la souveraineté du peuple»; il expliquait l'opposition du clergé à l'annexion par «la soif de suprématie temporelle de ce parti qui, avec un rabat pour égide, jette un cri de colère et de détresse à chaque conquête nouvelle de la civilisation moderne[32]». Il s'en prenait tout spécialement au monopole du clergé dans l'enseignement et à l'attitude de prêtres qui, comme au temps de Galilée, s'efforçaient «de blâmer tout changement, de repousser toute amélioration, d'enrayer tout progrès, d'anéantir toute découverte, de comprimer toute intelligence, de tuer toute liberté, de détruire toute indépendance d'esprit, de prohiber toute manifestation de raison et de génie, de proscrire toute expression libre de la pensée humaine[33]».

Ces propos, tenus par une des personnalités les plus marquantes de l'Institut canadien, un homme de surcroît conseiller législatif à partir de 1856, favorisaient l'union entre le clergé et le parti libéral-conservateur qui, sous la direction de George-Étienne Cartier, faisait opportunément voter des lois garantissant aux deux «races» principales du pays la liberté d'organiser leurs écoles selon leur foi, leur langue et leurs besoins particuliers. L'Institut canadien était devenu un épouvantail pour les conservateurs. Les thèses libérales défendues à sa tribune, le prosélytisme protestant de Cyr et de Lafleur, l'opposition des députés démocrates à l'école confessionnelle et leur alliance avec George Brown, considéré comme l'ennemi-né du catholicisme et des Canadiens français, tout contribuait à le faire redouter du clergé et d'un grand nombre de catholiques.

Le nouvel Institut canadien

L'institut, créé d'abord pour être un centre de réunion, où chacun irait puiser les lumières de l'instruction, où le jeune homme apprendrait à penser et à raisonner, à parler et à écrire, où il trouverait constamment un choix de livres instructifs dans toutes les branches, et surtout d'une moralité irréprochable, et une collection complète de journaux de tous les pays; cet institut, l'espoir des jeunes Canadiens, qu'est-il devenu entre leurs mains? À force d'intrigues, en y introduisant tous leurs affiliés, ils sont parvenus à en avoir le contrôle presque exclusif, et ils ont changé la tribune de cet établissement national en chaire de discorde, de rébellion et d'irréligion.

(Alfred-Xavier Rambau, dans la *Patrie*, 10 juillet 1855.)

L'Institut canadien et le clergé

Le clergé, dans son ensemble, s'inquiétait de plus en plus de l'emprise accentuée de l'Institut canadien sur les plans politique, social et religieux. Mgr Bourget, plus que les autres, déplorait l'influence de ce foyer d'idées subversives dans sa ville épiscopale. Il profita donc de la tenue du deuxième concile provincial de Québec, en 1854, pour mettre le sujet à l'ordre du jour. Président de la Commission de la discipline, il étudia avec les théologiens deux questions à propos des instituts littéraires: 1° «Lorsqu'il est notoire qu'il y a dans un Institut des livres contre la foi et les mœurs, qu'il s'y débite des lectures [conférences] contraires à la foi, qu'il s'y lit des journaux irréligieux, peut-on admettre aux sacrements ceux qui font légalement partie de ces Instituts?»; 2° Devrait-on «dénoncer publiquement ces Institutions comme dangereuses à la foi et aux mœurs»? Dans leur réponse marquée au coin de la plus grande prudence, les experts affirmaient qu'il faudrait dénoncer ces instituts, mais ils recommandaient aux évêques d'agir avec la plus grande circonspection. C'est pourquoi, au lieu d'un décret à caractère solennel, les prélats firent connaître leurs directives dans un *Règlement disciplinaire*[34].

Les instituts littéraires

1° Lorsqu'il est constant qu'il y a dans un institut littéraire des livres contre la foi ou les mœurs; qu'il s'y donne des lectures [conférences] contraires à la religion; qu'il s'y lit des journaux immoraux ou irréligieux, on ne peut admettre aux sacrements ceux qui en font partie, à moins qu'il n'y ait sujet d'espérer que, vu la fermeté des bons principes, ils pourront continuer à les réformer. [...]

4° Pour être tenu à suivre cette direction dans la pratique, l'on attendra que les supérieurs ecclésiastiques ait [*sic*] signalé l'institut qu'il aura [*sic*] jugé dangereux, dans le sens dont il vient d'être parlé.

(«Règlement disciplinaire adopté dans le second concile provincial de Québec», 4 juin 1854, MEQ, IV, p. 165.)

C'est aussi dans ce règlement disciplinaire qu'ils dénoncèrent les mauvais journaux et proclamèrent «le besoin d'un journal français, pour propager les bons principes[35]». Mgr Bourget en était le plus convaincu, mais sa conviction s'approfondit encore lors de son voyage à Rome, en 1854, où il assistait à la proclamation solennelle du dogme de l'Immaculée Conception. À côté de signes encourageants, comme l'exaltation de la personne du pape et l'alliance de l'Église et de l'État en France, il perçut comme une menace la montée des forces libérales en Italie et en Belgique particulièrement. Aussi, à son retour, confronté de nouveau à ces libéraux dont les principes et l'œuvre lui avaient paru si détestables en Europe, il reprit sa croisade en faveur d'un journal français catholique. Ce sera le *Courrier du Canada*.

* * *

Au Canada français, chaque groupe a consolidé ses positions au sein de la collectivité. Le clergé, fort de ses réalisations sur les plans de la vie spirituelle des fidèles, de l'éducation, de l'assistance sociale et de la colonisation, exerce une influence incontestée sur la petite bourgeoisie conservatrice et sur une population qui s'est ralliée au parti libéral-conservateur. De leur côté, les leaders de l'Institut canadien et du parti démocrate ou «rouge» s'affirment de plus en plus comme une force de laïcisation dans une société qu'ils estiment cléricalisée à outrance. Leur succès électoral récent leur permet tous les espoirs. En effet, même si le mouvement rouge est à peu près limité à la grande région de Montréal, «il ne faut pas oublier que cette région contient environ 50% de la population totale et 50% de la population francophone du Bas-Canada[36]».

Animés d'idéologies antagonistes, luttant pour imposer leur leadership à la société canadienne-française, l'un ou l'autre camp ne pourra aboutir qu'à la victoire ou à la défaite.

CHAPITRE IX

LE COURRIER DU CANADA
ET LES PROGRÈS DE L'ULTRAMONTANISME

Le premier numéro du *Courrier du Canada* paraissait le lundi 2 février 1857. De fondation cléricale bien que rédigé par des laïcs, le journal montrait très tôt ses convictions veuillotistes et ses nettes tendances conservatrices en politique. Organe religieux de tendance ultramontaine, il ne craignait pas d'afficher ses couleurs: «Faut-il le dire pour la centième fois? écrivait-il le 1er juin 1863. Le *Courrier du Canada* se préoccupe avant tout de défendre les intérêts catholiques, la liberté de l'Église et les grands intérêts de la nationalité canadienne».

LE CLERGÉ ET LA FONDATION DU *COURRIER DU CANADA*

Le souhait des Pères du deuxième concile provincial de Québec, en 1854, concernant un journal français catholique ne tomba pas dans les oreilles de sourds. Plusieurs membres du clergé s'inquiétaient, eux aussi, du dynamisme de la presse libérale et de la pauvre qualité de la *Minerve*, de Montréal, et du *Journal de Québec*. Dès 1852, certains d'entre eux avaient conçu le projet de fonder à Québec un journal qui recevrait des directives de l'archevêché[1]. Aidé de quelques confrères,

l'abbé Narcisse Bellenger, curé de Saint-Arsène-de-Témiscouata, avait tenté de mettre l'œuvre sur pied et même de
lever quelques fonds. Pendant l'hiver 1855-1856, il soumit un
plan détaillé à Mgr Baillargeon, administrateur du diocèse de
Québec. C'est ce plan que se chargea de réaliser un comité de
prêtres et de laïcs présidé par l'abbé Antoine Racine, curé de
la paroisse Saint-Jean-Baptiste et futur évêque de Sherbrooke[2].

Le nouveau journal catholique

Il leur semble qu'un tel journal devrait être semi-quotidien, avoir
trois pages de matières, être alimenté par trois écrivains payés,
avoir des correspondants à l'étranger, traiter de religion, de politique, d'hygiène, etc., sans que rien dans le titre indiquât que
c'est un journal religieux, que tous les rédacteurs devraient être
laïques, mais la propriété appartenir à des ecclésiastiques, pour
que l'intérêt et la direction du journal fussent assurés, qu'en des
mains laïques il deviendrait une petite spéculation et une influence qui pourrait nous trahir à la première occasion. Ils souhai-
teraient que Nos Seigneurs Évêques trouvassent bon d'adresser
aux curés de leur diocèse respectif une circulaire pour les inviter
à prendre une ou deux actions de 5 ou 10 louis. De cette façon,
outre que l'on obtiendrait de suite un fonds suffisant, on aurait
sur tous les points des personnes intéressées à la prospérité de
l'entreprise. Néanmoins aucun d'eux ne devrait s'attendre à per-
cevoir aucun profit: les dépenses prises, l'excédent de la recette
contribuerait à mieux assurer le but des fondateurs. Ils pensent
que le journal devrait s'imprimer à Montréal, où l'action de la
mauvaise presse s'exerce davantage.

(Narcisse Bellenger à Mgr Bourget, 2 août 1856, ACAM, 295.101,
856-3.)

La création du journal s'avéra plus difficile que prévu.
Tout le monde — et surtout le clergé — était pour la vertu
et désirait ce journal, mais, quand venait le moment d'ouvrir
sa bourse, on trouvait souvent, comme les prêtres du district
de Kamouraska, ses revenus trop maigres et on ne s'engageait
qu'au rôle plus modeste d'abonné[3]. À Montréal, où l'abbé

Bellenger, puis le docteur O. Robitaille, maire de Québec, et l'abbé Edward John Horan avaient été délégués, Mgr Bourget déclarait que son diocèse ferait «tout au monde pour encourager le journal projeté[4]», mais il ne voulait pas se mettre à dos les journaux de sa ville, comme la *Minerve* et la *Patrie*, et il ne commença qu'en janvier 1857 «à voir les Prêtres [...] et à les mettre à contribution en faveur de l'œuvre[5]». Vers le même temps, une autre délégation de Québec se rendait à Montréal pour y «gagner des actionnaires et des souscripteurs à la nouvelle feuille[6]».

Entre-temps se poursuivaient les négociations pour le choix du rédacteur principal du futur journal. Plusieurs penchaient en faveur de Joseph-Charles Taché, frère de l'évêque de Saint-Boniface et compagnon d'études et ami de l'abbé Racine; bien vu à l'archevêché de Québec, il s'était gagné la réputation d'avoir une «plume leste» quand il avait publié *La Pléiade Rouge*, en collaboration avec Pierre-Joseph-Olivier Chauveau. Mais l'abbé Edmond Langevin, secrétaire de l'archevêché, soutenait la candidature de son frère Hector, qui avait œuvré aux *Mélanges religieux* de 1847 à 1849. «Mais généralement on ne lui trouvait point une capacité suffisante», soulignait l'abbé Bellenger à Mgr Bourget[7].

Malgré toutes les difficultés, le projet prenait lentement vie. Au début de décembre 1856, on estimait les fonds recueillis ou promis suffisants pour lancer l'entreprise. À défaut de trancher entre deux candidats solidement appuyés, on se proposait d'engager les deux, Joseph-Charles Taché et Hector Langevin, comme rédacteurs, avec deux sous-rédacteurs, Henri Parent, fils d'Étienne, et Alfred Garneau, fils de François-Xavier. On désigna comme gérants financiers Jean-Thomas Taschereau, juge suppléant à la Cour supérieure, et le maire Robitaille de Québec. Stanislas Drapeau fut choisi comme administrateur; c'était un vétéran du journalisme qui comptait 20 années d'expérience, en 1857, comme typographe et comme rédacteur à Montréal et à Québec; il était attaché, depuis cinq ans, à la rédaction du *Journal de Québec*. Enfin, on confiait l'impression du journal à J.-T. Brousseau, nommé peu de temps auparavant «imprimeur ordinaire de l'archevêché de Québec», en partie à cause d'une «réputation de piété et de parfaite honnêteté[8]». «Il est certain, écrivait Charles Têtu à son gendre Hector Langevin, qu'aucun journal n'a été fondé dans ce pays avec des moyens pécuniaires aussi larges & une influence morale aussi vaste que celle qui entoure celui-là[9]».

Et pourtant, en moins d'un an, le *Courrier du Canada* était au bord de la faillite, parce que «des promesses faites en sa faveur» avaient été oubliées: des souscripteurs n'avaient pas versé l'argent promis et des abonnés étaient en retard dans leurs versements; le nombre de ces derniers, d'ailleurs, était insuffisant[10]. Dès mars 1857, il avait fallu remercier le correspondant parlementaire; puis l'adjoint à la rédaction, Alfred Garneau, avait quitté le journal et on ne l'avait pas remplacé. En juillet 1857, c'était au tour d'Hector Langevin d'être congédié, malgré un contrat de deux ans encore en cours. Enfin les gérants Robitaille et Taschereau cédaient leurs places à Bureau et Marcotte qui devenaient les éditeurs-propriétaires de la feuille en difficulté. Ultime effort de survie: de quotidien, le *Courrier du Canada* devenait trihebdomadaire à partir du 1er août 1858.

Pour ne pas donner «un sujet de triomphe pour les journaux soudoyés par le protestantisme et la prétendue démocratie», Mgr Baillargeon mobilisait son clergé et l'invitait à venir au secours du journal catholique; il incitait les autres évêques à en faire autant. L'abbé Bellenger, devenu curé de Deschambault, s'offrait à reprendre le bâton de pèlerin pour solliciter «de nouvelles souscriptions et même des contributions de charité de la part des plus zélés curés en faveur de ce journal[11]». Malgré certaines réticences de Mgr Thomas Cooke, de Trois-Rivières, et la «souveraine prudence de Mgr Bourget, tenu par stratégie à n'encourager le *Courrier* qu'«en particulier», le journal fut sauvé, mais grâce surtout au clergé de Québec qui fut «mis à contribution [...] pour une somme considérable[12]». Le journal survécut, mais devint la propriété du libraire-éditeur J.-T. Brousseau qui l'imprimait depuis le début[13].

LA LUTTE CONTRE LES LIBÉRAUX

Dès le début de sa parution en février 1857, le *Courrier du Canada* faisait sa marque. Il innovait en obligeant, comme en France, ses collaborateurs à signer leurs articles et en s'appuyant sur un grand nombre de correspondants, dont Louis-Adolphe de Puibusque en France: au dire de l'abbé Casgrain, «une telle abondance de rédacteurs ne s'était pas encore vue dans le pays[14]». Les articles, «en général courts mais substantiels», donnaient au journal «les allures et le ton franc et chevaleresque de son principal rédacteur», Joseph-Charles Taché, et semblaient plaire à la clientèle; on était «content du journal», notait l'abbé Elzéar-Alexandre Taschereau, le futur archevêque de Québec[15].

Taché faisait connaître, dès le départ, ses positions ultramontaines non équivoques. Le *Courrier du Canada*, écrivait-il dans un de ses premiers éditoriaux, est national et «par-dessus tout et avant tout» catholique; «Non pas que nous nous croyions la mission d'évangéliser, de dogmatiser et de faire de la controverse; mais nous tenons, comme faisant partie de notre devoir, de ne rien laisser passer inaperçu dans notre sphère d'observation, de tout ce qui pourrait être ou paraître en contradiction avec les enseignements de l'autorité chargée d'interpréter aux hommes les décrets de la divinité[16]». Et pour assurer ses arrières, il se mettait à la remorque de Louis Veuillot, le virulent polémiste français du journal *L'Univers* de Paris, dont il reproduisait abondamment les articles dans le *Courrier du Canada*. Ce qui lui mérita le surnom de «Veuillotule» de la part de ses adversaires du *Pays* et du *National*.

Convaincu que l'on ne pouvait dissocier nationalisme et religion, Taché attaquait avec force les libéraux canadiens-français qui s'étaient alliés à George Brown, l'ennemi acharné de tout ce qui était français et catholique, qui prônaient l'indépendance devant un clergé estimé trop porté à bénir leurs adversaires conservateurs, et qui s'étaient prononcés contre l'enseignement confessionnel et les écoles séparées au Haut-Canada. Le *Courrier du Canada* appuyait donc George-Étienne Cartier et ses amis et contribua ainsi à la défaite des libéraux, en 1857, lors d'élections extrêmement dures, à Québec particulièrement où il y eut plusieurs blessés et deux morts[17].

En combattant un parti que de plus en plus de catholiques identifiaient à l'«impiété», Taché devenait graduellement «l'idole du clergé[18]». D'autant plus que, dans une polémique retentissante, il avait accablé, sous des preuves de contradiction et de mauvaise foi, Joseph Cauchon du *Journal de Québec* dont le clergé, qui l'avait admiré la veille, se défiait aujourd'hui. «La lutte fut longue et acharnée: ce fut le combat du bull-dog et du sanglier, vraie scène d'amphithéâtre, durant laquelle les spectateurs restèrent en suspens, anxieux de savoir de quel côté pencherait la victoire. À la fin le sanglier tomba épuisé pour ne pas se relever[19]».

Le 31 octobre 1859, Joseph-Charles Taché abandonnait ses fonctions de rédacteur en chef du *Courrier du Canada* et en laissait la direction à un homme dont «les principes solides et les fortes études lui inspiraient toute confiance[20]». C'était le Français Auguste-Eugène Aubry, professeur à la faculté de droit et chargé d'un cours d'histoire universelle à la faculté des arts de l'Université Laval. Dès son premier éditorial, le nouveau rédacteur promettait que le *Courrier du Canada* demeurerait «ainsi que l'ont voulu les fondateurs, un journal français, indépendant, sincèrement catholique et national».

Au centre de ses préoccupations, il y avait la question italienne. Comme son prédécesseur et les autres ultramontains, il la considérait comme «une question catholique, qui se posait entre le Pape et l'Église d'une part, et l'Erreur et la Révolution, sous une forme ou sous une autre[21]». Dans ses prises de position, il partagea l'erreur commune à la grande masse des catholiques de l'époque qui, faute de distinguer le pouvoir temporel pontifical et l'intégrité de la foi, ne virent trop longtemps dans le *Risorgimento* qu'une entreprise contre la papauté et l'Église, ce qu'il n'était pas.

Aubry s'intéressait également à la politique canadienne. La plupart de ses attaques étaient dirigées contre les Anglo-Saxons et les libéraux qui, à ses yeux, menaçaient, les uns et les autres, la collectivité canadienne-française. Il en avait particulièrement contre la corruption des hommes publics: «Il n'y a peut-être pas, chez tout ce monde-là, un seul homme vraiment animé du bien public», disait-il du ministère Macdonald-Dorion, en 1863[22].

Louis Veuillot (1813-1883), journaliste et écrivain français, rédacteur en chef de l'*Univers*, idole des journalistes intransigeants du Canada. ANQ, coll. initiale.

Aubry fut donc un digne successeur du premier rédacteur du *Courrier du Canada* dont il poursuivit l'action en faveur de l'ultramontanisme. Mais il ne fut pas le seul disciple de

Taché. À Montréal, en 1858, Cyrille Boucher et son ami Joseph Royal fondèrent l'*Ordre*, le pendant dans la métropole du journal québécois. Plus tard, le *Nouveau Monde* suivit le même chemin. «Des marches de l'autel où il naquit[23]», le *Courrier du Canada* avait donc préparé la voie aux journaux ultramontains qui s'avéreraient de précieux auxiliaires pour les œuvres du plus ultramontain des évêques, Mgr Bourget.

CHAPITRE X

AFFRONTEMENTS

Durant la décennie 1850-1860, Montréal connaît une rapide expansion. «La population de la ville atteint 90 323 habitants en 1861. C'est à l'époque, la ville la plus populeuse des colonies britanniques de l'Amérique du Nord. La ville de Québec ne compte que 51 109 personnes et la population de Toronto, qui vient au troisième rang, atteint 44 821 personnes». Ces années du milieu du siècle «marquent un seuil dans l'évolution générale de la ville; elles correspondent, en gros, à sa première industrialisation et aussi, au début de l'urbanisation des Canadiens français».

À l'époque, on dénombre à Montréal 43 509 Canadiens français, soit 48% de la population totale, et 14 179 personnes originaires d'Irlande, soit 16%[1]. La majorité de ces Irlandais est catholique. En ajoutant ceux qui appartiennent à d'autres nationalités, on arrive à un total de 75 000 catholiques pour 1861, selon l'estimation de Mgr Bourget.

LE CLERGÉ

Les Sulpiciens

Pour desservir cette population, il y avait cinq églises: Saint-Patrice, pour les Irlandais, inaugurée en 1847, Notre-Dame-de-Grâce (1850), Sainte-Anne (1854), Saint-Jacques (1860) et Saint-Joseph (1862); mais une seule paroisse: la paroisse Notre-Dame.

La paroisse Notre-Dame

La cure de Montréal, qui comprend la ville et la banlieue, forme une immense paroisse de 11 milles dans sa plus grande longueur, sur 5 1/3 milles dans sa plus grande largeur. Le nombre des fidèles qui composent le peuple de l'église paroissiale s'est élevé dans les trois dernières années de 75.000 à 80.000 âmes. Telle est la paroisse qui se trouve encore aujourd'hui, comme elle le fut dès son origine, unie et annexée au Séminaire de Saint-Sulpice, et à la tête de laquelle se trouve le Supérieur de la Maison, qui en devient le curé par le fait de son élection au supériorat de la communauté.

(Mgr Bourget au Préfet de la Propagande, 9 nov. 1864, cité dans Léon Pouliot, *Monseigneur Bourget et son temps*, V, Montréal, Bellarmin, 1977, p. 12.)

Une telle situation comportait de nombreux inconvénients auxquels Mgr Bourget ne peut alors remédier, à cause de l'immobilisme des Sulpiciens «dans un temps et dans une ville où tout est activité, et les besoins immenses», comme l'écrit l'abbé Joseph Marcoux, le 17 août 1850, à l'historien sulpicien Faillon, ajoutant:

Le Séminaire est débordé de toutes parts, et pourtant il se croit capable de tout, et voudrait tout faire et le faire seul. L'Évêque, les Jésuites, les oblats, les institutions de charité, tout l'offusque. Le bien qui se fait en dehors de son action lui déplaît, bien [loin] qu'il s'en réjouisse, comme il le devrait; il regarde ce qui se fait par d'autres que par lui, comme autant d'empiètements sur ses droits de Curé[2].

Le conflit qui, depuis Mgr Lartigue, subsistait entre les Sulpiciens et l'évêque de Montréal explique ce retard à appliquer la seule solution raisonnable: la division de la paroisse.

Nécessité de la division de la Paroisse

[...] il me semble que la division de Notre-Dame s'imposait, la ville s'étendait de plus en plus, les fidèles des extrémités n'ayant pas de voiture ne venaient pas aux offices. Les malades étaient négligés. Comment cette paroisse qui compte aujourd'hui plus de 70 paroisses dans son territoire d'autrefois aurait-elle pu continuer à pourvoir à tous les besoins? Aujourd'hui, on ne comprend pas cette opposition. D'un autre côté l'Évêque était rigide à l'égard du Séminaire, il n'aimait pas les Sulpiciens. Ceux-ci n'aimaient pas l'Évêque. Le vieil esprit français d'opposition jouait sa dernière carte.

(Narcisse-Amable Troie, cité dans H. Lapointe-Roy, *Charité bien ordonnée*, p. 23.)

Le «démembrement», décrété par Rome le 2 décembre 1865, aurait dû mettre fin aux débats et ramener la paix. «C'était trop espérer d'un seul coup. Son exécution souleva une autre tempête, qui devait durer près de dix ans. La pastorale de Mgr Bourget qui le promulgue est du 23 avril 1866: et quand celui-ci donne sa démission, le 11 mai 1876, le calme venait à peine de se rétablir[3]».

Cet affrontement entre l'évêque de Montréal et les Sulpiciens au sujet de la paroisse marqua la phase la plus aiguë d'un conflit qui s'était installé en permanence. Mais sur ce désaccord fondamental se greffaient d'autres litiges dont Mgr Bourget fit la synthèse dans le mémoire qu'il rédigea à l'intention du préfet de la Propagande, le 25 septembre 1858[4].

Le costume ecclésiastique

Le deuxième concile provincial avait statué que le costume des clercs devait se conformer aux règlements en vigueur dans leur diocèse. Ainsi, dans celui de Montréal, le collet romain remplaça-t-il le rabat français, que l'évêque avait abandonné en 1854, au départ de son troisième voyage en Europe. Dès 1856, l'usage s'en généralise, à la suite de l'intervention de Mgr Bourget lors de la retraite pastorale. Bientôt, seuls les

Sulpiciens et cinq ou six prêtres séculiers portent encore l'ancien rabat. Le 31 mai 1858, le prélat impose l'uniformité: «Ainsi, que chacun se fasse maintenant un devoir de porter le collet romain, qui a été pris librement par la très-grande majorité, que la minorité doit se faire un plaisir d'imiter[5]».

Comme «les Prêtres de St-Sulpice n'ayant jamais été constitués par le St-Siège en Congrégation régulière, ne sont que des prêtres séculiers, et que d'après leurs règles, ils doivent porter l'habit ecclésiastique en usage dans les Diocèses où ils sont employés», la conclusion est claire pour Mgr Bourget. Ce n'est pas le cas pour Pierre-Louis Billaudèle, supérieur de 1846 à 1856 de Saint-Sulpice au Canada, qui intervient à son tour auprès de la Propagande afin «d'obtenir pour les Prêtres de sa Société le privilège de porter le rabat français».

Collet romain contre rabat français, «cette bigarrure fai[sait] du mal», au jugement de l'évêque, qui ajoutait:

> Je dois observer à Votre Éminence que si j'ai différé de donner à ces curés un ordre plus sévère de se conformer à leurs confrères, c'est parce que je croyais devoir encore ménager l'esprit des Sulpiciens qui, je le dis avec douleur, ne prêchent pas d'exemple, comme ils le devraient, sous le rapport du dévouement au Pape et à l'Évêque.

Le banc d'œuvre

Un autre grief de l'évêque de Montréal concernait le «banc d'œuvre». Là encore, les Sulpiciens ne prisaient guère la consigne de Mgr Bourget à ce sujet: «Ainsi, pour faire disparaître une bigarrure qui fait peine, on ôtera les croix et les chandeliers de tout Banc-d'œuvre[6]». Cela, précise-t-il dans son mémoire au Préfet de la Propagande, pour «transmettre au Diocèse entier le pur Romain».

Si les prêtres et les curés de la campagne font montre de docilité à l'endroit des directives épiscopales, celles-ci rencontrent de la résistance ailleurs. D'abord, les Sulpiciens «qui pour la plupart sont nés et ont été élevés en France, ne se sont pas montrés chauds partisans du pur Romain.» Même si «les fidèles qui fréquentent habituellement les Églises desservies par les Sulpiciens ont été contents comme les autres des changements opérés, pour se rapprocher du Romain».

Ensuite, contrairement aux marguilliers des paroisses rurales, ceux de Montréal ont protesté et demandé «du temps pour consulter des Avocats». Alors, «pour ne pas déplaire à des marguilliers qui, dans la pratique, sont schismatiques, ils [les Sulpiciens] se résignent à ne plus voir paraître leur Évêque dans l'Église dont il les a établis lui-même Curés».

Le Grand Séminaire

En 1840, Mgr Bourget avait confié aux Sulpiciens la formation des ecclésiastiques du diocèse de Montréal. D'abord logés dans une aile du Collège de Montréal, les séminaristes furent ensuite transférés dans un édifice qui leur fut affecté en 1857, le Grand Séminaire de la Montagne, au flanc du Mont Royal, dont la première pierre avait été posée en 1854.

Soucieux d'aligner l'enseignement du Séminaire sur les directives romaines, Mgr Bourget profita de son séjour en Europe, de 1854 à 1856, pour faire un choix des auteurs les plus orthodoxes. Car il déplorait que l'on utilisât à Montréal comme à Québec les manuels de Mgr Jean-Baptiste Bouvier qui, quoique amendés d'édition en édition, se trouvaient toujours entachés, à ses yeux, de gallicanisme. N'ayant pas autorité sur l'enseignement théologique à Québec, il voulait du moins que Montréal se conformât strictement à l'exemple romain en retenant, «pour Auteurs Élémentaires de [son] Séminaire, les *Praelectiones Theologicae* de Perrone, pour le Dogme, et de Scavini, pour la Morale». À son retour, il demanda donc au supérieur de son Grand Séminaire «que l'on quittât Bouvier pour adopter ces deux bons Théologiens». Mais il se fit répondre que ces deux auteurs étaient trop difficiles et qu'ils ne suivaient pas «les bonnes formes scholastiques».

> Quoi qu'il en soit, je ne crus pas devoir insister alors, pour le bien de la paix; mais j'ai eu à me repentir de ma faiblesse [...]

Il est venu à ma connaissance que de jeunes Séminaristes ont eu le courage de répliquer à leur professeur qui leur enseignait le pur gallicanisme. Je dois même avouer ici que plusieurs Sulpiciens me témoignent que je donne trop de droit à la Papauté, au détriment de l'Épiscopat, il m'a fallu leur fermer la bouche, en leur disant qu'en faisant grandir le Souverain Pontife dans l'esprit des prêtres et des laïques, j'augmentais d'autant le crédit et l'autorité de l'Épiscopat. Enfin, il est à regretter qu'ici comme en France, la Société de St-Sulpice qui, sous tant de rapports, est si remarquable, ne soit pas à la tête de ce beau mouvement qui s'opère dans le monde entier en faveur des saines doctrines de l'ultramontanisme.

Le Cérémonial des évêques

Durant son troisième séjour en France et à Rome, l'évêque de Montréal avait mis à profit ses relations et ses loisirs pour étudier en détail les particularités de la liturgie romaine, dont le bénédictin Prosper Guéranger se faisait, depuis 1840, l'ardent restaurateur dans son pays. Le fruit de ses recherches, Mgr Bourget le publiait en 1856, à Paris, en un fort volume de 569 pages intitulé: *Cérémonial des évêques commenté et expliqué par les usages et traditions de la sainte Église romaine avec le texte latin, par un évêque suffragant de la province ecclésiastique de Québec, au Canada, anciennement appelé Nouvelle-France*. Il fit hommage de son livre à tous les évêques de France, mais ce geste de courtoisie ne dut pas suffire à déclencher un succès de librairie, car l'ouvrage ne fut guère lu.

Il le fut davantage à Québec et surtout à Montréal, car le deuxième concile provincial avait demandé la conformité «au pur Romain» et l'abandon de coutumes même «*immémoriales*». Une fois de plus, les Sulpiciens et leurs marguilliers avaient protesté les premiers. Mais ils n'avaient pas été les seuls à taxer de brouillon le zèle de l'évêque en lui reprochant de faire allègrement bon marché des coutumes locales. Un clerc qui lui fut très proche, mais qui finira par prendre ses distances à cause de ses opinions politiques, l'abbé Charles

La Rocque, curé de la paroisse Saint-Jean-l'Évangéliste (Saint-Jean), le lui avait déjà fait remarquer. Il avait accompagné Mgr Bourget dans son voyage à Rome en 1854, pour assister à la proclamation du dogme de l'Immaculée Conception. Bien au courant de la liturgie romaine, le curé La Rocque ne cachait pas à son supérieur hiérarchique qu'il différait pourtant d'opinion avec lui sur l'application au Canada de certains points de cette liturgie. L'évêque dut admettre le bien-fondé des raisons invoquées par l'un de ses curés les plus distingués, mais il maintint ferme la ligne de conduite qu'il avait adoptée[7].

L'AFFRONTEMENT AVEC L'INSTITUT CANADIEN

L'affrontement entre l'évêque de Montréal et l'Institut canadien est resté mémorable, à telle enseigne que la postérité a retenu qu'il provoqua la disparition de ce «lieu de rassemblement pour les intellectuels progressistes de l'époque», après quoi «le Canada français tomba dans un long sommeil intellectuel dont il lui faudra trois longues décennies (1920-50) pour en [sic] sortir[8]».

On se souvient du décret disciplinaire que le deuxième concile provincial, en 1854, avait édicté à l'endroit d'«un institut littéraire», dont la bibliothèque contenait «des livres contre la foi ou les mœurs», où il se donnait «des lectures [conférences] contre la religion», où «des journaux immoraux ou irréligieux» étaient mis à la disposition des membres.

Les peines imposées étaient rigoureuses: on ne pouvait «admettre aux sacrements» ceux qui en faisaient partie, à moins qu'il y eût lieu «d'espérer que, vu leur fermeté dans les bons principes», ils eussent à cœur de réformer l'association. «Les sanctions prévues nous apparaissent aujourd'hui trop sévères», concède le biographe de Mgr Bourget, qui cependant précise: «Mais tous les évêques présents au concile ayant donné leur assentiment, il est légitime de penser qu'ils ont cru le décret proportionné au danger et capable de produire de bons effets[9]».

Ce décret, daté du 4 juin 1854, n'empêcha pas l'élection, aux mois de juillet et août suivants, de 11 membres de l'Institut comme députés libéraux-démocrates au parlement. Ce succès politique exaltant correspondait au progrès continu de l'Institut lui-même qui lançait un véritable chant de triomphe dans son dixième rapport annuel: «Il compte six cents membres, sa bibliothèque se compose de 3177 volumes et de plus de 200 brochures, à quoi viendront bientôt s'ajouter les 200 livres que lui envoie l'Institut de France; 47 séances ont eu lieu pendant l'année, 22 questions importantes de législation, d'histoire, de philosophie, d'économie politique ont été débattues et approfondies. Il vient de fonder un cours de littérature, un musée est en voie de formation. Depuis la fondation, il a largement contribué au progrès des arts, des lettres et des sciences. L'élite de la jeunesse se réclame de lui et avec fierté[10]».

Mais aux élections générales de 1857-1858, ce fut le désastre. Les démocrates l'attribuèrent, non sans raison, à l'ingérence cléricale dans la politique.

Les institutions antagonistes de l'Institut canadien

La résistance acharnée du clergé à l'influence considérée comme néfaste de l'Institut canadien s'était déjà manifestée, et dans son propre domaine: le cercle de rencontre et d'étude, par la mise sur pied de deux organismes, l'Union catholique du Collège Sainte-Marie et le Cabinet de lecture paroissial des Sulpiciens.

L'Union catholique, née en 1854 sous la forme d'une congrégation, avait ensuite pris celle d'une académie. Là encore, l'impulsion était venue de Mgr Bourget, comme nous l'apprend le père Firmin Vignon, qui fut mêlé de très près à son organisation. Voyant «les jeunes gens, à peine embarqués au milieu du monde, suivre la route de leurs aînés, abandonner la boussole de l'Église catholique, et aller faire naufrage contre le terrible écueil», l'évêque s'était tourné vers le Collège Sainte-Marie où il croyait «découvrir une étoile de salut pour la jeunesse et il demanda d'y établir une œuvre pour les jeunes gens[11]».

Le premier directeur de l'Union catholique fut le recteur de Sainte-Marie, le père Félix Martin. Le père Firmin Vignon, successeur du père Martin au rectorat, réussit à recruter 60 jeunes gens, qui élirent, le 16 avril 1858, leur bureau de direction[12]. Pendant plusieurs années, l'association attira la jeunesse par des conférences, des cours et une riche bibliothèque. Le cercle servit aussi de tremplin à plusieurs hommes publics de l'époque, dont Honoré Mercier.

Le Cabinet de lecture paroissial de Montréal, ancêtre à un certain point de vue de la Bibliothèque Saint-Sulpice et par suite de la Bibliothèque nationale du Québec, fut établi près de la Place d'Armes dans un local spacieux prêté par les Sulpiciens. C'est le directeur de l'Œuvre des bons livres, le sulpicien Louis Regourd, qui en lança l'idée. Le 10 janvier 1857, la *Minerve* en annonça l'ouverture prochaine et, à la fin du mois, l'abbé Regourd fit part, au comité directeur de l'Œuvre, de l'engagement d'un bibliothécaire et de l'abonnement à plusieurs journaux de France (*L'Univers, Le Commerce, Le Journal des bons Exemples, Le Messager de la charité, Le Correspondant*) et à quelques-uns du Bas-Canada (*La Minerve* et *La Patrie*, entre autres). On forma un comité élargi pour le Cabinet de lecture; il comprenait 22 personnes dont Mgr Bourget et le supérieur des Sulpiciens, Dominique Granet. À la réunion du 2 février 1857, ce comité désigna un comité de régie de trois membres: Louis Regourd, Georges Baby comme secrétaire et Patrice Lacombe comme trésorier.

L'inauguration du Cabinet de lecture paroissial eut lieu le 16 février 1857, dans les locaux de l'Œuvre des bons livres, sous la présidence du maire de Montréal, Henry Starnes. On le présentait alors comme une bibliothèque, mais enrichie de périodiques et de journaux; on voulait en faire aussi une tribune, à l'instar de l'Institut canadien, mais «il n'y aurait pas de place pour la discussion, pour l'émulation, l'éducation propre aux associations volontaires». En somme, ajoute Marcel Lajeunesse, «ce qui importait aux responsables du Cabinet de lecture, c'était d'établir un foyer prestigieux et puissant d'orthodoxie face à un Institut canadien qui l'était de moins en moins à leurs yeux[13]».

C'est ce qu'il fut pendant une dizaine d'années où il présenta des séries de conférences remarquables. En octobre 1857 se greffa au Cabinet un cercle littéraire qui devint par la suite le Cercle Ville-Marie[14]. À partir de janvier 1859, parut l'*Écho du Cabinet de lecture paroissial de Montréal*, revue bimensuelle qu'on présentait comme un «recueil spécialement destiné à reproduire les lectures [conférences] qui se font au Cabinet de la Bibliothèque Paroissial [*sic*] de Montréal ou dans les autres Institutions de ce genre, animées du même esprit». Le périodique vécut jusqu'en 1875[15].

L'intervention de Mgr Bourget

Toute une coalition s'était dressée contre l'Institut canadien, coalition politique et coalition cléricale. Cette dernière fut décisive par l'intervention de Mgr Bourget, qui y mit tout le poids de son autorité épiscopale, en publiant trois lettres pastorales datées des 10 mars, 30 avril et 31 mai 1858. La prise de position de l'évêque de Montréal portait sur deux points précis: les «mauvais livres» et les «libertés modernes».

Les mauvais livres

Emporté par son zèle ultramontain, le prélat n'envisageait l'univers de la librairie et des bibliothèques publiques ou privées que sous un angle négatif: nulle part, dans sa pastorale du 10 mars, il n'est question des bienfaits du progrès de l'alphabétisation ou de la diffusion du livre et du goût de la lecture. Pour un peu, aux yeux de l'évêque, l'ignorance eût été préférable à une instruction qui eût mis en péril la foi ou les mœurs.

Les «mauvais livres», ce sont d'abord ceux qui propagent les principes diffusés dans le monde par la Révolution française et qui sont à l'origine de la «pensée moderne». Pour les ultramontains, en effet, la Révolution est le *mal*, le *mal absolu*. «Oubliant ou méconnaissant les leçons de l'histoire», écrivait le doyen de la faculté de théologie de la Sorbonne, l'abbé

Maret, au ministre des cultes, le 26 décembre 1857, au sujet du chef de file des intransigeants, Louis Veuillot, «il ne sépare pas les erreurs et les crimes de la Révolution des vérités qu'elle a mises en lumière, des améliorations civiles, politiques, sociales, qu'elle a introduites; il méconnaît la nécessité, la légitimité, la grandeur de ses résultats généraux, dans lesquels se retrouvent l'action et l'influence de la raison et du christianisme, de la philosophie et de l'Évangile[16]».

Dans le plus pur esprit ultramontain, la Révolution, aux yeux de Mgr Bourget, n'avait accumulé que des «désastres», qui pourraient bien se reproduire au Canada, si «le mauvais esprit qui avait fait couler» en Europe «tant de larmes» traversait «un jour les mers pour couvrir notre chère patrie de décombres et de ruines»: «Que deviendra alors l'heureux peuple du Canada si, endoctriné par des hommes sans principes, il n'a plus où mettre sa confiance?»

Reprenant la thèse que le polygraphe ultramontain Jean-Jacques Gaume développait, depuis 1856, dans les tomes successifs de *La Révolution*, ample ouvrage qui comprendrait 12 volumes, il soutenait que «les moyens employés pour tromper les peuples et égarer les nations furent les mauvais livres, les publications mensongères et les discours irréligieux»; il ne pouvait se dissimuler «que les plans d'attaques contre la religion étaient ici absolument les mêmes que ceux employés ailleurs avec tant de succès».

L'évêque en arrivait ensuite à des applications pratiques: si vous faites partie d'un institut littéraire, ne permettez pas «qu'il s'y introduise des livres contraires à la foi et aux mœurs»; si, cependant, il y en a, «vous devez en conscience faire tous vos efforts pour les faire disparaître en usant, par exemple, de toute votre influence et en vous unissant à tous ceux qui tiendraient comme vous aux bons principes, pour que ces mauvais livres soient jetés au feu»; si cela vous était impossible, «il ne vous resterait plus d'autre parti à prendre que de vous retirer, en protestant énergiquement et publiquement que vous ne faites plus partie d'une pareille institution».

Cette prise de position visait directement l'Institut canadien, que l'évêque assimilait à «une chaire de pestilence» pour tout le pays[17].

La séance du 13 avril de l'Institut canadien

Mis en cause par le texte épiscopal, l'Institut canadien tenait une réunion extraordinaire, à huis clos, le 13 avril 1858. Parmi les 198 membres présents, deux groupes s'affrontèrent. Les modérés, conduits par Hector Fabre, proposèrent de «retrancher de la bibliothèque un certain nombre de livres immoraux et irréligieux[18]». Pierre Blanchet et ses partisans rétorquèrent dans un amendement que l'Institut avait toujours veillé à la composition de sa bibliothèque, n'admettant que «des livres moraux, scientifiques, philosophiques, littéraires, historiques propres à nourrir le cœur et à développer l'intelligence». Ils soutinrent que leur société avait toujours été et était seule compétente à juger de la moralité de sa bibliothèque et qu'elle était capable d'en assumer l'administration sans l'intervention d'influences extérieures.

Tous les membres savaient que la bibliothèque de l'Institut renfermait plusieurs œuvres inscrites au catalogue de l'Index. Dessaulles lui-même l'avouera, beaucoup plus tard: «On avait Voltaire (moins *La Pucelle* qui a été retranchée de suite), Rousseau, l'Encyclopédie, puis les légistes gallicans, les économistes et nombre d'auteurs sérieux du siècle actuel, mais pas orthodoxes, comme Michelet, Martin». En éliminant les ouvrages à l'Index, «il aurait fallu perdre 300 ou 400 volumes, ce que l'association ne voulait pas admettre». Et surtout, ajoutait-il, le groupe des radicaux «ne voulait pas de contrôle ecclésiastique[19]».

Après de vives discussions, le texte de Blanchet fut voté à 110 voix contre 88[20]. Mais le 22 avril, «ne voulant pas contribuer au maintien d'une association que nous considérons comme dangereuse pour la jeunesse et pour le pays sous le rapport religieux, moral et national», suivant leurs propres paroles, 138 membres remirent leur démission de l'Institut canadien[21].

La lettre pastorale du 30 avril 1858

Une semaine après, Mgr Bourget publiait une deuxième lettre

pastorale dans laquelle il s'en prenait nommément à l'Institut canadien. Il approuvait le geste des sécessionnistes, «animés d'un courage digne de tout éloge», il déclarait la bibliothèque «mauvaise et très mauvaise» et il formulait ensuite les règles de l'Index. Il terminait par une menace claire en cas de non soumission: «[...] il s'ensuivrait qu'aucun catholique ne pourrait plus appartenir à cet Institut; que personne ne pourrait plus lire les livres de sa bibliothèque, et qu'aucun ne pourrait à l'avenir assister à ses séances, ni aller écouter ses lectures[22]».

En agissant ainsi, l'évêque de Montréal se démarquait de la politique prudente de son archevêque à propos de l'Index. En 1856, il avait proposé «Que les règles de l'Index et autres décrets pontificaux [soient] en vigueur dans cette Province, quand ils ont été publiés à Rome dans les formes voulues par le droit». Mais Mgr Baillargeon avait répondu, le 26 septembre suivant: «À mon avis il ne serait pas opportun d'adopter cette règle et il serait dangereux de le publier[23]». L'intrépide ultramontain qu'était l'évêque de Montréal n'avait que faire de la circonspection apeurée de son supérieur hiérarchique. Aux grands maux les grands remèdes, devait-il penser, et il alla de l'avant.

Les choses étaient désormais claires. C'était une lutte à finir entre l'évêque de Montréal et les libéraux qui voyaient dans l'attitude épiscopale à l'endroit de l'Institut canadien «le parti pris de le détruire si on le pouvait[24]». Ils en décelaient d'autres indices dans l'appui épiscopal aux groupes rivaux: l'Union catholique, destinée d'abord aux jeunes, accueillit bientôt des hommes d'âge mûr; le Cabinet de lecture paroissial annonçait l'agrandissement de ses locaux; l'Institut canadien-français était fondé le 3 mai 1858. Et cela, au moment même où l'évêque revenait à la charge dans une troisième lettre pastorale. Cela signifiait la condamnation sans appel des principes non seulement de leur Institut, mais du parti politique auquel ils se rattachaient et du journal qui était l'interprète officiel de leurs convictions, le *Pays*.

La lettre pastorale du 31 mai 1858

Pour conférer à sa réprobation du libéralisme canadien-français le plus d'autorité et d'efficacité possible, Mgr Bourget emprunta ses arguments à la célèbre encyclique de Grégoire XVI du 15 août 1832, *Mirari vos*, condamnant le libéralisme sous deux de ses formes, l'une révolutionnaire, qui contestait l'autorité monarchique, l'autre intellectuelle, qui, par le moyen des libertés modernes, contestait l'autorité ecclésiastique. Dans le texte pontifical, la séparation de l'Église et de l'État équivalait au rejet de la mission surnaturelle de l'Église dans la société civile.

   Grégoire XVI avait résolu dans le sens traditionaliste et autoritaire le grand problème auquel le monde catholique se trouvait confronté depuis le début du siècle: l'attitude à prendre à l'égard du monde issu de la révolution intellectuelle et politique du XVIIIe siècle et particulièrement du régime des libertés civiles et religieuses proclamé dans la *Déclaration des droits de l'homme et du citoyen*.

   D'entrée de jeu, l'évêque de Montréal citait Pie IX: «Il est de notre devoir d'élever la voix, et de tout tenter [...] pour que les loups n'immolent pas le troupeau» et il assimilait les mauvais journaux aux loups. De quoi s'agissait-il? «Le mauvais journal est celui qui est contraire à la Religion, dans sa foi ou dans sa morale. S'il attaque la divinité de la Religion, c'est un journal irréligieux. S'il combat les vérités révélées de Dieu, et définies par l'Église, c'est un journal hérétique. S'il publie des choses impures, c'est un journal immoral. S'il se moque des choses saintes, ou des personnes consacrées à Dieu, c'est un journal impie. S'il se prétend libre, dans ses opinions religieuses et politiques, c'est un journal libéral».

   Puis l'évêque consacrait plusieurs pages à décrire les «couleurs aussi hideuses que saillantes» et les «traits caractéristiques» du journal irréligieux, du journal hérétique et du journal immoral. Mais il devenait encore plus prolixe quand il décrivait le journal anticlérical, qu'il qualifiait d'«impie», car «chaque prêtre étant le représentant de Jésus-Christ lui-même, ce serait attaquer cette divine autorité que de vouloir faire perdre au Clergé son influence».

Manifestement, le «journal impie» n'était pour lui qu'une variété du «journal libéral», puisque les libéraux s'étaient toujours énergiquement opposés à l'ingérence cléricale dans le domaine politique; d'ailleurs, l'évêque en apportait immédiatement lui-même la confirmation: «Le *Journal libéral,* écrivait-il, est celui qui prétend, entr'autres choses, être *libre* dans ses opinions religieuses et politiques; qui voudrait que l'Église fût séparée de l'État; et qui enfin refuse de reconnaître le droit que la Religion a de se mêler de la politique, quand les intérêts de la foi et des mœurs y sont intéressés».

Il se lançait alors dans une longue démonstration où, confondant le journal et le parti libéral et s'appuyant sur le texte pontifical, il voulait prouver: 1° «qu'il n'est permis à personne d'être *libre dans ses opinions religieuses et politiques»*; 2° que «*L'Église ne doit pas être séparée de l'État»*; 3° que «la Religion peut et doit s'allier avec une bonne et saine politique».

Fidèle à son modèle *Mirari Vos,* la lettre pastorale condamnait tout aussi bien l'exaltation de la souveraineté du peuple que les partisans de la «liberté effrénée». Elle voulait leur opposer la «saine doctrine», c'est-à-dire «cette doctrine pure qui leur apprenne à se gouverner, comme le doivent faire des peuples vraiment chrétiens. Car c'est là évidemment un point de haute et importante morale. Or, tout point de morale est sous le domaine de l'Église, et tient essentiellement à son enseignement. Car sa divine mission est d'enseigner aux Souverains à gouverner avec sagesse, et aux sujets à obéir avec joie[25]».

La pensée de l'évêque de Montréal débouchait directement sur une espèce de théocratie, telle qu'en laquelle l'abbé Maret voyait le résumé de la doctrine sociale et politique de l'ultramontanisme. En effet, selon les ultramontains, «le Souverain Pontife, outre son autorité spirituelle, sacrée pour tous les catholiques, possède de *droit divin* une véritable juridiction politique dans le monde entier, juridiction qui le rend arbitre des grandes questions sociales et même politiques; et sous certains rapports, les rois et les chefs des nations ne sont que ses vicaires». De ce principe théocratique découlaient des «privilèges sociaux et politiques pour le clergé de chaque nation»; et «l'intolérance civile» était «élevée au rang des dogmes religieux[26]».

L'intransigeance ultramontaine de l'évêque de Montréal n'avait d'égale que l'intransigeance libérale de Dessaulles et de son groupe. L'affrontement était prévisible. Pour le moment, les condamnations doctrinales du prélat constituaient un appoint politique d'une extrême importance pour le parti libéral-conservateur. Dans ses *Souvenirs politiques*, Charles Langelier, remontant à cette époque et rappelant «les dénonciations si violentes» dont les premiers libéraux avaient été l'objet de la part du clergé, se demandait comment leur parti avait pu «survivre à une guerre pareille[27]»!

POLITIQUE ET CULTURE: DEUX CHAMPS OÙ SE DISPUTER LE POUVOIR

Aucune entente n'était désormais possible entre des adversaires aussi déterminés que Mgr Bourget et les leaders de l'Institut canadien. Ils se trouvaient dans des mondes idéologiques irréconciliables: celui du Grégoire XVI de *Mirari vos* et celui du Lamennais des *Affaires de Rome*. Pour s'être alliée au despotisme, la papauté, selon Lamennais, avait failli à sa tâche. Il ne pouvait admettre que le pape eût recours aux armes spirituelles à des fins politiques.

Au Canada français, les *Affaires de Rome* servirent d'arsenal inépuisable pour les publicistes opposés aux interventions cléricales. Ainsi Denis-Benjamin Viger refusa de reconnaître toute portée doctrinale ou «dogmatique» au mandement du 24 octobre 1837 de Mgr Lartigue, qui se réclamait de l'enseignement de Grégoire XVI. Le célèbre article de l'*Avenir* du 14 mars 1849, qui distinguait dans le pape le prince temporel du chef de l'Église, s'inspirait essentiellement de la même source. En regrettant le monitoire lancé par Pie IX contre les partisans de la république romaine, l'auteur de l'article, tout probablement Louis-Antoine Dessaulles, soutenait que le pape avait entretenu la confusion entre le domaine religieux et le domaine politique en excommuniant le mouvement national italien.

Enfin, au moment capital de l'affrontement, en 1858, entre Mgr Bourget et l'Institut canadien, l'évêque avait eu recours, pour le condamner, à *Mirari vos*, encyclique jouissant selon lui du privilège de l'infaillibilité pontificale, tandis que le *Pays*, qui s'en prenait à l'ingérence cléricale dans le combat politique, puisait ses arguments dans l'ouvrage qui était devenu la bible des libéraux.

À la réprobation épiscopale de l'action et des principes de l'Institut canadien était liée celle de sa bibliothèque, à laquelle Mgr Bourget appliquait dans toute leur rigueur les prescriptions de l'Index, dont l'inobservance entraînait l'excommunication.

Le geste de l'évêque de Montréal s'inscrivait dans le contexte de plus en plus intransigeant de l'Église de Pie IX, comme en témoignait l'expansion du mouvement ultramontain. En France, avant 1850, l'obligation de respecter les prescriptions de l'Index «ne paraît s'exprimer encore que rarement, faiblement ou confusément[28]», comme l'écrivait le consulteur romain Orioli, examinant le projet de la mise à l'Index de l'*Avenir*, en 1832: «[...] on ne donne pas aux Décrets de l'Index, surtout en France, le poids qu'ils ont en Italie[29]». Mais, à partir de 1851-1853, cette tendance est renversée. L'autorité romaine au sujet de la prohibition des «mauvais livres», qui jusque-là était pratiquement ignorée, «obtient d'y être reconnue par tous les catholiques[30]». On en arrive à affirmer que «les décisions de l'Index ont valeur obligatoire pour tous les fidèles et dans tous les pays[31]». Les «mauvais livres», surtout les romans, sont comparés à du poison. Pour la plupart des évêques, «il n'y a aucune hésitation: tous les romans, en tout cas, presque tous, sont à divers degrés mauvais[32]».

À Rome, on en est fermement convaincu. De juin 1863 à juin 1864, «les romanciers français deviennent une cible de prédilection pour la Congrégation romaine: en un an, elle condamne les deux Dumas, George Sand, Balzac, Flaubert, Hugo, Stendhal, sans compter Champfleury, Ernest Feydeau, Henri Murger et Frédéric Soulié». Bref, toute une «charrette» de célébrités[33]!

Mais en même temps, les auteurs contemporains de la littérature religieuse s'étaient acquis «une solide réputation de médiocrité[34]». L'orthodoxie ne suppléait pas au talent! *Mutatis mutandis*, il en était de même, face au dynamisme de l'Institut canadien, des organismes patronnés par le clergé et cautionnés par l'évêque de Montréal: l'Union catholique, le Cabinet de lecture paroissial et même l'Institut canadien-français: «Voilà sept ou huit ans, déclarait Hector Fabre en novembre 1863, que nous travaillons chacun de notre côté et nous n'avons encore ni une chaire, ni un tableau, ni un livre, ni une publication littéraire complète, ni même une bibliothèque[35]». Piètre résultat après tant d'efforts conjugués pour abattre l'Institut canadien! Mais la prescription impitoyable des règles de l'Index allait avoir raison de lui, là où tous les autres moyens avaient failli. L'affaire Guibord pointait à l'horizon!

CHAPITRE XI

LA LUTTE À FINIR
ENTRE DEUX FRACTIONS
DE LA PETITE BOURGEOISIE
CANADIENNE-FRANÇAISE

LE MONDE DE L'ÉDUCATION

L'éducation restait un champ privilégié d'influence pour le groupe social qui s'assurerait le leadership de la société canadienne-française. Depuis 1840, l'Église canadienne avait pris une longueur d'avance sur la fraction laïque qui aurait pu lui disputer ce secteur essentiel. Grâce aux lois scolaires de 1841, 1845, 1846, 1849, 1851 et 1856, le clergé s'y était taillé une place de plus en plus importante, marquée en 1856 par la création des écoles normales de Montréal et de Québec, établies sur une base confessionnelle et dirigées par des ecclésiastiques.

Le Conseil de l'Instruction publique, dont l'existence devint effective par l'arrêté ministériel du 17 décembre 1859, avait amorcé la distinction confessionnelle dans le monde scolaire. La loi d'avril 1869 allait la parachever en établissant, à la grande satisfaction du clergé, deux secteurs distincts d'éducation, le catholique et le protestant. La même loi accordait des privilèges financiers considérables aux institutions religieuses et charitables.

Plus tard, la loi de 1875, qui remplaçait le ministère de l'Instruction publique, créé en 1868, par un département ayant à sa tête un surintendant, «modifiait fondamentalement la constitution du Conseil de l'Instruction publique, en y introduisant *ex officio* tous les évêques dont le diocèse était situé en tout ou en partie au Québec et en accordant aux protestants une indépendance à peu près complète pour la direction de leur système scolaire[1]».

Le projet d'établissement d'écoles normales avait été surveillé de très près par le clergé. Et tous ses vœux furent comblés. Un prêtre distingué, l'abbé Hospice-Anthelme Verreau, fut nommé pour diriger l'école normale Jacques-Cartier à Montréal. À Québec, l'école normale Laval, inaugurée dans le vieux château Saint-Louis, eut pour premier principal l'abbé Edward Horan, remplacé en 1858 par l'abbé Jean Langevin.

C'est à ce dernier que l'on doit, en 1865, la publication d'un *Cours de pédagogie ou Principes d'éducation*, où le rôle de l'instituteur laïc était réduit à celui d'«humble auxiliaire du prêtre»: «Devant le souverain curé, l'instituteur doit être sans idées et soumis. Il remplira à l'église et à la sacristie les fonctions dont on voudra bien l'honorer. Nous rencontrons pour la première fois en 1865 l'instituteur laïque humblement subordonné à la toute-puissance du prêtre[2]».

Ainsi, à tous les échelons du monde scolaire, le clergé exerce une influence indiscutée. Et c'est avec vigilance que l'Église, par l'intermédiaire des prêtres des paroisses et des congrégations enseignantes, remplit son rôle de gardienne de la foi et des mœurs auprès des 178 961 enfants qui fréquentent les 3589 écoles primaires du Québec de 1866.

Il en est de même dans la quinzaine de collèges industriels ou commerciaux qui surgissent, de 1846 à 1866; six d'entre eux, dans certains cas pour des raisons strictement économiques, comme on l'a vu, modifient leur programme pour devenir de véritables collèges classiques: Joliette, Saint-Laurent, Rigaud, Lévis, Rimouski et Sherbrooke. Les 2781 élèves qui, en 1860, fréquentent les 15 collèges classiques sont sous l'entière dépendance des ecclésiastiques qui dirigent ces institutions et y enseignent.

Enfin, au sommet de la hiérarchie scolaire règne l'Université Laval, fondée par les prêtres du Séminaire de Québec. La direction cléricale est jalouse de son indépendance, au point de refuser, en 1870, prétextant qu'elle est insuffisante, une subvention du premier ministre du Québec, Pierre-Joseph-Olivier Chauveau, destinée à la création d'un cours de sciences appliquées. Un an plus tard, craignant toujours le contrôle gouvernemental, elle oppose un refus encore plus catégorique à un projet «qui eût pu doter le Québec français d'une faculté des sciences, au cours de l'année 1871-1872: il faudra attendre près d'un demi-siècle, jusqu'au 29 octobre 1920, pour assister à la reprise du projet sous une autre forme, alors que fut fondée l'École de chimie de l'Université Laval[3]».

Il en résulte que, «dans le domaine de l'enseignement, le Canada français a évolué à l'inverse du monde moderne. L'Église a pris de plus en plus d'importance au fur et à mesure que le siècle s'avançait[4]».

Mgr Bourget n'avait donc pas raison de craindre la concurrence des laïcs. Peut-être les progrès de l'Institut canadien lui faisaient-ils appréhender le pire? En 1866, l'Institut créait une école de droit, affiliée à l'Université Victoria de Cobourg en 1868, puis à McGill trois ans plus tard. Mais déjà l'Institut accusait, par la diminution du nombre de ses membres, qui passa de 600 à 500 de 1859 à 1860, les coups portés par son impitoyable adversaire ultramontain, aidé en cela par toute une cohorte de laïcs dévoués, parmi lesquels figuraient, en 1859, les collaborateurs de l'*Ordre*.

LE JOURNAL L'*ORDRE*

L'*Ordre* vit le jour au sein de l'Union catholique du Collège Sainte-Marie. Ses fondateurs, les anciens élèves Joseph Royal, Cyrille Boucher, puis Édouard Lefebvre de Bellefeuille et Louis Beaubien, réunis sous la direction de leur professeur, le jésuite Adolphe Larcher, le voyaient expressément comme un organe de combat contre l'Institut canadien. L'expérience journalistique et le talent littéraire mettaient au premier rang du groupe Cyrille Boucher.

Né à Saint-Rémi-de-Napierville, le 30 juillet 1834, Boucher avait pu, grâce à l'aide pécuniaire du curé de sa paroisse natale, commencer à 17 ans son cours classique, qu'il suivit d'abord chez les Sulpiciens du Collège de Montréal, puis au Collège Sainte-Marie. En 1856, la pauvreté l'avait contraint à interrompre ses études. Il s'était improvisé professeur au collège classique et commercial que le curé de Terrebonne, l'abbé Adrien Théberge, avait fondé en 1847 avec le concours du seigneur Joseph Masson.

Tout en enseignant, Boucher avait tâté du journalisme à la *Minerve* et à la *Patrie*, mais surtout au *Courrier du Canada*, où il avait apprécié les conseils expérimentés du rédacteur en chef, Joseph-Charles Taché.

Ayant repris le chemin du Collège Sainte-Marie, Boucher entra à l'École de droit qui y avait été fondée en 1851. Entre autres caractéristiques assez singulières, cette École ne comptait qu'un seul professeur, Maximilien Bibaud. Boucher fut reçu avocat en décembre 1861.

Jusqu'à son entrée à l'École de droit, Cyrille Boucher s'était comporté en franc-tireur du journalisme catholique. De retour à Montréal après son séjour d'une année à Terrebonne, il avait commencé de prendre une part de plus en plus active à l'offensive que l'évêque de Montréal menait contre l'Institut canadien. Elle s'intensifia lorsque son ami Joseph Royal l'appela à collaborer à un nouveau journal.

L'idée de la fondation de l'*Ordre*, on l'attribuait au chanoine Venant Pilon, de l'évêché de Montréal. Le 20 avril 1858, au Cabinet de lecture paroissial, il avait présenté, sur «le journalisme catholique et l'apostolat laïque», un exposé qui empruntait sa force à l'exemple et aux écrits de Louis Veuillot. Après avoir affirmé qu'«un parti vraiment catholique» existait déjà à Montréal, constitué par les membres du Cabinet de lecture, du Cercle littéraire et de l'Union catholique, le conférencier s'était écrié: «[...] il manque encore une chose essentielle au parti catholique pour qu'il puisse remplir avec un plein succès tous les devoirs de son apostolat, dans l'état actuel de la société. Cette chose, Messieurs, peut-être l'avez-vous deviné, c'est le journalisme catholique[5]».

Joseph Royal, qui avait assisté à la conférence, trouva auprès d'un vétéran de la politique canadienne, Denis-Benjamin Viger, l'aide financière nécessaire à la publication d'un journal. Puis il gagna à son projet Cyrille Boucher et, le 23 novembre 1858, put faire paraître le premier numéro d'un journal baptisé l'*Ordre* et sous-titré *Union catholique*. «Nous déclarons n'appartenir qu'à l'Église, à notre foi, à la patrie, à notre nationalité», déclaraient les rédacteurs. Peu après, leurs amis Édouard Lefebvre de Bellefeuille et Louis Beaubien se joignaient à eux[6].

Le programme de l'Ordre

Notre place dans la presse se trouve nettement marquée, notre devoir clairement défini et nos armes fortement trempées. Notre place se trouve au-dessus des partis qui s'agitent aujourd'hui dans l'arène politique; notre devoir, c'est de dire sans respect humain et sans détour, sans peur et sans transactions honteuses, la vérité à chacun dès que nous apercevons qu'il s'en éloigne. Nos armes, ce sont les armes dures et tranchantes de la vérité; elles nous vengeront d'une politique fausse et d'une législation sans pudeur. Vérité dans la polémique, vérité dans les faits, vérité dans l'histoire, vérité dans la politique, vérité dans la religion: voilà ce que nous voulons.

(L'*Ordre*, 23 nov. 1858.)

Cyrille Boucher était le plus connu des rédacteurs à cause de ses polémiques avec Louis-Antoine Dessaulles et l'Institut canadien de Montréal. Même si théoriquement les quatre jeunes hommes se considéraient comme des égaux au sein d'une équipe fraternelle, Boucher s'affirma bientôt comme leur chef et donna le ton au journal, un mélange de verve et d'intransigeance qui caractérisait sa prose.

Journal indépendant de tout parti politique, l'*Ordre* s'attaqua non seulement aux libéraux démocrates de l'Institut canadien et à leurs journaux, comme le *Pays* et le *Courrier de*

Saint-Hyacinthe, mais aussi aux partisans de George-Étienne
Cartier et à la *Minerve*. Il accusait les premiers de soutenir et
défendre «trois principes abominables, gros d'anarchie et de
résultats funestes et qui ne peuvent jamais s'accorder avec la
conscience d'un chrétien éclairé»: la séparation de l'Église et
de l'État; l'abolition du droit de propriété; la souveraineté du
peuple[7]. Aux conservateurs et à leur organe, il reprochait de
biaiser sur les principes et de recourir aux compromissions
pour se maintenir au pouvoir à cette époque d'instabilité ministérielle[8]. Il le faisait d'une manière si virulente que Taché,
mentor et ami de Boucher, essaya, en vain cependant, de le
ramener à plus de modération[9]. Mais l'*Ordre* n'était pas moins
intransigeant quand il traitait de la guerre d'Italie.

LES ÉVÉNEMENTS ITALIENS, 1858-1861

Cette guerre, qui devait finalement aboutir à la réalisation de
l'unité italienne en 1870, divisait l'opinion au Canada comme
partout ailleurs. À partir de 1859, les libéraux du monde
voyaient avec plaisir l'Autriche quitter peu à peu la péninsule,
des principautés et le royaume de Naples disparaître, l'État
pontifical se désagréger et le royaume d'Italie prendre vie
sous le couvert du principe des nationalités. L'enthousiasme
était à son comble, car une thèse libérale recevait enfin la sanction des faits et entrait dans le droit international. Les libéraux
canadiens, pour leur part, «voyaient dans le mouvement libéral contre l'autorité temporelle du pape, la lutte de l'avenir et
de la souveraineté populaire contre le passé et l'absolutisme[10]». «Dans cette guerre [...] nos sympathies sont acquises
[...] à tous les pouvoirs [...] qui prendront la Sardaigne et le
reste de l'Italie sous leur protection», écrivait le *Pays*, le 21
mai 1859.
    En revanche, les catholiques en général et tout spéciale-
ment les ultramontains voyaient dans ces événements une tentative pour réduire l'Église à l'impuissance. «Le champ de
bataille, disait le grand vicaire Louis-François Laflèche en
décembre 1860, est le domaine temporel de l'Église, mais le
véritable but de la guerre est l'abaissement de son pouvoir

spirituel, la négation de ses droits éternels». Et il ajoutait: «c'est la *liberté* de l'Église que l'ennemi attaque maintenant. L'enfer voudrait mettre ses chaînes aux mains de l'Épouse de Jésus-Christ. Satan croit, dans son aveugle rage, que si le sol manquait tout à coup à cette Reine des nations, il viendrait plus facilement à bout de la renverser; il croit qu'il finirait par la traîner en esclavage, et par l'y étouffer de ses serres sataniques[11]». Du nationalisme et de l'aspiration du peuple italien à l'indépendance de sa patrie, il n'était pas question.

Cyrille Boucher et Joseph Royal adoptèrent d'emblée cette thèse, véhiculée avec force et éloquence par Louis Veuillot dans l'*Univers*. Ils s'en tinrent résolument à son point de vue et, sur les questions italiennes, l'*Ordre* devint la filiale canadienne du journal parisien.

Avec tous les inconvénients que ce choix pouvait comporter. Ainsi, cette prise de position conduisait Boucher à louanger un État réactionnaire comme l'Autriche et à dénoncer l'Angleterre qui favorisait le Piémont de Cavour; dans cette foulée, au moment où couraient des bruits de guerre entre la France et l'Angleterre, il souhaitait avec ferveur l'humiliation de cette dernière.

Humilier l'Angleterre dans son orgueil

[...] tout le monde verrait, avec un certain contentement, l'Angleterre humiliée dans son orgueil, privée de ses colonies, enchaînée dans son île solitaire. [...]

Si la guerre se généralisant, s'étendait aux colonies, quel parti prendraient les Canadiens-Français? Porteraient-ils les armes contre la France, ou prendraient-ils fait et cause pour la France, se rangeant ainsi du côté de la Civilisation?

Le Canada pourrait voir, sans miracle, le drapeau tricolore flotter un beau matin sur les remparts séculaires de Québec. En nous laissant notre manière de nous gouverner, comme l'Algérie la sienne, Napoléon s'attacherait le cœur des Canadiens sans exception.

(*L'Ordre*, 19 août 1859.)

De tels propos lui attiraient des ripostes féroces de ses adversaires libéraux et l'indignation outragée des milieux anglo-saxons: «Les journaux anglais [...] aboient par colère, par vengeance, par délire», répliquait Boucher dans l'*Ordre* du 26 août 1859.

Mais la politique de Napoléon III le mettait davantage encore dans l'eau bouillante; par exemple, en supprimant l'*Univers*, elle lui enlevait son guide et, comme il disait, «la meilleure autorité» sur la question italienne[12]. Boucher et ses amis en furent un moment désemparés, mais ils purent se ressaisir assez pour accabler Médéric Lanctôt, le rédacteur en chef du *Pays*, qui avait osé vanter Garibaldi et saluer sa conquête de la Sicile[13], ainsi que pour juger la défaite de Lamoricière à Castelfidardo comme «l'un des plus brillants faits d'armes accomplis de nos jours[14]».

Cependant, les déboires ne cessaient de pleuvoir sur les rédacteurs de l'*Ordre*. Non seulement le roi du Piémont, Victor-Emmanuel II, parachevait l'unité italienne, mais leur journal leur échappait. Le 15 novembre 1860, J.-A. Plinguet l'achète et, une semaine plus tard, annonce que «les propriétaires seuls seront responsables des opinions et des principes du journal[15]»; le 25 juin 1861, Boucher et ses trois collaborateurs démissionnent et *horresco referens*! l'*Ordre* devient un journal libéral à la remorque du parti libéral d'Antoine-Aimé Dorion[16]...

LE DUEL BOURGET-DESSAULLES

C'est de façon interposée que l'équipe de l'*Ordre* avait pris la défense des États pontificaux. Par le truchement du chanoine Pilon, Boucher et ses amis avaient été en quelque sorte les interprètes des vues de l'évêché de Montréal. Un événement fortuit allait déterminer Mgr Bourget à intervenir directement dans une cause sacrée à ses yeux en prenant à partie le *Pays* et celui qui, depuis le 1er mars 1861, en était devenu le rédacteur en chef, son intraitable adversaire, Louis-Antoine Dessaulles.

L'événement déclencheur des hostilités fut le passage à Montréal et à Québec, en septembre 1861, après un séjour de deux mois aux États-Unis, du cousin de Napoléon III, le prince Napoléon, ardent champion de la politique piémontaise de son ami Cavour. Anticlérical avoué et vivante incarnation du libéralisme qui était en train de dépouiller Pie IX de ses États, il fut reçu froidement sinon défavorablement par le clergé. «Grande hostilité du clergé contre moi», nota-t-il dans son carnet de voyage[17].

Cette «attitude hostile» constituait «un acte d'impolitesse nationale» aux yeux de Louis-Antoine Dessaulles. Le journaliste vantait la générosité de l'illustre visiteur qui avait fait don à la bibliothèque de l'Institut canadien de livres d'une grande valeur[18] et le félicitait d'avoir «si éloquemment développé les vues libérales du gouvernement de la France sur les plus grandes questions de la politique européenne[19]». Lui-même, bien renseigné par la presse libérale européenne et surtout par l'*Annuaire des Deux Mondes*, dénonçait «la déplorable ignorance où l'on est dans ce pays, sur tout ce qui touche à la question romaine[20]».

Le premier visé par le rédacteur du *Pays*, c'est bien sûr Mgr Bourget qui tire ses informations sur l'État pontifical uniquement des feuilles ultramontaines européennes et surtout de l'*Univers* où, «pour rallier l'opinion à ses vues, Veuillot fait l'apologie du gouvernement pontifical et refuse d'admettre ses défauts dénoncés si vigoureusement par la presse anticléricale[21]». Totalement dominé par son dévouement au souverain pontife, Mgr Bourget ne soupçonnait pas la nature et la complexité des problèmes politiques soulevés par l'unification de l'Italie. Son attitude rejoignait celle de tous les ultramontains, qu'ils fussent d'Europe ou d'Amérique, chez qui on décelait invariablement une extraordinaire méconnaissance du sentiment national italien.

Les meilleures preuves en étaient les nombreux documents qu'il rédigeait et faisait lire du haut de la chaire, particulièrement la très longue *Lettre pastorale [...] publiant une lettre encyclique de N. S. Père le Pape Pie IX, sur l'inviolabilité du pouvoir temporel du St. Siège*, du 26 février 1860[22]. Ses exposés doctrinaux s'accompagnaient de dénonciations plus ou moins

discrètes des «mauvais» journaux, dont le *Pays* qui avait fait
«à l'Autorité Pontificale un si grand outrage» le 14 février
1860[23]. Un *Premier supplément au mandement du 31 mai 1860,*
concernant les journaux qui ont attaqué la bulle de Sa Sainteté Pie
IX, excommuniant les envahisseurs des États pontificaux et autres,
etc. explicitait les accusations contre le journal libéral et reprochait à ses rédacteurs, entre autres choses, de s'alimenter dans
«le *Siècle* et autres journaux de cette espèce» qui «ne pouvaient
fournir à leur feuille que des eaux bourbeuses[24]». Le journal
ne s'amendant pas, l'évêque lui envoyait, du 12 au 24 février
1862, sept lettres ouvertes où il condamnait les positions du
Pays sur la question italienne, l'accusant de tromper ses lecteurs et d'être «*anti-chrétien, anti-catholique, anti-social et calom-*
niateur du gouvernement pontifical», immoral même, «et pour
cette raison dangereux, surtout à [ses] enfants, comme à toute
la jeunesse canadienne, sur qui repose nécessairement l'avenir
de notre belle et chère patrie[25]».

Au chanoine Joseph-Octave Paré qui, le 24 février 1862,
leur avait demandé de reproduire les lettres de l'évêque dans
leur journal, les directeurs du *Pays*, Wilfrid Dorion et compagnie, répondirent par une fin de non-recevoir, à cause de la
longueur du texte, et ils en profitèrent pour revendiquer le
droit de discuter et critiquer le gouvernement pontifical sans
être taxés d'«*anti-catholiques, anti-chrétiens* et *anti-religieux*. Prétendre le contraire», ajoutaient-ils, «ce serait fermer la porte
à toute discussion libre, bâillonner la presse et inaugurer un
système de surveillance et de censure auquel nous ne pouvons
ni ne voulons nous soumettre[26]».

Dessaulles, de son côté, répondait à Mgr Bourget dans
une lettre privée, le 7 mars 1862. Il avouait sa surprise de lire,
de la plume d'un évêque, des affirmations «plus que hardies»
et des interprétations «singulièrement hasardées»; il prenait
comme une injure personnelle l'accusation «*d'impudents men-*
songes» adressée au journal:

> Je ne puis comprendre, Mgr, comment V. G. a cru pou-
> voir, j'ose me permettre de le dire, abuser de sa haute
> position jusqu'à exprimer une pareille insulte, certaine-
> ment imméritée par celui sur qui elle tombe. Avec tout
> le respect que je continue d'entretenir pour V. G., je crois

avoir le droit de lui rappeler que ce n'est pas là le langage d'un Évêque, surtout quand j'ai la certitude *absolue* que, sur les points de fait, c'est moi qui suis dans le vrai.

Le journaliste profitait de l'occasion pour servir à l'évêque une leçon d'histoire politique à propos du prétendu objectif du *Pays* d'«amener jusqu'en Canada la révolution avec tout son cortège d'horreurs»: «Il y a, Mgr, une raison bien simple pour que le *Pays* ne veuille pas de révolutions ici; c'est que nous avons des institutions politiques qui, quoique encore très imparfaites, permettent leur propre modification sans révolution[27]».

L'âpre polémique Bourget-Dessaulles ne fut pas connue du grand public: les sept lettres de l'évêque et une ébauche de circulaire au clergé resteront inédites pendant plus d'un siècle. Mais ce n'était que partie remise.

LOUIS-ANTOINE DESSAULLES, PRÉSIDENT DE L'INSTITUT CANADIEN

De décembre 1861 à mars 1862, Dessaulles défendit vigoureusement l'attitude de l'Institut canadien contre Hector Fabre, l'un des principaux sécessionnistes de 1858. Le 26 juin suivant, il faisait le point sur l'affrontement des libéraux avec les ultramontains — «Monsieur, ce que l'on veut détruire ici, c'est moins un foyer d'étude et d'instruction qu'un foyer d'idées franchement libérales» — et il prophétisait la victoire des principes de l'Institut canadien, «ici comme ailleurs[28]».

Président de l'Institut canadien, Dessaulles ne manquait aucune occasion de défendre ses idées et de confondre ses contradicteurs. Le 23 décembre 1862, il dénonçait une nouvelle fois l'intolérance, qui excluait d'une bibliothèque «les trois quarts des esprits éminents qui ont élevé si haut la raison de l'homme et illuminé le monde», et d'un institut les hommes qui professaient un autre culte que le culte catholique[29].

Clairement visé, Mgr Bourget ripostait par une «Annonce» à lire dans les églises du diocèse le dimanche 18 janvier 1863: «Nous allons donc prier pour que ce monstre affreux du rationalisme, qui vient de montrer de nouveau sa tête hideuse dans l'Institut et qui cherche à répandre son venin infect dans une brochure qui répète les blasphèmes qui ont retenti dans cette chaire de pestilence, ne puisse nuire à personne». De plus, il donnait, comme intention spéciale des Quarante Heures de 1863-1864, l'extirpation de «toutes les erreurs qui séduisent les malheureux enfants d'Adam, dans cette vallée de larmes» et il rédigeait, dans cette perspective, une «Amende honorable[30]».

Désireux de se voir indiquer les «blasphèmes» qu'on lui imputait, Dessaulles écrivit à l'évêque deux lettres qui restèrent sans réponse. Et il rencontra par trois fois Mgr Bourget (octobre 1863, mai 1864, novembre 1864) pour n'en arriver qu'à ce constat: «Il faudra tôt ou tard que la liberté individuelle puisse être respectée et que l'autorité ecclésiastique comprenne qu'il est aussi pernicieux d'exiger trop que pas assez; la *tactique d'écrasement* suivie avec tant de parti pris par Votre Grandeur n'emporte pas nécessairement les conséquences qu'Elle en espérait[31]».

Désespérant de fléchir leur évêque et de faire lever les censures qui les concernaient, 17 membres catholiques de l'Institut canadien décidèrent d'en appeler au Saint-Siège et lui adressèrent une supplique, datée du 16 octobre 1865. Mais elle arriva dans une Rome mise en effervescence par l'encyclique *Quanta Cura* et le célèbre *Syllabus des erreurs*. Mgr Bourget, dans une circulaire au clergé datée du 1er janvier 1865, annonçant les lettres apostoliques, écrivait: «Vous comprenez, comme moi, que ces Lettres arrivent bien à propos, car il est visible que plusieurs des faux principes qui y sont réprouvés, se sont déjà infiltrés par les mauvais journaux et les discours de nos libéraux jusque dans nos heureuses et paisibles campagnes[32]».

L'IRRÉMÉDIABLE DÉCLIN DE L'INSTITUT CANADIEN

Les dirigeants et les membres de l'Institut canadien-français, du Cabinet de lecture paroissial et de l'Union catholique avaient beau déployer tous leurs efforts pour s'imposer au public, l'Institut canadien demeurait encore, en 1865, la plus importante société littéraire de Montréal. L'inauguration d'un nouvel édifice, dont la construction avait été rendue nécessaire par l'élargissement de la rue Notre-Dame, coïncida, le 17 décembre 1866, avec le 22e anniversaire de la fondation de l'Institut. L'éclat tout particulier qui souligna cet événement indiquait qu'il représentait encore, en 1866, une force certaine: «Une société culturelle qui avait de 300 à 350 membres, qui possédait une bibliothèque de 6500 livres, qui recevait environ 70 journaux, et qui pouvait construire un édifice de 16 000 dollars, n'était pas chose courante à cette époque! Mais pour l'Institut canadien, réunir 350 membres marquait un recul, considérable même, sur le nombre de 650 qui avait déjà été atteint[33]».

Toutefois, le coût de l'entreprise se révéla fatal à l'Institut. En dépit des emprunts, des souscriptions, des cotisations des membres et des profits de la location de magasins et de bureaux dans l'édifice, la dette ne s'effaçait pas et la situation devenait de plus en plus préoccupante. Les événements entourant l'affaire Guibord la détériorèrent définitivement. On dut vendre, en 1880, le bâtiment inauguré avec faste 14 ans plus tôt.

Deux autres facteurs contribuèrent efficacement au déclin de l'Institut canadien et, par suite, à celui du libéralisme qu'il incarnait. Sur le plan politique, en s'opposant à la Confédération, les libéraux s'aliénèrent encore davantage le clergé: «Les promoteurs du projet jouissaient d'une bonne réputation dans le clergé, alors que les Rouges étaient considérés suspects au double point de vue national et religieux[34]».

Mais c'est surtout la réaction antilibérale qui sévissait à Rome et à Montréal qui eut raison de l'Institut canadien. Le 7 juillet 1869, le Saint-Office mettait à l'index son *Annuaire de 1868*, verdict que Mgr Bourget aggrava en y joignant la condamnation de l'Institut, ce que la congrégation romaine n'avait pas fait, dans l'annonce qu'il fit lire au prône de toutes les églises du diocèse de Montréal, le 29 août suivant[35].

Un second appel de l'Institut, daté du 12 octobre 1869, fut confié, pour qu'il en fît état à Rome, à Gonzalve Doutre, qu'un catholicisme convaincu n'empêchait pas de rester fidèle à ses amis et à l'Institut, en dépit de la conduite arbitraire à son endroit des chefs du diocèse. Mais sur place, Doutre apprit le décès subit, le 18 novembre, de Joseph Guibord, à qui, comme membre de l'Institut canadien, fut refusée l'inhumation dans le cimetière catholique de Côte-des-Neiges. Cette décision, qu'un témoin impartial, le catholique libéral Robert-Alexis Lefaivre, alors consul de France à Québec et ami de Mgr Dupanloup, jugea «d'une rigueur inouïe pour notre siècle», déchaîna une «affaire», le procès Guibord, qui ne connut sa conclusion que par un arrêté du Conseil privé de Londres, le 21 novembre 1874[36].

Entre-temps, le Saint-Office était intervenu une dernière fois. Le 13 août 1870, une décision finale, qui était en réalité une fin de non-recevoir, était adressée à la direction de l'Institut. Les choses n'allèrent pas plus loin, ce qui permet au père Léon Pouliot de conclure: «Selon nous, Rome n'a jamais condamné purement et simplement l'Institut Canadien de Montréal[37]». Toutefois, le 31 août suivant, l'*Annuaire de 1869* était frappé de la même sentence que l'annuaire précédent. Ces deux annuaires figurent d'ailleurs dans le tableau que l'historien Claude Savart a dressé des ouvrages en langue française mis à l'index de 1851 à 1870[38].

Les inscriptions au catalogue romain de l'Index et surtout l'affaire Guibord, qui avait ameuté contre lui la grande majorité de l'opinion conservatrice canadienne-française, accélérèrent le déclin définitif de l'Institut canadien et de l'aile radicale du parti politique qu'il représentait. «Dans une petite société, qui était de plus en plus liée à l'Europe par des chefs religieux qui en subissaient l'influence du courant ultramontain, même un libéralisme modéré était devenu un handicap pour un homme politique. La formulation du "Programme catholique", approuvé par les évêques Bourget et Laflèche, à la veille des élections provinciales de 1871, est le fait le plus connu qui manifeste une hantise du libéralisme qui n'avait plus de fondement[39]».

CHAPITRE XII

UN NOUVEAU SURSAUT DE L'ULTRAMONTANISME: LA QUESTION DES CLASSIQUES PAÏENS ET CHRÉTIENS

Toujours hanté par le maintien d'une stricte orthodoxie dans la formation des clercs, Mgr Bourget revenait à la charge, à ce sujet, auprès de son supérieur hiérarchique, Mgr Baillargeon, dans sa lettre du 6 février 1863. Cette fois, il ne réclamait plus l'adoption des manuels de philosophie et de théologie utilisés dans les universités romaines: il se contenterait d'une refonte de Bouvier[1]! Mais, en l'occurrence, on l'avait devancé sur son propre terrain! Sa requête arrivait précisément au moment où l'on s'apprêtait à remplacer Bouvier, utilisé depuis 1840 à Québec et à Montréal, par d'autres auteurs qui avaient l'aval de Rome, comme Scavini et le jésuite Jean-Pierre Gury[2].

Le mouvement était parti de Québec, mené par l'abbé Elzéar-Alexandre Taschereau. Mais un autre mouvement, originaire aussi du Séminaire de Québec, allait bientôt faire plus de bruit. Cette fois, il se situerait au niveau de l'enseignement du Petit Séminaire et s'en prendrait à l'autorité de ce même abbé Taschereau, supérieur de l'institution. Il déborderait les limites de la ville de Québec et susciterait assez d'agitation pour qu'un homme comme Urgel-Eugène Archambault, mêlé de très près au monde scolaire, y voie, en 1884, l'une des causes de nos «dissentions [sic] religieuses»: «la question des classiques chrétiens & payens», dans laquelle «l'*Univers* a[vait] exercé une influence considérable», une «influence néfaste[3]».

LA QUESTION DES CLASSIQUES DANS LES COLLÈGES CANADIENS AVANT 1865

Le choix des classiques dans l'enseignement secondaire avait depuis des années retenu l'attention des éducateurs. Au témoignage de l'abbé Louis-Édouard Bois, Mgr Joseph-Octave Plessis, fondateur du Collège de Nicolet, était d'avis «que la mythologie et les enseignements des auteurs payens occupaient une bien trop large place dans l'éducation». Lorsque Mgr Gaume publia son célèbre ouvrage *Du catholicisme dans l'éducation*, Mgr Baillargeon, alors curé de Québec, disait: «... voilà un ouvrage qu'avait bien désiré Mgr Plessis; il l'aurait lu avec joie, puisqu'il contient des idées que le prélat a bien des fois développées en ma présence et qu'il eût été heureux de voir approfondies et prévaloir[4]».

L'ouvrage de Jean-Joseph Gaume auquel se référait le curé Baillargeon avait été publié en 1835. Il s'inspirait de considérations déjà développées par Lamennais, «à qui l'on doit toujours revenir quand il s'agit d'innovations catholiques[5]».

Au Collège de Saint-Hyacinthe, deux mennaisiens reconnus, les abbés Joseph-Sabin Raymond et Jean-Charles Prince, entrèrent dans les vues du Lamennais catholique et de son disciple Gaume au sujet des classiques. Dès 1844, Joseph-Sabin Raymond faisait état de «l'introduction des morceaux d'éloquence sacrée dans l'explication du latin[6]» et, par la suite, ne manquait aucune occasion de se faire l'apôtre des idées gaumistes, approuvées, disait-il, par l'encyclique *Inter multiplices*[7]. À sa mort, la notice biographique de la *Minerve* le présentera comme «le premier, dans ce pays, à introduire les classiques chrétiens, concurremment avec les auteurs païens, dans le programme des études[8]».

Son frère d'armes au Collège de Saint-Hyacinthe, Jean-Charles Prince, devenu évêque du diocèse, désireux sans doute de faire bénéficier les autres collèges de l'expérience maskoutaine, proposa, dans une lettre à l'archevêque Turgeon, le 22 janvier 1854, en vue du deuxième concile provincial, la discussion de l'introduction des classiques sacrés dans l'enseignement collégial. Mais l'archevêque refusa de donner suite à sa requête: «Je n'oserais tenter d'introduire dans le Concile une question si difficile, si délicate et d'un effet si douteux[9].»

Mgr Turgeon voulait sans doute éviter de ranimer ici la querelle retentissante déchaînée en France par la publication, en 1851, d'un ouvrage où Gaume reprenait avec plus de force encore la thèse qu'il avait soutenue 15 ans auparavant: *Le ver rongeur dans les sociétés modernes ou le paganisme dans l'éducation*. Selon Gaume, c'était au temps de la Renaissance que l'étude des auteurs païens avait été introduite dans les écoles. Des maux innombrables en avaient résulté: rien de moins qu'une invasion du paganisme dans la littérature, le langage, les arts, la philosophie et finalement la société. Un remède radical s'imposait: aux classiques païens, il fallait substituer les auteurs chrétiens de l'Antiquité et du Moyen Âge.

Avec sa verve accoutumée, Louis Veuillot soutint la réforme gaumiste au cours d'une polémique qui touchait à tout: religion, mœurs, histoire, esthétique, littérature, politique, gouvernement, sociologie. Il y consacra, nous apprend son biographe, son frère Eugène, «en articles et lettres, plus d'un volume[10]».

Les catholiques libéraux, toujours soucieux de ne pas creuser de fossé entre l'Église et le monde moderne, repoussèrent une réforme aussi exclusive. Une levée de boucliers s'organisa contre les iconoclastes Gaume et Veuillot. Les Jésuites, qui voyaient mis en cause trois siècles d'enseignement dans leurs collèges, répondirent vigoureusement à Gaume dans les *Études*. Mgr Dupanloup, à la fois apôtre des humanités et ennemi de Veuillot, s'inscrivit en faux contre une thèse qui soutenait que les classiques païens contribuaient à la décadence morale des adolescents.

Au Québec, dans le journal veuillotiste *Le Courrier du Canada*, ce furent pourtant les arguments de Dupanloup que reprit d'abord Cyrille Boucher dans ses articles des 1er, 2, 3 et 4 juillet 1857. Mais l'abbé Norbert Barret, du Collège de l'Assomption, ne tarda pas ensuite à lui donner la réplique, le 27 du même mois, dans le sens gaumiste: pourquoi ne pas substituer ou, du moins, ajouter les auteurs chrétiens, les saints Pères, aux classiques généralement employés dans l'enseignement du latin et du grec? À l'éloge que faisait Boucher de la Renaissance, Barret opposait un réquisitoire en règle contre cette époque, source lointaine, à son avis, des maux de la Révolution.

La polémique Boucher-Barret n'était pourtant qu'un anodin prélude à la campagne que l'abbé Alexis Pelletier allait déclencher, huit ans plus tard, contre l'enseignement et les autorités du Séminaire de Québec.

LE GAUMISME AU QUÉBEC

Un Lorrain au Séminaire de Québec

En automne 1861 arrivait à Québec, à la pressante invitation de l'abbé Taschereau, supérieur du Séminaire et recteur de l'Université Laval, un prêtre français, originaire de Lorraine, l'abbé Jacques-Michel Stremler. Inscrit au Séminaire français de Rome en 1853, il y avait fait la connaissance du futur archevêque de Québec, de 1854 à 1856. Après avoir obtenu un doctorat en droit canonique en 1858, il était retourné pour peu de temps à Metz. Puis, en possession des lettres testimoniales de son évêque, il s'était rendu en Angleterre, d'où il s'était embarqué, en 1861, pour Québec.

Stremler était certainement une excellente acquisition pour le corps professoral du Grand Séminaire. En plus d'être un bon théologien, il était un canoniste réputé. Il avait été employé pendant trois ans à Rome, à la Congrégation du Concile, et avait collaboré aux travaux du canoniste Marie-Dominique Bouix. Il venait tout juste de publier, en 1861, un *Traité des peines ecclésiastiques*, qui fera longtemps autorité, lorsqu'il fut nommé professeur de théologie à Québec.

Sa science, que sa modestie et son effacement volontaire n'arrivaient pas à dissimuler, lui gagna d'emblée beaucoup de sympathie. Les séminaristes lui portaient la plus haute estime et la plus sincère affection, et les prêtres du diocèse le consultaient comme un oracle. Mgr Baillargeon lui-même aimait à prendre son avis quand il devait régler des affaires épineuses.

Cette confiance ne devait cependant pas durer. Partisan déterminé de Gaume et de Veuillot, l'abbé Stremler ne cachait pas ses opinions, lesquelles ne pouvaient cadrer avec celles de quelques prêtres du Séminaire devenus tout à fait allergiques à Gaume à la suite de l'abbé Louis-Jacques Casault: «Nous nous rappelons encore parfaitement, écrivait Louis-Michel Darveau en 1873, même après vingt ans, de l'indignation que témoignait feu l'illustre recteur de l'Université Laval, le révérend Louis Casault, lorsqu'il surprenait un volume de Gaume entre les mains des écoliers. Il comprenait que ce n'était pas avec de pareilles fadaises que l'on pouvait former l'intelligence des enfants du sol[11].»

On fit donc un crime à l'abbé Stremler d'être «veuillotiste» et de prôner la thèse du *Ver rongeur des sociétés modernes*. On ne lui pardonna pas d'introduire le «gaumisme» dans la maison.

Faute de s'entendre, on se sépara. L'abbé Taschereau, de retour depuis avril 1865 de la Ville éternelle — où il avait défendu la cause de Laval contre Mgr Bourget, qui en était à sa deuxième tentative pour établir une université à Montréal —, en apprenait la nouvelle, le 21 juin suivant, à l'abbé Benjamin Pâquet, alors étudiant à Rome, mais aussi intermédiaire entre le Séminaire et la Propagande au sujet de la question universitaire: «Il m'a fallu donner congé à M. Stremler pour avoir la paix», assurait-il[12]».

L'abbé Alexis Pelletier, disciple de Stremler

L'abbé Stremler s'était vanté, avec raison, d'avoir des partisans «en dedans et en dehors de la maison». Le plus ardent, en passe de devenir le chef de file des «gaumistes», était l'abbé Alexis Pelletier.

Né à Saint-Arsène-de-Témiscouata le 26 avril 1837, Alexis Pelletier était entré au Petit Séminaire de Québec à l'âge de 13 ans. Il y avait fait de brillantes études avant d'y devenir régent et professeur.

L'abbé Alexis Pelletier (1837-1910), polémiste ultramontain et partisan du gaumisme. ANQ, coll. initiale.

Afin de préparer la réforme de l'enseignement, l'abbé Alexis Pelletier et d'autres ecclésiastiques, disciples de l'abbé Stremler, s'entendirent avec le rédacteur en chef du *Courrier du Canada* pour publier des extraits des œuvres de Gaume et d'un de ses partisans, l'abbé Firmin Vervost. Le 16 novembre 1864, on pouvait donc lire dans le journal québécois l'entrefilet suivant: «Nous commençons à publier aujourd'hui sous le titre "Christianisme et Paganisme" un admirable travail extrait d'un ouvrage récent. Nous le recommandons spécialement à ceux de nos lecteurs qui sont, par leurs connaissances et leurs études, en état de profiter des hauts enseignements qu'il contient.» Dix numéros, jusqu'au 7 décembre, reproduisirent des extraits. Le zèle de l'abbé Pelletier ne se refroidissant pas, il fit paraître, du 14 au 19 décembre, une «Étude sur les causes de la Révolution française», par Mgr Gaume. Et de peur que le public n'eût pas compris la raison de cette avalanche d'articles interminables, un correspondant, qui signait «XXX», s'empressait, le 19 décembre, d'en dégager le sens et la portée. Après avoir félicité le rédacteur de son heureuse innovation, il ajoutait: «L'auteur fait toucher du doigt la principale cause des misères des temps modernes. Pour ma part, j'ai été très surpris de voir qu'une des grandes causes, sinon la principale, de refroidissement de la foi dans les classes lettrées, était le Paganisme dans l'éducation. Je m'étais souvent moi-même demandé pourquoi il en était ainsi. J'ai trouvé la réponse dans l'écrit mentionné. On sort du collège imbibés [...] d'idées païennes puisées dans les classiques en usage».

Venenum in cauda. Cette dernière phrase fit sourciller plus d'un abonné, surtout au Séminaire de Québec, où ces publications jugées pour le moins intempestives agaçaient de plus en plus. L'abbé Charles-Félix Cazeau, vicaire général du diocèse, se porta au secours de ses confrères en priant le rédacteur du *Courrier*, le 23 décembre, d'insérer les lignes suivantes: «Au sujet de certains articles qui ont paru dernièrement dans votre feuille concernant l'éducation des collèges, permettez-moi de vous inviter à publier l'extrait suivant de la lettre Encyclique du 21 mars 1853 [*Inter multiplices*] par laquelle N. S. Père le Pape a mis fin à la dispute qui s'était élevée quelque temps auparavant sur cette question brûlante dans certains journaux catholiques de la France. Dans l'avant-dernier no du *Courrier* un correspondant anonyme (quand on veut calomnier, on ne donne pas son nom) a porté contre nos collèges catholiques une accusation extrêmement grave et qui ne peut passer sans être relevée.»

Principal responsable de ce travail, l'abbé Alexis Pelletier revint à la charge, avec la collaboration de l'abbé Henri-Raymond Casgrain, vicaire à Notre-Dame de Québec, dans le même journal avec la rubrique «La Beauté de la vie des Saints». Le 27 mars 1865, on présentait aux lecteurs du *Courrier* la vie de saint Benoît d'après Montalembert; le 31, la vie de saint Éphrem. Une semaine plus tard, le 5 avril, extraits des vies des saintes Euphrasie et Fébronia. Puis, brusque interruption. Un début aussi prometteur laissait pourtant prévoir une plus longue carrière. On refusa même d'insérer, le 26 avril, une lettre traitant de la question des classiques: «Nous avons reçu, déclarait l'abbé, la correspondance signée "un autre abonné". Notre honorable correspondant comprendra, nous l'espérons, pour quelles raisons son écrit, que nous approuvons d'ailleurs, n'a pas paru et ne peut paraître dans notre feuille». Quelle était donc la cause de ce désistement subit?

C'est que la publication de la vie de sainte Fébronia avait fourni aux adversaires de l'abbé Pelletier une occasion d'intervenir efficacement. Comme l'histoire du martyre de la sainte rapportait que la vierge chrétienne «fut dépouillée de ses habits sur la place publique par des bourreaux qui voulaient user d'un raffinement de barbarie», la pudeur des «antigaumistes» s'était alarmée. Le 7 avril, on adressait au rédacteur du *Courrier* la lettre suivante: «Si votre correspondant tient à continuer d'encombrer votre feuille de ses articles, ayez donc la bonté de lui suggérer de mieux choisir les exemples dont il prétend nous édifier. Il a une sainte horreur pour les auteurs payens, et je ne lui en fais pas un crime; mais je le blâme fortement de vouloir leur substituer des légendes comme celles de *Fébronia*, qu'il admire avec un enthousiasme beaucoup plus poétique que raisonnable. Pour moi, je n'ai rien vu de plus déshabillé dans les auteurs que j'ai étudiés au Collège». Peu après, le même journaliste recevait de l'archevêché un communiqué lui enjoignant de ne plus rien publier sur la question des classiques. Quelques semaines plus tard, l'abbé Charles-Félix Cazeau visitait les imprimeries de la ville pour porter à la connaissance de tous les intéressés les ordres de Mgr Baillargeon.

La cause de l'abbé Pelletier semblait bien compromise. Mais il n'était pas homme à se décourager pour si peu. Les journaux lui étant interdits, il résolut de recourir aux brochures anonymes ou signées d'un pseudonyme. En 1865, il fit paraître coup sur coup trois opuscules: *Mgr Gaume, sa thèse et ses défenseurs*, puis *Situation du monde actuel* et, enfin, *La question des classiques*, c'est-à-dire une réponse à certaines objections que ses deux parutions précédentes n'avaient pas manqué de soulever dans le *Journal de Québec*, ami de quelques prêtres du Séminaire et du personnel de l'archevêché, en particulier de Cazeau.

Celui qui se signalait le plus par ses attaques contre le zélé partisan des classiques chrétiens était un prêtre très réputé, également professeur au Séminaire et d'un remarquable talent oratoire, l'abbé Thomas-Aimé Chandonnet. C'est lui qui se chargea de réduire au silence son bouillant adversaire, mais il ne réussit finalement qu'à s'attirer son hostilité[13].

ALEXIS PELLETIER AU COLLÈGE
DE SAINTE-ANNE-DE-LA-POCATIÈRE

La zizanie s'installant dans la maison, le supérieur Taschereau dut faire preuve de fermeté. Le premier gaumiste frappé fut l'abbé Désiré Vézina, renvoyé à la mi-avril 1865; le départ de l'abbé Stremler suivit presque aussitôt. D'autres mesures se préparaient et Alexis Pelletier voyait sa position devenir de plus en plus délicate. À deux occasions, l'abbé Taschereau lui adressa des remontrances écrites et lui reprocha son «zèle outré et imprudent[14]». Pour éviter le pire, l'abbé Pelletier donna sa démission le 21 mai 1866 et offrit ses services au Collège de Sainte-Anne-de-la-Pocatière dont son oncle André Pelletier était supérieur; il y fut accepté avec le consentement de Mgr Baillargeon[15].

L'abbé Alexis Pelletier fut professeur de Belles-lettres jusqu'en 1869, puis, l'année suivante, titulaire de la classe de
Rhétorique. Homme d'une activité débordante, que les difficultés galvanisaient au lieu de le terrasser, il se mit tout de
suite à la rédaction d'autres brochures encore plus vives que
les premières. De 1866 à 1868, il publia successivement, sous
le pseudonyme de George Saint-Aimé, trois plaquettes. Hor-
mis un petit nombre d'amis dévoués et très discrets, nul ne
savait qui était l'auteur de ces opuscules.

Les autorités du Séminaire de Québec, se sentant visées,
résolurent de frapper un grand coup. L'abbé Chandonnet dé-
tacha de la première brochure, intitulée *La méthode chrétienne*,
cinq propositions, résumé fidèle, d'après lui, de la doctrine
des «gaumistes», et les présenta à Mgr Baillargeon[16]. Le 23
novembre 1866, le prélat écrivit à Rome, priant la Sacrée Congrégation de l'Inquisition et du Saint-Office de se prononcer
sur les propositions qu'on lui soumettait. La réponse, datée
du 15 février 1867, parvint à Québec par l'intermédiaire du
cardinal Constantino Patrizi: «[...] c'est une chose d'expérience
et autorisée par un antique et constant usage, écrivait-il, que
les jeunes gens, même ecclésiastiques, peuvent fort bien et
sans aucun danger, puiser, soit dans les sages écrits des Saints
Pères, soit dans les plus célèbres auteurs payens soigneusement expurgés, les vrais principes de la belle littérature et de
l'éloquence». Un mois plus tard, le 14 mars, Mgr Baillargeon
la communiquait à son clergé avec un long commentaire[17].

La publication de ce document très explicite eût dû mettre fin aux discussions, mais c'est le contraire qui se produisit.
La querelle, en effet, au lieu de s'apaiser, devint plus acrimo-
nieuse que jamais. Les approbations que les deux camps rece-
vaient, même de l'extérieur, n'étaient pas de nature à les faire
se désister de leurs prétentions. Mgr Gaume, ayant pris connaissance de la circulaire de Mgr Baillargeon publiée par une
feuille parisienne, écrivit un article dans le journal *Le Monde*
(qui avait remplacé l'*Univers*, supprimé par le gouvernement
impérial en 1860). Il prouva que la réponse du Saint-Office
n'atteignait pas sa thèse, mais en était au contraire une solennelle approbation. Mgr Dupanloup, de son côté, félicitait les
«antigaumistes» de leur victoire, dans une lettre du 18 avril

1867, à l'abbé Benjamin Pâquet, reproduite dans le *Journal de Québec* le 4 juin suivant.

La circulaire épiscopale ne brisa pas la détermination de l'abbé Pelletier. Encouragé par Mgr Gaume et par l'abbé Stremler — ce dernier, n'ayant pas été retenu par Montréal, avait franchi la frontière américaine pour devenir, de 1866 à 1870, supérieur du Séminaire Sainte-Marie de Cleveland —, le professeur de Sainte-Anne entendait bien ne pas se retirer sous sa tente avant d'avoir examiné à la loupe, mot à mot, la circulaire de son supérieur hiérarchique et la lettre du cardinal Patrizi. Quelques mois plus tard paraissait, toujours signée du pseudonyme de George Saint-Aimé, la *Lettre à Mgr Baillargeon sur la question des classiques et commentaires sur la lettre du Cardinal Patrizi*. Désormais, la discussion sera axée sur les éditions non expurgées. Maître de ce terrain, l'abbé Pelletier manœuvre de pied ferme. Il étudie des faits patents et motive des jugements qui semblent bien sans appel. À l'occasion, il ne renonce pas au malin plaisir de harceler ses contradicteurs, les abbés Chandonnet et Pâquet, et il conclut par une espèce de bravade à l'endroit de l'autorité épiscopale: «Ainsi donc, la lettre du Cardinal Patrizi est un nouveau motif d'encouragement pour nous, puisqu'elle confirme pleinement tout ce qu'ont écrit en Canada et en France les zélés promoteurs de la réforme dans l'enseignement littéraire. Si les circonstances le demandent encore, nous serons en droit par conséquent d'élever la voix comme par le passé; bien plus, ce sera pour nous un devoir, car que peut-on faire de plus agréable à Dieu et à sa Sainte Église, que proclamer ce qu'elle proclame, de déclarer interdit ce qu'elle interdit?»

Enfin, une dernière brochure, intitulée *Réponse aux dernières attaques dirigées par M. l'abbé Chandonnet contre les partisans de la méthode chrétienne et commentaires sur les documents authentiques qui dévoilent les machinations de MM. les abbés Chandonnet et Benjamin Pâquet*, détermina l'archevêque de Québec à agir d'une manière très rigoureuse; il fallait mettre un terme à cette querelle qui scandalisait prêtres et laïcs. Le 12 août 1868, Mgr Baillargeon communiquait à son clergé et à tous les journaux canadiens-français un mandement, condamnait les deux brochures, défendait sous peine d'excommunication et de suspense de les posséder ou de les lire et ordonnait à l'auteur ou aux auteurs de réparer le scandale donné et le tort causé au prochain[18].

La publication de cette pièce sévère créa tout un émoi dans le diocèse de Québec. Mais elle n'eut pas l'heur de troubler plus que de raison l'abbé Pelletier. Il consulta plusieurs théologiens et canonistes éminents, notamment l'abbé Stremler, Mgr Gaume et surtout un évêque italien, Mgr Luigi Filippi, chargé du diocèse d'Aquila, dans les Abruzzes, ardent promoteur de la réforme des études classiques dans son séminaire et très lié avec Louis Veuillot. Leurs réponses l'amenèrent à juger nulles les peines portées contre lui. Et il conclut que n'étant pas identifié comme auteur des brochures condamnées, le respect et la soumission dus à l'autorité ne l'obligeaient pas à se conduire publiquement comme censuré.

Bien plus, il fit secrètement porter plainte au Saint-Office, par l'entremise de Mgr Filippi, contre Mgr Baillargeon. Quel fut le résultat de cette démarche? L'archevêque reçut-il de Rome un *monitum* le blâmant d'avoir été trop rigoureux, comme l'abbé Pelletier le laissa entendre dans un article publié par le *Franc-Parleur*, le 19 septembre 1876? On l'ignore. Sans doute l'abbé Albert Gravel était-il trop affirmatif, eu égard aux renseignements dont il pouvait disposer, quand il écrivait: «Peu de temps après, le Saint-Office adressait un *monitum* à Mgr Baillargeon, qui mourut sous la peine que tout ce tracas lui causait, au retour du concile du Vatican, le 13 octobre 1870[19].»

À Sainte-Anne, Pelletier devint rédacteur de la *Gazette des Campagnes*, hebdomadaire contrôlé par l'École d'agriculture, et en 1869 et 1870, il ne cessa de houspiller les partisans de Mgr Dupanloup à la veille et au cours du concile Vatican I. Joseph Cauchon, du *Journal de Québec*, et Hector Fabre, directeur-fondateur de l'*Événement*, étaient ses deux principales cibles.

En 1872, cependant, par mesure de prudence, Pelletier se réfugia dans le diocèse de Montréal et commença à collaborer au journal fougueusement ultramontain *Le Franc-Parleur*, sous le pseudonyme italien de Luigi, ce qui n'a rien d'étrange quand on sait qu'il reprenait simplement le prénom du bienfaiteur qui l'avait secouru à un moment critique de sa carrière. Tout en combattant le libéralisme, le modérantisme, etc., il ne délaissait pas sa chère thèse des classiques chrétiens; ses adversaires, d'ailleurs, ne manquaient pas d'y faire allusion et surtout de rappeler son ignominieuse condamnation par un évêque[20]. Pour en avoir le cœur net et confondre ses ennemis, l'abbé Pelletier écrivit, en juin 1876, au cardinal-secrétaire du Saint-Office pour lui demander quelle sentence avait été rendue, en 1868, par cette Sacrée Congrégation, à propos des peines ecclésiastiques portées par Mgr Baillargeon. Il avouait être George Saint-Aimé et n'avoir pas tenu compte de ces peines.

Finalement arriva la décision, transmise par le cardinal Caterini à Mgr Fabre, que le prêtre Alexis Pelletier, en exercice dans son diocèse, avait été légitimement et validement censuré par l'archevêque de Québec, qu'il s'était rendu très coupable en ne respectant pas la censure, avait encouru l'irrégularité et ne pouvait être absous que s'il reconnaissait humblement ses torts et renonçait pour toujours à écrire sur la question des classiques. Sur les instances de Mgr Taschereau, Pelletier dut faire amende honorable et faire connaître publiquement sa condamnation et sa lettre de soumission au Saint-Office: «J'ai voulu obéir au Saint-Siège en écrivant, je lui obéirai encore en m'abstenant d'écrire». En terminant, il priait «les journaux canadiens-français de vouloir bien reproduire cet écrit», qu'il signait «Luigi *alias* Alexis Pelletier, Ptre[21]».

Même si elle se passe en grande partie dans le monde de l'éducation dominée par le clergé, la question des classiques païens et chrétiens ne se limite pas à une empoignade de clercs. Plus que toute autre, elle départage l'élite du Canada français en deux camps irréductibles: les ultramontains intransigeants ou veuillotistes et les libéraux. Jusqu'à la fin du XIXe siècle vont s'étaler dans les journaux canadiens des accusations passionnées, des récriminations acerbes, les injures les plus grosses, toutes les formes de l'outrance verbale, assorties presque toujours de suaves exhortations à la charité chrétienne! Intrépides bagarreurs, hommes publics et journalistes ne cesseront de s'affronter dans les champs clos de l'éducation, de la politique et de la religion.

CHAPITRE XIII

MONTRÉAL, LA «ROME» CANADIENNE

L'évêque de Montréal s'est révélé, tout au long de son épiscopat, un vrai «romain». L'affirmer est un truisme. Il a les yeux fixés sur Rome et Pie IX est son pape. Ayant assisté aux ovations populaires qui ont accueilli sur le trône pontifical le cardinal Mastai-Ferretti, il en est resté ébloui pour le reste de son existence. Il n'aura de cesse qu'il n'ait mis l'Église de Montréal à l'heure de Rome. Le courant ultramontain qui prend de l'ampleur en France à la même époque renforcera l'impulsion venue de la capitale du catholicisme.

Les congrégations religieuses françaises qu'il a recrutées le confirment dans cette orientation. Ainsi les Oblats, disciples du «romain» Mgr de Mazenod, incitent l'évêque à imposer à son clergé les directives de la théologie morale liguorienne qu'ils prêchent dans leurs missions et qui a l'aval de Rome depuis 1831. Toutefois ses interlocuteurs privilégiés sont les Jésuites, dont les exercices spirituels et la règle exercent sur lui une telle attirance qu'il a songé un moment à s'agréger à leur ordre.

Dans son diocèse, il est à leur écoute. On ne tardera pas à déceler la réalité de cette influence. Tout d'abord, les Sulpiciens y sont sensibles. Mais surtout les leaders de l'Institut canadien. Dès 1850, dans l'*Avenir*, Joseph Doutre affirmera qu'il est leur instrument. Au procès Guibord, comme avocat de la demanderesse, il clamera tout haut ce que plusieurs pensent tout bas. Louis-Antoine Dessaulles abondera dans le même sens, au point de rejoindre — une fois n'est pas coutume! — l'opinion de certains évêques, qui sont d'avis que les Jésuites poussent Mgr Bourget «dans la voie de l'exagération[1]».

La revue romaine jésuite *La Civiltà Cattolica*, fidèle reflet, depuis sa fondation à Naples en 1850, de l'intransigeance de Pie IX à l'endroit de tout ce qui constitue la «modernité», exerce par ses articles, dont certains sont traduits et reproduits par l'*Univers*, une emprise capitale sur le monde catholique francophone, y compris le Canada français et plus spécialement le diocèse de Montréal.

La convergence de ces facteurs explique la «romanisation» de plus en plus accentuée du diocèse. Sur tous les plans. D'abord sur celui de la liturgie. C'est l'aspect le plus visible. Mgr Bourget, d'une part bien au fait des pratiques de la liturgie romaine pour les avoir observées sur place et d'autre part influencé par la campagne de dom Guéranger en faveur de la restauration en France de cette liturgie, l'introduit dans ses paroisses dans les plus infimes détails, à telle enseigne que des prêtres montréalais, séjournant à Rome, seront émerveillés de constater la similitude entre les cérémonies auxquelles ils assistent et celles avec lesquelles ils sont familiers.

Le culte des reliques extraites des catacombes est un autre aspect de cette «romanisation»: songeons à la diffusion de la dévotion à sainte Philomène.

Les ecclésiastiques, dont la formation — l'évêque y revient à temps et à contretemps — devrait être puisée dans des manuels de philosophie et de théologie utilisés dans les séminaires romains, auront à refléter sur leur personne même leur adhésion complète aux pratiques romaines par l'adoption du collet romain. Le rabat français, auquel les Sulpiciens ne voudront pas renoncer, constituera dans le diocèse une «bigarrure», selon l'expression de Mgr Bourget, difficilement tolérable.

Restait un dernier but à atteindre pour compléter la romanisation du décor: la cathédrale, détruite par l'incendie de juillet 1852, devait être reconstruite. Mais dans quel style?

Romain, évidemment! Et peut-on être plus romain qu'en se conformant au modèle même de Saint-Pierre de Rome?

LA CATHÉDRALE DE MONTRÉAL

Le biographe de Mgr Bourget, le père Léon Pouliot, est d'avis que c'est au chanoine Joseph-Octave Paré, secrétaire de l'évêché, bien au courant du culte que vouait à Rome son supérieur hiérarchique, que revient l'initiative du choix de la basilique Saint-Pierre comme modèle de la future cathédrale.

En vue de cette réalisation, Victor Bourgeau, l'architecte attitré de l'évêque, responsable des églises et des édifices conventuels à construire dans le diocèse, effectua un voyage rapide en Europe, en 1857, dans le dessein de visiter les principales églises de Rome, surtout la basilique Saint-Pierre. Il semble que Bourgeau n'ait pas cru possible, vu la rigueur du climat, la construction d'un édifice similaire à Montréal. Mais Mgr Bourget n'était pas homme à démordre facilement d'un projet. Le 4 juin 1860, il en exposait les modalités au préfet de la Propagande. Trois ans plus tard, il tentait d'obtenir des milieux romains «le modèle d'une basilique Saint-Pierre en bois ou en liège». En 1868, lorsque le clerc de Saint-Viateur Joseph Michaud se rendit à Rome comme aumônier d'un corps de zouaves, il fit l'examen de Saint-Pierre et, de retour à Montréal en 1869, confectionna une maquette, qui fut adoptée par Bourgeau, de sorte que les travaux commencèrent en juillet 1870. Mais ils progressèrent très lentement et on les interrompait toutes les fois que les fonds étaient épuisés. En 1878, l'édifice n'était pas encore couvert définitivement et les quatre piliers attendaient le dôme. L'année 1885 devait voir la reprise des travaux, qui n'étaient même pas encore achevés lorsque, le dimanche de Pâques 1894, eut lieu l'inauguration du temple[2].

Un quart de siècle d'efforts et de sacrifices de tous genres avait été nécessaire pour ériger un édifice qui allait concrétiser dans la pierre le culte voué à Rome par le deuxième évêque de Montréal.

LA GESTE DES ZOUAVES

L'envoi de détachements de zouaves canadiens pour la défense de ce qui restait des États pontificaux contre les entreprises garibaldiennes ou piémontaises est une autre prouesse attribuable au zèle romain de Mgr Bourget.

Car le diocèse de Montréal est bien le seul diocèse catholique de tout le continent américain, nord et sud, à avoir réalisé un tel exploit. D'autres diocèses, canadiens et américains, eurent recours au Denier de Saint-Pierre pour faire parvenir des secours pécuniaires à la papauté ou aidèrent quelques-uns de leurs jeunes gens à s'agréger à des détachements déjà organisés, mais seul le diocèse de Montréal prit l'initiative de lever un corps d'armée.

Depuis 1859, c'est-à-dire depuis que le Piémont avait annexé par référendum, à la suite de l'aide militaire française, la partie nord et centrale de l'Italie, y compris les Romagnes, possession pontificale, et depuis 1860, grâce aux *Mille* de Garibaldi, la partie sud de la péninsule, il restait encore un lambeau du territoire pontifical. Serait-il absorbé à son tour par le Piémont? La phase aiguë de la question romaine était désormais ouverte et elle allait passionner tous les esprits[3].

On ne saurait exagérer l'impact de ce problème politico-religieux sur l'élite catholique de l'Europe et de l'Amérique, particulièrement en Belgique, en France et au Canada français. Prosper Mérimée, écrivant à la mère de l'impératrice Eugénie, madame de Montijo, le 17 janvier 1860, décrivait ainsi l'agitation qui régnait dans les cercles catholiques de Paris: «Les dévots, ou soi-disant tels, crient et se démènent comme s'ils étaient sur le gril. C'est un enragement à faire mourir de rire. [...] Le peuple demeure assez indifférent à toutes les clameurs de sacristie. Il ne sait pas ce que c'est que les Romagnes et se soucie, par conséquent, fort peu de qui les possède[4].»

Les Canadiens ne savaient guère plus que les Français ce qu'étaient les Romagnes. Mais ils s'inquiétaient d'autant plus de ces possessions de Pie IX: lettres pastorales, manifestations spectaculaires dans les villes et les villages, discours véhéments d'ardeur ultramontaine prononcés même par certains qui, tel George-Étienne Cartier[5], ne s'étaient jusque-là

jamais révélés comme croyants bien fervents, production journalistique locale augmentée d'articles reproduits de la presse
catholique française et belge, sermons des curés, tous les
moyens de communication de l'époque furent mis à contribution pour alerter les fidèles au sujet «de la grande iniquité
qui était sur le point de se commettre», comme l'affirmait, le
8 février 1860, le rédacteur en chef du *Courrier du Canada*, le
légitimiste et ultramontain français Auguste-Eugène Aubry.
Seuls les libéraux osèrent soutenir, logiques avec eux-mêmes,
que la question romaine était aussi une question nationale,
italienne, à l'indignation scandalisée de leurs adversaires[6].

Lorsque l'armée piémontaise eut écrasé à Castelfidardo,
le 18 septembre 1860, la petite troupe pontificale commandée
par Lamoricière, la consternation des fidèles atteignit son
sommet. Octave Crémazie, qui avait déjà commis des vers sur
la *Guerre d'Italie*, célébra les preux vaincus:

> Enveloppant leur mort dans un linceul de gloire,
> Ils tombent en léguant leurs grands noms à l'histoire,
> Comme tombait Roland aux champs de Roncevaux.
> La victoire, en pleurant, délaisse leurs bannières;
> Car la gloire, fidèle à ces âmes guerrières,
> Refuse de la suivre et garde leurs tombeaux[7]!

Quant à Louis-Honoré Fréchette, alors étudiant en droit
à l'Université Laval, il y alla de ses couplets à l'endroit de la
révolution perverse:

> Entendez-vous là bas, par delà l'Atlantique,
> Comme le bruit pressé de chocs retentissants?
> La révolution, sanglante, satanique,
> Dans ses ongles étreint les peuples frémissants.
>
> Devant son œil hagard tout tombe, tout s'écroule;
> Tout l'occident s'émeut au seul son de sa voix;
> Et le monstre, au milieu des ruines qu'il foule,
> Est altéré du sang des prêtres et des rois.
>
> Et le vieux monde qui, sur son front chauve et blême,
> Porte le crime écrit en stigmates d'enfer,
> Sur sa lèvre crispée, étouffant un blasphème,
> Se tord comme un serpent sous ses griffes de fer[8].

L'érudit italien Raoul Guêze fait une remarque intéressante à propos de l'intérêt de Crémazie pour les événements qui survenaient alors en Italie. Comme le catholicisme avait été et demeurait le rempart le plus efficace pour sa survivance, le peuple canadien-français considérait qu'une atteinte au patrimoine séculaire de l'Église romaine était de nature à affaiblir, par contrecoup, sa position en Amérique. On s'explique donc que Crémazie, sacré «poète national», ait été bouleversé par l'invasion piémontaise du territoire pontifical[9].

Castelfidardo avait mis en relief aux yeux du monde entier le courage des zouaves de Lamoricière. De pays catholiques comme la France, la Belgique et l'Irlande, affluèrent à Rome des jeunes gens désireux de mettre leur valeur au service de Pie IX. En février 1861, le Canada agréait son premier zouave, Benjamin Testard de Montigny, qu'imitèrent bientôt Hugh Murray[10] puis Alfred La Rocque. La victoire franco-pontificale de Mentana, le 3 novembre 1867, sur les garibaldiens, au cours de laquelle Murray et La Rocque furent grièvement blessés, suscita l'enrôlement d'un premier contingent de zouaves canadiens, qui quitta Montréal le 20 février 1868 pour Rome. D'autres allaient suivre jusqu'en 1870. On atteindra le nombre de 507 zouaves, répartis en sept détachements.

L'historien René Hardy, qui a analysé minutieusement tous les aspects de cet important épisode de notre histoire religieuse du XIXe siècle, estime que les dépenses totales de l'expédition des volontaires canadiens à Rome se sont élevées à au moins 111 630 $. Rassembler cette somme a représenté un exploit peu commun, si l'on songe qu'elle fut prélevée durant les années de détresse financière qui ont suivi la Guerre de Sécession: «La crise financière en Angleterre, les difficultés de la reconstruction aux États-Unis, caractérisées par un problème monétaire aigu, sont des éléments négatifs pour l'économie québécoise. [...] Jusqu'à l'automne de 1869, les temps sont durs. D'une façon inégale mais sans exception, tous les secteurs de l'économie sont touchés[11].»

Mais en dépit de toutes les difficultés, pécuniaires et autres, malgré les réticences de la plupart des autres évêques canadiens qui, au lieu d'équiper des soldats, exhortent leurs diocésains à contribuer au Denier de Saint-Pierre conçu par des catholiques belges en 1859, Mgr Bourget réussit, contre vents et marées, à inscrire le Canada français sur la liste des pays recrutant des volontaires pour la défense des États pontificaux.

C'est que l'enjeu, déjà considérable par le but directement et publiquement poursuivi, l'est peut-être encore davantage comme tactique de dissémination de l'idéologie ultramontaine dans les différentes couches de la société:

> Il s'agissait, en somme, d'impliquer directement la population dans cette lutte «de la vérité contre l'erreur», en y faisant combattre des compatriotes, et de multiplier par ce moyen les informations favorables à la thèse pontificale, de faire aimer Pie IX et détester ses ennemis et de former à l'école romaine, sur les champs de bataille et dans la ville pontificale, une élite ultramontaine qui dans l'avenir servirait de rempart contre l'introduction, au Québec, des «idées subversives et révolutionnaires» telles que condamnées dans le *Syllabus*[12].

Malgré les réticences de certains évêques, dont Mgr Baillargeon, le comité d'organisation, créé le 19 décembre 1867 à Montréal, s'efforça d'étendre à l'ensemble du Québec le recrutement et la levée des fonds nécessaires. De montréalais, le mouvement devint provincial et attira l'intérêt de la population aussi bien à Rimouski qu'à Trois-Rivières et à Saint-Hyacinthe. Ainsi, les 232 volontaires des quatre premiers détachements provenaient des diocèses de Montréal (46,1%), de Québec (18,9%), de Trois-Rivières (15,9%), de Saint-Hyacinthe (15,08%), de Rimouski (2,6%) et d'Ottawa (1,7%)[13].

Malgré cette implication régionale, le mouvement des zouaves fut-il un feu de paille qui s'est éteint avec le retour des soldats du pape en 1870? Le croire serait méconnaître le rôle joué par plusieurs zouaves dans le dernier quart du XIXe siècle. Sans doute ne répondent-ils pas aussi nombreux que prévu à l'appel des évêques de Montréal et de Trois-Rivières pour fonder une «école ultramontaine» qui grouperait des «catholiques marquants» capables d'infiltrer «insensiblement et par degré les saines doctrines dans toutes les classes de la société[14]». De même, l'Union Allet, fondée à l'instigation de leur ancien aumônier, Edmond Moreau, pour les regrouper et leur donner l'occasion de continuer «leur mission de la défense de l'Église et de ses droits», ne comble-t-elle pas toujours les attentes du zélé chanoine. Mais René Hardy lui-même, qui n'a pas tendance à exagérer l'impact du mouvement zouave au Québec, reconnaît qu'une centaine au moins des 225 volontaires dont il a retracé les occupations «ont accédé à des positions prestigieuses et susceptibles d'avoir de l'influence dans leur milieu» comme prêtres, marchands, médecins, avocats, enseignants, journalistes, écrivains... Et il conclut:

> Ce sont là des indices du prestige d'un nombre important d'anciens zouaves. [...] Combien de prêtres à l'exemple de Mgr Gérin, curé de Saint-Justin, ornèrent le parterre de leur presbytère du buste de Pie IX et de Charette? Combien de journalistes, tel Gédéon Désilets, furent ardents défenseurs des principes ultramontains? Combien d'hommes d'affaires tels Noé Raymond, commerçant de Saint-Hyacinthe, et Alfred Prendergast, gérant général de la Banque d'Hochelaga, vice-président de la Canadian Banks' Association, donnèrent l'exemple d'un dévouement entier à l'Église? Sans compter qu'un grand nombre de ceux qui s'illustrèrent dans diverses professions furent cités publiquement en étant honorés de titres pontificaux. Entre 1868 et 1930, 44 zouaves furent nommés chevaliers ou commandeurs des ordres de Pie IX et de Saint-Grégoire le Grand[15].

DANS LE SILLAGE ROMAIN DE MGR BOURGET: LOUIS-FRANÇOIS LAFLÈCHE

La geste des zouaves avait mis en branle toutes les ressources, en hommes et en argent, de la communauté canadienne-française de la région de Montréal. Cette mobilisation générale n'avait été rendue possible que par le recours massif aux moyens de communication de l'époque: journaux voués à la diffusion de l'idéologie ultramontaine, comme l'*Ordre* de Cyrille Boucher et de Joseph Royal qui, les premiers, avaient suggéré la levée d'un corps de zouaves, comme le *Journal des*

Trois-Rivières, fondé en mai 1865, mais surtout comme le *Nouveau Monde*, porte-parole de Mgr Bourget, qui avait commencé à paraître en septembre 1867; mandements, lettres pastorales et lettres circulaires adressés au clergé qui, du haut de la chaire paroissiale, transmettait aux fidèles les directives épiscopales; discours prononcés, dans certaines circonstances exceptionnelles, par les chefs de file laïcs ou cléricaux du groupe ultramontain.

Ainsi, lors du départ pour Rome du premier contingent des zouaves montréalais, fit-on appel, pour les cérémonies des 18 et 19 février 1868, à un homme qui, par sa parole et par ses écrits s'était déjà imposé comme penseur religieux; un homme qui avait cerné, en des pages décisives, l'adaptation à notre contexte d'une idéologie soutenue par l'ultramontanisme français, l'encyclique *Quanta cura* et le *Syllabus des erreurs*, publiés par Pie IX en 1864: Louis-François Laflèche.

Déjà bien connu comme missionnaire, supérieur de collège classique et prédicateur, l'abbé Laflèche avait rédigé, alors qu'il exerçait les fonctions de grand vicaire de l'évêque trifluvien, une série de 34 articles publiés d'abord dans le *Journal des Trois-Rivières*, du 20 juin 1865 au 21 mai 1866, puis, réunis en volume, à Montréal, sous le titre de *Quelques considérations sur les rapports de la société civile avec la religion et la famille*[16].

Par cette publication, Laflèche prenait le contrepied absolu des thèses libérales et exaltait les valeurs les plus affirmées de l'ultramontanisme tel que Pie IX l'avait récemment proclamé avec une vigueur exceptionnelle. Le pape, écrivait Laflèche dès son premier article dans le *Journal des Trois-Rivières*, «vient d'élever la voix pour signaler à l'univers entier le danger de ces doctrines perverses qui ont déjà amené tant de révolutions, de bouleversements, et causé tant de ruines dans la vieille Europe[17]».

Bréviaire de l'ultramontanisme canadien-français, l'ouvrage de Laflèche connut d'emblée un grand succès et conféra à son auteur une notoriété du meilleur aloi. Il fut tout naturellement choisi comme coadjuteur de Trois-Rivières et consacré évêque le 25 février 1867. Favorable à la confédération, il en recommanda l'acceptation à ses ouailles par un

mandement qui lui vaudra les félicitations très officielles de
George-Étienne Cartier et qui «fera époque dans les Annales
de l'Épiscopat du Canada[18]». Sa participation au quatrième
concile provincial de Québec en mai 1868 et surtout au mouvement des zouaves pontificaux le placera ostensiblement
«dans le sillage de Mgr Bourget[19]». Une fois titulaire du siège
épiscopal trifluvien à la suite du décès de Mgr Cooke survenu
le 31 mars 1870, la parution, le 20 avril 1871, du manifeste
intitulé le *Programme catholique*, le rangera définitivement dans
le clan ultramontain de Montréal, rendant publique, au grand
scandale des fidèles[20], la division des évêques canadiens-
français qui devait marquer si fortement les décennies à venir.

SECONDE PARTIE

UN RÉGIME DE CHRÉTIENTÉ
(1871-1898)

INTRODUCTION

Le 1er juillet 1867 naît un nouveau pays, le Dominion du Canada, créé par l'Acte de l'Amérique du Nord britannique et formé de quatre provinces (Nouvelle-Écosse, Nouveau-Brunswick, Québec, Ontario) chapeautées par un gouvernement central muni de pouvoirs très étendus.

Avec ses 78% de francophones et ses 85% de catholiques, la province de Québec est la seule majoritairement française et catholique et c'est en partie pour protéger ces caractères particuliers que les pères de la Confédération ont accepté une union fédérative plutôt que législative et qu'ils ont confié les questions locales (droit civil, éducation, bien-être...) aux administrations provinciales. Les Canadiens français du Québec peuvent ainsi croire qu'ils auront, chez eux, un gouvernement dirigé par des coreligionnaires de leur langue. Certains oseront même affirmer, comme Alexis Pelletier: «le but des législateurs a été de nous permettre, à nous catholiques, de respecter notre sainte religion dans toutes et chacune de nos lois».

Fortement critiquée par plusieurs hommes politiques du Québec — la population elle-même n'a pas été consultée —, la nouvelle constitution reçoit un appui important de tous les évêques de la province. Quelques mois avant les élections de

1867, ils condamnent ses contempteurs, réputés partisans de l'annexion aux États-Unis, et demandent à leurs fidèles d'accepter la Confédération comme la meilleure solution aux graves problèmes politiques de l'heure. Quelques-uns y voient même le début d'une ère nouvelle dans les relations entre l'Église et l'État[1].

Dès le départ, cependant, les changements politiques n'apportent aucun bouleversement notable dans le domaine religieux. Comme du temps du Canada-Uni (1840-1867), le gouvernement central d'Ottawa, de loin le plus important du Dominion, est dirigé par une majorité anglophone protestante; les catholiques francophones s'y sentent doublement minoritaires et doivent agir prudemment pour ne pas réveiller un fanatisme religieux facile à mobiliser. Aussi ne faut-il pas s'étonner qu'au moment des crises, les considérations politiques l'emportent toujours sur les intérêts religieux.

L'épiscopat du Québec se donne donc pour mission de surveiller de près ce qu'il appelle les «droits» de l'Église catholique. Quand, par exemple, le gouvernement central propose une loi du divorce, les évêques, réunis en concile provincial à Québec en mai 1868, expriment leur «horreur», rappellent fortement la doctrine catholique de l'indissolubilité du mariage et dictent des règles précises aux hommes politiques et aux juges catholiques. Le même concile s'intéresse à une des premières conséquences des événements de 1867, le nouveau découpage de la carte ecclésiastique canadienne. Les autorités religieuses sentent le besoin d'établir un meilleur équilibre entre les diocèses du centre du pays. Après des débats assez violents où s'affrontent les prélats francophones et anglophones, la majorité décide de créer trois provinces ecclésiastiques (Québec, Toronto, Saint-Boniface), au lieu de l'unique qui existait depuis 1844, et de continuer à rattacher le diocèse d'Ottawa à Québec; désormais, les églises francophone et anglophone évolueront séparément au Canada[2].

On en voit une belle illustration au concile Vatican I où se rendent la plupart des évêques canadiens. Sauf à quelques occasions exceptionnelles — par exemple, la rédaction de *postulata* communs ou l'assistance à une audience particulière du pape —, les évêques de langue anglaise se réunissent entre eux ou avec leurs collègues américains; les prélats du Québec se retrouvent seuls.

Pour ces derniers, le séjour à Rome s'avère bénéfique et déterminant. Tous partisans de l'infaillibilité pontificale, ils interviennent peu dans l'enceinte conciliaire et donnent l'impression d'être venus là pour apprendre ou réviser le peu de théologie qu'ils connaissent. Leur culte du pape en sort renforcé et ils prennent conscience de la force attractive du Saint-Siège, où ils iront davantage exposer et débattre leurs problèmes. Ils en reviennent donc plus ultramontains que jamais, mais avec des idées parfois divergentes à propos de l'application des principes du *Syllabus* aux situations canadiennes[3].

En même temps, les échos qu'ils reçoivent à Rome de leur pays lointain les obligent à se préparer en vue d'affrontements probables. Dans les plaines de l'Ouest canadien, Louis Riel et les Métis, majoritairement catholiques et francophones, s'insurgent contre les envoyés d'Ottawa, forment un gouvernement provisoire et, avec la collaboration du clergé, Mgr Alexandre-Antonin Taché de Saint-Boniface précipitamment revenu du concile en tête, négocient la création d'une nouvelle province, le Manitoba, dotée d'une constitution semblable à celle du Québec, protégeant par conséquent les droits linguistiques et religieux de la population française[4]. Au Québec même, le procès relatif au refus d'une sépulture ecclésiastique pour Joseph Guibord, membre de l'Institut canadien de Montréal, soulève de vifs débats entre les avocats des deux parties (Veuve Guibord vs Fabrique de Notre-Dame de Montréal) et dans les journaux, à propos des juridictions respectives et des droits de l'Église et de l'État. Au même moment surgissent d'autres polémiques tout aussi acerbes, sur l'éducation par exemple.

La province est donc en effervescence quand les évêques reviennent un à un du concile. L'archevêque de Québec, Mgr Charles-François Baillargeon, s'en rend vite compte quand il regagne prématurément son diocèse à cause de son état de santé. Il s'efforce de calmer les esprits en publiant une circulaire au clergé «au sujet du code civil», qui traite cependant beaucoup plus des débats sur l'éducation; ses paroles lénifiantes n'ont pas le temps de porter fruit avant sa mort, le 13 octobre 1870[5].

Dans ce contexte particulier, le choix de son successeur s'avère important et, à première vue, difficile. La maladie de Mgr Baillargeon suscite nombre de rumeurs et mobilise des groupes rivaux intéressés à lui trouver un remplaçant favorable à leurs vues. Chacun fait ses pronostics et lance ses suggestions à la lumière de ses tendances doctrinales, si bien que, très tôt, plusieurs noms circulent dans les cercles ecclésiastiques et sont même discutés dans les journaux: Mgr Louis-François Laflèche de Trois-Rivières est souhaité par les ultramontains intransigeants, Mgr Joseph-Bruno Guigues d'Ottawa reçoit les faveurs des modérés, le grand vicaire Elzéar-Alexandre Taschereau de Québec est le candidat le plus populaire dans l'archidiocèse même, mais on chuchote qu'il est le favori des libéraux.

Cependant, avant de mourir l'archevêque avait déjà désigné Taschereau comme *dignissimus* avec un éloge dithyrambique, et l'assemblée des évêques a entériné ce vœu avec empressement. Chargé de faire connaître ce verdict à Rome, Mgr Ignace Bourget de Montréal demande également l'avis des archevêques de Toronto et de Halifax, qui se montrent tout aussi favorables, et il ne tient aucun compte d'une pétition contraire d'un groupe de prêtres de l'archidiocèse de Québec. C'est donc à partir d'un dossier totalement favorable qu'à sa réunion de décembre 1870, la Sacrée Congrégation de la Propagande désigne Elzéar-Alexandre Taschereau comme archevêque de Québec.

La nomination de Taschereau est l'événement capital de ces années cruciales. Par sa personnalité riche et son style particulier, par son affirmation nouvelle du rôle de métropolitain, par ses interventions nombreuses et fermes dans les questions débattues au Québec, il reconquiert un leadership passablement érodé sous les règnes précédents et il ne craint pas d'affronter certains courants adverses. Son esprit pratique le conduit également à mettre de l'ordre dans les diverses réglementations et à unifier les politiques générales. Ses prises de position lui attirent plusieurs inimitiés qui, s'affichant en plein jour, menacent l'unité des chefs religieux, en ce temps de crise où la société canadienne-française attend d'eux des directives et des conseils. L'action de l'épiscopat s'en trouve diminuée, mais pas au point d'empêcher une cléricalisation effective du milieu québécois.

Au cœur de ces tensions se situe l'action de celui qui deviendra, en 1886, le premier cardinal canadien. Mais, en même temps que l'influence de cette personnalité transcendante, il faut considérer d'une façon approfondie le travail incessant d'un personnel clérical de plus en plus nombreux et de mieux en mieux formé.

CHAPITRE I

L'ÉPISCOPAT

QU'EST-CE QUE L'ÉGLISE?

Parler en premier lieu de l'épiscopat, c'est respecter la conception que les catholiques du Québec se font de l'Église dans cette dernière partie du XIXe siècle. En effet, qu'est-elle pour eux, sinon une société inégale, hiérarchique, où le clergé occupe une place prépondérante?

C'est l'enseignement qu'ils ont reçu au catéchisme et qui leur est rappelé dans la chaire. Le *Grand catéchisme* du diocèse de Québec, en usage jusqu'en 1888, définit l'Église comme «l'Assemblée des Fidèles, gouvernée par notre Saint Père le Pape et par les Évêques». Prédicateurs et orateurs développent ce thème et proposent souvent des formules faciles à retenir. Ainsi, dans ses commentaires de l'encyclique *Humanum Genus* de Léon XIII en 1885, Mgr Laflèche explique: «Le paroissien obéit au Prêtre, le Prêtre obéit à l'Évêque, et l'Évêque obéit au Pape; en suivant cet ordre on a le bonheur ici-bas, et l'on marche vers le bonheur éternel[1].» Mgr Ignace Bourget avait illustré sa conception de l'Église d'une façon assez semblable, dans une de ses dernières lettres pastorales avant sa démission en 1876: «Chacun de vous peut et doit se dire, dans l'intérieur de son âme: J'écoute mon Curé; mon Curé écoute l'Évêque; l'Évêque écoute le Pape; le Pape écoute N.S.J.C., qui l'assiste de son divin Esprit, pour le rendre infaillible dans l'enseignement et le gouvernement de son Église[2].» Par delà l'interprétation contestable de l'infaillibilité pontificale, que ne manquent pas de lui reprocher ses nombreux adversaires, l'évêque rappelle clairement la place déterminée à chacun dans la société ecclésiale et la prééminence du clergé, tout spécialement du souverain pontife.

Car, au sommet, se trouve l'autorité suprême et infaillible du pape. «C'est Jésus-Christ qui nous parle par la bouche du Pontife Romain», rappelle encore Mgr Laflèche à propos de la même encyclique et il ajoute: «il suffit que le successeur de Pierre ouvre la bouche, qu'il exerce sa charge de docteur de l'Église universelle, alors il ne pourra se tromper dans son enseignement[3]». Ce chef, on l'écoute, mais on l'aime encore plus. Dans la seconde moitié du XIXe siècle, au Québec comme dans plusieurs autres pays, les catholiques vouent un véritable culte à la personne même du souverain pontife. Émus par les difficultés du chef de l'Église à l'occasion de la question romaine, les fidèles, habilement instruits par le clergé et la presse ultramontaine, vibrent aux malheurs de Pie IX; ils s'assemblent dans les églises pour entendre le récit des persécutions dont il est victime et pour prier pour lui, ils souscrivent au Denier de Saint-Pierre et ils appuient l'envoi de contingents de zouaves en 1868-1870. Sans doute existe-t-il un certain nombre de «libéraux» qui, à l'exemple de Louis-Antoine Dessaulles et des membres de l'Institut canadien de Montréal, s'affirment comme partisans de l'unité italienne et opposés aux États pontificaux, mais leur voix n'ébranle pas la conviction générale que le pape est attaqué par des suppôts de Satan et que l'Église entière est menacée dans sa personne. Pie IX et, à un moindre degré, Léon XIII deviennent des personnages familiers dont le portrait trône dans les foyers, à la place d'honneur, au même titre que celui des ancêtres.

Successeurs eux aussi des Apôtres, les évêques ne le cèdent dans la hiérarchie qu'au souverain pontife. Envoyés par le Christ, explique le troisième concile provincial de Québec (1863), ils sont les chefs de leur Église auxquels prêtres et laïcs doivent obéissance. À eux incombent les «sublimes devoirs» de donner l'exemple d'une vie vertueuse, de corriger les abus et de prêcher la foi et la morale, mais leur principale prérogative est l'autorité qu'ils exercent de par leur pouvoir d'ordre — en eux seuls se trouve la plénitude du sacerdoce — et leur pouvoir de juridiction. Des signes extérieurs traduisent l'importance de leur autorité: ils habitent des «palais épiscopaux», prêtres et laïcs s'agenouillent devant eux pour baiser leur bague, cavalerie et arcs de triomphe les accueillent dans les paroisses qu'ils visitent.

Hommage au pape (et à la Reine!). Arc de triomphe érigé à l'occasion des fêtes qui marquent l'élévation au cardinalat de Mgr Elzéar-Alexandre Taschereau, en 1886. ANQ, coll. initiale.

Rien n'illustre mieux ce pouvoir de l'évêque dans son diocèse que les multiples décrets des conciles provinciaux de Québec sur la sujétion des prêtres à leurs supérieurs épiscopaux. Plus qu'une élaboration sur l'essence même du sacerdoce, ces textes, répercutés par les synodes diocésains, renferment de multiples règles disciplinaires insistant sur l'obéissance due aux évêques et sur les multiples devoirs du bas clergé. Ne participant que partiellement au sacerdoce, les curés ne peuvent être que des serviteurs fidèles et des représentants de l'évêque dans les paroisses, recevant de lui leur juridiction et leurs pouvoirs et ne les conservant qu'avec leur bon plaisir (*ad nutum*). Mais c'est suffisant pour faire d'eux des êtres à part, membres de l'Église enseignante et extirpés de la foule des fidèles qui, eux, constituent l'Église enseignée et obéissante.

Cette vision organisationnelle de l'Église, qu'on peut retrouver dans plusieurs manuels de théologie de l'époque, laisse complètement dans l'ombre la vocation charismatique des laïcs, totalement dépendants du clergé. De ce point de vue, l'Église du Québec est fortement tributaire des enseignements des papes du XIXe siècle; elle accepte sans discussion et comme allant de soi les fortes mises au point de Pie IX, Léon XIII et Pie X. Le deuxième rappelle en 1888 les fonctions diversifiées de chacun des deux ordres constituant l'Église: «le premier ordre [le clergé] a pour fonction d'enseigner, de gouverner, de diriger les hommes dans la vie, d'imposer des règles; l'autre [le laïcat] a pour devoir d'être soumis au premier, de lui obéir, d'exécuter ses ordres et de lui rendre honneur». Son successeur trouve une formule encore plus frappante: «dans le corps pastoral seul résident le droit et l'autorité nécessaires pour promouvoir et diriger tous les membres vers la fin de la société. Quant à la multitude, elle n'a d'autre droit que de se laisser conduire et, troupeau docile, de suivre ses pasteurs[4]».

Au Québec, de 1871 à 1898, ces pasteurs ont augmenté en nombre et en qualité, à cause de la multiplication des diocèses et d'un meilleur choix des candidats.

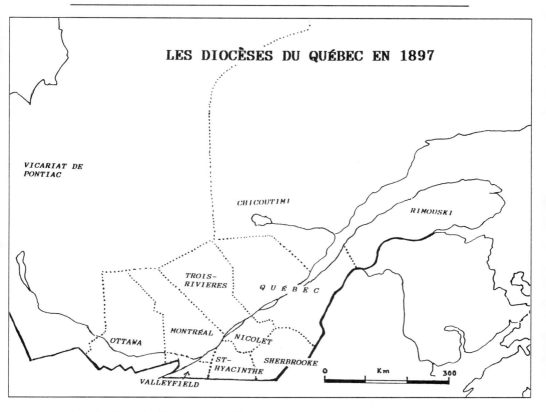

LES DIOCÈSES DU QUÉBEC EN 1897

VICARIAT DE PONTIAC

CHICOUTIMI

RIMOUSKI

TROIS-RIVIERES

QUÉBEC

OTTAWA

MONTRÉAL

NICOLET

ST-HYACINTHE

SHERBROOKE

VALLEYFIELD

0 Km 300

Les diocèses du Québec en 1897.

L'AUGMENTATION DES DIOCÈSES

Au début de la période, en 1871, le territoire de la nouvelle province de Québec comprend cinq diocèses complets — Québec (1658, 1674), Montréal (1836), Saint-Hyacinthe (1852), Trois-Rivières (1852) et Rimouski (1867) — et une partie de celui d'Ottawa (1847); ils sont regroupés, avec d'autres diocèses du Canada, sous la direction de l'archevêque de Québec. À la fin, en 1898, le même espace géographique comprend deux provinces ecclésiastiques — Québec et Montréal — et neuf diocèses; aux cinq diocèses existant déjà se sont ajoutés Sherbrooke (1874), Chicoutimi (1878), Nicolet (1885) et

Valleyfield (1892). Ottawa, devenu archidiocèse en 1886, conserve sa partie québécoise; le vicariat apostolique de Pontiac, créé en 1882 à même les diocèses de Montréal et de Trois-Rivières, devient le diocèse de Pembroke en 1898 et est rattaché à la province ecclésiastique d'Ottawa, même si une grande partie de son territoire est située au Québec.

Cette nouvelle répartition ne s'est pas faite sans heurt. L'évêque d'Ottawa, Mgr Thomas Duhamel, doit lutter contre son collègue John Joseph Lynch de Toronto qui veut annexer à sa province ecclésiastique le territoire ontarien du diocèse d'Ottawa; l'élévation de son diocèse en métropole en 1886 réduit à néant les visées irlandaises, mais entraîne des discussions avec Montréal à propos des diocèses suffragants[5]. Le même honneur conféré à Montréal soulève encore plus de réticences et même d'opposition. Ses partisans, qui en ont l'idée très tôt (en 1868 et surtout à partir de 1879), y voient la meilleure façon de régler les nombreux conflits entre les autorités religieuses de Québec et celles de Montréal. Pour diverses raisons dont la question universitaire est la principale, l'archevêque Taschereau et quelques-uns de ses suffragants s'y objectent avec acharnement. Mais dès qu'elle est consultée, Rome se montre favorable et, en 1885, demande de faire diligence. Montréal devient métropole le 10 mai 1886; Saint-Hyacinthe, Sherbrooke et, plus tard, Valleyfield deviennent ses diocèses suffragants; Mgr Laflèche de Trois-Rivières échoue dans sa tentative de se faire rattacher à ses alliés naturels.

La création de certains diocèses soulève encore plus de passion. Sherbrooke et Chicoutimi ont été formés avec l'approbation quasi unanime des évêques. Tel n'est pas le cas de Nicolet qui a été au centre de débats violents de 1875 à 1885. Cette nouvelle circonscription devait être constituée à même les paroisses du diocèse de Trois-Rivières sises sur la rive sud du Saint-Laurent; l'évêque s'y objecte fermement, car il perdrait la partie la plus populeuse et la plus riche de son diocèse; il voit aussi dans ce démembrement une manœuvre de ses adversaires, l'archevêque en tête, pour le punir de ses prises de position dans certains débats publics et de son appui à Mgr Bourget et à ses disciples ultramontains. D'autre part, les partisans de la division du diocèse de Trois-Rivières et de la création du diocèse de Nicolet se regroupent autour des prêtres du Séminaire de Nicolet qui croient leur maison d'éducation menacée de disparition si elle n'est pas libérée de la tutelle de Trois-Rivières. Une première phase de discussions commence en 1875 et se termine par une fin de non recevoir annoncée, le 6 avril 1878, par le cardinal Giovanni Simeoni, nouveau préfet de la Sacrée Congrégation de la Propagande. L'offensive reprend de plus belle en 1882, cette fois sous la direction dynamique de l'abbé Calixte Marquis et de l'archevêque Taschereau lui-même, appuyés de plusieurs évêques; malgré ses efforts extraordinaires et ceux de son clergé et des laïcs, Mgr Laflèche doit finalement s'avouer vaincu. Le diocèse de Nicolet est érigé en 1885, laissant beaucoup d'amertume dans le cœur du vieil évêque trifluvien[6].

La formation du diocèse de Valleyfield en 1892 est accélérée par un débat entre les archevêques de Montréal et d'Ottawa. À la fin des années 1880, le développement rapide du nord de Montréal incite certains groupes — par exemple, le supérieur et les directeurs du Collège de l'Assomption, le curé Antoine Labelle de Saint-Jérôme appuyé par le premier ministre Honoré Mercier — à proposer la création d'un diocèse à l'Assomption, ou à Saint-Jérôme, ou à Joliette; par ailleurs, pour assurer le caractère français de l'archidiocèse d'Ottawa, Mgr Duhamel demande à Rome que la circonscription projetée soit rattachée à Ottawa plutôt qu'à Montréal. Mgr Édouard-Charles Fabre s'y oppose fortement et, dans le cœur de la discussion, dévoile son propre désir de voir démembrer son grand diocèse: Joliette d'abord, puis Valleyfield. Pour ne pas avoir à régler la querelle à propos du siège dans le nord de Montréal, Rome accepte la formation d'un diocèse à Valleyfield, qui soulève moins de difficulté.

LE CORPS ÉPISCOPAL

La création de nouveaux diocèses — cinq en 30 ans — ne suffit pas en elle-même à entraîner un renouvellement de l'épiscopat: c'est dans son sein qu'il faut chercher les causes de son évolution.

Tableau 1
L'épiscopat du Québec, 1871-1898

	nomination	décès ou démission
Province ecclésiastique de Québec		
Archidiocèse de Québec		
Elzéar-Alexandre Taschereau	24-12-1870	12-04-1898
Louis-Nazaire Bégin	22-02-1892	18-07-1925
Diocèse de Trois-Rivières		
Louis-François Laflèche	23-11-1866	14-07-1898
Diocèse de Rimouski		
Jean Langevin	15-01-1867	06-02-1891
André-Albert Blais	28-12-1889	23-01-1919
Diocèse de Chicoutimi		
Dominique Racine	28-05-1878	28-01-1888
Louis-Nazaire Bégin	01-10-1888	22-03-1892
Michel-Thomas Labrecque	08-04-1892	11-11-1927
Diocèse de Nicolet		
Elphège Gravel	15-07-1885	28-01-1904
Province ecclésiastique de Montréal		
Archidiocèse de Montréal		
Ignace Bourget	10-03-1837	26-06-1876
Édouard-Charles Fabre	01-04-1873	30-12-1896
Paul Bruchési	25-06-1897	20-09-1939
Diocèse de Saint-Hyacinthe		
Charles La Rocque	20-03-1866	15-07-1875
Louis-Zéphirin Moreau	19-11-1875	24-05-1901
Maxime Decelles	14-04-1893	07-07-1905
Diocèse de Sherbrooke		
Antoine Racine	01-09-1874	17-07-1893
Paul-Stanislas Larocque	06-10-1893	16-08-1926
Diocèse de Valleyfield		
Joseph-Médard Émard	05-04-1892	02-06-1922
Province ecclésiastique d'Ottawa		
Archidiocèse d'Ottawa		
Eugène-Bruno Guigues	09-07-1847	08-12-1874
Joseph-Thomas Duhamel	01-09-1874	05-07-1909
Joseph-Médard Émard	22-06-1922	28-03-1927
Vicariat apostolique de Pontiac		
Narcisse-Zéphirin Lorrain	14-07-1882	18-12-1910

SOURCE: André Chapeau *et al.*, *Évêques catholiques du Canada / Canadian R.C. Bishops, 1658-1979*, Ottawa, Université Saint-Paul, 1980, 194 p.

De 1871 à 1900, 20 évêques ont œuvré au Québec. Trois d'entre eux se retrouvent presque tout au long de la période: Mgr Laflèche (1866-1898), Mgr Taschereau (1870-1898), Mgr Duhamel (1874-1909). Mais la plupart de leurs collègues ont aussi une carrière épiscopale très longue: Mgr Bruchési demeure 42 ans archevêque de Montréal, huit prélats règnent entre 30 et 39 ans, six entre 20 et 29 ans, trois entre 10 et 19 ans et deux seulement connaissent un épiscopat de moins de 10 ans. Mgr Bourget constitue un cas particulier: il est actif pendant 39 ans, mais vit encore neuf ans dans sa retraite du Sault-au-Récollet. La carrière moyenne d'un évêque de l'époque dure près de 27 ans.

Il faut pourtant nuancer cette image de stabilité. Au début de la période, l'épiscopat du Québec est en voie de renouvellement, puisqu'il y a six nominations de 1871 à 1875; après 15 ans de stabilité (cinq nominations), surviennent de nombreux changements de 1891 à 1900, soit quatre de 1891 à 1895 et trois de 1896 à 1900. Par ailleurs, les prêtres choisis sont jeunes: la grande majorité ont entre 40 et 50 ans (moyenne globale de 45 1/2 ans); cinq seulement ont plus de 50 ans (le plus vieux, 56 ans) et trois sont dans la trentaine (le plus jeune, 32 ans 10 mois). Les derniers élus ont en moyenne 42 ans 8 mois. La principale conséquence en est que l'épiscopat rajeunit: la moyenne d'âge demeure en bas de 60 ans pendant toute la période et elle baisse même à 50 ans 6 mois en 1876 et à 55 ans 5 mois en 1901.

Le mode de nomination

Qui choisit-on comme évêque? Dans la plupart des cas, l'élu vient du diocèse qu'il gouvernera. Quelques exceptions s'expliquent facilement: le premier évêque de Rimouski, Jean Langevin, est natif de Québec, car le territoire du nouveau diocèse ne peut fournir aucun sujet épiscopable; après les longues années de lutte, Rome croit prudent d'aller chercher le premier évêque de Nicolet, Elphège Gravel, dans le diocèse voisin de Saint-Hyacinthe. Limiter ainsi le choix au clergé local peut créer certains problèmes; Mgr John J. Lynch de Toronto, qui se pique d'aller puiser ses candidats «n'importe où», c'est-à-dire en Irlande, reproche à ses collègues francophones cette «sélection limitative» car, dit-il, on n'y trouve pas toujours un homme supérieur pour occuper le poste vacant. Néanmoins, au XIXe siècle, l'assemblée des évêques hésite à transgresser cette coutume, par peur de soulever des difficultés et des polémiques. C'est pourtant ce qui survient à l'occasion de la succession de Mgr Dominique Racine de Chicoutimi, en 1888. La majorité propose, pour lui succéder, l'abbé Louis-Nazaire Bégin, du diocèse de Québec; un groupe de prêtres et quelques laïcs du diocèse de Chicoutimi, appuyés par Mgr Laflèche, suggèrent plutôt la nomination de l'abbé Ambroise Fafard, curé de la cathédrale de Chicoutimi. Les deux partis défendent leur candidat à Rome et, à cette occasion, dévoilent indirectement le fond de leur pensée. Les partisans de Bégin trouvent en lui un allié de l'Université Laval et de la politique modérée de l'archevêque; Laflèche et les ultramontains dénoncent les intrigues du Séminaire de Québec, qui contrôle l'université, et les tendances «libérales» du candidat québécois. De dire l'évêque de Trois-Rivières: «L'intervention de certains directeurs de cette institution étrangère à ce diocèse [de Chicoutimi], dans cette élection, pour s'assurer un évêque favorable à leur cause, dans la personne de Mr N. Bégin, leur candidat, est certainement hors d'ordre, puisque le Saint-Esprit a chargé les Évêques et non ces Messieurs de gouverner l'Église de Dieu». Quant à Fafard, ajoute-t-il, il a toutes les qualités pour devenir un bon évêque et, surtout, la principale: la connaissance du milieu. Ce n'est cependant pas suffisant et le candidat de l'extérieur l'emporte[7].

Cet exemple nous indique bien qu'à la fin du XIXe siècle, on choisit souvent les évêques en fonction de l'appartenance à tel ou tel groupe d'influence. Le mode de désignation favorise cette tendance. Chaque évêque dresse une liste secrète (*terna*) de trois personnes capables de lui succéder; à sa mort, les prélats de sa province ecclésiastique se réunissent pour se prononcer, par vote secret, sur chacun des candidats de la *terna* et sur ceux qu'ils peuvent suggérer; ils envoient le procès-verbal de la rencontre à la Sacrée Congrégation *de Propaganda Fide*; Rome consulte aussi tous les archevêques du

Canada. Elle part de cette «simple recommandation» pour faire la nomination; «La manière même de rédiger la lettre doit faire apparaître que l'on ne veut nullement obliger le Saint-Siège à choisir l'un ou l'autre des candidats. La liberté du choix des évêques, qui appartient au Siège Apostolique, doit rester sauve, les recommandations n'étant faites que pour éclairer ce choix, non pour y contraindre[8].» L'une des conséquences de ces procédures, empruntées aux États-Unis, c'est qu'on peut exercer des pressions non seulement ici, sur l'assemblée des évêques, mais plus particulièrement à Rome.

Les exemples de ces interventions sont multiples, mais la nomination du chanoine Édouard-Charles Fabre comme coadjuteur à Montréal se révèle le cas le plus éclairant. Âgé de 71 ans, gravement malade depuis quelques années, au cœur de nombreux débats acerbes, Mgr Bourget demande au pape, en 1871, soit d'accepter sa démission, soit de lui accorder un coadjuteur *cum futura successione*. Rome choisit la deuxième solution, mais conseille d'attendre la fin de la querelle avec les Sulpiciens avant d'agir. Sans tenir compte de ce désir, l'évêque de Montréal soumet sa demande à ses collègues et propose les noms de trois chanoines: Alexis-Frédéric Truteau, Joseph-Octave Paré et Édouard-Charles Fabre. Réunis à Montréal en mai 1872, les évêques de la province ecclésiastique de Québec conviennent de ne pas voter sur la pétition de leur confrère, mais plutôt d'envoyer leur avis personnel sur «l'à propos de la nomination actuelle d'un Coadjuteur pour Montréal»; tous, sauf Mgr Laflèche, concluent que la mesure n'est ni nécessaire ni opportune. Après de nouvelles instances de Mgr Bourget, de son chapitre et de son agent à Rome, Joseph Desautels, Pie IX décide de demander les commentaires des évêques du Québec sur les noms proposés depuis longtemps. Une fois de plus, la plupart font connaître leur opposition à la nomination d'un coadjuteur, tout en posant des jugements variés sur les noms suggérés par l'évêque de Montréal.

Or, les échanges de lettres entre l'archevêque et ses suffragants et les divers documents envoyés à Rome prouvent que partisans et adversaires de Bourget avancent exactement les mêmes arguments pour étayer leurs conclusions divergentes! Pour Mgr Charles La Rocque de Saint-Hyacinthe, par exemple, il est évident que son doyen, «en demandant un coadjuteur presque au moment de l'heure suprême», veut «s'assurer un successeur qui partage ses idées et soit disposé à le suivre dans les détails de son administration». Or, ajoute-t-il aussitôt,

> Je ne puis me défendre de la conviction sincère et consciencieuse que ce digne Évêque, que je considère comme un homme de vertu et de sainteté, n'en a pas moins eu le malheur de semer parmi nous l'ivraie de la discorde, trompé par le spécieux prétexte de travailler à amener une reconnaissance plus entière des principes et des droits de l'Église, et d'une application plus parfaite des règles de sa liturgie et de sa discipline.

Bourget a été poussé dans cette voie par son chapitre qui est ainsi en partie responsable de ses «fautes d'administration» et d'une situation, continue Mgr La Rocque, «si pleine de difficultés et d'embarras, ma conscience va jusqu'à dire, de mal et de scandale». En conséquence, il s'oppose à la nomination d'un coadjuteur, qui aurait pour effet de «perpétuer les luttes d'opinions, les divisions aussi regrettables que scandaleuses, manifestes aux yeux des fidèles aussi bien que du clergé»; de même, il juge sévèrement la candidature des chanoines Paré et Fabre: le premier est, à ses yeux, «très peu instruit [...], enclin aux exagérations et aux extrêmes, *peut-être plus encore que le présent évêque*» et le second est «sans science aucune et [...] apparaîtrait à tout le monde, c'est mon intime conviction, comme n'étant pas à sa place sur le siège de Montréal». D'ailleurs, conclut-il, c'est «l'opinion de beaucoup d'hommes graves et réfléchis que le futur évêque de Montréal ne devrait pas être tiré du chapitre de la cathédrale», forteresse de l'ultramontanisme le plus rigoureux.

En écho, pour ainsi dire, à cette charge, Bourget proclame son intransigeance: «je suis, écrit-il au cardinal Barnabo, franchement, cordialement, et ouvertement *ultramontain*; [...] je n'ai jamais manqué une seule occasion de me dévouer à la défense de l'ultramontanisme, non seulement dans la chaire, mais encore dans la presse, pour que tous soient forcés d'entendre les saines doctrines que nous enseigne la Sainte Église Romaine, notre Mère, et notre Modèle». C'est pourquoi il demande comme coadjuteur un *alter ego* imbu des mêmes principes.

Joseph Desautels, pour sa part, fait d'abord l'éloge du «parti catholique, parti Ultramontain», si fort à Montréal et à Trois-Rivières, et il se demande ce qu'il adviendrait «parmi, surtout, cette partie importante de la population de Montréal (laquelle agit en si grande harmonie, sous tous les rapports, et avec son Évêque et avec son clergé), s'il fallait que l'Évêque actuel eût, un jour pour successeur, un Évêque qui n'aurait pas les mêmes vues et la même manière que lui d'envisager les rapports qui doivent exister, en Canada, entre l'Autorité ecclésiastique et l'Autorité civile». Aussi insiste-t-il pour que le coadjuteur n'ait, «surtout par rapport au Chapitre, que des principes et des idées analogues à ceux de l'Évêque actuel».

Gagné à la cause de Bourget et passé à Rome pour y défendre ses positions, Mgr Laflèche insiste lui aussi sur le danger de «donner à Mgr. Bourget un *successeur qui brise avec toutes les traditions et l'esprit des deux premiers Évêques de Mont-réal*, pour entrer *doucement* dans le courant *d'idées dominantes* à Québec» et il termine son intervention par cet avertissement:

> L'homme que le clergé demande, celui que le peuple dé-sire pour premier Pasteur après Mgr. Bourget, c'est celui que le Vénérable Prélat aura lui-même désigné. C'est cet homme là qui sera accueilli avec la plus grande sym-pathie par tout le monde, même par les M.M. de Saint-Sulpice, et qui rencontrera le plus de facilité à faire le bien et à continuer les œuvres des deux premiers Évê-ques de Montréal.

Malgré l'intervention personnelle de l'archevêque Taschereau, la Sacrée Congrégation *de Propaganda Fide* opte, à sa réunion des 11-13 mars 1873, en faveur de la continuité et désigne le chanoine Fabre comme coadjuteur et futur succes-seur de Mgr Bourget[9].

La nomination d'un nouvel évêque à Chicoutimi en 1892[10] et à Trois-Rivières en 1899[11] donne lieu à des manœu-vres semblables.

S'il est admis que les évêques sont choisis de préférence dans le clergé local et en continuité d'idées avec leur prédécesseur, peut-on ajouter qu'ils doivent correspondre au profil d'un candidat idéal? Sans doute la Propagande a-t-elle déterminé depuis longtemps un certain nombre de critères généraux — naissance légitime, bonne santé, absence de défauts physiques, facilité de parole, intégrité des mœurs, spiritualité solide —, mais l'analyse des nominations nous permet de déceler d'autres caractéristiques.

D'une part, plus on approche du XXe siècle, plus on accède jeune à l'épiscopat. Jusqu'en 1890 environ, les candidats choisis sont au second versant de la quarantaine ou au début de la cinquantaine; tandis que dans les 10 dernières années du XIXe siècle, la tendance va plutôt vers des prêtres encore dans la jeune quarantaine: Joseph-Médard Émard est élu à 39 ans et Paul Bruchési à 41 ans 8 mois. D'autre part, les nouveaux prélats sont de plus en plus instruits. Si, auparavent, l'assemblée des évêques insistait sur l'expérience acquise dans le ministère paroissial ou dans l'administration diocésaine, après 1885, le critère qui départage les candidats est davantage la formation théologique ou canonique couronnée par des titres universitaires; la plupart des élus ont complété leurs études à Rome. La jeunesse et une meilleure formation donnent un nouveau visage à l'épiscopat au tournant du siècle. Ajoutons que si la plupart des nouveaux évêques sont issus du milieu rural, certains viennent de familles de seigneurs, de fonctionnaires, d'instituteurs ou d'artisans.

Les figures dominantes

Du groupe des 20 évêques qui œuvrent entre 1871 et 1898, quelques personnalités remarquables se détachent. Figure dominante de l'épiscopat canadien depuis 1840, Mgr Ignace Bourget (1799-1885) termine son règne dans le bruit et la fureur. Sa doctrine ultramontaine intransigeante et son désir d'aligner l'Église du Québec sur Rome en tous les domaines — liturgie, enseignement moral, costume ecclésiastique, piété populaire, etc. — agacent beaucoup de gens, y compris cer-

tains de ses confrères. Vieilli et malade, il réussit de peine et
de misère à mettre les Sulpiciens au pas, mais il échoue dans
la question universitaire, ce qui le pousse à démissionner en
1876. Il ne sortira plus de sa retraite du Sault-au-Récollet que
pour venir en aide au diocèse grevé de dettes, qu'il parcourt
pour recueillir les dons des fidèles, ou pour un dernier voyage
à Rome pour appuyer une nouvelle demande d'université indépendante à Montréal. Il meurt en 1885, regretté par une
population qui le considère comme un saint[12].

Malgré la grande popularité de Mgr Bourget, ses œuvres
innombrables et ses combats continuels, la plus grande figure
de l'épiscopat canadien du dernier quart du XIXe siècle
demeure l'archevêque de Québec, Mgr Elzéar-Alexandre
Taschereau (1820-1898). Issu d'une des grandes familles de la
Beauce — les Taschereau y ont été seigneurs depuis le XVIIIe
siècle —, il se révèle très tôt plein de talents et destiné aux
plus hautes fonctions. Après de brillantes études secondaires
et théologiques au Séminaire de Québec, il obtient un doctorat
en droit canonique à Rome, puis revient à son *Alma Mater* en
tant que professeur, ensuite directeur, préfet des études et supérieur. En 1852, il participe à la fondation de l'Université
Laval, qui demeure sous la direction du Séminaire de Québec;
professeur régulier de théologie, deux fois recteur (1860-1866,
1869-1871), il fait de cette institution une œuvre personnelle
qu'il soutiendra avec acharnement et passion jusqu'à sa mort.

Mgr Taschereau domine son siècle à la fois par sa riche
personnalité, par sa vaste culture et par l'éclat de son action.
Au moment de le proposer comme son successeur, Mgr
Charles-François Baillargeon a cru bon de vanter tout ensemble sa «haute intelligence», son courage et sa haute spiritualité.
Ses contemporains nuancent ce portrait trop élogieux.
Plusieurs soulignent son autoritarisme, sa froideur, son laconisme, qui deviennent, aux yeux de ses adversaires, de l'arro-
gance et de la morgue. Sa correspondance révèle pourtant un
humour peu commun[13].

Forte personnalité qui ne laisse personne indifférent,
Taschereau surpasse la plupart de ses collègues par l'étendue
de ses connaissances. «Vous avez auprès de vous un savant
dont je respecte beaucoup les opinions», reconnaît, en 1867,

un de ses futurs adversaires et, 10 ans plus tard, Mgr Lynch de Toronto rappelle encore sa supériorité intellectuelle: «L'archevêque de Québec a plus d'éducation, de science, de bon sens et a des vues plus larges que n'importe lequel de ses suffragants[14].» Son enseignement l'a poussé à se spécialiser en littérature, en philosophie et en théologie (Écriture sainte, morale), et il a dû approfondir le droit canonique pour mieux résoudre les problèmes qu'on lui soumet régulièrement.

Cet intellectuel est autoritaire, «très-raide dans le commerce ordinaire de la vie», même si on lui reproche parfois de manquer «de véritable énergie dans les circonstances où il fallait en déployer». Il tient tout fermement en main et il ne souffre aucune dérogation à ses ordres. Il s'affirme pleinement comme archevêque auprès de ses suffragants. Ses prédécesseurs avaient négligé d'user des prérogatives du siège archiépiscopal et l'évêque de Montréal en avait profité pour exercer le leadership au sein de l'épiscopat comme auprès des fidèles. Mais Mgr Taschereau va corriger cette situation: dès les premiers mois de son administration, il ranime le pouvoir de la fonction métropolitaine. C'est dans cette perspective qu'il condamne le *Programme catholique* de 1871, rédigé à son insu, et qu'il inaugure la coutume des réunions périodiques des évêques de la province ecclésiastique de Québec. Il les préside avec fermeté et y défend sa prérogative d'intermédiaire obligé entre les évêques et le Saint-Siège. Son style, qui allie la prudence à l'autoritarisme, lui attire des oppositions tenaces de la part des ultramontains intransigeants (quelques évêques, des prêtres, plusieurs journalistes) comme de certains hommes politiques; les premiers lui reprochent ses «compromissions» avec le «mal» et, règle générale, sa répugnance à mener des croisades contre les «ennemis de l'Église» (libéraux, francs-maçons...), tandis que les autres expérimentent son mépris pour la valetaille politique. En 1886, sa promotion au cardinalat consolide encore sa primauté d'honneur.

Sa conception de la pastorale scandalise certains de ses confrères. Sauf quand l'Université Laval est en cause, il aime assez peu parler, prêcher ou écrire; il préfère établir des ententes plutôt que d'enfourcher le cheval de bataille: «Il faut

Mgr Elzéar-Alexandre Taschereau (1880-1898), archevêque de Québec et premier cardinal canadien. ANQ, coll. initiale.

prendre les hommes non pas tels qu'ils devraient être, mais tels qu'ils sont», répète-t-il souvent. Il propose l'attentisme, même dans le domaine doctrinal:

> On est exposé, écrit-il en 1872, à prendre pour vérité absolue ce qui est matière d'opinion; on se laisse parfois entraîner à mal noter ce que l'Église n'a pas encore jugé à propos de condamner; l'idéal de ce qui *devrait être* tend à faire oublier la réalité; un avenir que l'on souhaite avec

impatience empêche de compter avec un passé et un présent hérissé de difficulté[15].

Développé surtout à propos des relations entre l'Église et l'État, ce réalisme passe aux yeux de plusieurs pour une concession aux adversaires de l'Église et pour une forme de libéralisme catholique. Mais ne nous leurrons pas: si Taschereau n'a pas la sensibilité ultramontaine exubérante, dévote et belliqueuse, il a moins encore l'esprit démocrate et le culte des «idées modernes». S'il faut absolument lui accoler une épithète, nous le considérons tout simplement comme un modéré[16].

Officiellement, Mgr Taschereau demeure archevêque de Québec pendant 27 ans, précisément de 1871 à 1898; il faut noter cependant que la maladie l'empêche d'exercer ses fonctions à la fin de son épiscopat et qu'à partir de 1892, il laisse la gouverne de l'archidiocèse à son coadjuteur, Mgr Bégin, qui s'affirmera comme un chef courageux pendant la dispute au sujet des écoles du Manitoba et deviendra la figure dominante de l'épiscopat du Québec au tournant du XXe siècle.

Après la démission de Mgr Bourget en 1876, Mgr Louis-François Laflèche (1818-1898), deuxième évêque de Trois-Rivières, prend la relève comme chef des ultramontains intransigeants. Bien servi par de grands talents d'orateur et formé par une expérience très variée — avant de devenir évêque, il a été missionnaire dans l'Ouest canadien, éducateur au Collège de Nicolet, procureur et administrateur diocésain —, il s'est rapidement impliqué dans les débats de son temps, ralliant graduellement le groupe ultramontain de Montréal plus conforme à ses idées et à son tempérament. Plusieurs questions litigieuses — le *Programme catholique*, l'ingérence du clergé en politique (appelée à l'époque «l'influence spirituelle indue»), la querelle universitaire, le projet de création du diocèse de Nicolet — contribuent à creuser un abîme entre l'archevêque et lui et à faire de ces deux hommes d'Église des antagonistes irréductibles entourés de troupes passionnées.

Lecteur assidu de l'historien René-François Rohrbacher et admirateur inconditionnel de Louis Veuillot, Laflèche s'abreuve toute sa vie aux meilleures sources de l'ultramon-

Mgr Louis-François Laflèche (1818-1898), deuxième évêque de Trois-Rivières, disciple de Pie IX et de Mgr Bourget. ASN.

tanisme européen dont il répand au Québec la doctrine et les visions manichéennes. Il est fortement convaincu que «la lutte qui partage en deux camps ennemis [ses] compatriotes, n'est que la grande lutte entre le bien et le mal», que «le souffle de *la grande erreur contemporaine*» s'est fait sentir sur les bords du Saint-Laurent et que «la voix enchanteresse des sirènes libérales» y a fait des victimes, qu'enfin «par ses tendances anti-sociales, par sa haine de l'Église, par ses principes pervers, [le libéralisme canadien] ne diffère en rien du libéralisme européen[17]». Il engage donc une croisade contre ce mouvement dangereux et il essaie d'y entraîner l'épiscopat et le clergé. Cependant, l'archevêque fait une lecture différente de la situation et il convainc la majorité des évêques d'y souscrire. D'où une division profonde et publique, que les nombreuses interventions de Rome ne réussissent qu'avec peine à corriger.

Laflèche a une âme de croisé et, quand il croit l'Église menacée, il se lance dans la bataille avec passion. Il ne souffre aucun compromis, s'efforçant plutôt de plier la réalité aux principes. Tout au plus accepte-t-il, avant de s'engager à fond, de se renseigner, de réfléchir et de considérer les divers aspects d'une question, ce qui lui vaut d'être traité par ses propres disciples d'hésitant, de timide et d'irrésolu.

Dans les nombreuses et longues querelles de la dernière partie du XIXe siècle, l'évêque de Trois-Rivières a connu plus d'échecs que de triomphes; il a été morigéné par Rome et, malgré son opposition acharnée, son diocèse a été divisé et presque réduit à la faillite; grande humiliation dont le principal responsable, l'archevêque Taschereau lui-même, sera récompensé, peu de temps après, par la pourpre cardinalice! Le «vieux prophète», comme on l'appelait alors, puise dans sa foi inébranlable et naïve le courage d'accepter l'inéluctable et la force de mener, jusqu'à sa mort, quelques combats d'arrière-garde. Sa ténacité lui permet de savourer une joie ultime: à l'occasion de la question des écoles du Manitoba (1891-1898), tout l'épiscopat du Québec se range à son avis et défend avec vigueur ses idées sur l'éducation; remplaçant l'archevêque de Québec terrassé par la maladie, le coadjuteur Bégin proclame *urbi et orbi* les jugements et les propositions mêmes de Laflèche et il ne se gêne pas pour tancer de verte façon le jeune délégué apostolique Rafaelo Merry del Val plus féru de politique que de justice distributive; le nouvel archevêque de Montréal, Mgr Paul Bruchési, fait preuve des mêmes sentiments et n'hésite pas à intervenir pour faire échouer le projet d'un ministère de l'éducation à Québec. Le doyen de l'épiscopat canadien peut mourir en paix en 1898: ses confrères continueront pendant longtemps de défendre plusieurs de ses idées, même s'ils le font plutôt désormais dans un style à la Taschereau.

Autour de ces fortes personnalités d'avant-scène gravitent les autres évêques qui, dans leur propre milieu, jouent

aussi un rôle primordial. «Exilé» à Rimouski, loin des centres
de décision et de renseignements, Mgr Jean Langevin (1821-
1892) garde tout de même contact avec le monde politique
par le truchement de son frère Hector, longtemps ministre à
Ottawa. À titre d'ancien principal de l'École normale Laval
de Québec, il se valorise en acceptant de jouer le rôle d'expert
épiscopal et de surveiller étroitement la législation gouvernementale dans les questions d'éducation. Cependant, son administration diocésaine lui réussit moins: dans une Église où il
doit tout organiser, sa direction à la fois autoritaire et bonasse
ne satisfait pas un clergé difficile qui, à la mort de son grand
vicaire — il s'agit de son frère Edmond —, l'oblige à démissionner. Pour des raisons très différentes, Mgr Édouard-
Charles Fabre (1827-1896) connaît lui aussi un épiscopat
extrêmement pénible qui le jette, parfois malgré lui, au cœur
des grands débats idéologiques de cette fin de siècle. Premiers
évêques de Sherbrooke et de Chicoutimi, les frères Antoine
et Dominique Racine se souviennent de leurs origines québécoises, se font de solides amitiés à Rome et s'en servent pour
appuyer les idées de l'archevêque Taschereau; dans leur diocèse respectif, ils laissent le souvenir de pasteurs sages et élo-
quents. Enfin, bien que vivant hors des véritables frontières
du Québec, Mgr Joseph-Thomas Duhamel (1841-1909), d'Ottawa, doit prendre position dans les diverses discussions où
il se révèle le plus fidèle appui de Bourget et de Laflèche.

Un de ces évêques «secondaires» mérite cependant une
attention toute spéciale. Nommé à Saint-Hyacinthe en 1875,
en remplacement de Mgr Charles La Rocque (1809-1875) qui
avait réglé un grave problème financier et montré beaucoup
de courage en se démarquant de l'évêque de Montréal, Mgr
Louis-Zéphirin Moreau (1824-1901) fait son apprentissage
épiscopal aux côtés de Mgr Laflèche. Jusqu'en 1878, aucun
nuage n'altère l'amitié des deux hommes et Moreau appuie
régulièrement les positions rigoristes de son maître et aussi
ses démarches contre la division du diocèse de Trois-Rivières.
Mais après le passage du délégué apostolique, Mgr George
Conroy, en 1877-1878, et un voyage *ad limina* en 1879, l'évêque
de Saint-Hyacinthe, sans abdiquer ses convictions profondes,
se range du côté de l'archevêque, qui lui semble mieux

traduire les volontés romaines, et combat son ami de Trois-Rivières. Le désir d'unité et le devoir d'obéissance au pape l'emportent sur ses sentiments personnels. Mgr Moreau a laissé le souvenir d'une vie de vertu et de sainteté que Rome a reconnue en le béatifiant le 10 mai 1987[18].

Mgr Édouard-Charles Fabre (1827-1896), troisième évêque et premier archevêque de Montréal. ANQ, coll. initiale.

Mgr Louis-Zéphirin Moreau (1824-1901), quatrième évêque de Saint-Hyacinthe, béatifié à Rome le 10 mai 1987. ANQ, coll. initiale.

L'ACTIVITÉ COLLÉGIALE DES ÉVÊQUES

Les assemblées d'évêques

Peu nombreux, les évêques du Québec peuvent avoir des relations individuelles faciles et régulières; néanmoins, ils ont pris l'habitude de travailler et de prendre des décisions en groupe depuis au moins le milieu du XIXe siècle. Au début, les prélats de la province ecclésiastique de Québec se réunissaient sporadiquement, au gré des besoins ou des cérémonies spéciales (le sacre d'un évêque, par exemple). Mais dès sa nomination comme archevêque, Mgr Taschereau suggère des rencontres plus régulières; il répond ainsi aux vœux de ses suffragants qui, après la réunion d'octobre 1871, tiennent à faire connaître «le bonheur qu'ils ont éprouvé à se rencontrer avec leur Archevêque» et souhaitent recommencer «au moins une fois l'an[19]». À partir de 1875, les évêques profitent des deux sessions annuelles du Comité catholique du Conseil de l'Instruction publique, dont ils sont tous membres *ex officio*, pour tenir également des assemblées épiscopales. Après 1886, elles remplacent, avec le consentement de Rome, les conciles provinciaux qui, théoriquement, se seraient tenus en 1889 et en 1892. Il va sans dire qu'en plus, les chefs spirituels se réunissent chaque fois qu'un besoin ou un événement les appelle à un même endroit.

L'ordre du jour de ces rencontres varie selon les problèmes du moment: on y traite tout autant des successions épiscopales que des grandes politiques concernant l'éducation ou les relations entre l'Église et l'État. On y discerne facilement un désir constant d'uniformiser les déclarations publiques, les règles disciplinaires et les décisions pastorales, ce qui se rapproche beaucoup du travail des conciles provinciaux. La façon de fonctionner est également assez semblable: l'archevêque ou l'un des évêques prépare un document de travail qui, dans la plupart des cas, est soumis préalablement à l'étude de chacun et amendé avant d'être discuté en réunion. Les évêques peuvent ainsi consulter leurs théologiens ou leur conseil diocésain; dans des cas extraordinaires, comme à la réunion d'octobre 1871 consacrée au *Programme catholique*, ils peuvent même se faire accompagner d'experts théologiens. Les séances, qui s'étendent sur un jour ou deux, se déroulent dans un climat de franche discussion d'où les interventions passionnées ne sont pas toujours exclues; les procès-verbaux sont cependant pudiques sur ces éclats. À plusieurs occasions, l'unanimité de vues est facilement acquise.

Le style de travail de l'assemblée des évêques dépend beaucoup de son président, l'archevêque de Québec. Obligé d'affronter un «saint têtu» comme Mgr Bourget, Mgr Tasche-

reau s'aliène rapidement les sympathies de la partie intransigeante de l'épiscopat et son autoritarisme, joint à un parti pris
évident en faveur de l'Université Laval, aboutit en 1876 à une
coalition de TOUS les suffragants, qui le dénoncent à Rome.
Seule l'intervention de la Propagande lui permet de reprendre
le contrôle de l'assemblée épiscopale. Son leadership devient
plus lourd et sa direction moins démocratique quand, dans
les années 1880, se débattent des problèmes qui lui tiennent
à cœur, la question universitaire entre autres. Il prépare et
préside les rencontres avec une assurance et une autorité qui
se heurtent à certaines réticences. En 1883, par exemple, Mgr
Jean Langevin réagit énergiquement: «Je proteste contre cette
façon de procéder de haute main, et sans nous donner l'occasion de voir les pièces, ni de discuter les choses ensemble et
de nous concerter en une action commune. [...] je ne puis
admettre que l'on veuille ainsi nous forcer à nous prononcer
les yeux fermés et de confiance sans connaissance personnelle[20]».

Si les victoires de l'archevêque sur plusieurs fronts et son
élévation au cardinalat accentuent son emprise sur l'assemblée des évêques, l'âge et la maladie l'obligeront à modérer
son autoritarisme et même à céder la présidence à son coadjuteur, Mgr Bégin, à partir de 1892. Ce dernier, malgré les débats
qui ont précédé sa nomination à Chicoutimi puis à Québec,
prend très tôt sur ses collègues un ascendant qui redonne à
l'épiscopat du Québec un chef incontesté et un porte-parole
prestigieux.

Les conciles provinciaux

L'activité collégiale des évêques s'exerce également lors des
conciles provinciaux qui les regroupent périodiquement avec
des théologiens dans la ville métropolitaine de Québec. Normalement tenus tous les trois ans, ils sont le plus souvent
reportés de quelques années, si bien que nous n'en comptons
que trois après 1871 et aucun après 1886; quant à la province
ecclésiastique de Montréal, créée en 1886, elle tient son premier et unique concile en 1895.

Les quatre conciles d'avant 1871 avaient permis d'unifier la doctrine et les règlements, et de promulguer des décrets importants sur les sacrements (1854), la fonction épiscopale (1863) et la vie des clercs (1868); on y avait également formulé des prescriptions claires sur l'intervention du clergé en politique (1868). Le cinquième concile, en 1873, s'étend encore davantage sur les devoirs de la charge sacerdotale et produit une déclaration prudente concernant le libéralisme catholique et la liberté de l'Église face au pouvoir civil. En 1878, la présence du délégué apostolique, Mgr George Conroy, élimine les grands débats doctrinaux et oriente davantage les travaux vers des points de morale ou de discipline; cette tendance s'accentue encore lors du septième et dernier concile en 1886.

Ces rencontres extraordinaires ont pour premier but d'élaborer des décrets — qui seront étudiés et assez peu remaniés à Rome. Mais elles permettent aussi aux évêques de faire le point sur l'état de l'Église du Québec et d'en faire ensuite part aux fidèles, avec commentaires appropriés, par le truchement d'une lettre pastorale collective. Ce genre de document nous permet aujourd'hui de retracer les grandes préoccupations de l'épiscopat au siècle dernier.

En 1873, par exemple, les propos sont empreints de pessimisme; les dangers que court l'Église inquiètent les prélats, car, «de quelque côté que l'on porte ses regards, on ne voit que sujets de tristesse et de découragement». Au pays même, l'attrait des écoles protestantes menace l'éducation des enfants catholiques; les mœurs électorales, entachées de violence et de corruption, sapent les bases de la démocratie et semblent vouloir «entraîner notre chère et commune patrie dans un abîme sans fond»; enfin, trois maux en particulier — émigration, luxe, intempérance — menacent encore davantage la religion et la nation et ne peuvent être corrigés l'un sans l'autre: «Une chose est certaine à nos yeux, Nos Très Chers Frères, c'est que l'émigration n'aurait plus de prétexte et s'arrêterait, si les parents employaient à préparer pour leurs enfants des établissements dans les terres nouvelles, l'argent qui se consume en pure perte pour le luxe et l'intempérance». Face à ces problèmes, les évêques se présentent donc comme des sen-

tinelles prêtes à veiller à la garde du troupeau et à lui transmettre les desseins de Dieu sur lui[21].

Le texte de 1878 traité beaucoup plus de spiritualité. Il
propose aux fidèles une réflexion sur la foi qui doit imprégner
leur vie intime et personnelle, leur milieu familial et toutes
leurs relations sociales; l'accent est mis davantage sur l'esprit
que sur les devoirs. Aussi les évêques se présentent-ils désormais comme des aides de Dieu, mandatés pour collaborer à
«ce travail mystérieux duquel dépend [...] une éternité de bonheur[22]».

Enfin, les pères du septième concile provincial, en 1886,
redeviennent des gardiens vigilants pour dénoncer la franc-
maçonnerie et prémunir leur peuple contre les dangers d'une
affiliation à cette société secrète[23].

Un concile plénier canadien?

Au premier concile provincial de Québec en 1851, on avait
invité tous les évêques des colonies britanniques de l'Amérique du Nord, sauf ceux de la côte du Pacifique. Aux rencontres suivantes s'étaient graduellement détachés les prélats des
provinces ecclésiastiques de Halifax, de Toronto, puis de
Saint-Boniface. Après 1871 se réunissent donc les seuls suffragants de la province ecclésiastique de Québec.

Très tôt, cependant, surgit l'idée de rassembler en un
comité plénier les évêques du Canada tout entier. Mgr Lynch
de Toronto en fait la proposition à Mgr Taschereau le 21 avril
1876. Il renouvelle sa demande le 10 mai 1877, cette fois auprès du délégué apostolique Conroy, à qui il livre le fond de
sa pensée. Son texte critique d'abord les efforts des prélats du
Québec visant à influencer la vie politique; ensuite, après
avoir noté que ce qui est bon pour la partie française du pays
ne l'est pas toujours pour la partie anglaise et vice versa, il
ajoute enfin: «après tout, le Canada français n'est qu'une
province parmi quatre ou cinq»; il y a 12 évêques de langue
anglaise, «ils ne sont que sept dans la Province de Québec.
La province de Manitoba est semblable à la nôtre, bataillant
pour se tailler une place parmi les protestants. On ne doit pas

sacrifier toutes les autres provinces aux intérêts du Québec, riche en ressources de toute sorte, mais hélas en pleine confusion[24].»

Cette vision du catholicisme canadien, véhiculée par un épiscopat anglophone en majorité irlandais, déplaît souverainement à Mgr Taschereau qui, comme tous ses collègues francophones, considère l'Église du Québec comme une Église nationale dont le clergé est le porte-parole et le protecteur: «La race franco-canadienne est entourée d'ennemis qui en diffèrent par la race, la langue et la religion; elle se maintient parce qu'elle est unie sous son clergé», explique-t-il en 1879[25]. Craignant donc les conséquences de la présence anglophone majoritaire lors d'un éventuel concile canadien, il combat le projet de l'archevêque de Toronto. Son successeur Bégin doit cependant se rendre à l'évidence: de telles assises sont nécessaires pour corriger les divergences régionales et, comme il le notera en 1899, «pour réunir en un faisceau les forces dispersées de notre épiscopat». Mais toutes sortes de problèmes et d'atermoiements en retarderont la convocation jusqu'en 1909[26].

CHAPITRE II

ÊTRE ÉVÊQUE AU QUÉBEC

La fonction épiscopale n'est guère convoitée à l'époque. Plusieurs de ceux qui y sont appelés essaient de se libérer d'un «fardeau» qu'ils n'acceptent finalement que par esprit d'obéissance. L'exemple le plus éloquent est celui de Louis-François Laflèche. Après avoir déjà refusé la direction du diocèse du Nord-Ouest (Saint-Boniface) en 1849 pour cause d'incapacité physique, il réagit très fermement à sa nomination comme coadjuteur de Mgr Thomas Cooke à Trois-Rivières en 1866: il décrit le délabrement de sa santé et sa «faiblesse mentale», insistant sur une hérédité lourde qui le menacerait de maladie mentale comme quelques membres de sa famille. L'archevêque de Québec ne l'oblige pas moins à accepter le titre, ce qui le conduit, comme il l'avait prévu, à une crise inspirant des «craintes sérieuses» à son entourage, mais se résorbant assez rapidement pour lui permettre de recevoir l'ordination épiscopale le 27 février 1867[1]. Quelques candidats cependant réussissent à éviter la mitre. Le cas le plus célèbre de cette période est celui de l'abbé Joseph-Clovis Kemner Laflamme, professeur de sciences à l'Université Laval: désigné comme évêque de Chicoutimi en 1892, il fait renverser la décision à force de lettres et de télégrammes[2]. Ce n'est certes pas une situation fréquente et celui qui est appelé doit, comme le conseillait Mgr Baillargeon à l'abbé Laflèche, accepter de devenir «une victime immolée à la religion, la divine Providence exigeant que celles qu'elle a désignées pour le sacrifice s'y soumettent pour le bien général[3]».

Tout de même, l'épiscopat ne fait pas peur à tous et plusieurs acceptent d'emblée la tâche, qui nécessite des talents de diplomate pour les relations avec Rome, d'administrateur pour la gouverne du clergé et de pasteur pour la sanctification des fidèles.

LES RELATIONS AVEC ROME

Même si le troisième concile provincial de Québec (1863) a célébré la dignité et l'autorité des évêques — «*Magna certe sublimisque Episcoporum dignitas!*» (Oh! la grande et sublime dignité des évêques!) —, les nouveaux prélats prennent très tôt conscience des limites de leurs pouvoirs. Choisis par un évêque, cooptés par les autres et recommandés à Rome, ils reçoivent leur nomination de la Propagande[4] et n'exercent leur juridiction que sous l'autorité du pape et de la curie romaine. Or, en cette seconde partie du XIXe siècle, les progrès de la centralisation romaine, la nécessité de rendre compte régulièrement de leur administration, le recours obligé aux congrégations romaines pour toute espèce de questions, même secondaires, leur propre conception d'une Église pyramidale où l'autorité vient d'en haut, tout incite les évêques du Québec à maintenir des liens très étroits avec le centre de la chrétienté et à y chercher lumières et directives.

Le pape

L'épiscopat du Québec communie à la dévotion au pape et à son immense popularité dans les masses catholiques du monde entier. Les évêques saisissent toutes les chances d'attirer l'attention des fidèles sur leur père commun. Le jubilé épiscopal de Pie IX en 1876, sa mort en 1878, l'élection de Léon XIII et la publication de ses nombreuses encycliques leur offrent autant d'occasions de redire leur attachement au Saint-

Siège et de raviver la ferveur populaire envers la personne du pape.

Les voyages à Rome font désormais partie des prérogatives épiscopales. Les plus anciens évêques ont participé au concile Vatican I; ils en ont conservé un souvenir impérissable et des amitiés profondes. Plusieurs ne retourneront qu'une fois ou deux à Rome, pour rendre compte de leur administration ou, plus rarement, comme délégués de leurs collègues. Au contraire, quelques autres — Mgr Bourget, Mgr Laflèche, Mgr Taschereau — deviendront, pour ainsi dire, des familiers du Vatican où ils iront présenter, parfois débattre, les problèmes de l'Église du Québec.

L'audience avec le pape est l'événement central de tout voyage à Rome et, dès qu'elle a eu lieu, le bénéficiaire en fait connaître la nouvelle *urbi et orbi*. Le débonnaire Pie IX reçoit volontiers les évêques, qui en profitent pour lui exposer leurs soucis et lui transmettre les adresses et les dons de leurs fidèles, notamment le Denier de Saint-Pierre. En janvier 1873, par exemple, Mgr Laflèche s'entretient «assez longuement» avec le pape et lui remet «une belle adresse et une généreuse offrande de la part de l'Union Allet». Puis il passe au sujet capital de sa rencontre: les difficultés entre les évêques de Québec et de Montréal et les accusations contre la presse ultramontaine. Léon XIII semble plus difficile d'accès, du moins pour certains ultramontains intransigeants qui, au cours des années 1880, se plaignent parfois de ne pouvoir lui exposer leurs doléances. Lors d'un voyage en 1881, Mgr Laflèche voit son entrevue avec le pape retardée, et quand il l'obtient finalement, c'est pour se faire dire «d'observer les décrets» romains; il insiste pour parler, ayant «des choses très importantes à faire connaître au St-Siège», mais le pape lui suggère «de mettre par écrit tout ce [qu'il a] à dire et de le communiquer au Préf[et] de la Prop[agande] ou à quelqu'un des Card[inaux] de cette Cong[régation]». L'évêque de Trois-Rivières attribue cette froideur, générale à Rome, à l'influence maçonnique et aux idées libérales. Il dit:

> [Elles] ont fait énormément de chemin ici comme ailleurs et la tactique qui semble prévaloir aujourd'hui, c'est de temporiser et de ne point les heurter de front, parce que

bien des hommes en sont tellement infatués qu'ils ne peuvent pour le présent porter la vérité qui condamne ces erreurs. [...] C'est aussi la tactique du Vatican à raison de la gravité de ce mal dans la société européenne[5].

Ces déboires ne diminuent pas la confiance des ultra-montains intransigeants en la personne du souverain pontife, car ils le croient trahi par son entourage: «Si Léon XIII est admirable dans ses écrits, affirme Luc Désilets, il ne l'est pas autant dans son administration qui laisse grandement à désirer. Ce digne Pape est mal servi[6].» Et au moment de la division du diocèse de Trois-Rivières: «[...] jamais un Pape ne pourrait agir de la sorte en parfaite connaissance de cause. Un cercle le tient, l'entoure et empêche de pénétrer la vérité. [...] La cabale libérale a *entouré* le Pape, et le *pousse*[7].»

Il en appelle chaque fois au pape mieux informé. D'où ses efforts pour l'atteindre sans intermédiaire. Même tactique chez les modérés: en 1884, Mgr Taschereau laisse derrière lui un délégué apostolique du Canada et va traiter directement à Rome auprès de Léon XIII les problèmes en souffrance; un de ses intimes peut écrire: «C'est de Rome que nous arriveront à l'avenir les plats les plus friands[8].»

La Propagande

Dans la Ville éternelle, cependant, c'est la Sacrée Congrégation *de Propaganda Fide* qui est au cœur des relations entre les évêques du Québec et le Saint-Siège. De son préfet et de son secrétaire émanent la plupart des documents romains concernant le Canada et c'est vers eux que convergent les lettres, les pétitions, les dossiers litigieux, enfin les renseignements de toutes sortes. Après en avoir fait le tri — plusieurs documents ne sont dignes que des archives —, les responsables de la Propagande acheminent vers les autres congrégations les questions de leur ressort et réservent aux diverses instances de leur propre dicastère celles qui relèvent de leur juridiction; dans un cas comme dans l'autre, la réponse sera transmise par les soins de la Propagande.

De 1871 à 1898, quatre préfets se succèdent à la tête de cette Congrégation: ce sont les cardinaux Alessandro Barnabo (1856-1874), Alessandro Franchi (1874-1878), Giovanni Simeoni (1878-1892) et Mieczyslaw Halka Ledochowski (1892-1902). Tout aussi importants, les secrétaires se succèdent à un rythme plus rapide: Giovanni Simeoni (1868-1875), Giovanni Battista Agnozzi (1875-1879), Ignazio Masotti (1879-1882), Domenico Maria Jacobini (1882-1891), Ignazio Persico (1891-1893), Pasquale Raffaele Ciasca (1892-1899). Règle générale, les uns et les autres s'attirent le respect des évêques du Québec, même si certaines de leurs interventions ou leurs atermoiements soulèvent l'ire de l'une ou l'autre faction de l'épiscopat de la province. Dans ces cas, également, les prélats rejettent sur l'entourage du préfet ou du secrétaire, mal informé par les «libéraux» canadiens, la responsabilité de la «mauvaise» décision. C'est le cas notamment des solutions que vient appliquer le délégué apostolique, Mgr Conroy, en 1877-1878; le grand vicaire Edmond Langevin de Rimouski explique:

> Tout le mal qui nous arrive par le triomphe des libéraux-catholiques, qui ont cru trouver un protecteur dans le Délégué Apostolique vient des fausses informations dont les congrégations romaines ont été inondées. J'en trouve un exemple dans les récentes Instructions de la S[acrée] Congr[égation] du S[aint] O[ffice]. Elles brillent sans doute par une grande sagesse, et nous les recevons avec respect. Mais nous y trouvons des allégués basés sur des informations incomplètes[9].

Ces informations incomplètes — et même fausses — seraient transmises aux cardinaux membres de la Sacrée Congrégation *de Propaganda Fide* — ce sont eux qui prennent les grandes décisions en assemblée générale — ainsi qu'aux divers fonctionnaires (consulteurs, minutanti). Les intransigeants ne sont pas loin de penser qu'une véritable conspiration agit contre eux à Rome.

L'âme dirigeante en serait l'abbé Benjamin Pâquet. Plusieurs fois procureur de l'archevêque Taschereau et de l'Université Laval auprès du Saint-Siège, cet ancien étudiant romain séjourne dans la Ville éternelle de 1873 à 1878, en 1886

et en 1888-1889. Il s'y fait de solides amitiés dans tous les
milieux et, grâce à ces influences, réussit à faire triompher le
point de vue de Québec et des modérés sur celui de Montréal
et des intransigeants. Son action indéniable montre à quel
point la Propagande est tributaire des réseaux d'influence. Les
Québécois l'ont compris les premiers, mais les Montréalais
aussi en prennent conscience et cherchent à se constituer un
cercle d'amis. Ils y parviennent assez bien, mais leurs représentants à Rome n'ont pas l'habileté du futé Benjamin Pâquet;
après la mission efficace de l'abbé Joseph Desautels, l'inexpé-
rimenté Télesphore Hamel, l'entreprenant chanoine Godefroy
Lamarche et le malhabile Luc Désilets nuiront plutôt à la
cause des Bourget et des Laflèche, agaçant parfois les autorités
de la Propagande, la plupart du temps à leur insu et faisant
une lecture erronée des bruits et des rumeurs qui précèdent
les grandes décisions romaines. Ils manquent tout simplement
du sens de l'opportunisme qui est la qualité maîtresse de leur
concurrent québécois[10].

Les délégués apostoliques

Il peut arriver que la complexité d'une situation oblige les
autorités romaines à envoyer sur les lieux un délégué apostolique. Le fait se produira trois fois au Canada à la fin du
XIXe siècle: en 1877-1878, en 1883-1884 et en 1897.

Ce sont à la fois les ultramontains et leurs adversaires
«libéraux», clercs et laïcs, qui demandent le premier délégué
apostolique. Tous attendent, depuis plusieurs années, des
décisions définitives de Rome à propos de multiples dossiers,
par exemple ceux de l'ingérence du clergé en politique («l'influence spirituelle indue»), du besoin d'une université française catholique à Montréal, de la division de la paroisse
Notre-Dame de Montréal ou du démembrement du diocèse
de Trois-Rivières. Pendant l'été et l'automne 1876, mémoires
et documents de toutes sortes s'entassent à la Propagande,
dont plusieurs accusent Mgr Taschereau de protéger les «libéraux catholiques» par ses interventions ou même par son silence. Les partisans de l'archevêque ne sont pas moins actifs

et l'abbé Benjamin Pâquet, entre autres, insiste plusieurs fois
pour corriger, dit-il, «une foule de choses inexactes». À lire et
à entendre tant de plaidoyers irréconciliables, les autorités
romaines se convainquent finalement qu'une intervention
spéciale sur place est nécessaire pour ramener la paix.

Mgr George Conroy (1833-1878), évêque d'Ardagh (Irlande) et délégué
apostolique au Canada. Photo tirée de *Centenary Book of the Basilica Cathedral
of St. John the Baptist, St. John's, Nfd. (1855-1955)*.

La mission est confiée à Mgr George Conroy, évêque
d'Ardagh, en Irlande. Bien connu à Rome, où il a fait ses
études théologiques et gardé d'utiles amitiés à la Propagande,
il est réputé patient et habile, parle l'anglais, le français, l'italien et vient d'un pays où se posent des problèmes semblables
à ceux du Canada. Il reçoit des instructions très précises: rétablir la concorde entre les évêques, en leur imposant le silence
déjà demandé en 1874 et, «en autant qu'il le croit nécessaire»,
en faisant clairement savoir que les condamnations pontificales du libéralisme catholique visent des personnes et leurs
principes, non un parti politique libéral déterminé. Il devra
obtenir des évêques qu'ils convainquent leur clergé d'observer
strictement les dispositions des quatrième et cinquième conciles de Québec et le décret romain du 4 août 1874 promulgué
à propos du *Programme catholique* de 1871. Il considérera la
question universitaire comme réglée — en faveur de l'Université Laval — et tâchera de déterminer, avec toutes les parties,
les meilleures mesures pour promouvoir le bien de l'institution québécoise. Le délégué jouera davantage le rôle d'enquêteur pour trois questions spécifiques. Premièrement, il exami-
nera toutes les circonstances où l'épiscopat a condamné des
sentences de juges catholiques sur des accusations d'ingérence
politique du clergé et il suggérera comment arrêter la controverse; il confirmera le juge Louis-Napoléon Casault dans sa
chaire universitaire. Deuxièmement, il étudiera le problème
de la division du diocèse de Trois-Rivières, entendra les parties et informera le cardinal préfet de son sentiment. Troisiè-
mement, à propos du conflit entre les Sulpiciens et l'évêque
de Montréal, il réétudiera tout l'aspect financier du problème
et fera connaître les moyens à prendre pour effacer la dette
de la paroisse Notre-Dame. Le préfet de la Propagande laisse
le choix des mesures pour assurer une paix définitive entre
les évêques à la prudence du délégué qui pourra user, au
besoin, des pouvoirs extraordinaires dont il est investi contre
quiconque refuserait d'obéir à ses ordres. Mgr Conroy ne
vient donc pas, comme le pensent la plupart des ultramontains, faire une enquête pour aller «jusqu'au bout des choses»
et pour déterminer «qui de l'Archevêque ou de ses Suffra-

gants a raison»; il doit tout simplement faire accepter au Québec les solutions décidées à Rome[11].

De mai 1877 à août 1878, le délégué remplit avec brio sa délicate mission. Il reçoit tous les évêques, ainsi que les membres du clergé et les laïcs désireux de le rencontrer ou de lui présenter des mémoires; il préside plusieurs réunions de l'épiscopat et il y fait habilement accepter les décisions romaines; dans l'intervalle, il entretient une correspondance suivie avec les principaux évêques, dont Taschereau et Laflèche, et il tient la Propagande au courant de ce qui se passe dans la vallée du Saint-Laurent. Même quand il va aux États-Unis passer l'hiver dans des climats plus agréables, il continue à surveiller l'Église du Québec. Et malgré les réticences de certains évêques — Mgr Jean Langevin, tout particulièrement —, il revient présider le sixième concile provincial de Québec en mai 1878.

Par sa diplomatie et son habileté, Mgr Conroy réussit non seulement à faire appuyer par tous les évêques les solutions de la Propagande, mais même à les faire expliquer et défendre par ceux-là mêmes qu'elles visaient. Il parvient ainsi à clarifier plusieurs situations, à ramener momentanément la paix au sein de l'épiscopat et à se gagner la confiance d'une grande partie du clergé[12].

Mais sa mission n'en est pas moins un demi-échec. Il meurt en août 1878, avant d'avoir pu rédiger son rapport définitif sur la situation canadienne ou faire valoir ses idées à Rome. La disparition de Pie IX et du cardinal Franchi, préfet de la Propagande, entraîne un bouleversement de personnel qui incite plusieurs membres du clergé de Montréal, de Trois-Rivières et de Rimouski à dénoncer fortement le délégué apostolique et à reprendre le combat contre les libéraux; peu après, quelques évêques se rangent avec eux. Bientôt, également, resurgit la question universitaire avec l'affrontement prolongé entre l'Université Laval et l'École de médecine et de chirurgie de Montréal. Mis en veilleuse en 1878, le projet de démembrement du diocèse de Trois-Rivières refait surface; cela contribue beaucoup à exacerber encore les esprits et les dissensions au sein de l'épiscopat du Québec.

De nouveau appelée à régler ces anciens problèmes, la Propagande dépêche encore un délégué, quelques années plus tard. Il s'agit cette fois de dom Henri Smeulders, Belge d'origine, abbé mitré de l'ordre des Cisterciens et consulteur de la Congrégation. Ce commissaire reçoit lui aussi des instructions très précises pour trancher la question universitaire; de même, on lui demande d'apprécier à leur juste valeur le projet de division du diocèse de Trois-Rivières et le problème des Biens des Jésuites qui commence à faire des remous; on lui ordonne, par contre, de n'admettre aucune discussion sur les questions déjà réglées (ingérence cléricale en politique, libéralisme...)[13].

Quand il arrive au Québec en octobre 1883, dom Smeulders fait tous les efforts possibles pour se démarquer des deux groupes qui veulent l'inféoder à leur cause. Logeant en territoire neutre — chez les Rédemptoristes à Québec, chez les Oblats à Montréal —, il copie le style de son prédécesseur et reçoit avec sympathie et diplomatie évêques, prêtres et laïcs, les écoute en silence et ne laisse rien deviner de ses sentiments. «Il ne laisse transpirer [sic] aucune de ses opinions», assurent tous ceux qui le visitent. Cette tactique lui attire rapidement les dures critiques des deux factions antagonistes. Les intransigeants, que l'expérience Conroy a rendus suspicieux, s'entêtent à ne lui parler que d'enquête canonique — un véritable procès — sur l'ensemble des problèmes canadiens et ils se rendront compte trop tard qu'il penchait en leur faveur; Mgr Taschereau et ses alliés se plaignent de la lenteur du délégué et l'archevêque lui enlève toute crédibilité en se rendant à Rome traiter au plus haut niveau les problèmes en suspens et infirmer certaines conclusions des rapports du commissaire. Dans ces circonstances, la mission de dom Smeulders perd toute signification et s'achève en queue de poisson; en décembre 1884, le délégué doit retourner à Rome, déçu et confus[14].

En 1897 cependant, la mission de Mgr Raffaele Merry del Val va se dérouler dans un contexte très différent. Les divergences épiscopales s'estompent à la fin de la décennie 1880 et l'unanimité retrouvée se manifeste publiquement, à partir de 1890, sur la question des écoles du Manitoba. Bien plus, lors des élections fédérales de 1896, l'épiscopat du Québec prend carrément position, comme aux beaux jours de l'offensive antilibérale de 1875, et son doyen, Mgr Laflèche, fustige vertement, du haut de la chaire de sa cathédrale, Wilfrid Laurier et son parti. Après la victoire libérale, qui est une chiquenaude aux évêques, le nouveau premier ministre et ses collègues catholiques obtiennent de Rome qu'un délégué vienne étudier toute la question scolaire manitobaine et le rôle joué par l'épiscopat; ils réussissent même à confier le dossier à la Sacrée Congrégation des Affaires ecclésiastiques extraordinaires plutôt qu'à la Propagande, où le cardinal préfet Ledochowski semble appuyer les évêques[15].

Ceux-là voient donc venir Mgr Merry del Val avec appréhension: «Je n'augure que des mécomptes et des désastres de la mission du Délégué, écrit le vicaire général de Québec. Il est évidemment gagné à la cause de nos adversaires et son passage au Canada marquera dans l'histoire l'heure de la ruine de nos libertés religieuses[16].» Dès son arrivée au pays, on perçoit le délégué comme «absolument incliné à la conciliation[17]». Pendant son séjour, on l'accuse de préférer la compagnie des hommes politiques à celle des évêques et même de pratiquer le filtrage de ses invités, «véritable système mis en opération [...] pour empêcher les visiteurs d'un certain ordre d'idées de parvenir jusqu'à [lui] pour [lui] faire connaître leurs vues sur les questions du jour». Il rabroue même assez cavalièrement certains prélats, parfois sur la foi de renseignements incomplets, et il doit offrir des excuses dans quelques cas. Son passage est si tumultueux que la plupart des évêques le dénoncent à Rome, qui décide de le rappeler. Mais, au contraire de dom Smeulders, son crédit demeure suffisant pour infléchir selon ses vues l'encyclique *Affari Vos* de Léon XIII[18].

Après ces trois expériences, la plupart des évêques considèrent la présence d'un délégué apostolique au pays comme peu souhaitable, sinon totalement dommageable. Dès 1879, même Mgr Taschereau, tout en se félicitant du travail de Mgr Conroy, se prononce contre la venue d'un autre représentant du pape; il rejoint ainsi le sentiment de ses collègues intransigeants. Cette opinion, de plus en plus généralisée, prend davantage de poids après les missions de don Smeulders et de Mgr Merry del Val et surtout quand les gouvernements libéraux de Laurier à Ottawa et de Félix-Gabriel Marchand à Québec demandent la création d'une délégation apostolique permanente. Sur les conseils de leur procureur à Rome, le père Dominique-Ceslas Gonthier, dominicain, les évêques ne se prononcent pas, mais ils n'en pensent pas moins comme le vicaire général Cyrille-A. Marois de Québec: «Le dit délégué n'aurait rien à faire dans un pays si régulièrement organisé au point de vue canonique, et il serait exposé à tenir bureau pour tous les plaignards du Dominion». Malgré tout, le 3 août 1899, Léon XIII institue la Délégation apostolique à Ottawa et y nomme Mgr Diodème Falconio[19].

LES RELATIONS AVEC LES PRÊTRES

«Successeurs véritables des Apôtres», comme ils aiment à se désigner, et remplis de la «plénitude du sacerdoce», les évêques ont une conscience claire de l'étendue de leur juridiction et de la supériorité qu'elle leur confère sur les simples prêtres. Un texte du troisième concile provincial, en 1863, le rappelle avec fermeté:

> Les évêques sont supérieurs aux prêtres non seulement en vertu du sacrement de l'ordre, mais aussi de par leur juridiction; en aucune manière on ne peut leur nier le pouvoir de gouverner leur Église et de faire des lois et des statuts en tout ce qui ne vient pas en contradiction avec le droit commun [...][20].

Aucun des évêques de la fin du XIXe siècle ne remet en cause cette autorité absolue sur son clergé. Quelques-uns la revendiquent même au besoin assez rudement. Mais la plupart d'entre eux se montrent compréhensifs et paternels dans leurs relations avec leurs prêtres.

Le grand vicaire Luc Désilets, ami intime de Mgr Laflèche et pourfendeur des libéraux, l'un des fondateurs du pèlerinage de Notre-Dame-du-Cap. ANQ, coll. initiale.

Les familiers de l'évêque

Au palais épiscopal — ou évêché —, vivent quelques familiers qui secondent l'Ordinaire — c'est-à-dire l'évêque chef du diocèse — dans ses tâches administratives: vicaire général, chancelier, secrétaire, procureur parfois. Si leur nombre varie assez peu et demeure minime, même dans les gros diocèses de Québec et de Montréal, plusieurs d'entre eux jouent un rôle important. À Québec, par exemple, l'archevêque Taschereau serait, au dire des intransigeants, entouré de «libéraux» qui le soudoieraient: le grand vicaire Cyrille-Étienne Légaré (beau-frère du député libéral François Langelier), le procureur Jean-Baptiste-Zacharie Bolduc, etc. À Trois-Rivières, Mgr Laflèche est très longtemps secondé par le grand vicaire Charles-Olivier Caron, un ami d'enfance plein de sagesse et d'autorité, puis par l'abbé Luc Désilets. À Rimouski, Mgr Jean Langevin s'entoure de plusieurs membres de sa famille — son frère Edmond lui sert de grand vicaire, mais, en fait, assure presque toute l'administration — et perd pied quand la mort lui enlève ces appuis familiers. Dans certains diocèses, notamment à Trois-Rivières, le curé d'office de la cathédrale et ses vicaires logent à l'évêché. Vivre dans l'entourage d'un évêque est parfois la meilleure préparation à l'épiscopat: Louis-Zéphirin Moreau, entre autres, est maître de cérémonies à Montréal et secrétaire-chancelier, puis procureur et vicaire général à Saint-Hyacinthe avant de succéder à Mgr Charles La Rocque.

Le chapitre ou le conseil épiscopal

La plupart de ces familiers sont, en même temps, membres du chapitre ou du conseil de l'évêque. Le premier chapitre a été créé à Québec en 1674, mais il est disparu après la Conquête. En 1840, Mgr Bourget en constitue un, «afin qu'il y ait dans ce Diocèse [Montréal], comme il y a dans tant d'autres, un *Sénat Apostolique* et un *consistoire sacré*, qui, attaché par état et par devoir à la *Chaire Épiscopale*, aide l'évêque à gouverner l'Église[21]». Ce qui ressemble fort à un petit Vatican! En 1852, Rome publie une bulle pour déterminer les règles d'érection des futurs chapitres et, à partir de ce moment, insiste pour que chaque diocèse canadien s'en dote. Mais les évêques prétextent le manque de ressources humaines et financières pour en retarder la création. Si bien qu'à la fin du XIXe siècle, quatre diocèses seulement possèdent un chapitre: Montréal (1840), Saint-Hyacinthe (1877), Trois-Rivières (1884) et Rimouski (1884). Est-ce pure coïncidence si ces chapitres sont érigés par des prélats ultramontains intransigeants et si les évêques dans la mouvance de Mgr Taschereau repoussent l'idée de s'entourer de chanoines? À Québec, on ne peut oublier les démêlés du chapitre avec les évêques et le Séminaire et on suspecte les chanoines de Montréal d'obliger Mgr Fabre à gouverner son diocèse dans la ligne de leur idole, Mgr Bourget. Mais Mgr Moreau de Saint-Hyacinthe voit, dans la formation de son chapitre, un «acte d'obéissance et de conformité à la volonté du Chef de l'Église», de même qu'un moyen de récompenser des prêtres méritants[22]. C'est finalement ce dernier motif qui prévaudra partout.

Là où il n'y a pas de chapitre, l'évêque s'entoure d'un conseil qu'il consulte plus ou moins régulièrement selon les besoins ou ses humeurs. On remarque que, dans plusieurs cas, les évêques consultent assez systématiquement au début de leur mandat mais diminuent le nombre des réunions à mesure qu'ils prennent de l'assurance et de l'âge. Ce manque de consultation est d'ailleurs le sujet de la plupart des dénonciations d'évêques à Rome. En 1876, par exemple, l'abbé Pierre-Télesphore Sax accuse Mgr Taschereau de s'entourer de prêtres jeunes et sans expérience et il juge que son archevêque «a une grande confiance en lui-même, [et] ne se donne presque jamais la peine de consulter sur quelque sujet que ce soit[23]». Le remède à cela, au dire de Mgr Moreau, c'est la présence d'un chapitre, qui constitue une «assurance, une sauvegarde particulière», puisque «rien d'important ne se fait dans le diocèse avant qu'ils [les chanoines] n'aient été consultés et qu'ils se soient prononcés».

Les prêtres enseignants

Préoccupés par la relève sacerdotale, les évêques tiennent à entretenir grands et petits séminaires (ou collèges classiques), pour cultiver les vocations et former les futurs prêtres. Ces institutions drainent cependant beaucoup de ressources, financières et surtout humaines. La plupart des grands séminaristes y travaillent tout en essayant de poursuivre leurs études théologiques; plusieurs jeunes prêtres y enseignent quelques années avant de se diriger vers le ministère paroissial. Les véritables pédagogues professionnels sont rares. Ce sont eux d'ordinaire qui assurent la direction des maisons d'enseignement à titre de supérieurs, de préfets des études, de directeurs des élèves et de procureurs. Ils constituent de véritables dynasties dans certains milieux.

Malgré la doctrine très claire du concile de Trente sur l'autorité de l'Ordinaire dans les séminaires, la plupart d'entre eux revendiquent une large autonomie, ce qui entraîne souvent de vives tensions. Peu de diocèses du Québec ont échappé, à un moment de leur histoire, à une guerre, larvée ou ouverte, entre l'évêque et les autorités du séminaire diocésain. Même les prélats les plus conciliants doivent parfois affirmer leur juridiction. Ainsi Mgr Moreau rappelle-t-il, pour obliger le Séminaire de Saint-Hyacinthe à s'affilier à l'Université Laval, que «quiconque connaît un peu les règles canoniques sait bien que dans les Institutions Écclésiastiques d'un Diocèse, il ne se fait rien de tant soit peu important sans que l'Évêque intervienne et décide finalement[24]». Dans certains cas, les frictions aboutissent à des conflits ouverts qui peuvent durer plusieurs années. L'exemple extrême est celui du Séminaire de Nicolet qui, à partir de 1859, menacé de transfert dans la ville épiscopale de Trois-Rivières et conséquemment de disparition, appuie et obtient la création d'un diocèse à Nicolet, taillé à même le territoire trifluvien, et, même après sa victoire, prend ses distances avec le nouvel Ordinaire, Mgr Elphège Gravel. Celui-là reproche aux prêtres de son petit séminaire de «vouloir gouverner le Diocèse» et de s'appuyer sur leur prétendue inamovibilité pour «faire impunément ce qu'ils veulent». En novembre 1895, dans un geste d'autorité peu commun, il limoge les principaux administrateurs de son séminaire et enclenche ainsi une longue bataille juridique. Sur les conseils de l'administrateur de Québec, Mgr Bégin, les directeurs portent l'affaire à Rome et, dans une série de mémoires, dénoncent vertement Mgr Gravel, qui riposte dans le même style; la congrégation générale de la Propagande, siégeant le 6 juin 1898, réussit finalement à trouver un terrain d'entente et à ramener la paix[25]. Ailleurs aussi, à Rimouski comme à Sainte-Anne-de-la-Pocatière, surgissent souvent des difficultés qui assombrissent les relations entre les autorités diocésaines et les prêtres enseignants.

Malgré tout, les évêques visitent régulièrement les maisons d'éducation, surveillent étroitement la formation des lévites et font en sorte qu'elles deviennent, véritables *Alma Mater*, des lieux de retrouvailles et de ressourcement pour le clergé et la population régionale. Là où les difficultés sont résorbées, comme à Québec et même à Trois-Rivières, l'équipe des prêtres intellectuels devient un puissant secours pour l'Ordinaire; il y choisit, par exemple, ses théologiens-conseils pour les conciles provinciaux et, parfois même, son successeur.

Les prêtres du ministère

Prêtres administrateurs et enseignants ne constituent cependant qu'un faible pourcentage du clergé; la majorité se consacre au ministère paroissial à titre de curé et de vicaire.

Les vicaires, d'abord peu nombreux à cause de la pénurie de prêtres, deviennent beaucoup moins rares à la fin du siècle. À Montréal, par exemple, 58 paroisses sur 136 ont au moins un vicaire en 1870; en 1896, il y en a 126 pour 137 paroisses — certaines en ont plus d'un — et Mgr Fabre explique que «la coutume existante est de donner, autant que possible, un prêtre par mille âmes adultes». C'est l'abondance, pourrait-on dire. Mais pas nécessairement partout; toujours en 1896, Saint-Hyacinthe compte 36 vicaires pour un total de 93 paroisses; Québec, 56 pour 193; Rimouski, 11 pour 97; Chicoutimi, 8 pour 61...

Les vicaires sont, en très grande majorité, de jeunes prêtres qui font l'apprentissage du ministère paroissial sous la tutelle d'un aîné. Lors des nominations, les évêques essaient, autant que possible, d'éviter les incompatibilités de caractères, mais ils ne peuvent empêcher que des curés soient grincheux ou difficiles à vivre, que certains ne laissent rien faire à leur associé et contrôlent tout, même les confessions, ou que parfois la ménagère ou la parenté du curé posent des problèmes... Les Ordinaires interviennent alors pour améliorer la situation, menaçant même de relever certains vicaires, mais ils doivent parfois prier leurs jeunes sujets de se sacrifier «pour la gloire de Dieu»: «Courage donc, conseille Mgr Moreau à l'un d'eux, en songeant que vous avez affaire à un Dieu tout bon et tout miséricordieux qui n'oublie rien dans ses comptes et qui met à notre avoir toujours bien au-delà de ce que l'on mérite. Souffrir de celui-ci ou de celui-là, peu importe! L'essentiel est que le sacrifice et la souffrance nous viennent de Dieu et qu'il faut les accepter pour Dieu[26].»

La meilleure solution, et parfois la seule dans les cas les plus difficiles, c'est une mutation. Sauf exception, elle survient pendant la période des nominations, c'est-à-dire de la fin de l'été à la Saint-Michel (29 septembre). C'est un temps difficile pour les évêques, qui en sortent presque tous insatisfaits et déprimés. Mgr Moreau le confesse: «Il faut avouer que l'époque des changements est, pour un Évêque, le plus triste temps de l'année. Il en est ainsi pour moi, surtout cette année où j'ai eu toutes espèces de difficultés à surmonter. Que l'épiscopat est un lourd fardeau[27]!» Mêmes échos chez Mgr Taschereau: «Dieu merci, voilà tous mes curés placés: c'est une rude besogne de moins sur le cœur. Il me reste encore quelques vicaires à distribuer de côté et d'autre; la difficulté est de faire quatorze vicaires avec onze prêtres[28].» Une situation semblable, en 1872, lui soutire ce cri du cœur: «Quel métier!»

Ces soupirs ne sont guère surprenants, car, pour jouer sur l'échiquier diocésain, les évêques doivent se soumettre à des règles et à des coutumes devenues de plus en plus strictes. Non seulement doivent-ils tenir compte des besoins spécifiques des paroisses, mais plus encore de leur hiérarchie, du rang d'ordination des prêtres, des mérites particuliers de chacun, des promesses faites et, si possible, des préférences individuelles. Équilibrer tous ces aspects relève parfois du miracle et, quand la quadrature du cercle est presque réussie, un seul refus — il s'en produit souvent — oblige à recommencer toute l'opération. Pour éviter cela, les évêques ont naturellement tendance à s'appuyer sur le devoir d'obéissance plus que sur la consultation, mais ils n'en gardent pas moins le souci de rendre leurs prêtres heureux. «Il vaut mieux faire des contents que des mécontents», dit souvent Mgr Moreau; aucun de ses

collègues ne voudrait le contredire, même s'ils n'ont pas tous
la magnanimité du saint évêque.

Une fois les nominations faites, l'Ordinaire voit à ce que
chacun de ses subordonnés remplisse sa tâche avec dignité et
efficacité. La discipline ecclésiastique, qui se développe particulièrement dans cette seconde partie du XIXᵉ siècle, balise
leur temps de prière, de travail et de loisirs; l'évêque apporte
au besoin de nouvelles précisions dans les circulaires au clergé
et dans les lettres personnelles. La surveillance n'est ordinairement pas tatillonne et on peut dire que, dans les limites des
prescriptions de la discipline diocésaine, les évêques font
confiance à leurs prêtres.

Ceux-ci peuvent aussi compter sur la protection de leur
supérieur. Il leur arrive parfois d'être dénoncés à l'autorité
diocésaine et accusés de fautes diverses, qui peuvent aller
d'une intervention indue en politique aux faiblesses de la
chair. Règle générale — du moins pour ce que nous en livrent
les archives —, les évêques prennent les plaintes au sérieux,
si minimes soient-elles, mais sollicitent la version de l'accusé
avant d'aller plus loin. Dans la très grande majorité des cas,
les prêtres réussissent à démontrer l'exagération ou le contresens de la dénonciation; l'évêque en fait alors part au plaignant. Une dame de Wickham, par exemple, qui se croit visée
par la prédication dominicale, reçoit ces conseils de Mgr Laflèche: «[...] ce qu'il y a de mieux à faire pour vous, c'est d'éviter avec un grand soin tout ce qui pourrait être opposé à votre
devoir et de ne pas croire que M. le curé a l'intention de vous
désigner plus que tout autre lorsqu'il est obligé de s'élever
contre quelques désordres qui se produisent dans sa paroisse[29].» Le curé de Sainte-Claire étant accusé de mal gérer
la succession de la mère d'un agriculteur de sa paroisse, Mgr
Taschereau lui demande de le mettre «en état de répondre ce
qui convient au plaignant»; une fois éclairé, il explique au
dénonciateur que si le prêtre le «contrarie à ce sujet, c'est dans
l'intérêt de la succession et pour mettre sa responsabilité à
couvert»; et il l'exhorte à s'entendre avec son curé[30]. Ce conseil, l'archevêque le répète invariablement aux mécontents:
«Une autre fois, quand vous ou vos amis aurez quelque
plainte à faire sur votre curé, commencez par voir s'il n'y a

pas moyen de vous entendre et de vous séparer bons amis comme auparavant. Il faut aussi toujours se défier de la première impression que produisent sur le cœur des paroles qui paraissent difficiles à porter, mais qu'un peu de calme et de réflexion fait mieux comprendre[31].»

Même quand les premières constatations infirment les plaintes, les autorités ecclésiastiques invitent leurs prêtres à la prudence et à la mansuétude: «Il s'agit maintenant, écrit Mgr Taschereau, de ramener à vous ceux qui, à tort ou à raison, ont été froissés par vos paroles ou vos actes; [...] Il ne faut qu'un peu de patience, de douceur et de bonnes paroles pour fermer toutes les blessures peu à peu. Avec cela vous deviendrez maître des cœurs et votre autorité sera d'autant plus grande que vous serez plus aimé[32].» Ces conseils sont encore plus pressants quand un curé semble donner prise à la critique.

Certains cas sont cependant plus graves ou mieux fondés. Les évêques recourent alors à une enquête discrète menée par un vicaire forain ou par des curés voisins; ils sollicitent au besoin des témoignages assermentés de laïcs, comme le fait Mgr Laflèche, en 1877, pour limoger le curé de Saint-Célestin, Calixte Marquis[33]. Comme dans ce cas, la sanction la plus courante consiste simplement en un changement de cure. Mais quand il y a scandale ou récidive, l'évêque retire les prêtres du ministère actif et, en vue d'une réhabilitation possible, les confine chez un confrère ou dans une communauté religieuse. Dans beaucoup de cas, l'interdit et la réclusion se révèlent efficaces et les coupables peuvent revenir graduellement au ministère, dans un autre diocèse si le souvenir des fautes est trop vivace. Mais il arrive qu'aucun remède ne se révèle suffisant. Chaque diocèse compte ainsi ses marginaux, qui font les nuits blanches des évêques et entraînent des ennuis continuels, jusqu'à Rome même, car plusieurs de ces prêtres s'estiment persécutés par leur supérieur.

La question financière s'avère cependant la plus grande source de problèmes entre les évêques et leurs prêtres. Plusieurs d'entre eux, mis à la retraite à cause de leur âge ou de leurs fredaines, se plaignent d'être réduits à la mendicité, même si l'Ordinaire leur fait verser une pension de la caisse ecclésiastique diocésaine, une société sacerdotale de secours mutuel. À Trois-Rivières, par exemple, l'abbé Marquis proteste énergiquement de ce que son allocation de la Caisse Saint-Thomas est trop minime; il dénonce Mgr Laflèche à Rome et quitte le diocèse pour celui de Chicoutimi. À Québec, l'abbé J.-S. Martel, curé de Grondines et ami intime des adversaires de l'archevêque, entreprend une guerre d'usure, auprès du délégué Conroy et de la Propagande, contre Mgr Taschereau qui l'a exclu de la Caisse Saint-Michel.

Les conflits les plus difficiles concernent le dixième — dix pour cent ou dîme — prélevé sur les revenus des curés et des missionnaires pour subvenir aux besoins des évêques pauvres. Même si ce genre d'impôt est autorisé par un décret romain de 1852, peu de diocèses doivent y recourir, sauf les nouvelles circonscriptions ecclésiastiques qui doivent tout mettre en place en même temps: cathédrale, évêché, grand séminaire, etc. Saint-Hyacinthe, par exemple, accumule d'énormes dettes; l'évêque doit quitter sa résidence, se réfugier dans la cure de Belœil et recourir au dixième; l'ampleur du problème financier fait accepter l'impôt sans drame[34]. Tel n'est pas le cas à Trois-Rivières où la promulgation d'un règlement du dixième en 1856 soulève une partie du clergé; la contestation ressurgit périodiquement jusqu'en 1878, quand, de guerre lasse, Mgr Laflèche consent à abolir cette mesure si impopulaire[35]. L'expérience de Trois-Rivières sert de leçon aux autres évêques qui, en assouplissant le décret de 1852 (pourcentages plus bas, nombreuses exemptions...), s'évitent des levées de boucliers.

Blâmer, disputer et sévir à l'occasion, imposer des mesures impopulaires et subir la critique des subordonnés constituent «une des épines de l'Épiscopat», selon Mgr Moreau, et le rendent plus lourd à porter. Mais, sauf exception, comme à Rimouski qui vit des années difficiles entre 1889 et 1891 et voit démissionner Mgr Langevin, les relations entre évêques et prêtres ne connaissent pas de crises prolongées ou critiques. Aussi, la majorité de l'épiscopat ne voit pas le besoin de voter le décret sur l'obéissance des prêtres à leur Ordinaire, proposé par l'archevêque au concile provincial de 1878. Quand l'autorité est sauve, presque tous les évêques se montrent

chaleureux avec leurs collaborateurs: «Une des douces jouis-
sances de l'Évêque, assure Mgr Moreau, et un des moyens les
plus efficaces qu'il puisse avoir de promouvoir le bien des
âmes, c'est de s'entretenir cœur à cœur avec ceux que le Seigneur lui a donnés pour auxiliaires, de leur adresser des avis
et des conseils, tant pour eux-mêmes que pour leurs ouailles,
et de conférer en union de sentiments avec eux sur les expédients les plus utiles à adopter pour sauvegarder et avancer
les intérêts de notre sainte religion[36].»

LES RELATIONS AVEC LES FIDÈLES

La ville dont le prince est un évêque

Dans toute ville épiscopale, l'évêque est un personnage considérable, un des principaux membres de l'élite locale. À Québec, ville administrative, l'archevêque côtoie régulièrement les
puissances civiles et, par sa présence et ses interventions, rappelle les vues et la force de l'Église. À Montréal, un développement rapide et l'importance grandissante de l'industrie et
du commerce augmentent l'influence des hommes politiques
et des financiers, au détriment peut-être de celle de l'évêque,
mais il n'en continue pas moins de jouer un très grand rôle.
Ailleurs, l'évêché, plus que l'hôtel de ville, est le centre de la
cité.
     Même dans une grande ville, capitale ou métropole,
l'évêque considère l'agglomération d'abord comme un rassemblement de fidèles: il parle volontiers de *sa* ville et se tient
responsable de son progrès et de sa réputation. Mgr Bourget,
plus que tout autre, déclare de la façon la plus explicite la
sollicitude qu'il voue à Montréal — il parle encore de Ville-
Marie — et il en donne une explication spirituelle: «Nous tra-
hirions notre ministère si, allant porter la nourriture et la vie
à celles de Nos brebis qui vivent dans les lieux reculés, Nous
négligions celles qui sont habituellement près de nous et qui
forment la partie la plus noble du troupeau de Jésus-Christ:
"les brebis qui se trouvent continuellement près du Bon Pasteur sont toujours les plus favorisées et le plus en assurance"

dit Ste-Thérèse[37]». Les œuvres multiples qu'il lance ou encourage à Montréal, tout au long de son épiscopat, prouvent que ses paroles ne sont pas de simples formules de style. Les Montréalais ont conservé longtemps l'image de leur jeune évêque visitant toutes les familles catholiques de la ville, pour quêter en faveur de l'asile de la Providence. À Québec, le style peut être très différent — Mgr Taschereau, par exemple, agit souvent auprès des hommes politiques et des journalistes par le truchement de ses familiers ou des Messieurs du Séminaire —, mais l'archevêque sait tout et, de son palais épiscopal, surveille le progrès et la moralité de la capitale. Ainsi, en 1871, il demande à son clergé du comté de Portneuf d'appuyer «de toute son influence» la construction du chemin de fer du Nord, «cette grande entreprise dont l'importance est reconnue par tous nos hommes d'affaires»; il ne le dit pas, mais il en attend un nouvel essor pour Québec et il prend position, alors qu'une certaine opposition s'élève dans le comté de Saint-Maurice, au Cap-de-la-Madeleine notamment[38]. Comme son prédécesseur Baillargeon, il soutient les appels en faveur des sinistrés quand des incendies ravagent certains quartiers de Québec; il encourage aussi les curés de la ville à appuyer de leur présence et d'un prône *ad hoc* certaines assemblées de citoyens désireux d'endiguer les désordres causés par l'intempérance. Il ne craint pas de morigéner les élus municipaux; quand le conseil de ville s'avise de vouloir augmenter considérablement la taxe d'eau des communautés religieuses, il proteste: «la Corporation ne doit pas oublier que les Institutions de charité et d'éducation font son œuvre et ne doivent pas être traitées rigoureusement», mais il se déclare du même souffle prêt à «aider à tout arrangement à l'amiable[39]». Sa sollicitude le pousse même à demander personnellement au chef de police d'empêcher qu'on se baigne nu dans le fleuve, près des quais, et à s'élever, dans les journaux de Québec, contre la nouvelle habitude d'importer «des liasses de journaux de date un peu ancienne» pour en faire du papier d'emballage; or, écrit-il, dans le lot vendu aux marchands, se trouvent des «feuilles immondes», où «l'impiété, l'immoralité et la révolution s'étalent avec effronterie» et qui peuvent se retrouver dans les meilleures maisons chrétiennes, pire encore entre les mains des enfants ainsi exposés à «perdre leur innocence et leur foi[40]».

«Sans la protection des Évêques, au Canada, et en Amérique, on ne peut faire aucun bien», constatent les premiers clercs de Saint-Viateur arrivés de France[41]. C'est surtout vrai dans les petites villes comme Trois-Rivières, Rimouski ou Chicoutimi, où l'action de l'évêque est davantage directe et multiforme. On peut appliquer à chacun des prélats ce qu'un biographe disait récemment de Mgr Dominique Racine: «Rien de ce qui se réalisera d'important durant cette période, soit au point de vue temporel soit au point de vue spirituel, ne se fera sans au moins sa collaboration et son soutien[42].»

Tout un décorum, venu des temps lointains, atteste l'importance de l'évêque dans sa cité. Sa résidence est très souvent l'une des plus imposantes de la ville par le style tout autant que par les dimensions ou l'emplacement. Dans certains diocèses pauvres, à Trois-Rivières jusqu'en 1881 entre autres, l'évêque doit demeurer au presbytère de la paroisse-cathédrale ou dans le séminaire diocésain. Mais c'est une situation temporaire, car il est impensable que l'Ordinaire et ses proches collaborateurs n'aient pas une résidence digne d'eux. Dans certains diocèses, où la bureaucratisation pointe le nez, l'évêque semble vivre en retrait et se faire moins accessible; des curés hésitent parfois à le déranger et préfèrent lui écrire plutôt que le visiter. On peut imaginer alors ce qu'il en est pour les simples fidèles... À plus forte raison s'il s'agit de Mgr Taschereau, qui en impose tant par son allure de seigneur, sa réserve glaciale et son laconisme incurable! Le ministre Hector Langevin, pourtant habitué à faire antichambre, n'aime guère le style du prélat: «Notre cher Archevêque, écrit-il après une audience, aura besoin de se polisser [sic] un peu, s'il n'a pas envie qu'on n'ait aucuns rapports avec lui. C'est une vraie porte de prison[43].» Mais très peu d'évêques mériteraient une épithète semblable. S'ils acceptent facilement le protocole coutumier — habits somptueux, génuflexion des visiteurs, baisement de la main —, ils demeurent ordinairement très accessibles. Mgr Laflèche en est un exemple accompli. Ses contemporains soulignent sa douceur, son affabilité charmante et son hospitalité inépuisable. Sa porte est ouverte à tous, assure-t-on, et de la manière la plus simple: «Quand on connaissait la disposition des lieux, on allait tout simplement frapper à la porte de son appartement. "Entrez", criait l'évêque. Et là se bornait le cérémonial». L'ancien missionnaire est encore plus chaleureux avec ses prêtres: «quel grand cœur! comme il était bon, affable, hospitalier! Ses prêtres le savent! Il les accueillait toujours avec bonté, les encourageait au milieu des difficultés qui surgisseaient [sic] dans leur ministère, les consolait dans leurs peines. Leur Évêque était pour eux un bon Père digne de leur confiance[44]».

Les autres évêques de l'époque se situent entre ces deux cas extrêmes, mais chez tous la simplicité personnelle contraste avec la pompe grandiose des cérémonies, surtout liturgiques. Dans sa cathédrale, cette église-mère qui doit éclipser même les plus majestueuses du diocèse, l'évêque, portant mitre et crosse et revêtu d'ornements flamboyants, confère les Ordres, convoque le clergé en synode, assure les bénédictions et les consécrations à caractère épiscopal. «Docteur des âmes», comme on le dit, il prêche solennellement la doctrine chrétienne.

S'il existe des prélats heureux au sommet de leur tour d'ivoire, d'où ils contemplent les signes de leur grandeur et de leur autorité, la plupart des évêques se souviennent de leurs origines modestes, de leurs tâches antérieures, et ne craignent pas d'aller vers le peuple. Mgr Laflèche est encore le meilleur modèle de cette attitude. Autant il affectionne la solennité des cérémonies et de la prédication dans sa cathédrale où, attirés par son éloquence exceptionnelle, «nombre d'étrangers se rendent expressément pour l'entendre», autant il demeure présent et accessible à la population de sa ville qui l'a connu comme curé et comme procureur de l'évêché. Il tient tout spécialement à réconforter les malades et, dit-on, «peu de jours se passaient sans qu'il allât visiter un mourant». De même, sa silhouette est familière dans les rues de Trois-Rivières: «Chaque matin, sa messe dite, vers 7 hrs, on pouvait le rencontrer durant la belle saison se promenant sur le Boulevard Turcotte d'où l'œil entrevoit, entre les arbres, se dérouler le grand fleuve. Il marchait, le chapelet à la main, s'arrêtant au milieu d'un «Ave» pour saluer quelqu'un —

catholique ou protestant, car tous le respectaient également — pour dire une bonne parole à un enfant, s'informer d'un malade pour lequel il avait prié, donner un conseil et souvent distribuer l'aumône[45].» On donne sensiblement le même témoignage au sujet de Mgr Moreau et de Mgr Dominique Racine.

Les visites pastorales

En dehors de sa ville épiscopale, l'évêque prend contact avec ses diocésains surtout à l'occasion de la visite pastorale. Prescrite par le concile de Trente qui lui donne comme objectif principal de maintenir l'intégrité de la foi, de propager les bonnes mœurs, de corriger les abus, d'affermir le peuple dans la pratique de la religion et dans la paix, elle permet aussi, assure Mgr Bégin, de «cimenter l'union intime qui doit exister entre le pasteur et le troupeau». C'est, en effet, l'occasion par excellence pour entrer en contact avec les personnes et les choses, afin de les mieux connaître et administrer[46]. Dans chacune des paroisses, l'évêque profite de sa visite pour faire une espèce d'inventaire portant à la fois sur tout ce qui touche directement ou indirectement les personnes (le clergé, les fidèles, l'état moral, les coutumes, la pratique religieuse, l'éducation, les associations, les confréries, etc.), les choses (les sacrements, les registres paroissiaux et les archives, la fabrique, l'église, les chapelles, les autels, la sacristie, le presbytère, le cimetière, le mobilier, les reliques, les ornements, linges liturgiques et vases sacrés, etc.) et les lieux pies (couvents, hôpitaux, orphelinats, refuges, patronages). Pour faciliter cette tâche, le curé doit présenter un rapport complet sur sa paroisse, qui vient compléter ses rapports annuels (quand ils existent) et les dossiers conservés à l'évêché. Notons également que la correspondance, les rencontres, les renseignements venant de diverses sources donnent assez tôt à un évêque une connaissance précise des groupes de personnes et des problèmes d'une localité.

Les évêques se présentent donc, lors de la visite du diocèse, comme des chefs, établis «pour veiller sur le peuple qui leur est confié et pour gouverner l'Église de Dieu à laquelle ils ont été préposés» (Mgr Laflèche), mais ils insistent aussi pour être considérés comme les représentants du Bon Pasteur. Mgr Bourget le proclame en 1873: «c'est Notre Seigneur Jésus-Christ qui visite la paroisse, par le ministère de l'Ordinaire ou celui de son Coadjuteur. Car ils sont l'un et l'autre les représentants du Fils de Dieu, qui s'est rendu visible sur la terre pour converser avec les hommes», ainsi que l'archevêque Taschereau: «Nous viendrons à vous comme l'envoyé et le représentant de celui qui s'est appelé lui-même le *bon pasteur donnant sa vie pour ses brebis*. (S. Jean, X, 11) C'est en son nom que nous vous apporterons la consolation, la lumière et la force». En conséquence, la visite se présente comme un temps de grâces et de réflexion: «Voici un temps favorable (2 Cor. 6, 2); voici des jours de salut», annoncent les évêques, qui exhortent les «bons et fidèles serviteurs» à redoubler de ferveur et les «pauvres pécheurs» à se convertir. Et, pour inciter les fidèles à profiter davantage de ces bienfaits, ils leur accordent une indulgence plénière «aux conditions ordinaires»: confession, communion, prières pour l'Église. En écho à ce discours ecclésiastique, la sagesse populaire considère comme faste l'année de la visite pastorale[47].

D'ailleurs, tout est mis en œuvre pour «créer de fortes impressions qui restent gravées au fond des âmes» (Mgr Bourget). La visite doit être bien préparée: elle est annoncée par un mandement spécial — c'est très souvent le même texte qui est repris chaque année — et par une circulaire au clergé qui peut fixer entre autres l'itinéraire et le calendrier; les dimanches qui précèdent la venue du prélat, le curé doit lire le mandement, l'accompagner d'instructions et de recommandations idoines et faire appel aux prières de ses paroissiens, par exemple en invitant les familles à réciter «le Chapelet ou au moins 5 Pater et Ave» chaque jour, comme le précise Mgr Laflèche. Un ou des prédicateurs accompagnant l'évêque complètent cette préparation par des sermons avant ou pendant les cérémonies; un groupe de confesseurs — les curés des alentours — se met aussi à la disposition des pénitents.

Au jour dit, la paroisse se regroupe à l'église, tout travail cessant. L'évêque et sa suite arrivent dans des voitures, les plus belles du canton, fournies par les marguilliers de la localité précédente; tout un cortège de véhicules les accompagne, parfois grossi d'une cavalcade. On a balisé les rues que l'éminent visiteur parcourra, pavoisé les maisons, élevé parfois des arcs de triomphe; on peut même lui ménager un accueil aux salves, ce qui n'est pas toujours sans danger: Mgr Cooke a failli être renversé un jour par des chevaux apeurés par les coups de fusils; en 1880, à Pierreville, Mgr Laflèche évite de justesse les éclats d'un canon qui explose peu après son passage; les mauvaises langues ont vite prétendu que deux Indiens avaient commencé à fêter trop tôt et qu'ils «avaient surchargé le canon à dessein». Accueilli par le clergé et les fidèles, l'évêque fait une entrée solennelle à l'église et, après quelques mots sur l'ordre des exercices, fait la visite du tabernacle et donne la bénédiction du Saint-Sacrement. Les autres étapes se poursuivent au rythme prévu par l'*Appendice du rituel* et comprennent notamment la confirmation des enfants, la messe et l'instruction de l'évêque. Le prélat consacre du temps à des rencontres avec les marguilliers, les personnes d'œuvres et aussi les gens ordinaires: «Nous nous ferons un devoir de recevoir et d'entendre toutes les personnes qui désireront nous parler en particulier», assure Mgr Taschereau. Enfin, à partir des données recueillies dans les documents ou à l'occasion des rencontres, il entretient la communauté paroissiale et rédige un rapport dont un exemplaire est laissé à la paroisse et une copie colligée dans un registre spécial conservé à l'évêché.

Les bains de foule et les rencontres personnelles peuvent varier selon le style de chacun des évêques, mais tous veulent faire de la visite pastorale le moyen privilégié pour «connaître [...] ceux dont les intérêts spirituels leur ont été confiés» (Mgr Taschereau). Ils s'acquittent fidèlement de cette tâche et font, en trois ou quatre ans, exceptionnellement en deux ans, le tour de leur diocèse. Ils profitent également de toutes les occasions spéciales — bénédictions, services funèbres, fêtes... — pour revenir dans plusieurs paroisses. Ils y sont toujours accueillis avec joie, respect et piété filiale et, malgré les fatigues du voyage, ces contacts les reposent souvent de leurs autres tâches. Mgr Laflèche, par exemple, très souvent malade dans son évêché, revient ragaillardi de ses visites pastorales: «Monseigneur est toujours bien lorsqu'il prêche et lorsqu'il voyage», dit-on de lui. Et il n'est pas le seul à puiser chez son peuple force et vitalité.

Ces visites constituent aussi pour l'évêque des moments privilégiés pour mieux connaître et diriger les prêtres, les religieux et les religieuses de son diocèse.

CHAPITRE III

LE CLERGÉ:
PRÊTRES, RELIGIEUX, RELIGIEUSES

Si, à l'occasion des ordinations et des jubilés sacerdotaux, les prédicateurs décrivent le prêtre comme «l'homme de Dieu», l'*alter Christus* (autre Christ) devant lequel pâlissent même les anges, les conciles provinciaux le ramènent à une vision plus humble de sa condition en lui rappelant qu'il n'est qu'un collaborateur appelé par l'évêque et envoyé par lui pour cultiver la vigne du Seigneur (deuxième concile provincial de Québec). Et s'il se permet quelque velléité d'indépendance, tombe bientôt sur lui la sentence même des Écritures: *Posuit episcopum regere Ecclesiam Dei* (il a établi l'évêque pour gouverner l'Église de Dieu).

Malgré ce statut secondaire, les clercs — séculiers et réguliers — sont de plus en plus nombreux. Sur tout le territoire du Québec, et même au-delà, de multiples tâches les attendent.

L'ÉVOLUTION NUMÉRIQUE DU CLERGÉ

Dans un article pionnier, qui reste encore valable après plus de 25 ans, le professeur Louis-Edmond Hamelin a bien montré l'augmentation notable du clergé à la fin du XIXe siècle. Le nombre des clercs, qui est de 1412 en 1870, passe à 2102 (+48,9%) en 1880, à 2091 (-0,5%) en 1890 et à 2276 (+8,8%) en 1900. En chiffres absolus, le nombre des clercs-prêtres augmente de 61,2% alors que la population totale du Québec progresse de 26,1% seulement. En conséquence, le nombre des fidèles canadiens-français par prêtre — c'est la variable retenue par Hamelin — diminue au point d'atteindre le chiffre presque idéal de 510, en 1880. Après cette date, cependant, le nombre de clercs augmente à un rythme beaucoup plus lent que celui des 50 années précédentes et, dans les 20 dernières années du XIXe siècle, il n'augmente que de 8,3% en regard d'une progression de 21,3% de la population totale.

L'auteur est le premier à reconnaître que «faute de base sans discussion, nos chiffres offrent une valeur plus relative qu'absolue; ils peuvent exprimer des tendances générales mais ils ne saisissent pas les cycles plus courts[1]». Des sondages dans les statistiques de certains diocèses permettent de corroborer les tendances générales perçues par Hamelin et d'apporter certaines nuances. Le diocèse de Saint-Hyacinthe, par exemple, donne une bonne image de l'évolution de l'ensemble de l'Église du Québec. Le nombre de prêtres ne cesse d'augmenter, tandis que la «clientèle» moyenne de chacun diminue: en 1869, 110 prêtres pour une population catholique de 112 218 habitants, soit 1020 fidèles par prêtre; en 1895, 158 pour 106 061, ou 671 fidèles par prêtre.

Le même phénomène se retrouve ailleurs. À Sherbrooke, par exemple, où il y a une forte population protestante: en 1865, 14 prêtres pour 20 500 catholiques, soit 1464 fidèles par prêtre, mais, en 1895, 90 pour 60 000, ou 667 fidèles par prêtre. Même constatation pour un diocèse excentrique comme Rimouski: en 1867, 44 prêtres pour 48 039 catholiques, soit 1092 fidèles par prêtre; en 1895, 95 pour 84 336, ou 888 fidèles par prêtre[2].

Comme on le voit, il y a une certaine disparité régionale qui s'établit ainsi en 1895-1896.

Tableau 2
Nombre de fidèles par prêtre.
Diocèses du Québec
1895-1896

Sherbrooke	667
Saint-Hyacinthe	671
Montréal	701
Trois-Rivières	763
Nicolet	793
Chicoutimi	844
Québec	847
Rimouski	888

SOURCE: APFR, *Rapports des évêques à la Propagande.*

Notons que ces chiffres varieraient si on tenait compte du nombre de prêtres travaillant en dehors de leur diocèse: 27 de Saint-Hyacinthe, 40 de Québec, 27 de Rimouski... Ces exemples ne sont-ils pas la preuve que toute l'Église du Québec est bien pourvue en prêtres? Les évêques sont les premiers à le reconnaître quand ils écrivent à la Propagande, comme le fait Mgr Elphège Gravel de Nicolet, que leur clergé «suffit pour répondre aux nécessités des fidèles».

Le clergé régulier

Ce clergé nombreux est presque totalement indigène et surtout séculier. Les réguliers, ou membres de communautés, ne sont qu'une poignée dans la plupart des diocèses: à Québec, par exemple, en 1898, ils ne sont que 38 sur un total de 452 prêtres, soit 8,4%. Montréal constitue cependant une exception notable: 144 des 571 prêtres appartiennent à un ordre religieux — 214 si on ajoute les Sulpiciens —, ce qui donne un pourcentage, inégalé ailleurs, de 25,2% et 37,5%. Ce phénomène ne date pas du dernier quart du XIXe siècle, même si des communautés nouvelles continuent à s'installer à Montréal après 1871: les Cisterciens réformés en 1881, les Rédemptoristes en 1884, les Franciscains et les Pères du Très-Saint-

Sacrement en 1890 et les Pères de la Compagnie de Marie en 1893. Dans les autres diocèses, il faut noter l'arrivée des Dominicains à Saint-Hyacinthe en 1873 et des Rédemptoristes à Québec en 1879.

Une «production massive» de prêtres

Le nombre des clercs venus de l'étranger étant assez réduit, c'est l'augmentation des vocations qui explique la richesse du Québec en prêtres. À leur propos, Louis-Edmond Hamelin parle de «production massive» et même «d'hyperproduction». Commencé vers 1830, le mouvement s'accentue dans la décennie de 1860 et atteint son apogée dans les années 1870-1890; dans les dernières années du siècle, l'augmentation du nombre des nouveaux ordonnés aurait même atteint 33%.

Tableau 3
Évolution numérique des vocations, Québec, 1830-1900

année	nombre d'ordinations
1830	16
1840	27
1850	38
1860	50
1870	65
1880	85
1890	105
1900	135

SOURCE: Louis-Edmond Hamelin, «L'évolution numérique séculaire du clergé catholique dans le Québec», RS, II, 2(avril 1961), p. 237.

Les historiens n'ont pas encore expliqué ce que Hamelin ne craint pas d'appeler «l'un des faits les plus importants de toute notre histoire religieuse».

Pourquoi tant de vocations

Même si les causes profondes de ce mouvement nous échappent, nous pouvons souligner qu'il correspond, vers le milieu du XIXe siècle, à une restructuration de l'Église québécoise (multiplication des évêchés, des petits séminaires, des communautés religieuses), au grand prestige de certains clercs [...]; la multiplication des vocations à cette époque peut également être mise en relation avec la réorganisation de l'enseignement primaire, avec l'amélioration du niveau de vie facilitant la fréquentation scolaire, avec l'entrée du clergé dans les nouveaux collèges, avec le type de règlement des collèges qui était en fait celui des petits séminaires, avec la réaction catholique devant l'impérialisme des Sociétés protestantes, avec les progrès massifs de la scolarisation dans les milieux agricoles, avec l'organisation d'institutions de recrutement sacerdotal, avec l'encombrement des professions libérales (déjà à l'époque du Rapport Durham), enfin, avec ce que nous avons proposé d'appeler la «loi» de la «fécondité sacerdotale» d'une population à la troisième génération.

(L.-E. Hamelin, *op. cit.*, p. 198-199.)

Pour notre part, nous y voyons aussi l'un des effets de la régénération religieuse entreprise par Mgr Bourget et les ultramontains au tournant des années 1840. Mais nous attendons toujours l'étude qui nous éclairera davantage sur ce phénomème.

Un clergé zélé

La qualité égale-t-elle la quantité? Les commentaires des évêques sur leur clergé sont, presque sans exception, très élogieux. Selon eux, les réguliers donnent l'exemple d'une vie apostolique rangée. Les séculiers sont aussi remplis de zèle, de piété et de discipline; ils administrent bien leurs paroisses, tiennent leurs édifices en bon état et «s'appliquent à attirer leur peuple à l'église paroissiale». Mgr Elphège Gravel de Nicolet est l'un des rares à nuancer ces propos. En 1896, par exemple, il note cinq cas d'ivrognerie et trois d'immoralités «très graves avec des femmes et des jeunes gens»; il reproche à certains prêtres «de ne pas assez soigner leurs instructions» et de «n'avoir pas assez de respect pour les Évêques, de les critiquer librement[3]».

En mettant le doigt sur certaines faiblesses du clergé, l'évêque de Nicolet trace un tableau plus réaliste de la situation. Comme aux États-Unis et au Canada anglais, l'alcoolisme est le péché mignon d'un certain nombre de prêtres; le mal n'est pas généralisé, et si les cas sont le plus souvent bénins, chaque diocèse compte toutefois quelques cas graves. Moins nombreux sont les exemples d'immoralité notoire: en 1896, Montréal en signale cinq suffisamment graves pour être punis d'interdit et n'oublie pas l'affaire Guyhot, celle de ce Sulpicien chassé de la Compagnie pour une répugnante affaire de mœurs. Les aventures passagères et les sacrifices à «l'œuvre de chair» existent, mais les archives sont discrètes: tout au plus trouve-t-on à Rome un certain nombre de demandes de dispenses pour lever la peine encourue par l'absolution du complice. Sans être monnaie courante, les fautes contre la tempérance et la chasteté semblent plus fréquentes dans les jeunes diocèses isolés où le recrutement étant plus difficile, l'évêque doit se montrer moins sévère: accepter les prêtres moins cotés d'autres diocèses, admettre à la prêtrise des sujets moins vertueux ou même fermer les yeux sur des incartades. L'exemple du diocèse de Rimouski, pendant la période de 1867 à 1891, est unique, mais il illustre d'une façon extrême les problèmes des régions périphériques. La pénurie de prêtres et sa naïveté poussent Mgr Jean Langevin à ordonner plusieurs candidats reconnus indignes par son entourage et par les directeurs de son séminaire et à accepter des ecclésiastiques chassés d'autres diocèses; la situation est telle qu'en 1890, son coadjuteur, Mgr André-Albert Blais, envoie à Rome une liste de 15 prêtres «ordonnés par Monseigneur Langevin et dont la conduite a été regrettable» et une autre de six clercs déjà ordonnés et reçus à Rimouski malgré certaines faiblesses; il note qu'il faudrait ajouter huit autres noms. Ces 29 prêtres sont tous ivrognes, la plupart ont semé le scandale par des immoralités avec des femmes mariées ou des jeunes filles (deux cas de concubinage public), quatre se sont révélés pédophiles et au moins deux ont détourné des fonds ecclésiastiques. Ce tableau navrant, qui est même «plutôt une forme adoucie de la vérité», ne peut cependant pas être appliqué à l'ensemble de l'Église du Québec, même en admettant que le sacerdoce n'est pas garant d'impeccabilité.

Funérailles d'un curé en 1894. ANQ, fonds Philippe Gingras.

Un clergé trop peu instruit?

Les prêtres fautifs de Rimouski ont presque tous en commun la pauvreté culturelle ou même intellectuelle. À Nicolet, Mgr Gravel se plaint du manque d'instruction de ses collaborateurs. En 1877, Mgr Lynch déplore auprès de Mgr Conroy l'ignorance du clergé et l'étroitesse d'esprit qui en résulte jusque chez les évêques. Le délégué apostolique pose le même jugement dans son rapport à Rome et décrit longuement la faiblesse de la formation sacerdotale: il note, par exemple, qu'à Montréal, des 326 prêtres ordonnés depuis la fondation du Grand Séminaire en 1840, 124 n'y ont jamais mis les pieds, 64 n'y ont résidé que pendant quelques semaines, 38 entre un et deux ans, 48 entre deux et trois ans, 41 seulement plus de trois ans[4]. L'accusation d'ignorance est celle qui revient le plus souvent dans les textes anticléricaux. Aristide Filiatreault, entre autres, remplit sa *Canada-Revue* et ses *Ruines cléricales* de dénonciations vigoureuses:

> Une des œuvres les plus néfastes, sinon la plus néfaste de notre clergé a été l'affaiblissement constant de l'instruction et de l'éducation.
> Ce qu'il y a de plus lamentable, c'est qu'il est lui-même victime de cet affaissement et tout le premier il est ignorant[5].

Ces témoignages et ces accusations traduisent une situation qu'il n'est pas facile de cerner avec précision. Plusieurs prêtres manquent de formation théologique, nul ne peut le nier, surtout pas les évêques qui doivent parfois répondre à des questions bien naïves. Le problème est beaucoup plus aigu dans les années 1870 qu'à la fin du siècle. Sur la lancée des conciles provinciaux, les prélats ont fait des efforts pour améliorer la situation: ouverture de grands séminaires, formation des maîtres, meilleur choix des manuels, insistance sur la nécessité des études, organisation de la formation permanente (examen des jeunes prêtres, conférences ecclésiastiques), etc. Un plus grand nombre de sujets se forment, à temps plein, dans les Grands Séminaires de Québec et de Montréal, ou même à Rome, au Collège de la Propagande; à partir de 1885, le Collège canadien de la Ville éternelle reçoit annuellement un contingent d'étudiants venant de la plupart des diocèses du Québec. Il s'agit là, cependant, d'une élite. Elle servira à améliorer un peu le curriculum de la masse qui, elle, fait vaille que vaille sa théologie tout en enseignant dans les nombreux collèges classiques. Le plus grand nombre des nouveaux ordonnés s'engage dans le ministère paroissial avec juste assez de science théologique pour se servir intelligemment des manuels de morale — il s'agit surtout du *Compendium theologiae moralis* du jésuite Jean-Pierre Gury — et des sermonnaires. Ensuite, pris dans le train-train quotidien, trop peu trouvent le temps d'ajouter à leur premier vernis théologique. Néanmoins, de plus en plus d'originaux possèdent une bibliothèque respectable.

LES RELIGIEUX ET RELIGIEUSES

Déjà nombreux en lui-même, le clergé peut également compter sur la collaboration d'une phalange de religieux et de religieuses. Commencée dans les années 1840 avec ce que Bernard Denault appelle avec raison «l'effervescence montréalaise[6]», l'implantation des communautés religieuses s'étend désormais à l'ensemble du territoire québécois.

Les communautés d'hommes

De 1871 à 1900, 14 nouvelles communautés d'hommes s'installent au Québec. Plusieurs d'entre elles — comme les Chanoines réguliers de l'Immaculée-Conception, les Rédemptoristes, les Capucins et les Pères du Très-Saint-Sacrement — comptent surtout des membres-prêtres, qui se consacrent à la prédication et au ministère paroissial. Cependant, quelques-unes — notons les Frères de l'Instruction chrétienne, les Frères de Saint-Gabriel, les Frères du Sacré-Cœur, les Frères maristes — se vouent totalement à l'enseignement.

L'éducation demeure, en effet, l'œuvre principale des communautés religieuses d'hommes. Le rapport de Mgr Fabre, en 1896, sur les œuvres des communautés dans le diocèse de Montréal peut s'appliquer, *mutatis mutandis,* à chacun des diocèses du Québec.

Statistiques des œuvres Dirigées
Par les communautés religieuses d'hommes
Dans le diocèse de Montréal En 1896

Résumé des œuvres

1	Grand-Séminaire	Élèves	200
1	Séminaire de Philosophie	"	105
1	Collège Canadien à Rome	"	30
4	Collèges Classiques	"	1 250
4	Collèges Commerciaux	"	1 800
4	Académies Commerciales	"	1 800
1	École Industrielle	"	45
1	Institution des Sourds-Muets	"	125
40	Écoles Modèles	"	10 860
1	Patronage d'Apprentis	Apprentis	25
1	Maison de Réforme	Détenus	193
1	Asile pour les Épileptiques	Patients	90
8	Paroisses		
4	Églises non paroissiales.		

SOURCE: *Rapport de Mgr Édouard-Charles Fabre, archevêque de Montréal, Sur l'état actuel de son diocèse 1896*, APFR, N.S., 98(1896), rub. 154, 719r

On y voit clairement que les Frères dispensent l'enseignement primaire le plus avancé (écoles modèles) et qu'ils ont le quasi-monopole de l'enseignement commercial et, plus tard, de l'enseignement technique.

À Montréal, comme dans l'ensemble du Québec, les religieux enseignants prennent une place de plus en plus considérable dans le système d'éducation et ce poids relatif ne commence à diminuer que pendant les années 1890.

Tableau 4
Les instituteurs religieux et laïcs, Québec, 1874-1897

	Religieux	Laïcs
1874	40,24%	59,76%
1877	46,36	54,64
1887	68,31	31,79
1897	65,57	34,43

SOURCE: André Labarrère-Paulé, *Les instituteurs laïques au Canada français, 1836-1900*, passim.

Cette progression ne se fait pas sans heurt et, dans les années 1880 tout particulièrement, de vives polémiques font s'affronter les partisans des religieux et les défenseurs des instituteurs laïques. Alors que ces derniers revendiquent, contre certains ultramontains intransigeants, le droit d'enseigner dans les écoles publiques, leurs antagonistes montent aux nues la supériorité pédagogique et doctrinale des Frères: non seulement leurs méthodes sont remarquables, mais ils donnent «un enseignement essentiellement chrétien, perpétuellement sûr, puisqu'il sera toujours aux mains d'une congrégation qui a si noblement fait ses preuves sur le terrain du dévouement, de la science et de la vertu». Le curé de Notre-Dame de Montréal a trouvé l'explication ultime qu'il livre à ses paroissiens:

> La raison bien simple de ce succès, la voici: Dieu est le maître des sciences: donc tout maître qui se tiendra plus près de Dieu, recevra immédiatement plus de rayons de ce foyer divin; or, toutes choses égales d'ailleurs, il est clair que les congrégations religieuses sont plus près de Dieu que les maîtres laïques, donc leur succès fera toujours le désespoir de leurs persécuteurs[7].

Visiteur provincial des Frères des Écoles chrétiennes de 1880 à 1883, le frère Réticius passe une grande partie de son mandat à chanter les louanges des religieux enseignants et, surtout, à dénoncer «le serpent révolutionnaire [qui] se glisse partout et dissimule sous mille formes ses replis tortueux». Les ripostes de l'abbé Hospice-Anthelme Verreau, principal de l'École normale Jacques-Cartier de Montréal, sont aussi vives que les attaques du frère bourguignon et elles placent au centre d'une controverse et bien malgré eux des religieux pacifiques qui ne demandent qu'à enseigner[8].

Les communautés de femmes

En passant, de 1850 à 1901, de 361 à 2391 membres — dont 1984 œuvrant au Québec —, les communautés religieuses d'hommes connaissent un progrès très rapide. Mais pour les

congrégations féminines, il faut parler d'une véritable floraison: de 673 à 9601 religieuses! De ce nombre, 6628 travaillent
au Québec dans les domaines les plus variés. Elles se répar-
tissent dans 36 communautés diverses, dont 15 nouvelles im-
plantées entre 1871 et 1899: sept venues de l'étranger, huit
fondées sur place[9].

Statistique Des Œuvres d'éducation et de charité...
Dirigées par les Communautés religieuses de femmes du...
Diocèse de Montréal En 1896

I — Œuvres d'éducation   Élèves

  62 couvents (pensionnats et externats)   13 162
  16 académies   6 846
  19 écoles modèles   3 345
   2 jardins d'enfance   960

                                                            24 313

II — Œuvres de charité

  22 hospices pour les pauvres et les
      vieillards des deux sexes   1 562 pauv. et vieil.
  28 orphelinats   1 300 orphel. 2 sexes
   9 salles d'asile   3 400 enfants
   1 asile des aveugles   70 aveugles
   1 asile des sourds-muets   331 sourds-muets
   1 asile des aliénés   1 740 patients
   1 maternité
   1 maison de réforme   205 garçons et filles
   1 prison de femmes   120 détenues
   1 refuge pour les hommes pendant
      la nuit   12 000 pauvres
   1 refuge pour les jeunes filles
      sans place   200 reçues dans l'an
   1 institut ophtalmique
      Repas servis aux pauvres
      en dehors,   près de 100 000
      Argent distribué aux pauvres
      en dehors,   près de $5000.00
      Prescriptions médicales distribuées
      gratuitement aux pauvres,   près de 60 000

SOURCE: *Rapport de Mgr Édouard-Charles Fabre, archevêque de Montréal, Sur l'état actuel de son diocèse 1896*, APFR, N.S., 98(1896), rub. 154, f.733r-734r.

Depuis longtemps le mieux pourvu en communautés féminines, le diocèse de Montréal donne, si l'on veut faire quelques ajustements nécessaires, une image parfaite du travail des religieuses dans l'ensemble du territoire du Québec.

L'éducation demeure toujours le domaine par excellence des religieuses. Pour l'ensemble du Québec, elles constituent environ 20% du personnel enseignant jusqu'en 1885, puis leur nombre relatif grimpe jusqu'à 26,67% en 1888 pour se stabiliser aux environs de 22% dans les années 1890. Outre les villes, lieux privilégiés de leur apostolat, beaucoup de villages les appellent pour tenir un pensionnat ou pour donner des cours plus avancés ou plus spécialisés, comme la musique et les arts ménagers[10].

Les régions rurales ont parfois de la difficulté à attirer les anciennes communautés, la Congrégation de Notre-Dame par exemple, qui ne suffisent pas à la demande; elles règlent leur problème en fondant des communautés nouvelles de droit diocésain. Les Sœurs de l'Assomption de la Sainte-Vierge, par exemple, fondées en 1853 à Saint-Grégoire-de-Nicolet, continuent à rayonner dans la région avoisinante de Nicolet, Trois-Rivières et Sherbrooke; depuis 1875, les Sœurs des petites écoles — plus tard appelées Sœurs du Saint-Rosaire — ouvrent des établissements dans leur diocèse d'origine de Rimouski, puis acceptent des fondations à Sainte-Anne-de-Beaupré et à Notre-Dame-d'Hébertville.

Appuyés par les évêques qui conseillent néanmoins la prudence dans les investissements et surveillent de près les programmes, les curés se font un point d'honneur d'ouvrir un couvent dès qu'ils pensent avoir la clientèle et l'argent nécessaires. Le sixième concile provincial de Québec en 1878 promulgue un décret exigeant d'inculquer aux jeunes filles la modestie chrétienne, l'amour de la simplicité, le mépris des vanités et du luxe et d'enseigner la musique classique plutôt que le genre romantique «qui ne fait que pervertir la notion du beau et du vrai et troubler les cœurs».

Beaucoup plus régulièrement que leurs confrères, les religieuses ajoutent au travail d'éducation les œuvres sociales. Dans les grandes villes comme Montréal et Québec, où la misère est toujours grande, elles complètent leur réseau de maisons d'assistance en ouvrant de nouveaux hôpitaux, des hospices, des orphelinats, des asiles d'aliénés; en même temps, elles développent leurs secours plus spécialisés aux pauvres, aux chômeurs et aux marginaux (filles-mères, prostituées...). Ainsi, les Sœurs de l'Hôpital général de Montréal (Sœurs Grises) ajoutent dans la ville, aux multiples œuvres qu'elles dirigent déjà en 1860, l'asile Bethléem (1860), l'hôpital Notre-Dame (1880), l'hôpital Saint-Camille (1885) et le refuge Sainte-Brigide (1886). Et cela, en plus de nombreuses fondations en dehors de Montréal: l'asile de Saint-Henri-des-Tanneries (1885), l'asile Saint-Antoine (1876), l'hôpital Saint-Joseph de Beauharnois et plusieurs établissements dans l'Ouest canadien et aux États-Unis. De la même façon, mais dans un milieu plus petit, les Sœurs de la Charité (Sœurs Grises) de l'Hôtel-Dieu de Saint-Hyacinthe ouvrent la Métairie Saint-Joseph (1874) et l'ouvroir Sainte-Geneviève (1869) à Saint-Hyacinthe même, et l'Hôpital général de Sorel (1862), l'hospice Sainte-Croix (1865) de Marieville, l'hospice Sainte-Elizabeth (1876) de Farnham et l'hospice du Sacré-Cœur (1875) de Sherbrooke, en plus de quelques maisons aux États-Unis. Comme on le voit, partout où on ouvre un hôpital (comme à Chicoutimi, à Lévis, à Rivière-du-Loup...) ou lance une œuvre de bienfaisance, on fait appel à une communauté religieuse. Ainsi, on peut dire qu'une très grande partie de la pastorale caritative repose sur les communautés religieuses de femmes.

Signe des temps, apparaissent quatre congrégations féminines au service du clergé: les Petites Filles de Saint-Joseph en 1857, les Petites Sœurs de la Sainte-Famille en 1880, les Sœurs de Sainte-Marthe en 1883 et les Sœurs Dominicaines de l'Enfant-Jésus en 1887.

Enfin, notons que des Carmélites françaises viennent s'ajouter, en 1875, à une communauté contemplative autochtone, les Adoratrices du Précieux-Sang, fondée à Saint-Hyacinthe en 1861.

Œuvres sociales des communautés religieuses. Hospice des Sœurs de la Charité de Québec. Le dortoir des orphelines. ANQ, Sœurs de la Charité.

VIE ET SPIRIUALITÉ DES PRÊTRES

La formation donnée aux clercs les met fortement en garde contre la corruption du «monde», ses attirances et ses dangers. Isolés pour être mieux protégés des sirènes séductrices — elles se nomment alors les «personnes du sexe», la dive bouteille, les distractions profanes... —, les candidats au sacerdoce vont, dès leur entrée au petit séminaire et plus encore au grand, vivre hors de la réalité ordinaire, dans un univers artificiel où les guerres médiques prennent plus d'importance que le conflit prusso-français. Quand ils sortent de ce cocon protecteur, heureux sont-ils s'ils peuvent, comme vicaires, faire l'apprentissage du ministère paroissial sous la houlette de curés paternels et expérimentés. Beaucoup sont obligés de prendre rapidement charge d'une paroisse jeune et pauvre où les soucis matériels rongent le temps et l'énergie qu'ils avaient pensé consacrer au soin des âmes et à la formation spirituelle de leur communauté. Ainsi commence souvent la carrière sacerdotale qui, dans les meilleurs des cas, conduira à la cure de prestige et, par exception, à l'épiscopat.

Tout au long du XIXᵉ siècle, les conciles provinciaux, les synodes diocésains, la discipline ecclésiastique, les circulaires des évêques définissent le style de vie et la spiritualité proposés aux prêtres, particulièrement aux curés[11]. Enseignées au grand séminaire et rappelées régulièrement dans les retraites sacerdotales et les lettres personnelles, ces directives servent de critères pour reconnaître les bons pasteurs et réveiller au besoin les négligents.

La perfection sacerdotale

Le prêtre doit être «une copie aussi fidèle que possible du divin Maître, son modèle par excellence». Cette «dignité si éminente» et les charges qui en découlent font du prêtre un être «tout à part dans le monde et parmi ceux avec qui nous vivons». Séparation qui permet à la fois de témoigner «du glorieux et saint état auquel, par une faveur toute spéciale, la bonté divine nous a appelés» — ce qui devient la meilleure des prédications, «beaucoup plus éloquente que tout ce que nous pourrions dire» et qui attire le respect et la confiance des fidèles — et de se consacrer totalement «au service du bon Maître».

Cependant, si élevé soit-il au-dessus de ses semblables, remplissant des fonctions sublimes, conduisant et commandant le peuple de Dieu, recevant les secrets des cœurs et les communications les plus intimes, le prêtre doit garder une conscience vive de son indignité et de ses faiblesses; l'humilité est pour lui «essentielle», car elle est le fondement de la perfection: «Avec un peu de réflexion, on en vient facilement à se convaincre que nous ne sommes que des riens, et que si l'on fait quelque chose de bien, c'est à notre Dieu que nous le devons».

En vivant ainsi d'humilité, le prêtre pourra plus facilement accéder à une autre vertu primordiale, l'obéissance. Obéissance d'abord au souverain pontife, car «c'est toujours Jésus-Christ qui parle et instruit par la bouche de son représentant»; obéissance aussi à l'ensemble des évêques du Québec, qui sont «les successeurs véritables des Apôtres»; obéissance enfin à l'Ordinaire du diocèse, qui a reçu les grâces d'état pour gouverner son Église. Le prêtre doit donc réagir contre toute «insubordination de l'esprit», qui l'inciterait à rejeter autorité et contrainte pour devenir son propre maître et se conduire à sa guise. Mais il ne doit pas non plus tomber dans la nonchalance et la démission, car la vraie obéissance est créatrice et imaginative.

Ces qualités essentielles — et plusieurs autres rappelées à l'occasion — ne s'acquièrent pas facilement. Il n'est généralement pas trop de toute une vie pour réussir à les maîtriser. Aussi, pour aider leur clergé à inscrire au quotidien la pratique de ces vertus, les évêques lui proposent-ils un style de vie très précis.

Les prêtres doivent agir en pères de leur peuple: «Les fidèles ne sont pas nos esclaves, mais nos enfants et des enfants que nous devons aimer de tout notre cœur». Régissant leur vie, la charité les poussera à aimer profondément toutes les personnes, à se dépenser pour elles avec zèle, douceur et patience, mais sans faiblesse. Certains évêques, tel Mgr Jean Langevin dans ses *Ordonnances épiscopales,* insistent davantage sur l'«*insta opportune, importune*» de saint Paul: «sous prétexte d'être populaire, de se faire aimer de tout le monde, il ne faut pas craindre de reprendre les fidèles, de réprimer les désordres, de se montrer sévère, quand la chose est nécessaire. Craignons d'être du nombre de ces pasteurs lâches et timides qui ne cherchent que leur tranquillité, qui n'osent élever la voix contre les vices, rien entreprendre pour favoriser la piété, qui sont comme les chiens muets dont parle le St. Esprit par la bouche du Prophète Isaïe[12]».

Le prêtre doit être aussi un homme de prière, «le plus grand et le plus fort priant de sa paroisse», comme le répète à satiété Mgr Moreau. Les exercices spirituels: oraison, chapelet, examens de conscience, lecture spirituelle, visite au

Saint-Sacrement, office du bréviaire et messe vont jalonner ses journées et alimenter sa ferveur.

Cette obligation de la prière est toujours couplée avec celle de l'étude: «La prière et l'étude! Ah! comme je désire que mes chers auxiliaires comprennent bien ces deux grands devoirs du ministère du Seigneur». Conscients de la faiblesse de la formation de certains de leurs prêtres, les évêques reviennent régulièrement sur la nécessité de consacrer ses loisirs à l'étude. Mgr J. Langevin est un des plus explicites: «Nous conjurons, au nom de Dieu, tous les membres de notre Clergé de se livrer à l'étude des sciences ecclésiastiques d'une manière suivie. Il ne suffit certainement pas d'étudier les questions à mesure qu'elles se présentent dans la pratique. Qu'il serait affligeant de voir un curé perdre son temps dans l'oisiveté, dans des conversations toutes mondaines, dans des lectures frivoles, ou dans des occupations manuelles, comme la culture assidue de la terre, le soin des animaux, etc.! [...] Théologie dogmatique et morale, Rubriques du Missel, du Rituel et du Bréviaire, Cérémonial, Droit Canon, histoire ecclésiastique, etc., que de sujets d'étude pour la vie entière[13]!»

L'appel à une vie de prière et d'étude, comme les exhortations aux vertus sacerdotales, ne vise qu'un objectif, former des prêtres saints: «Tout notre succès et notre fruit dans le saint ministère sont là. Rappelons-nous que nous ne sanctifierons les autres qu'en autant que nous nous sanctifierons nous-mêmes».

Tous ces propos de Mgr Moreau, inlassablement répétés au cours d'un épiscopat de 25 ans et repris sous des formes diverses par les autres évêques, tracent un portrait idéal du prêtre; compte tenu de l'humaine nature et des conditions particulières à chacun, il ne faut pas se surprendre que beaucoup de prêtres du Québec ne réussissent pas à lui ressembler.

Les «prêtres de collèges»

Au XIXe siècle, peu nombreux sont les prêtres qui consacrent toute leur vie à l'enseignement, mais plusieurs sont appelés à travailler dans les collèges-séminaires au début de leur sacerdoce et un plus grand nombre encore pendant leurs études théologiques.

Dans toutes les maisons d'enseignement et particulièrement dans les nouvelles, les ecclésiastiques (c'est-à-dire les jeunes gens encore aux études théologiques) constituent le gros du personnel. On leur assigne la surveillance des élèves comme régents ou maîtres de salle ainsi que l'enseignement au premier cycle du cours classique. Dans ses *Mémoires*, l'abbé Lionel Groulx a rappelé et fustigé le travail de ces «tâcherons de l'incompétence»:

> On sait en quoi consistait cet ancien régime: enseigner tout en faisant sa théologie. Enseigner, cela voulait dire 3 ou 4 heures de classe par jour, des heures encore plus longues de surveillance en récréation, au dortoir, etc. Faire sa théologie, cela signifiait, après une journée de travail éreintant, accorder à cette étude primordiale, pour un séminariste, une heure écourtée, celle de 5 à 6 de l'après-midi, sans autre maître trop souvent qu'un professeur improvisé[14].

La situation est la même à Rimouski qu'à Sainte-Thérèse:

> Nos professeurs avaient leurs cours de théologie le soir, à cinq heures. Le reste du temps, ils préparaient leur classe, corrigeaient leurs devoirs et enseignaient. Si l'on excepte la classe de religion, toujours confiée à un prêtre, je n'ai pas eu durant les quatre années de lettres d'autres professeurs que des séminaristes. Ils étaient donc astreints à un travail exténuant. Par contre, ils gagnaient quarante dollars par année, plus deux dollars s'ils achetaient le pétrole pour leur lampe. Les séminaristes qui n'enseignaient pas faisaient de la surveillance. Bien plus, quelques-uns remplissaient les deux offices à la fois[15].

Peu préparés à l'enseignement par leurs études antérieures, les jeunes ecclésiastiques doivent s'improviser une compétence dans une ou plusieurs disciplines; souvent, ils ne reçoivent leur assignation et leurs manuels que la journée même de l'arrivée des élèves! La *Chronique du Séminaire de Rimouski* est très explicite:

3 sept. 78. — Rentrée des Élèves. [...] M. le Préfet nomme les Professeurs et leur donne leurs livres.

1 sept. 80. — Mercredi. Entrée des Élèves du Séminaire. Le Préfet est retenu au lit toute la journée, sous les soins du médecin. Il ne voit que les Professeurs et leur communique leur nomination.

Ils doivent aussi apprendre à exercer leur nouvelle autorité et à maintenir la discipline parmi des jeunes qui sont presque de leur âge et qui les ont peut-être connus comme élèves. Surgissent parfois des difficultés telles que les hautes instances doivent s'en mêler. Tout le travail des apprentis pédagogues est d'ailleurs étroitement surveillé par le directeur des élèves, le préfet des études et, parfois, l'évêque lui-même. À Rimouski, par exemple, Mgr Jean Langevin, ancien principal d'école normale, fait régulièrement le tour des classes et préside aux examens; il a tôt fait de faire connaître son jugement, comme le rappelle la *Chronique du Séminaire de Rimouski*:

9 juin 76 . — L'Évêque et le Préfet passent toute la matinée en Versification. L'Évêque n'est pas content du peu d'intelligence et de raisonnement des Élèves en fait de littérature; peu content de l'analyse. Le Prof. nie avoir le temps de lire en classe pour étudier les figures de littérature. Cependant on a pris le temps de bien des *Deo Gratias* et le temps de lire tout les *Anciens Canadiens* de M. de Gaspé. Le Préfet donne à l'Évêque des informations sur ce Mr et sur les dispositions à son égard. Mgr est peu flatté de sa conduite. Le Préfet n'en est pas content.

Ceux qui passent avec succès ces années de dur apprentissage sont ordinairement appelés, dès leur ordination, à poursuivre. Leur statut s'améliore un peu: leur salaire grimpe à 100 dollars par année, ils ont droit à une meilleure chambre, ils peuvent devenir professeurs titulaires ou se spécialiser dans une discipline. Sans prévoir faire carrière dans l'enseignement, plusieurs jeunes prêtres acceptent ainsi de passer deux, trois ou quatre années au séminaire ou dans un collège, en attendant de recevoir une cure; d'autres s'intègrent davantage au corps professoral et ne quittent qu'après 10 ou 15 ans, au moment de prétendre à une «bonne» situation en paroisse.

Ces derniers appartiennent déjà à ce qu'on appelle les «prêtres de collège», dont le noyau principal est cependant un petit groupe d'éducateurs de carrière qui passent toute leur vie dans les maisons d'enseignement, s'y échangent les postes administratifs, assurent la continuité pédagogique et transmettent les traditions. Dans les institutions plus anciennes, comme le Séminaire de Québec, après un certain nombre d'années de service, ils peuvent demander l'agrégation par laquelle la maison s'engage à les soutenir en cas de maladie et aux jours de la retraite, en plus de leur accorder immédiatement des faveurs plus ou moins importantes. À eux, par exemple, les chambres les plus grandes ou les mieux situées, qu'ils aménagent de façon personnelle — la plupart aimant s'entourer de livres ou de souvenirs de voyage. C'est un aspect important, car, en plusieurs endroits, les conditions de logement, moins que convenables, constituent une des causes de départ de prêtres professeurs.

Le groupe des agrégés constitue une espèce de communauté religieuse dont les membres sont choisis par cooptation, parmi les séminaristes et les jeunes prêtres les plus aptes à l'enseignement et à la vie communautaire. Ils sont soumis à un règlement sévère — à peu près le même dans tous les collèges-séminaires — qui insiste beaucoup sur la vie en commun et laisse peu de place aux initiatives personnelles, même dans les loisirs. Théoriquement du moins, se continue la vie de grands séminaristes: «Tous les prêtres du Séminaire doivent se conformer au règlement du grand Séminaire pour le lever, pour le repos et pour les récréations. Ils ne doivent jamais s'absenter des repas sans permission du Supérieur, et ils doivent prendre habituellement leurs récréations en commun». Inutile de dire que plusieurs prennent plutôt à la légère un règlement tatillon qui convient peu à des hommes mûrs.

Les curés de paroisse

Pour la très grande majorité du clergé, l'idéal, c'est d'être initié dès le début à la pastorale paroissiale — comme vicaire, par exemple, ou desservant — pour devenir curé le plus tôt possible et terminer sa carrière dans une des grosses paroisses du diocèse. Il existe, en effet, une hiérarchie des cures: il n'y a guère de commune mesure entre la paroisse de Notre-Dame de Montréal, aussi vaste que la ville elle-même, et celle de Notre-Dame-du-Lac, au Témiscouata, perdue aux frontières du Nouveau-Brunswick. Tout aussi variées que les cures sont les conditions de vie des prêtres responsables.

Les paroisses urbaines

L'institution paroissiale, dans les grandes villes comme Montréal et Québec, présente ses propres caractéristiques.

À Montréal, la paroisse de Ville-Marie — la Paroisse, comme on l'appelle familièrement — a été érigée canoniquement en 1678 et confiée à perpétuité aux Sulpiciens. Elle s'est développée au rythme de la ville, mais elle est demeurée la seule, même quand les progrès économiques et démographiques ont fait éclater les anciennes enceintes et dispersé la population dans un espace très grand.

Cet arrangement avec les Sulpiciens comporte certains avantages: le supérieur nomme ordinairement un curé d'office qui s'adjoint plusieurs collaborateurs; c'est donc toute une équipe qui travaille dans la Paroisse et qui peut puiser au besoin dans les ressources humaines et même financières de la communauté. Par contre, les registres ne sont tenus que dans une seule église paroissiale, même si les besoins du ministère obligent à construire de spacieuses églises dans certains quartiers: Notre-Dame-de-Grâce (1850), Sainte-Anne (1854), Saint-Jacques (1857), Saint-Vincent-de-Paul (1858), Saint-Joseph (1861) et Saint-Patrice (pour les Irlandais, 1847). Ces aménagements s'avèrent insuffisants dans les années 1860 et, en 1865, après de longues négociations, Mgr Bourget obtient de Rome le droit d'ériger autant de paroisses canoniques

— donc avec registres — qu'il jugera bon et d'y nommer comme curés des prêtres autres que sulpiciens, si ceux-ci n'en acceptent pas la charge. Une controverse entre l'évêque de Montréal et les Sulpiciens retarde l'application du décret pendant une dizaine d'années et nuit au travail pastoral; c'est finalement Mgr Édouard-Charles Fabre qui, succédant à Mgr Bourget en 1876, pourra s'atteler à l'immense tâche de subdiviser adéquatement la Paroisse. Mais sa bonne volonté est handicapée par les difficultés financières du diocèse. Néanmoins, en 1897, outre la cathédrale, la ville compte 16 églises paroissiales et la banlieue, huit. Il faut y ajouter un nombre considérable d'églises non paroissiales, comme celles du Gésu desservie par les Jésuites, de Notre-Dame-de-Lourdes, par les Sulpiciens, de Saint-Pierre, par les Oblats, etc. Bientôt, au XXe siècle, on désignera Montréal comme «la ville aux cent clochers».

La paroisse Notre-Dame de Québec connaît un développement moins perturbé par les dissensions. Érigée canoniquement en 1664, elle englobe elle aussi tout le territoire de la ville et de sa banlieue, mais plusieurs paroisses s'en détachent très tôt: Notre-Dame-des-Anges (1721), Saint-Roch (1829), Saint-Sauveur (1867), Notre-Dame-de-la-Garde (1885), Saint-Jean-Baptiste (1886) et Saint-Charles de Limoilou (1896). Par ailleurs, après avoir utilisé l'église Notre-Dame-des-Victoires, les Irlandais ont droit à leur propre temple (1843) et à leur paroisse (Saint Patrick, 1889) dirigée par les Rédemptoristes. La paroisse mère n'en demeure pas moins très populeuse — 7000 catholiques — et son curé est entouré d'une équipe de cinq vicaires (en 1896). La même année, Saint-Roch compte 20 000 paroissiens avec huit vicaires; Saint-Sauveur, 14 000 catholiques et neuf Oblats; Saint-Jean-Baptiste, 10 671 fidèles et quatre vicaires, etc. La présence de plusieurs communautés religieuses — pensons aux Jésuites et aux prêtres du Séminaire de Québec — et l'utilisation de nombreux lieux de culte extra-paroissiaux diminuent la pression sur les effectifs curiaux. Il n'en reste pas moins qu'en charge d'une population de 10 000 âmes et plus, le curé urbain doit abandonner l'espoir de connaître tout son monde; il peut être enclin à devenir surtout un administrateur qui supervise le travail des subalternes. Son rôle social, qu'a bien décrit René Hardy pour la période de 1840 à 1860, demeure toujours important, malgré l'apparition d'œuvres de toutes sortes. Pour abattre toute la besogne, même dans le domaine strictement religieux, l'équipe sacerdotale doit commencer à se fonctionnariser: spécialisation des tâches, heures précises de bureau, etc. Sans doute les pratiquants reçoivent-ils ordinairement tous les services qu'ils sont en droit d'exiger, mais ceux qui font défection, ceux qui glissent vers diverses formes de relâchement, les nouveaux arrivants surtout, ruraux ou immigrés, déracinés, désorientés, souvent aux prises avec des difficultés énormes, ne bénéficient pas toujours du travail de l'équipe curiale. Malgré toute la bonne volonté du clergé, la pastorale urbaine ne semble pas encore prête à affronter les multiples problèmes des villes en expansion.

Les paroisses rurales

La plupart des curés œuvrent cependant dans des paroisses rurales ou dans de petites villes; les plus grosses peuvent compter quelques milliers d'habitants, mais le plus grand nombre en ont moins de 2000. Le diocèse de Québec, par exemple, se divise, en 1896, en dehors de la ville épiscopale même, en 166 paroisses dont 59 (35,5%) ont de un à 999 habitants; 73 (43,9%), de 1000 à 1999; 21 (12,6%), de 2000 à 2999; huit (4,8%), de 3000 à 3999; quatre (2,4%), de 4000 à 4999; et une (0,6%) a plus de 5000 habitants.

   Ordinairement bien situées et plus anciennes, les paroisses populeuses — les «vieilles paroisses» — présentent plusieurs avantages: revenus plus considérables, édifices du culte en bon état et libres de dettes, service pastoral bien organisé, etc. Elles sont donc convoitées, d'autant plus que les titres de vicaire forain ou même de chanoine y sont souvent rattachés. Les évêques les attribuent à des curés en fin de carrière ou à des prêtres en pleine maturité particulièrement méritants. Mais avant d'accéder à ces postes prestigieux, il faut faire ses preuves et peiner dans des paroisses nouvelles ou peu développées, souvent éloignées des grands centres et mal organisées à plusieurs points de vue. Un curé peut s'y révéler, car il y rencontre de multiples situations difficiles: édifices à construire ou à achever, dettes à éponger, confréries à fonder, grand territoire à desservir, etc. Lieux d'apprentissage par excellence, ces paroisses permettent à un évêque de jauger son jeune clergé et de récompenser les efforts et les mérites par l'attribution d'une paroisse moyenne qui fait bien vivre son curé.

Église Saint-Ambroise de la Jeune-Lorette, 1894. ANQ, fonds Philippe Gingras.

À cause de cette diversité des postes, il n'est pas facile de faire le portrait du curé de campagne de la dernière partie du XIXe siècle; les conditions de vie différentes donnent naissance à plusieurs types. On décèle tout de même certains traits communs. Dans son milieu, le curé est un notable qui ne saurait céder sa place aux autres membres de l'élite locale: médecins, notaires, avocats, marchands; son presbytère, très souvent le plus bel édifice du village ou du moins l'un des plus imposants, indique bien son rang social. Règle générale, ses revenus (dîme et casuel surtout) lui permettent de vivre très convenablement et de jouir même de surplus le plus souvent distribués en dons charitables: aide aux plus démunis de sa paroisse, paiement des études de garçons doués; un bon nombre s'occupent de leurs vieux parents — c'est l'une des raisons des bonnes dimensions des presbytères — et même d'autres membres de leur famille. Quelques-uns réussissent même à accumuler des fortunes notables. La plupart, cependant, ont de la difficulté à assurer leurs vieux jours; c'est pourquoi les diocèses mettent tous sur pied une caisse ecclésiastique d'aide aux retraités et aux malades[16].

Par la force des choses, le curé de cette époque est un besogneux. Complètement débordé au moment des grands concours de peuple — Noël, Pâques, Quarante-Heures, missions ou retraites paroissiales —, il est régulièrement sollicité par les multiples exercices du culte, les longues séances de confession, les visites aux malades, l'enseignement du catéchisme, la surveillance des écoles, l'administration de la fabrique, les entrevues au bureau, etc.; sans compter les nombreuses heures normalement consacrées à la prière personnelle ou liturgique. De plus, issu du peuple, demeuré près des gens — «Nous n'avons pas besoin d'aller au peuple, nous y sommes», assure l'un d'eux —, le curé est aussi de toutes les fêtes et de tous les deuils et, comme le lui rappellent ses supérieurs, il doit être tout à tous[17].

À ces tâches communes à tous, certains ajoutent des «spécialités» plus conformes à leur charisme ou à leurs dons. Tels sont les curés bâtisseurs, qui vous édifient église et presbytère avec assurance, sans obérer les finances d'une paroisse; ils sont ordinairement bien vus des évêques. D'autres se consacrent davantage à la prédication; reprenant l'éloquence des «bons Pères», ils déversent leur parole sonore et colorée sur les auditoires régionaux à l'occasion des Quarante-Heures, des neuvaines, des triduums, des jubilés, de certaines fêtes plus solennelles (la Saint-Jean-Baptiste, par exemple); on les voit prêcher des retraites aux enfants, aux collégiens, aux groupes de tempérants. Le grand vicaire Alexis Mailloux est sans doute le plus connu de ces prédicateurs, se déplaçant dans toute la province et même aux États-Unis, mais il ne faudrait pas croire qu'il est le seul. Chaque diocèse en compte quelques-uns. Il y a des prêtres soigneurs, qui pallient l'absence de médecins; ils doivent être prudents, car le cinquième concile provincial de Québec, en 1873, a rappelé aux ecclésiastiques la défense d'exercer la médecine et la chirurgie; des volumes du genre *La médecine au presbytère* ou bien des talents personnels permettent néanmoins à certains d'être de bon secours aux malades.

Certains curés créent des lieux de pèlerinage: l'un des plus connus est l'abbé Luc Désilets, du Cap-de-la-Madeleine, qui, aidé et même devancé par son vicaire Louis-Eugène Duguay et le franciscain Frédéric Janssoone — le «bon Père Frédéric» que Rome béatifiera en 1988 —, jette les bases de la dévotion populaire à la Vierge du Rosaire. Le curé André-Charles-Henri Pâquet de Sainte-Pétronille de l'île d'Orléans y institue des pèlerinages à sainte Philomène. Au tournant du XXe siècle, Calixte Marquis relance le culte des reliques avec sa Tour des Martyrs à Saint-Célestin. Mais ils sont plusieurs curés à construire une grotte de Lourdes ou à réveiller des ferveurs anciennes; il n'est pas unique le cas de Sévère Dumoulin qui, devenu curé de Sainte-Anne-de-Yamachiche, ravive la dévotion à la patronne de sa paroisse, lui érige une statue remarquable, célèbre sa fête avec solennité, développe une liturgie brillante — avec chœurs de chant bientôt renommés dans toute la région et orchestre de cuivres — et, par tous ces moyens, attire, surtout à partir de 1876, des pèlerinages organisés de plus en plus nombreux[18].

Même en dehors des collèges-séminaires, des curés érudits consacrent leurs loisirs à la lecture et à des recherches, notamment en histoire; quelques-uns se font connaître dans

les cercles scientifiques, tel Louis-Édouard Bois de Maski-
nongé, qui se monte une bibliothèque exceptionnelle de 4300
volumes et 1013 brochures, publie de nombreux articles, laisse
des liasses d'études manuscrites — sur les évêques de Québec,
par exemple — et que l'historien américain Francis Parkman
tient à rencontrer et à consulter. Tout aussi célèbre est l'abbé
Léon Provancher dans le domaine de la botanique. Tous
n'étant pas des intellectuels, on verra certains curés occupés
à des entreprises de chantiers ou à la culture de la terre; un
prêtre du diocèse de Rimouski tient même cabaret au bord
de la route du Portage de Témiscouata, du moins jusqu'à ce
que son évêque le somme d'abandonner cet à-côté peu com-
patible avec le soin des âmes.

Il faut mettre dans une catégorie particulière les prêtres
colonisateurs — missionnaires-colonisateurs ou simples desservants — nombreux dans tous les diocèses, appelés à ouvrir
une paroisse avec une poignée de gens ou à assurer le ministère dans les régions nouvelles. Ils partagent avec les colons
les dures tâches des débuts d'implantation et, parfois même,
devancent les premiers arrivants. Le sociologue français
Gauldrée-Boilleau observe que, dans la région du Saguenay,
«on voit les prêtres explorer eux-mêmes la contrée, choisir et
désigner les endroits qui semblent les plus favorables à l'établissement de nouveaux centres de population et prêcher
d'exemple en s'y installant eux-mêmes au milieu de privations
de plus d'un genre[19]». L'abbé Calixte Marquis, fondateur de
plusieurs paroisses du diocèse actuel de Nicolet, résume ainsi
le rôle du prêtre au début d'un établissement: «Encourager le
colon, partager ses souffrances, l'instruire, le diriger, lui distribuer tous les secours de la religion, et l'assister dans ses
maladies [...] surveiller la construction des édifices religieux,
l'ouverture des chemins, s'interposer entre le colon et le
département des terres, ou les grands propriétaires; surveiller
l'opération de la loi municipale; au besoin, il doit être notaire,
médecin, maître de poste, juge de paix, etc[20].» Ce genre de
travail se poursuit pendant de nombreuses années et prend
les formes les plus diverses; ainsi, quand l'abbé D.-O. Brousseau arrive à Saint-David-de-Bellechasse en 1882, tout est à
organiser et il se met aussitôt à l'œuvre:

Il rumine des projets, il donne en plein air, trois fois la semaine, des conférences à son troupeau qu'il rassemble aux portes de sa pauvre chapelle, lui révèle les nouveaux procédés de culture, donne l'exemple en même temps que le précepte, en améliorant lui-même, les terres de la fabrique, bâtit une église, organise une beurrerie, fonde un aqueduc qui va porter l'eau jusque dans les plus humbles chaumières, introduit la culture des arbres fruitiers qui était jusque-là absolument inconnue dans cette ébauche de village, favorise la construction d'un moulin à scie, met le village en communication téléphonique avec les centres les plus reculés du comté[21].

Mais ce stade somme toute avancé, on ne l'atteint qu'après des années de misère et d'isolement. Témoin, le curé L.-N. Bernier de Notre-Dame-du-Lac, qui doit se promener du Ha! Ha! au Dégelis: «Je suis donc souvent sur les chemins. J'ai à peine le temps de respirer. L'autre jour, après avoir passé deux nuits de suite sans presque dormir, on vint me chercher pour une malade éloignée de plus de quatre lieues. C'était le matin pendant la ste messe qu'on arriva pour me chercher et je ne revins que le soir assez fatigué. [...] j'ai à peine le temps de préparer mes instructions que je n'ai jamais osé faire sans être préparé d'avance». Mais il souffre encore plus d'isolement; il est trop loin pour recevoir l'aide de confrères, même à l'occasion des concours extraordinaires de fidèles, et il doit aller à Madawaska pour se confesser:

Je n'ai pas vu de confrère depuis longtemps. J'ai fait toute ma besogne seul. Je commence à m'accoutumer à cette vie solitaire, on se *bêtifie* un peu; mais les gens ne s'en aperçoivent pas.

J'ai été à Madawaska, la semaine dernière. Car ne voyant personne de mes confrères d'en bas, je m'ennuyais à la mort. J'étais malade depuis quinze jours, je pris donc le parti de faire une petite excursion de trois jours. C'est plus proche et les chemins sont plus beaux.

Pauvre comme ses gens, il n'a presque jamais de viande sur la table et doit se contenter de soupe de pois chiches, de compote de citrouille, de pain noir, «du pain de buckwetts [buckwheat = sarrasin]», précise-t-il[22]. Ce cas n'est pas unique, mais il n'est pas non plus la norme de la vie quotidienne du clergé paroissial de la fin du XIXe siècle.

CHAPITRE IV

«ALLEZ, ENSEIGNEZ...»

L'une des tâches primordiales du clergé reste l'éducation de la foi des fidèles. Elle va être facilitée par l'augmentation considérable du nombre des prêtres et l'amélioration de leur formation, par la multiplication des paroisses et des dessertes et par le développement du système d'enseignement. L'éducation de la foi prend deux formes essentielles, rappelées par les autorités romaines et diocésaines: le catéchisme et la prédication.

LE CATÉCHISME

Le catéchisme, c'est une institution et une pratique, mais c'est aussi «ce livre qui renferme les principes de la doctrine et de la morale chrétienne», comme le définissent les Pères du premier concile provincial de Québec. Ouvrage fondamental, qui doit se trouver dans tous les foyers et toutes les écoles et que tous doivent apprendre par cœur, le catéchisme est régulièrement remis à jour, adapté aux changements de la société.

Les catéchismes québécois

Très tôt, comme on le sait, l'Église canadienne opte pour l'uniformité de l'enseignement catéchistique. Tel est le but de Mgr

Jean-Baptiste de Saint-Vallier publiant son *Catéchisme du Dio-cèse de Québec* en 1702; son exemple est suivi par ses succes-seurs, notamment par Mgr Henri Dubreuil de Pontbriand qui introduit, à la fin du régime français, le *Catéchisme du diocèse de Sens* de Mgr Jean-Joseph Languet, un adversaire avéré du jansénisme[1].

Sorte de catalogue de vérités à apprendre, ce manuel de-meure longtemps le seul après la Conquête, réimprimé régu-lièrement selon les besoins, et il connaît une édition canadienne remaniée en 1777. On y fait une distinction plus nette entre le petit catéchisme, qu'on doit apprendre pour la première communion, et le grand catéchisme, qui est un approfondissement de la doctrine. Le premier subit des chan-gements «dans la méthode» et des additions, à l'instigation de l'abbé Étienne Montgolfier, supérieur des Sulpiciens de Montréal, qui veut lui «donner une étendue suffisante pour l'instruction nécessaire des plus jeunes enfants, et des per-sonnes grossières, et [...] fixer les catéchistes sur ce qu'il est nécessaire d'exiger de ces sortes de gens»; il est publié sépa-rément sous le titre de *Catéchisme du diocèse de Sens-Québec*. Le grand catéchisme demeure tel quel pour le fond, avec seulement «des demandes et des réponses plus détaillées» (comme l'écrit Mgr Briand).

Considéré comme suffisant en lui-même pour donner les fondements de la foi, le petit catéchisme deviendrait bientôt, selon Mgr Panet, «le seul catéchisme que bien des familles auraient dans leur décor». Cependant, il est fortement criti-qué. Si bien qu'en 1815, l'évêque de Québec le remplace par le *Petit catéchisme du diocèse de Québec*, dont la rédaction et la publication, comme il a été vu dans le tome 1, soulèvent une polémique entre l'Ordinaire et quelques Sulpiciens de Mont-réal. Quant au grand catéchisme, il demeure le même jusqu'en 1829, année où Mgr Panet en publie une édition légèrement remaniée qui aura cours jusqu'en 1889.

Devant la multiplication des diocèses, le premier concile provincial de Québec (1851) sent le besoin de rappeler la règle de l'«uniformité dans l'enseignement de la doctrine» et dé-crète «qu'il n'y aurait qu'un seul et même catéchisme, pour les différents diocèses du Canada». La production du *Petit catéchisme de Québec* de 1853 s'accompagne de débats et de critiques, que même l'approbation de l'ensemble des évêques ne calmera pas.

Informés par leurs prêtres, qui répètent dans leurs lettres les griefs avancés par le clergé de Montréal, les évêques du Québec prennent conscience de la nécessité de changer le catéchisme; ils en parlent régulièrement dans leurs assemblées et aux conciles provinciaux. Mais de multiples facteurs, dont la mésentente chronique au sein de l'épiscopat, les empêchent d'agir, d'autant plus que, depuis Vatican I, ils attendent un catéchisme romain. Au début des années 1880, l'unanimité est enfin acquise en faveur du changement de catéchisme et l'assemblée des évêques consulte le clergé sur l'amélioration du manuel en usage ou son remplacement par un autre, importé ou produit ici. Le 4 juin 1886, après bien des atermoiements, l'archevêque de Québec demande à l'abbé Louis-Nazaire Bégin, principal de l'École normale Laval de Québec, de «rédiger pour la province un *catéchisme* à trois éditions graduées» et de «se rapprocher autant que possible du catéchisme de Baltimore». Par un jeu de critiques et d'influences, qu'il n'est pas facile de démêler, le rédacteur est amené à laisser tomber sa propre vision des choses et à proposer un texte assez proche du *Catéchisme de la Doctrine Chrétienne préparé et prescrit par le Troisième Concile Plénier de Baltimore.* Approuvé par les évêques le 20 avril 1888, le nouveau *Catéchisme des provinces ecclésiastiques de Québec, Montréal, Ottawa* remplace les petit et grand catéchismes. Il demeurera le seul manuel autorisé jusqu'en 1951[2]! Sa traduction anglaise devient également obligatoire pour les catholiques anglophones; jusqu'alors, eu égard «aux habitudes et au langage», la population catholique de langue anglaise avait conservé son catéchisme irlandais, le *Butler's Catechism.*

Aux yeux des évêques, le catéchisme est essentiellement le livre qui «résume tout ce qu'il est nécessaire de savoir pour vivre chrétiennement, [qui] peut tout dire, de manière simple et accessible à tous[3]». Ce qui n'en fait pas un garant d'immutabilité sociale. Les débats que soulève chaque production nouvelle démontrent bien, au contraire, qu'il est au cœur des changements de mentalité, de stratégies pastorales et d'orientations théologiques liées aux contextes sociaux et politiques[4].

La tâche des parents

C'est le souhait des gens d'Église que ce manuel de l'enseignement catholique se retrouve dans toutes les familles, «dans celles mêmes où l'on ne saurait pas lire» ajoutait Mgr Briand. Il doit servir à faire apprendre les premiers rudiments de la religion aux jeunes enfants et «à faire repasser aux grands, et [à] leur expliquer, de temps en temps, les vérités importantes qui nous y sont enseignées».

Les parents sont, en effet, les premiers éducateurs de la foi: «Dès que les enfants sont capables de comprendre, c'est le devoir des pères et des mères de leur faire apprendre par cœur la lettre du petit catéchisme du diocèse», rappelle le grand vicaire Alexis Mailloux dans son *Manuel des parents chrétiens*, ouvrage populaire publié en 1851 et régulièrement réédité au XIXe siècle. Aussi cette obligation s'échelonne-t-elle sur plusieurs années. Après leur avoir enseigné le signe de la croix et les principales prières du chrétien, les parents doivent préparer les enfants à la première confession en leur faisant apprendre «l'abrégé du catéchisme», qui renferme «tout ce qu'ils doivent savoir des mystères de la religion, des devoirs de la vie chrétienne, et des dispositions qu'il faut apporter pour recevoir avec fruit l'absolution». Mais leur tâche ne s'arrête pas là. Ils doivent veiller à ce que leurs enfants sachent complètement le petit catéchisme vers l'âge de 10 ou 11 ans, pour qu'ils puissent faire leur première communion; bien plus, quand leurs enfants «marchent au catéchisme» pour se préparer à ce grand événement, les parents — en l'occurrence, la mère — doivent créer un climat de prière à la maison et, si possible, faire répéter les leçons. Enfin, ils doivent envoyer leurs enfants au catéchisme dominical, même après leur première communion, et les inciter à y aller en y allant eux-mêmes assidûment. Même la prédication dominicale, résumée et commentée à la maison, devrait contribuer à ce qu'on appelle le catéchisme de persévérance.

Faut-il le dire? Ce modèle d'éducation de la foi dans les familles, rappelé à la communauté paroissiale une fois par année, est rarement vécu dans sa perfection. Si elles sont nombreuses les mères et les sœurs aînées qui enseignent les prières et les rudiments du catéchisme aux petits enfants de la maison et si elles poussent parfois le zèle jusqu'à leur en faire apprendre par cœur les questions et les réponses, bien peu de familles, semble-t-il, vont au-delà de cette première obligation. Et un certain nombre même la négligent.

Plusieurs curés, en effet, se plaignent de l'ignorance des enfants. Elle est surtout manifeste dans les régions nouvelles, où sont moins développées les structures scolaires et les formes d'encadrement religieux, mais il ne faudrait pas croire qu'elle n'existe pas dans les paroisses bien établies. Le témoignage du curé de Cacouna, en 1882, se rencontre à des centaines d'exemplaires jusqu'à la fin du XIXe siècle: «Les parents comptent un peu trop sur les institutrices pour leurs jeunes enfants. Ils les laissent souvent arriver à la première comm[union] sans avoir assez fait d'effort pour leur montrer eux-mêmes ce qu'ils pourraient leur montrer toujours en comptant sur les maîtresses. [...] Les mères selon moi manquent beaucoup pour ces premiers soins de leurs enfants, aussi ils vous arrivent pour la plupart très ignorants quand ils se présentent pour la première communion». Ce n'est donc pas pour rien que le sixième concile provincial, en 1878, promulgue deux décrets touchant de très près l'enseignement du catéchisme. Le premier, sur l'éducation à la maison, demande aux curés de rappeler aux parents leur devoir d'enseigner à leurs enfants, par la parole et l'exemple, tout ce qui a trait à Dieu, «pour qu'ils l'aiment et le vénèrent», et de veiller à ce qu'ils fréquentent assidûment le catéchisme et l'école, même si cela exige quelques déboursés. Dans le second décret, sur l'éducation des jeunes filles dans les couvents, les évêques déclarent que pour former des femmes chrétiennes, il faut donner la première place au catéchisme et si possible approfondir l'étude de la religion et de l'histoire sainte; «car, précisent-ils, la religion doit être le fondement de l'éducation chrétienne[5]». Ces directives sont reprises et expliquées dans la *Lettre pastorale des Pères du sixième concile de Québec*[6].

L'école à la rescousse

L'école vient cependant à l'aide des parents. Les évêques s'en préoccupent et renouvellent, au besoin, les ordonnances sur l'enseignement du catéchisme en classe: «Les maîtres et les maîtresses d'écoles le feront, promulguent-ils en 1853, en tout temps, deux fois par semaine; et, aussitôt que les enfants seront capables de lire, nous désirons que le petit et le grand catéchisme soient leurs livres d'école».

Dans un système scolaire de plus en plus affirmé comme confessionnel et surveillé par les évêques à travers le Comité catholique du Conseil de l'Instruction publique, cette obligation ne reste pas lettre morte. L'enseignement du catéchisme et celui de l'histoire sainte dans certaines classes sont intégrés au programme, au même titre que les autres matières. Et les futurs enseignants reçoivent la consigne de le donner dans les meilleures conditions possibles. Le *Cours de pédagogie* de Mgr Jean Langevin, par exemple, insiste sur les moyens de «bien faire le catéchisme»: y attacher une haute importance, s'y préparer soigneusement, rendre attrayant l'enseignement de la religion.

Mais il y a plus. Ce manuel et les cours préparatoires à l'enseignement présentent les instituteurs — et à plus forte raison les institutrices — comme de simples auxiliaires des curés de paroisses. Ils leur doivent respect et soumission. Ils doivent développer un climat religieux à l'école: prières au début et à la fin des classes, résumé des sermons du dimanche, exercices de dévotion, cantiques, visite à l'église, etc. Ils deviennent pour ainsi dire des suppléants du prêtre. Pour en demeurer dignes, ils doivent mener une vie exemplaire et assister régulièrement à la messe, même en semaine, et aux autres exercices de piété. En retour, le curé agira envers eux en père bien-aimé, en conseiller éclairé et en protecteur toujours prêt à les défendre contre l'injustice.

Dans cette atmosphère, l'enseignement du catéchisme devient une véritable mission, mais limitée, bien circonscrite. Il appartient aux enseignants de faire comprendre aux enfants «que la connaissance de la Religion est la première et la plus nécessaire de toutes les connaissances»; ils doivent aussi s'ef-

forcer de «faire bien apprendre et *comprendre* la lettre du catéchisme aux enfants», en donnant des explications simples
et en puisant «des anecdotes pieuses et des traits de l'Histoire
Sainte» dans le *Grand Catéchisme* ou dans les autres volumes
conseillés, comme le *Nouveau traité des devoirs du chrétien*, les
Instructions pour les jeunes gens, la *Morale en action*, etc[7]. Dans
les années 1880, paraissent des catéchismes expliqués qui
fournissent des commentaires simples pour chacune des questions du catéchisme; tels sont, dans la région de Montréal, le
*Questionnaire explicatif du petit catéchisme de la province ecclésias-
tique de Québec* et, à Québec, le *Code catholique ou commentaire
du catéchisme* de l'abbé David Gosselin et la célèbre *Explication
littérale et sommaire du catéchisme* du Père Édouard Lasfargues,
des Frères de Saint-Vincent de Paul.

    Si ces guides permettent aux professeurs d'approfondir
leur enseignement catéchistique, ils ne doivent cependant pas
les inciter à outrepasser leur rôle; Mgr Langevin le leur rappelle bien dans son *Cours de pédagogie*: «Mais comprenez bien
qu'il ne vous appartient pas d'entrer dans de longs dévelop-
pements sur la doctrine de l'Église; vous n'avez pas mission
pour cela, et vous vous exposeriez, faute de science suffisante,
à commettre beaucoup d'erreurs[8]». Même les Frères des
Écoles chrétiennes, pourtant spécialistes du catéchisme, ne
doivent pas excéder leur compétence: membres de l'Église
«enseignée» plutôt que de l'Église «enseignante», ni théologiens ni directeurs d'âmes, ils ne peuvent ni disserter sur le
dogme ni trancher des cas de conscience. Ils se contenteront
d'être l'écho des auteurs les plus solides: «Le maître ne dira
rien, dans les catéchismes, dont il ne soit très-certain: réponses, interprétations, faits cités,... tout doit être pris dans des
livres approuvés et authentiques; il ne décidera pas non plus
le cas où un péché est mortel ou véniel; il lui suffira de dire:
«C'est un grand péché, c'est une faute très-grave[9]...»

    Dans ces limites et sous la surveillance des curés, les en-
seignants — ce sont surtout des institutrices — s'acquittent
ordinairement assez bien de leur tâche: en témoignent les
commentaires élogieux des pasteurs, beaucoup plus nombreux que les dénonciations, dans les correspondances et les
rapports annuels. Dans certaines paroisses, les parents se

plaignent même «que le curé fait trop de catéchisme, et que les institutrices montrent trop de religion» (Saint-Épiphane, 1881), mais cela est assez rare. On verra plus souvent des curés reprocher leur ignorance ou même leur conduite à certaines institutrices; à propos d'une enseignante que les parents veulent chasser parce qu'elle maltraite les enfants, un curé explique: «J'ajouterai pour ma part que je la trouve passablement volage pour pouvoir faire l'éducation chrétienne des enfants tout en leur donnant l'instruction» (Saint-Moïse, 1877). La faute en est presque toujours imputée aux commissaires d'école qui «engagent quelques fois [sic] les maîtresses sans consulter le curé et il est arrivé que ce n'était pas toujours des maîtresses qui donnaient le bon exemple» (Saint-Épiphane, 1871). Pour prévenir cette situation, la tentation est forte, pour les pasteurs, d'exercer une surveillance paternaliste, sinon une véritable tutelle sur la commission scolaire.

La responsabilité du curé

Que les parents et l'école remplissent pleinement leur devoir ou pas, le curé de la paroisse joue toujours le premier rôle dans l'enseignement du catéchisme. C'est l'une de ses principales fonctions, lui rappellent les conciles et les ordonnances épiscopales qui lui déterminent, en plus, le temps et la façon de la remplir.

Aux enfants, l'enseignement du catéchisme par le curé se fait particulièrement au moment de la sacramentalisation: pénitence, eucharistie, confirmation. Pour la première confession, il s'agit surtout de juger de la maturité de l'enfant, qui doit avoir atteint l'âge de raison, et de sa connaissance des principales vérités nécessaires au salut, contenues dans l'*Abrégé du petit catéchisme de Québec pour les petits enfants* ou l'équivalent. La préparation à la confirmation — elle se fait ordinairement tous les quatre ans et plusieurs enfants ont alors fait leur première communion — comporte également des séances de catéchisme portant «non seulement sur le sacrement de confirmation, mais encore sur tout le reste de la Doctrine Chrétienne»; le curé doit aussi examiner individuellement tous les confirmands sur «le catéchisme *tout entier*». Il doit donc s'y prendre d'avance et enseigner parfois pendant plusieurs semaines[10].

C'est au moment de la première communion des enfants que le rôle du curé prend toute son importance. Les directives épiscopales sont très précises: «Chaque curé fera le catéchisme quatre ou cinq jours par semaine, pendant au moins les six semaines qui précéderont la première communion. Nous sommes d'opinion qu'au moins quatre heures par jour suffisent[11]». Le prêtre rassemble les enfants de 10 ans et plus qui n'ont pas encore fait leur première communion; dégagés des classes régulières et même de certaines besognes domestiques, ils «marchent au catéchisme», comme on dit à l'époque.

Pendant ces semaines, ordinairement au printemps, à la fin d'avril et au début de mai, le curé leur fait apprendre la lettre de tout le catéchisme, mais il doit employer toutes ses connaissances et sa pédagogie à leur expliquer la doctrine et à leur faire comprendre ce qu'ils ont appris par cœur. De là l'utilité du *Code catholique* et du catéchisme de Lasfargues, mais aussi d'autres catéchismes expliqués (Gaume, Cauly, etc.).

Le curé juge seul des aptitudes des enfants. Il renvoie ceux qu'ils ne trouvent pas prêts, par manque de préparation, de maturité ou d'intelligence, et les reconduit d'année en année, jusqu'à ce qu'ils réussissent l'épreuve. Ceux qu'il accepte à la première communion complètent la période du catéchisme par une retraite de trois jours.

Étant donné l'importance de la première communion dans la vie des gens — véritable rite de passage, elle marque très souvent la fin de la scolarisation et l'entrée prochaine dans le monde du travail —, les curés ne peuvent pas négliger le catéchisme qui la prépare. Dans certaines missions, ils devront peut-être, à cause du nombre restreint d'enfants ou de leur mauvaise préparation, reporter à une autre année le catéchisme et la première communion; ailleurs, la maladie ou la fatigue les obligeront à se faire remplacer. Mais, dans l'ensemble, les pasteurs s'acquittent consciencieusement de cet important devoir, et les évêques ont peu à intervenir.

Les problèmes se situent davantage au sujet de la clientèle. Nous l'avons vu: plusieurs curés se plaignent de l'ignorance, d'autres des absences de trop nombreux enfants négligés par leurs parents ou retenus pour des travaux domestiques.

Pour les enfants qui ont fait leur première communion et pour les adultes, les curés sont tenus de faire le catéchisme les dimanches et jours de fête; à Rimouski, on précise: «pendant une heure dans l'église en été, dans la sacristie en hiver». En plusieurs endroits, l'obligation est réduite à une demi-heure de janvier à avril. Ordinairement, l'instruction a lieu avant ou après les vêpres de l'après-midi.

Cette question du catéchisme semble poser bien des problèmes. Plusieurs curés s'en exemptent facilement ou encore s'y préparent mal. Une bonne partie des fidèles ne sont pas très réguliers. Par exemple, quoique les enfants soient tenus d'y assister «au moins pendant une année après leur première communion», il apparaît très difficile de les attirer à l'instruction du grand catéchisme. Les rapports annuels des curés regorgent de notations comme celle-ci: «Plusieurs [enfants] assistent régulièrement. D'autres sont très négligents. Le curé a souvent réprimandé les parents, les a incités à y assister eux-mêmes; afin de donner l'exemple à leurs enfants. Il faut répéter cet avis 3 ou 4 fois l'année» (Saint-Épiphane, 1881). Comme on le voit, bien des parents sont les premiers à s'absenter: «Dimanches et fêtes bien observés quant à l'assistance à la messe. On ne peut pas dire la même chose quant à l'assistance au catéchisme et aux vêpres» (Saint-Épiphane, 1874). Ou encore: «Plusieurs, qui ont des enfants, n'y assistent jamais» (Saint-Moïse, 1890). Certains fidèles prétextent l'éloignement, mais d'autres ne voient simplement pas l'utilité de cet enseignement: «J'ai constaté que les enfants qui ont fait leur première communion n'apprennent pas le Grand catéchisme, si ce n'est que quelques petites filles qui vont à l'école. Les gens trouvent drôle de ce que je veux qu'on enseigne le catéchisme et aux écoles et aux maisons. Ils n'ont point de catéchismes; alors, comment un curé peut-il leur enseigner?» (Sainte-Angèle, 1877). Il faut évidemment se garder de noircir le tableau: là où les curés se donnent de la peine, une certaine

proportion des paroissiens est assidue au catéchisme et fait
des efforts pour compléter sa formation religieuse. C'est parfois même la majorité, comme à Saint-Fabien-de-Rimouski en
1865: «Je remarque assez d'assiduité pour les offices et le catéchisme; aussi il me semble que les parents comprennent
mieux leurs devoirs par rapport à leurs enfants». Et à Saint-
Anaclet, en 1875: «Ils assistent régulièrement au catéchisme
pendant un an et au-delà après la 1ère Comm[union]. Les
parents en général sont exacts à envoyer leurs enfants au catéchisme, et à y assister eux-mêmes». Mais ce ne sont là que
des exceptions.

LA PRÉDICATION

L'instruction des fidèles ne peut se ramener au seul catéchisme appris à la maison, à l'école et même à l'église; ce
n'est, théoriquement, qu'un début, une initiation générale. Il
faut aller bien au-delà et viser un approfondissement constant
des mystères de la foi. C'est le but premier de la prédication.
Ce qui en fait un des devoirs les plus graves et les plus importants de la charge pastorale: «L'obligation d'annoncer les
vérités de l'Évangile est si étroite pour les curés et les pasteurs
chargés de la conduite des âmes, qu'on peut assurer ici qu'ils
sont obligés d'instruire sous peine de péché mortel, cette matière étant de la dernière conséquence», rappellent les ordonnances épiscopales. Il y a donc obligation de prêcher «au
moins chaque dimanche et jour de fête solennelle». La prédication portera «sur ce que les fidèles doivent savoir pour se
sauver, les vices qu'il leur faut éviter, et les vertus qu'ils ont
à pratiquer». Les instructions seront claires, courtes, bien pré-
parées, accessibles et données dans un langage correct[12].

La prédication ordinaire

Les curés remplissent ces critères d'abord dans ce qu'on peut
appeler la prédication ordinaire, c'est-à-dire celle des dimanches et fêtes. Elle comprend le plus souvent deux parties. La

première, de loin la plus écoutée, c'est le prône. Elle contient des prières, des avis divers (annonces des fêtes, liste des messes, publications, nouvelles: mortalités, réunions...) et des admonestations de toutes sortes; le tout consigné, de façon plus ou moins étendue, dans un *cahier de prônes* que peut consulter l'évêque.

Une étude des cahiers de prônes, menée par Serge Gagnon et René Hardy, montre bien l'importance du prône dans la vie quotidienne des fidèles et comment, par voie de défenses, de sanctions et d'encouragements, un curé peut exercer un véritable contrôle social dans sa paroisse[13]. La personnalité de chacun des pasteurs joue sans doute un rôle primordial: tel déborde rarement les sujets strictement religieux (piété, moralité), tel autre au contraire aime à toucher à tout (écoles, affaires municipales, élections...); les uns prennent un ton doux et paternel, les autres menacent et condamnent. Règle générale, cependant, la tendance est à la dénonciation des conduites jugées déviantes et à l'affirmation de normes de comportement; ce n'est pas pour rien que les évêques doivent rappeler à leurs curés que «se borner à reprendre certains désordres, à condamner certaines modes, ce n'est pas instruire le peuple, comme on y est obligé» (*Ordonnances épiscopales du diocèse de Rimouski*).

La seconde partie de la prédication ordinaire, c'est le sermon proprement dit. Il s'agit très souvent d'une explication du sens de la solennité ou de l'évangile du jour. Les évêques tiennent cependant à ce que les instructions se donnent «selon un certain ordre», pour «former une suite, au moins pendant l'Avent et le Carême»; on devrait ainsi expliquer le symbole des Apôtres, les commandements de Dieu et les sacrements. Les cahiers de prône montrent qu'on n'atteint pas toujours cette cohérence[14].

Les curés sont-ils préparés à remplir cette partie de leur tâche? En fait, les grands séminaires limitent assez la formation des prédicateurs: quelques conférences théoriques et exercices pratiques; et production, par écrit, de quatre sermons par année. De sorte qu'au moment d'entreprendre son ministère, le pasteur peut compter moins sur les règles théoriques apprises au cours classique et au grand séminaire que sur certaines expériences personnelles, sur l'exemple des aînés, sur les modèles classiques des sermonnaires et, surtout, sur ses talents d'improvisateur. Règle générale, dans le clergé séculier, c'est en prêchant qu'on apprend à prêcher.

Les résultats s'en ressentent. Et la fidélité des curés à la prédication au sens large — fatigue et maladie sont les principales causes d'abstention —, n'en garantit pas la qualité. Parmi les principales faiblesses pointées par les supérieurs ou les témoins, il y a surtout le manque de préparation ou, ce qui revient au même, l'habitude de l'improvisation. Parfois, également, on reproche aux curés de redonner, sans adaptation, des textes de sermonnaires ou des tirades de Massillon ou de Bourdaloue.

«Le dogme me paraît négligé», note le grand vicaire Edmond Langevin de Rimouski; «plusieurs donnent des instructions insuffisantes à leur peuple et passent des dimanches et fêtes sans traiter un sujet proprement dit de doctrine». C'est particulièrement le cas des curés qui aiment à allonger leurs prônes de l'interminable liste des défauts de leurs paroissiens; à ces pasteurs s'adresse le reproche d'un zèle «trop ardent»: «n'écoutant que leur horreur naturelle ou acquise pour certaines imperfections ou certains détails susceptibles d'accompagner le vice, [ils] tournent en chaire sur ces sujets, en font le thème habituel de leur prédication, menaçant du refus d'absolution pour des choses qui ne sont quelquefois pas péché en elles-mêmes et qui se trouvent parfaitement licites dans la paroisse voisine, où le Curé a d'autres idées, v.g. les danses, certains détails de toilette (petits chapeaux, rubans, crinolines &)[15]». Peut-on parler, comme certains auteurs, de «terrorisme spirituel»? Sauf pour de rares exceptions, il y a pour le moins exagération, sinon contresens; comme le rappelle justement Serge Gagnon, «ne nous laissons donc point impressionner par ces sermons à l'emporte-pièce, ces défenses fulminées du haut de la chaire, ces sanctions, ces menaces d'exclusion de l'assemblée des fidèles. [...] L'agressivité verbale du curé ne sanctionnait-elle pas un statut accepté par les fidèles? Les scènes d'épouvante, celle de l'enfer en particulier, qu'aimaient à évoquer certains prédicateurs à l'imagination fertile, ne jouaient-elles pas effectivement le rôle

aujourd'hui tenu par les séries «angoisses» du petit écran? [...]
Ce qu'il convient de retenir, c'est que les fidèles d'autrefois
étaient bien capables de résister aux agressions d'un curé plé-
nipotentiaire. Les prônes eux-mêmes se font parfois l'écho de
leur désapprobation[16]».

Autre reproche habituel: la longueur démesurée des instructions, qui dépassent souvent et largement la demi-heure
conseillée par les évêques. L'abbé John Holmes en attribue la
faute à Mgr de Forbin-Janson, qui a prêché une retraite au
clergé: «Mgr de Nancy a gâté bien des choses, c'est lui qui a
mis dans la tête aux gens de prêcher durant des heures en-
tières. Dans mon jeune temps, c'était une demi-heure, et encore disait-on que c'était trop long. À cette heure M xx qu'on
n'entend pas prêche 60 70 et 80 minutes[17]». Les exemples de
ce travers sont nombreux. L'abbé Holmes parle encore d'un
curé qui «a pour façon de prêcher une heure et demie et deux
heures. Quand il vient à dire: "un mot pour terminer, mes
frères", les habitants disent qu'ils n'ont plus qu'*une heure à
endurer*!» L'abbé Luc Désilets, curé du Cap-de-la-Madeleine,
est du même genre. Il reste rarement moins de deux heures
en chaire et, disent ses contemporains, il répète dans la
seconde partie ce qu'il a dit dans la première!

La prédication dominicale est aussi menacée de monotonie, particulièrement là où le même curé prêche depuis de
nombreuses années. À moins d'avoir le rare souci de se renouveler de façon régulière, il tourne facilement en rond, répète
les mêmes instructions à intervalles plus ou moins longs, rabâ-
che les mêmes thèmes et s'enfonce dans la routine. Pour les
paroissiens, dont il ne réussit plus à retenir l'attention, la tentation est forte de se soustraire à ces moments ennuyeux. Certains le font en piquant un somme; d'autres prennent prétexte
du froid pour s'agglutiner autour du poêle et jaser; plusieurs
hommes vont sur le parvis fumer une pipe ou parler affaires.
Si l'on en croit les cahiers de prônes, cette habitude de sortir
de l'église au sermon a été répandue pendant longtemps et
dans toutes les régions du Québec.

La prédication extraordinaire

La prédication extraordinaire est une des façons de prévenir la monotonie et ses suites. Elle est extraordinaire, parce qu'elle est faite par un autre prédicateur que le curé; elle appelle parfois de véritables spécialistes.

Il n'est pas toujours facile d'inviter des prédicateurs étrangers. Sont particulièrement favorisées à ce sujet les paroisses de villes et celles qui avoisinent un collège-séminaire ou une voie de communication importante; le curé peut alors faire des invitations plus fréquentes ou profiter du passage d'un prêtre étranger, parfois même d'un fils de la paroisse. Pour éviter les abus, les évêques exigent qu'on demande la permission et la juridiction nécessaires dans les cas sortant du commun. Règle ordinaire, les occasions les plus propices sont les fêtes solennelles (Noël, Pâques, Saint-Jean-Baptiste...) et certaines neuvaines.

Cependant, des circonstances très spéciales nécessitent une prédication idoine, le plus souvent assurée par des spécialistes: tels sont certains jubilés et les missions (ou retraites) paroissiales.

Les jubilés, ou mieux les «indulgences en forme de jubilé», consistent en une indulgence plénière, accompagnée de grands privilèges, accordée par le pape aux fidèles qui accomplissent des œuvres prescrites dans un temps spécialement désigné. Les jubilés sont dits ordinaires ou extraordinaires, selon qu'ils reviennent à intervalles fixes (100 ans, 50 ans, etc.) ou qu'ils sont concédés par le souverain pontife dans une intention particulière ou pour souligner un événement spécial. Créés et institutionnalisés au XIIIe siècle, les jubilés sont devenus très vite des «temps de grâce exceptionnels» où les fidèles ont été appelés à la prière, à l'aumône et à la conversion par une prédication spéciale.

Jubilé et prédication

Remarquez, N[os] T[rès] C[hers] F[rères], qu'un des salutaires exercices usités pendant le Jubilé et instamment recommandé, c'est la prédication de la parole de Dieu; ce sont des instructions simples et familières sur les grandes vérités de la foi et les devoirs de la vie chrétienne que nous enseigne la Religion. Ces prédications se font d'ailleurs pendant les retraites et au milieu des démonstrations religieuses et prières publiques. Toutes ces pieuses pratiques préparent les voies du Seigneur, en éclairant les esprits et touchant les cœurs. Il s'en suit que ces grandes vérités font de plus fortes et plus sérieuses impressions. La crainte de périr éternellement, si l'on ne fait pas une sérieuse pénitence, la pensée de la mort qui peut nous surprendre dans le péché, la terreur des jugements de Dieu et la frayeur des supplices de l'enfer, ne manquent pas, dans ces jours de salut, de faire sentir aux plus grands pécheurs le besoin de se réconcilier avec Dieu, en renonçant à leurs prévarications et en travaillant à former en eux un cœur nouveau. Il s'en suit que Dieu est aimé comme un bon père; et que l'on déteste le péché parce qu'il outrage son amour pour les plus grands pécheurs.

(Mgr Bourget, «Mandement de Monseigneur l'Évêque de Montréal, publiant l'encyclique de N.S.P. le pape Pie IX, concernant le jubilé de 1875», 22 fév. 1875, MEM, VII, p. 51.)

Nous avons compté 10 jubilés au Canada entre 1840 et 1900, dont quatre après 1870. À part ceux qui marquent traditionnellement le début des pontificats de Pie IX (jubilé de 1847) et de Léon XIII (jubilé de 1879), les jubilés de cette fin du XIXe siècle ont pour thème commun la dénonciation des erreurs modernes, le rappel des calamités qui frappent le monde et la description des dangers menaçant l'Église; la prédication des jubilés, qui n'est parfois qu'une explicitation du texte pontifical, tient donc beaucoup compte de ces sujets. Le meilleur exemple en est le jubilé de 1865, qui suit la publication de l'encyclique *Quanta Cura* et du *Syllabus errorum* (le catalogue des 80 plus grandes erreurs modernes) et qui insiste lui aussi sur ces «opinions monstrueuses» pour «condamner les principales erreurs de notre époque calamiteuse [...] et exhorter de plus en plus les enfants de l'Église catholique [...]

à fuir avec horreur la contagion de cette peste cruelle[18]». Sur
cette lancée, les évêques du Québec demandent donc à leur
clergé de prêcher, avant et pendant le jubilé, sur le thème des
erreurs dénoncées par le pape[19].

Plus que tout autre, ce thème exige des prédicateurs bien
préparés. Dans le diocèse de Trois-Rivières, par exemple, c'est
le grand vicaire Laflèche qu'on met à contribution pour les
sermons de la visite pastorale et pour la prédication du jubilé
dans plusieurs paroisses (Champlain, Acton-Vale, Trois-
Rivières...); il le prêchera aussi à la cathédrale de Montréal.
Ses thèmes favoris, la condamnation des erreurs de l'époque
et l'affirmation des droits de l'Église, sont exposés, selon la
Minerve du 19 décembre 1865, «sous une forme simple, qui
en rend, pour tous, l'intelligence prompte et facile». Il prolonge sa prédication par une série d'articles publiés dans le
nouveau *Journal des Trois-Rivières* et repris, en 1866, en un
volume sous le titre de *Quelques considérations sur les rapports
de la société civile avec la religion et la famille*[20].

Toutes les paroisses ne reçoivent certes pas de prédicateur aussi éminent; le plus souvent, le curé lui-même développe le thème dans un sermon ou un prône. Quant aux
prières et aux cérémonies, elles sont semblables à celles du
début du siècle; elles sont mieux connues grâce à la publication de brochures du genre des *Instructions et prières pour le
jubilé de 1881*[21].

Les missions ou retraites paroissiales

La prédication la plus extraordinaire demeure cependant celle
de la mission ou retraite paroissiale. Si, à la fin du XIXe siècle,
«mission» a presque partout cédé la place à «retraite», la réalité est restée la même: il s'agit d'une prédication centrée sur
les grandes vérités du salut, s'adressant à l'ensemble d'une
paroisse et martelée pendant au moins sept ou huit jours; prévue pour «faire une grande impression», pour «remuer jusqu'au fond des âmes de ce bon peuple», elle s'entoure d'un
cérémonial précis et saisissant, très semblable d'une communauté à l'autre: ouverture et clôture solennelles, sermons

spéciaux avec mise en scène, sonnerie de cloches (cloche des pêcheurs), bénédictions d'objets, promesses de tempérance, etc.

Les prédicateurs doivent présenter «un ensemble complet et coordonné d'instructions, de sermons et d'autres exercices spirituels destiné à renouveler entièrement les âmes d'une paroisse». Ils mettent donc l'accent sur l'idée de conversion, renforcée par des entretiens sur la foi, sur le sacrement de pénitence et sur les devoirs des chrétiens. Suivent des sermons sur le salut, le péché mortel en général, les principaux péchés et les fins dernières (mort, jugements particulier et général, enfer). Mais les prédicateurs doivent aussi prêcher la persévérance dans la foi, sa nécessité, ses ennemis, ses armes ou ses moyens (prière, fréquentation des sacrements, confiance en Marie, exercices de la vie dévote), avec une perspective sur la vision du ciel, terme ultime de cette persévérance. En résumé, comme l'indique un manuel des Rédemptoristes: «Elle [la prédication] commence généralement, par préparer l'âme à ne pas trop regimber devant les sacrifices qu'exige toute conversion. Puis, elle frappe de grands coups et pénètre l'âme d'une salutaire frayeur, dans le but de l'amener à la pénitence et au pardon que lui offre la miséricorde divine. Elle montre enfin aux convertis la voie à suivre à l'avenir et les encourage à y marcher généreusement, afin d'être fidèles jusqu'à la mort, surtout en priant sans cesse pour la persévérance finale[22]».

Les curés eux-mêmes suggèrent certains thèmes particuliers, car il leur arrive souvent d'organiser une retraite pour ranimer la ferveur de leurs fidèles, pour corriger ou même prévenir des abus précis. La lutte contre l'alcoolisme revient le plus souvent: «J'ai surtout l'intention de frapper un grand coup sous le rapport de la boisson», déclare le curé de Saint-Donat-de-Rimouski en 1882. Celui de Sainte-Félicité préfère prévenir: «L'an dernier [1895], un petit groupe de mes paroissiens a essayé d'obtenir une licence pour vente de boissons fortes, avec l'aide de Dieu, j'ai réussi à déjouer leur projet. Cet hiver, ils sont encore à l'œuvre; mais j'espère qu'une retraite, se terminant juste au jour où les conseillers peuvent accorder ces licences, laissera dans le cœur de bonnes dispo-

sitions sur lesquelles nous pourrons sûrement compter pour
éloigner de la paroisse le malheur qui le menace». Ailleurs,
c'est une maison de débauche qu'on aimerait faire fermer en
1879: «Mon intention est de donner la prochaine mission sous
forme de retraite; d'inviter un prêtre pour la prêcher. Ainsi,
j'espère qu'en faisant appel à l'honneur et aux sentiments religieux des habitants de Saint-Edmond, que nous parviendrons
à faire abandonner cette maison au moins aux catholiques de
l'endroit; et si elle se voit délaissée, elle sera obligée de
déguerpir.»

Dans ces cas, on vise surtout la conversion et on compte
impressionner et émouvoir assez les pécheurs pour les ramener vers le confessionnal et la table sainte. De dire un prédicateur: «Éclairés sur la malice du péché et terrifiés par les
grandes vérités, les braves gens n'entraient pas au confessionnal, mais y tombaient en sanglotant» (Grande-Vallée, novembre 1880); «Quand on montait en chaire et qu'on voyait la
grande église bondée de monde, on était déjà plus ou moins
excité [...]. Plus on les flagellait, plus leur ardeur pour la mission augmentait» (Beauport, avril 1884[23]). Le contenu dogmatique passe au second rang, même s'il n'est jamais escamoté.
Témoins, les thèmes de la retraite de Saint-Jean-de-Dieu en
1888, prêchée par deux Rédemptoristes: la sincérité, le jugement, la confession générale, les relations entre époux, les
devoirs des parents envers leurs enfants, la bonté de Jésus
dans l'eucharistie, l'ingratitude de l'homme, la charité et le
bon propos, les occasions prochaines volontaires de péché,
l'injustice, le blasphème et l'ivrognerie, l'enfer, la prière, la
dévotion à la sainte Vierge, les devoirs des enfants envers les
parents, la persévérance: sois fidèle jusqu'à la mort et je te
donnerai la couronne de vie. Il appartient au curé, par la suite,
dans sa prédication ordinaire, d'affirmer la vie religieuse ainsi
remuée et renouvelée. Des retraites plus courtes, à intervalles
plus rapprochés, permettent aussi de raviver l'ardeur. Y contribuent également, mais peut-être plus pour des catégories
déterminées de personnes, les moyens modernes de diffusion
du message, comme les journaux, les revues et la littérature
pieuse.

ET PUIS APRÈS?

Les plus belles leçons de catéchisme, les sermons les plus percutants, tomberont dans l'oubli s'ils ne sont pas rappelés régulièrement de diverses façons. Pour cela, le clergé table beaucoup sur les moyens courants de diffusion, dont le premier et le plus accessible est le bouche à oreille.

La prédominance de l'oral

Spécialiste de la religion populaire, Benoît Lacroix a maintes fois insisté — mais l'a-t-on suffisamment écouté? — sur la persistance et la prédominance de l'oral dans le Québec de l'époque:

> Si nous considérons plus directement le Canada français et son histoire, nous ne sommes pas étonnés de la présence d'une forte tradition orale, à un point tel que rien ne s'expliquerait, ou presque, sans elle. Entre les années 1760 et 1880, la culture est, ici, essentiellement orale. Les ruraux forment encore la majorité de la population au commencement du XXe siècle; ils n'ont guère l'occasion ou le temps de s'instruire. [...] Fidèles à leurs origines françaises et latines, mais lents à se donner une littérature écrite, les Canadiens français parlent beaucoup, chantent et racontent. [...] Même jusqu'au début du XXe siècle, l'analphabétisme, le manque de ressources financières et le long hiver favorisent la culture orale tout autant que le destin tragique d'être un peu oubliés en cette immense Amérique anglophone. Les Canadiens français, les Québécois en particulier, restent des gens de la parole[24].

Gens de la parole pour qui toutes les occasions sont bonnes: «Au camp, à la cabane à sucre, à la maison familiale, à la cuisine surtout, au magasin général, à la poste, à la forge ou même à l'étable, la visite d'un voisin, d'un parent, d'un étranger suffit à déclencher la parole». Sans compter la lecture publique des journaux et la lecture familiale des Annales ou des livres.

Dans quelle mesure cette parole polymorphe — cycles des contes, légendes et chansons — appuie-t-elle le discours clérical? On reconnaît aujourd'hui que cette littérature orale traduit les sentiments religieux du peuple, dévoilant un certain écart entre l'Église enseignante et l'Église enseignée. Par exemple, le Dieu de l'Église, des catéchismes et des prônes, créateur du ciel et de la terre, éternel, souverain, tout-puissant et justicier cède la place à un Bon Dieu plus quotidien, plus domestique, qui n'a rien de terrible, père éternel miséricordieux; aussi, écrit toujours le Père Lacroix, «nous pouvons nous demander, une fois de plus, s'il n'y a pas eu deux «Dieu» québécois: le Dieu juste du dimanche et des grandes retraites, et le Dieu miséricordieux de la maison». Mais la même littérature orale peut jouer un rôle didactique précis. C'est évident dans le cas des cantiques. Appris par cœur le plus souvent à partir de recueils imprimés ou partiellement recopiés, ils sont beaucoup utilisés à l'occasion des missions ou de certaines fêtes; on les reprend souvent en groupe ou individuellement. Sans doute, «ces textes ont souvent un contenu théologique qui dépasse de loin en intérêt et en exactitude la compréhension du peuple», mais certains peuvent toucher les personnes les plus simples. Il en est de même pour certaines chansons profanes; témoin, ce classique très répandu, *Le chrétien qui se détermine à voyager*:

> Quand tu seras dans ces rapides
> Très dangereux
> Prends la Vierge pour ton bon guide,
> Fais-lui des vœux...

Par ailleurs, les récits, les contes et les légendes remplissent une fonction sociale: ils donnent à des groupes des moyens de répression à l'endroit des conduites déviantes. Jean Du Berger en donne un bel exemple dans sa thèse de doctorat *Le diable à la danse*. À partir du thème légendaire du Diable beau danseur et des thèmes apparentés: le Diable à la danse, les Danseurs punis et les Filles enlevées par le Diable, il conclut:

> Ainsi la danse apparaît comme une action répréhensible que la communauté de parenté et la communauté de

croyance interdisent à moins qu'elle ne soit strictement contrôlée par le groupe; pour les groupes d'appartenance, la danse est une forme d'expression de la sexualité qu'il faut contrôler pour en éviter les excès; cette sexualité est orientée vers la procréation dans le cadre de l'institution familiale. Pour la communauté de parenté et la communauté de croyance, la danse est une menace car elle permet l'expression de forces obscures qui transforment les membres du groupe au point de les arracher parfois à leur communauté d'appartenance.

Une autre action répréhensible est l'acte de désobéissance d'un sujet à l'endroit de celui qui représente l'autorité du groupe qu'il s'agisse des parents ou des supérieurs religieux ou laïcs. Cet acte de désobéissance prend la forme de la révolte d'une fille qui va danser malgré la défense de ses parents ou du défi qu'un groupe de danseurs et de danseuses lance à celui qui leur interdit de danser durant un office religieux.[...]

Les conduites déviantes susceptibles de provoquer une crise dans un groupe d'appartenance sont objet de répression par la justice populaire au niveau du discours et des attitudes collectives; les conduites normales sont récompensées[25].

Certaines coutumes subissent davantage l'influence du clergé. Ainsi principalement la prière en famille, celle du soir surtout, très répandue, que déjà Mgr de Saint-Vallier incluait dans les «Pratiques de piété qu'un curé doit inspirer à ses paroissiens» et que Mgr Bourget propose encore parmi les «Divers secours spirituels et temporels pour le bien des Paroisses[26]». La mère, qui préside, reprend souvent les intentions proposées à l'assemblée dominicale. L'évêque de Montréal, comme l'ensemble du clergé, veut lutter contre la propension à «une joie profane» en encourageant un ensemble d'institutions culturelles destinées, dit-il, à «régénérer» la société canadienne-française.

Les journaux catholiques

Très tôt, le clergé canadien prend conscience que les «mauvais» journaux peuvent saper son influence en véhiculant des idées «perverses» (protestantes ou libérales) et en proposant des modèles immoraux (par la littérature de feuilletons, par exemple): «un mauvais journal a bientôt gâté l'esprit d'un peuple», rappellent les Pères du deuxième concile provincial de Québec en 1854. On peut retrouver des idées semblables chez presque tous les évêques, pendant toute la période et même encore au début du XXe siècle, quand Mgr Bruchési écrit à ses prêtres: «Il faut, chers collaborateurs, que nous fassions une guerre sans relâche aux mauvais journaux et aux publications malsaines que l'on veut introduire parmi nous, car ils constituent l'un des plus perfides ennemis de la foi et de la moralité de notre peuple[27]».

Les mises en gardes générales sont donc nombreuses. Les condamnations directes ne manquent pas non plus, entre autres, celles du *Pays* de Montréal, plusieurs fois dénoncé par Mgr Bourget, de l'*Électeur* de Québec en 1896, de *La Lanterne canadienne* en 1869 ou du *Réveil* d'Arthur Buies en 1876. Arrêter le mal n'est cependant qu'une première étape; il faut ensuite créer de bons journaux. La bonne presse, comme on l'appelle, ou la presse religieuse est d'abord conçue comme un moyen de lutter contre la propagande protestante ou libérale et de «former et maîtriser l'opinion publique et la faire tourner au profit de l'Église». Elle doit être aussi un instrument didactique pour propager les «bons principes». Dans la réalité, elle se découvre tôt une vocation de combat et devient polémiste à la mode de Louis Veuillot.

Les journaux religieux vont couvrir toute la province, mais Montréal compte les premiers et les plus combatifs. De 1840 à 1852, les *Mélanges religieux* font œuvre de pionniers et, après leur disparition, sont remplacés par l'*Ordre* (1858-1871), le *Nouveau Monde* (1867-1880), le *Franc-Parleur* (1870-1878) et enfin l'*Étendard* (1883-1893). La ville de Québec n'est pas en reste et, à partir de 1857, le *Courrier du Canada* (1857-1901) commence à «défendre les principes catholiques, la liberté de l'Église et les grands intérêts de la nationalité canadienne»; il sera appuyé par quelques autres, dont la *Vérité* (1880-1905) de Jules-Paul Tardivel[28]. En province, le *Courrier de Saint-Hyacinthe* (à partir de 1853), le *Journal des Trois-Rivières* (1865-1891), la *Voix du Golfe* (1867-1871) de Rimouski, la *Défense* (1898-1905) de Chicoutimi, entre autres, naissent à l'ombre des évêchés et imitent leurs modèles urbains. Leurs journalistes sont souvent talentueux, parfois brillants; certains sacrifient une carrière prometteuse et acceptent des conditions d'existence difficiles contre le privilège de défendre sans compromission leurs idées les plus chères. L'un des plus connus est Jules-Paul Tardivel, mais il ne faut pas oublier les Joseph-Charles Taché, Joseph Royal, François-Xavier-Anselme Trudel, Thomas Chapais et bien d'autres, dont les frères Désilets de Trois-Rivières[29].

Intransigeants et dogmatiques, ces chevaliers de la plume revendiquent le monopole de la vérité et se font une spécialité de pourfendre les ennemis de l'Église (protestants et anticléricaux), les libéraux de toutes eaux et les catholiques trop conciliants à leurs yeux. Ils les dénoncent à pleines pages, sans épargner personne, ni hommes politiques ordinaires, ni ministres, ni journalistes, ni membres du clergé; pendant longtemps, leur cible favorite est l'Université Laval et l'archevêque Taschereau qui, pensent-ils, favorisent le libéralisme ou du moins ne marchent pas avec assez de conviction dans la croisade antilibérale. «Il n'y a que deux camps sérieux ici-bas», répètent-ils volontiers après le *Journal des Trois-Rivières*, «celui de la vérité et celui de l'erreur, celui du bien et celui du mal». Malheur à ceux qui choisissent le «mauvais» camp ou qui défendent trop mollement le «bon»!

Leur militantisme leur attire des inimitiés tenaces. Les autres journalistes, également catholiques pour la plupart, supportent mal «ces catholiques à l'exclusion de tous les autres» et ces «régenteurs de la pensée humaine»; ils dénoncent ces nouveaux Pères de l'Église: «Autrefois, nous avions nos évêques et nos prêtres, de qui nous recevions l'enseignement, aujourd'hui nous avons la presse religieuse qui se permet d'en montrer aux prêtres et aux évêques, et qui, dans la conduite du troupeau des fidèles, a remplacé la houlette du pasteur

Jules-Paul Tardivel, journaliste ultramontain et fondateur de *La Vérité* de Québec. ANQ, coll. initiale.

par le fouet du charretier[30].» Le clergé lui-même, surtout l'épiscopat, ne peut accepter les attaques personnelles, qui frisent souvent l'impertinence, et le style outrancier, qui fait fi des règles de charité et de prudence. Après avoir employé inutilement les remontrances individuelles et privées, la majorité des évêques cherchent à museler les trop ardents jouteurs en exhortant «les membres de leur clergé et les écrivains catholiques à ne pas soulever ni discuter de questions brûlantes en matières religieuses ou ecclésiastiques sans en avoir conféré avec leur évêque respectif». Mais les journaux visés récidivent, et Mgr Taschereau les dénonce à Rome, exigeant «que le Saint-Siège intervienne *publiquement, promptement et d'une manière énergique*».

Les remontrances de certains évêques et même celles de Rome demeurent lettre morte ou du moins n'arrêtent pas les journalistes ultramontains, appuyés par d'autres évêques et une bonne partie du clergé. Mgr Bourget, l'instigateur de la presse religieuse, se vante de se dévouer «non seulement dans la chaire, mais encore dans la presse, pour que tous soient forcés d'entendre les saines doctrines que nous enseigne la Sainte-Église Romaine, notre Mère et notre Modèle». C'est pour imiter «le Pasteur des Pasteurs» qu'il a fondé «avec l'aide du clergé et de beaucoup de bons laïques», le *Nouveau Monde* «destiné à faire ici en petit ce que font en Europe les grands Journaux». Mgr Laflèche partage cet avis; encore en 1882, il écrit: «Il est hors de doute que ces journaux si franchement catholiques ont rendu de grands services à la cause de la vérité et de la justice en battant en brèche comme ils l'ont fait la mauvaise presse, et en défendant courageusement les droits de l'Église quand ils se sont trouvés attaqués[31].»

Pomme de discordre entre les factions ultramontaine et modérée des catholiques du Québec, la presse religieuse est également attaquée par des prêtres qui y voient une intrusion des laïcs dans un domaine réservé au clergé. Ces jugements et les condamnations sporadiques amoindrissent, il va sans dire, l'influence des journaux catholiques, surtout dans le diocèse de Québec où ils sont particulièrement traqués, même s'ils conservent une assez bonne crédibilité ailleurs. Mais les polémiques et l'action politique relèguent souvent au second rang tout l'aspect didactique, première raison d'être de la presse religieuse. Assez tôt, il faut songer à confier à d'autres publications la mission de compléter l'enseignement religieux tombé de la chaire ou reçu à l'école.

Les Annales et les revues catholiques

La dernière partie du XIXe siècle voit naître plusieurs périodiques catholiques qui se donnent pour première mission de propager la doctrine et de défendre l'Église. Quelques-uns s'adressent plus directement à l'élite, telles les revues lancées par l'Université Laval: la *Revue de Montréal* (1877), qui ne durera que quelques années, et le *Canada Français* (1888), à Québec, qui subsistera sous divers titres jusqu'en 1964. Le *Mouvement catholique* (1898) poursuit un objectif plus polémique: non seulement répandre «l'influence agissante de l'Église» — chaque numéro est rempli de détails sur la progression du mouvement catholique aux États-Unis, au Canada ou ailleurs et de nouvelles des missions du monde entier —, mais dénoncer et talonner le libéralisme catholique au pays. Certaines revues s'adressent plus directement au clergé, mais avec le souci de l'aider à mieux servir et instruire les fidèles: la *Semaine religieuse de Montréal* (1882), la *Semaine religieuse de Québec* (1888), la *Revue ecclésiastique* (1896) à Valleyfield et même les *Annales de l'Association des prêtres adorateurs* (1898).

La majorité des périodiques religieux visent à offir des lectures saines et instructives aux gens ordinaires, particulièrement dans le cadre familial. En 1873, par exemple, l'abbé Nazaire-Alphonse Leclerc lance la *Gazette des Familles* destinée à lutter contre la mauvaise littérature. La *Famille*, lancée en 1891 par l'abbé Frédéric-Alexandre Baillairgé, de Joliette, reprend substantiellement les mêmes objectifs: former moralement, «réaliser un bien social» et «établir le règne du Maître» à l'aide des «moyens suaves» que sont la littérature, l'histoire, les légendes et les récits dramatiques. L'abbé Baillairgé publiait déjà deux autres périodiques: l'*Étudiant* (1885) et le *Couvent* (1886) destinés respectivement aux jeunes gens et aux jeunes filles.

Dans le domaine des Annales et autres publications semblables, c'est l'explosion. Les mouvements et les confréries, les centres de pèlerinage et plusieurs communautés religieuses veulent, par l'écrit, poursuivre et étendre leur apostolat. Les *Annales de la Propagation de la foi*, par exemple, toujours aussi populaires, sont présentées à partir de 1877 dans une édition canadienne. La *Petite Revue du Tiers-Ordre et des intérêts du Sacré-Cœur* commence à paraître en 1884; la *Voix du Précieux Sang*, créée par les Sœurs Adoratrices du Précieux-Sang en 1894, veut répandre le culte du Précieux Sang dont les effusions ont racheté le monde et réparer, par la diffusion de saines lectures, le préjudice causé par les mauvaises publications; le *Rosaire pour tous* (1896), bulletin de la Confrérie du Rosaire et des œuvres dominicaines, contient «outre une gravure, une petite méditation sur une des séries des quinze mystères du Rosaire, un petit article bref et pratique concernant la dévotion du Rosaire et la solution de quelques-unes des difficultés pratiques les plus communes concernant la législation et les indulgences du Rosaire»; le *Petit messager du Très Saint-Sacrement* (1898), organe de la dévotion du Très Saint-Sacrement, poursuit un double but: «faire connaître le roi divin du Sacrement» et «promouvoir le message chrétien à la lumière de l'eucharistie». Dans la même veine, il faut distinguer le *Messager canadien du Sacré-Cœur* (1892). Propagateurs fervents de la dévotion au Sacré-Cœur, les Jésuites du Collège Sainte-Marie distribuent d'abord le *Petit Messager du Cœur de Marie*, une revue toulousaine qu'ils complètent par quelques pages sur la dévotion au Sacré-Cœur. Très tôt, cependant, ils décident de canadianiser la revue: «On sentait le besoin de lui donner un cachet plus national, de toucher aux pages de notre histoire, de feuilleter nos papiers de famille, plus aptes à édifier notre peuple». Le contenu en est très didactique et s'articule autour de quatre thèmes: la dévotion au Sacré-Cœur, les nouvelles de la chrétienté, la doctrine catholique, les problèmes sociaux. Très répandue à cause du succès parallèle des Ligues du Sacré-Cœur, la revue contribue beaucoup à répandre la doctrine sociale de l'Église.

Les principaux centres de pèlerinage se dotent d'annales qui deviennent vite très populaires. L'abbé Leclerc fonde, en 1873, les *Annales de la Bonne Sainte-Anne de Beaupré* et les confie, en 1877, au Collège de Lévis; on veut «publier les merveilles opérées par l'intercession de Celle qui a semblé prendre notre cher Canada sous sa protection toute spéciale», mais sans oublier «le Sacré-Cœur de Jésus, le Sacré-Cœur de Marie, Saint-Joseph, [qui] auront leur place marquée» de même que le récit de «la vie abrégée de quelques saints, surtout des patrons de nos paroisses et de ceux que les familles canadiennes affectionnent davantage». Le *Bulletin de Sainte-Anne-de-la-Pointe-au-Père* (1882) remplit le même rôle dans la région de Rimouski. Les *Annales du Très-Saint-Rosaire* font connaître, à partir de 1892, le sanctuaire de Notre-Dame-du-Cap. Le *Propagateur de la dévotion à Sainte-Philomène au Canada* fait de même pour le petit sanctuaire de Sainte-Pétronille, île d'Orléans, de 1880 à 1889. À partir de 1895, le *Messager de Saint-Antoine* poursuit le même objectif pour le pèlerinage du lac Bouchette.

Enfin, beaucoup de communautés religieuses lancent des annales ou des revues pour faire connaître leurs œuvres ou leurs dévotions. La plupart du temps, on commence par diffuser un périodique déjà existant en France — c'est le cas, notamment, des *Annales des Franciscaines missionnaires de Marie* —, mais on en vient rapidement à produire sa propre revue, comme on l'a vu pour le *Messager canadien du Sacré-Cœur de Jésus*. Les Dominicains, pour leur part, fondent en 1895 le *Rosaire* (à ne pas confondre avec celui de 1896), qui deviendra plus tard la *Revue Dominicaine*.

Ces publications, surtout celles qui s'adressent au peuple, proposent un contenu édifiant où voisinent les vies de saints, les histoires, anecdotes et légendes, les conseils moraux et certaines pages plus didactiques; elles servent aussi de propagande catholique contre les «ennemis», protestants et francs-maçons tout particulièrement. Elles sont de plus en plus répandues, grâce au progrès de l'alphabétisation, à l'appui du clergé, à la publicité qu'en font les communautés religieuses et à la multiplication des confréries ou des œuvres qui les supportent. Dans plusieurs foyers, où n'entre pas encore le journal, elles constituent l'unique lecture, l'unique ouverture sur le monde.

Les images et les médailles

Si populaires soient-ils, ces écrits ont un lectorat tout de même limité dans une société où sévit encore l'analphabétisme. Aussi, aux yeux du clergé, l'imagerie pieuse, qui s'adresse à tous, apporte-t-elle une compensation importante.

Dans les églises, les tableaux et les statues, toujours en grand nombre, répondent au besoin de «voir» Dieu et ses saints; le chœur, les autels latéraux, les baptistères en sont parfois littéralement encombrés. Dans les maisons, les murs s'ornent de plus en plus d'images saintes, de tableaux religieux, de calendriers de dévotion, de niches et de statues; le crucifix et la croix règnent dans presque toutes les pièces. La plus célèbre des croix, la croix noire de la tempérance, rappelle l'engagement du chef de famille à demeurer sobre ou abstinent; elle occupe la place d'honneur dans la cuisine avec, très souvent, des images de la Sainte Vierge et du Sacré-Cœur de Jésus[32].

À la fin du XIXᵉ siècle, la plus répandue des illustrations est sans doute l'image du Sacré-Cœur de Jésus portant l'inscription: «Je bénirai les maisons où l'image de mon cœur sera exposée et honorée». Mais sont aussi très populaires le Cœur de Jésus et le Cœur de Marie, qui font habituellement la paire, la Vierge Marie, saint Joseph, sainte Anne, la Sainte Famille et la Sainte Face. Très souvent réputées préservatrices — rejoignant en cela les médailles, statues, statuettes, rameaux, crucifix, croix, lampions, cierges, chandelles, eau bénite, eau de Pâques, eau de la Pentecôte, eau de mai —, elles sont exposées non seulement dans la maison, mais dans les bâtiments de ferme et même dans les jardins et les champs.

Il faut faire une place à part aux petites images de dévotion, étroitement associées à l'enfance et à l'école, mais que beaucoup d'adultes affectionnent également. Pour le clergé, elles servent d'instruments pédagogiques et de propagande religieuse, c'est incontestable, mais leur utilisation déborde ce cadre précis. Répandues en grande quantité, elles inondent la vie de tous les jours. Elles sont partout, à la portée de la main ou du regard, à toute heure. Elles s'intègrent à une multitude de gestes familiers: lire les prières derrière une image, baiser une image, glisser une image sous l'oreiller, appliquer une image sur une partie du corps, jeter une image au feu; et même avaler une image, car on en fait spécialement de toutes petites, comestibles, «qui étaient comme des hosties». Dans beaucoup de cas, les images servent de protection personnelle et plusieurs catholiques en portent sur eux, avec les scapulaires, les médailles et les Agnus Dei.

Autrefois, les coutumes dévotes exigeaient aussi que tous, hommes, femmes et enfants, portent le scapulaire de tissu qui sera plus tard remplacé par la médaille du scapulaire, plus élégante et bien plus discrète. Il y avait alors plusieurs «sortes» de scapulaires: celui de Notre-Dame du Mont-Carmel et celui de l'Immaculée Conception, celui du Tiers-Ordre, le scapulaire bleu et noir, le scapulaire rouge et bien d'autres encore. Certaines personnes accompagnaient même leur scapulaire d'une petite image pliée en quatre et insérée dans la pièce de tissu ou bien encore d'une image cousue au dos du scapulaire; on doublait ainsi le pouvoir de protection en additionnant une image de papier à une image sur tissu. Il arrivait aussi que l'on épinglait au scapulaire quelques petites médailles.

Selon Pierre Lessard, à qui nous empruntons ces lignes, «tous nos informateurs privilégiaient, et de beaucoup, les médailles car, en plus d'en mettre dans leur porte-monnaie, dans leur bourse, dans leurs poches et d'en épingler au scapulaire, ils en portaient tous dans «un petit sac à médailles» ou encore enfilées sur une épingle que l'on piquait à la camisole ou au sous-vêtement[33]».

Ces pratiques sont plus ou moins appuyées par le clergé, qui considère les images avant tout comme objets de méditation et de prière. *Mutatis mutandis*, on peut leur appliquer ce que Mgr Bourget disait d'une médaille et d'une image de l'Immaculée Conception reçues de Pie IX: ce sont «des *Images de la Foi, des Instruments de la Piété, et des Monuments de la Religion*[34]».

Cette imagerie traditionnelle doit beaucoup à l'Europe, comme le rappelle encore Benoît Lacroix: «images, tableaux et statues emprunteront tout de la France et de l'Italie». Mais la grande nouveauté de la dernière partie du XIXe siècle, c'est l'influence prépondérante de l'art religieux italien. Elle s'explique à la fois par la sensibilité de plus en plus romaine des catholiques du Québec, par les études d'artistes canadiens en Italie, par les voyages de plus de prêtres en Europe, par la présence chez nous de plusieurs artistes italiens invités par le clergé. Les conséquences ne sont pas toutes positives. Si

Gérard Morisset soulignait déjà «l'admiration sans bornes pour tout ce qui est romain et un emballement naïf à l'égard des artistes italiens qui quittent leur pays pour nous prêcher la religion de l'art», plus récemment, Pierre Savard précisait: «Dès les années 1820, on remplace la sculpture sur bois des églises par le plâtre et le moule des caissons qui sont moins coûteux. Quand on dispose de fonds plus considérables, on importe du marbre de la péninsule. On en importe aussi des sculpteurs. [...] Marbriers et fabricants de statues de plâtre à l'imitation de modèles italiens vont dominer le marché jusqu'au milieu du XXe siècle[35].» Ce qui ne contribue pas peu à nourrir le courant ultramontain, en fait romain, du catholicisme canadien.

CHAPITRE V

LES PRATIQUES

Comment ce discours clérical multiforme, cet enseignement continuel, ce rappel incessant des vérités éternelles et des obligations morales se traduisent-ils dans la vie ordinaire des gens? Car plus qu'une connaissance, la religion est un style de vie. Qui, en tant que tel, demeurera toujours en grande partie inaccessible aux historiens. Voilà sans doute pourquoi ils ont tant tardé à l'étudier à partir d'autres sources que l'écrit. Si, aujourd'hui, la religion populaire — la mal nommée — est davantage sujet d'étude, elle commence tout de même à peine à lever le voile sur le catholicisme vécu au XIXe siècle. Il faut donc être prudent en répondant à la question: comment les chrétiens ordinaires du Québec vivaient-ils leur religion sous l'œil vigilant du clergé?

LES PRATIQUES OBLIGATOIRES

Les témoignages les plus divers concordent pour assurer qu'à la fin du XIXe siècle, la pratique religieuse est quasi unanime et que bien peu de catholiques du Québec manquent aux obligations de l'observance des dimanches et fêtes, de la confession annuelle, de la communion pascale, du jeûne et de l'abstinence.

Les dimanches et fêtes

Deux commandemants de l'Église rappellent l'obligation de l'observance des dimanches et fêtes:

Les fêtes tu sanctifieras,
Qui te sont de commandement.

Les dimanches messe entendras,
Et les fêtes pareillement.

Le catéchisme précise en plus: «Nous devons sanctifier les fêtes d'obligation de la même manière que les dimanches, en assistant à la messe, et en nous abstenant des œuvres serviles» et «c'est un péché mortel, 1° de ne pas entendre la messe un dimanche ou une fête d'obligation, à moins d'une raison grave; 2° d'empêcher sans raison suffisante quelqu'un d'assister à la messe». Commentaire du *Code catholique*: «On entend par *raison grave*, une très bonne raison, telle que la maladie, le soin des malades et des enfants, la convalescence, le risque de rechute en s'exposant au grand air, la difficulté des chemins, comme il arrive quelquefois surtout pendant la saison de l'hiver, en un mot, l'impuissance réelle et l'impuissance morale. Une légère indisposition, un mauvais temps ordinaire, le fait d'être légèrement fatigué ou d'avoir perdu un peu de sommeil, ne sont pas des raisons suffisamment graves».

C'est ordinairement à l'église paroissiale que les fidèles, même ceux des villes où il y a pourtant beaucoup de chapelles, doivent remplir leur obligation. La grand-messe du dimanche avant-midi rassemble donc, du moins en théorie, hommes, femmes et enfants qui n'ont pas d'empêchement. Dans la plupart des paroisses, elle est souvent précédée d'une ou de plusieurs messes basses — les gens très occupés ou moins fervents optent pour la messe basse, plus courte, sans prédication et suffisante pour remplir le précepte —, d'une ou de plusieurs distributions de communion et de séances de confession.

La messe, même celle des dimanches ordinaires, demeure pour la majorité des gens une cérémonie assez énigmatique où l'officiant, vêtu d'un costume rituel, dos au peuple, multiplie des gestes stéréotypés (signes de croix, baisers, génuflexions...) et récite des prières, en grande partie à voix basse, dans une langue, le latin, que bien peu comprennent. Ajoutent encore au mystère l'aspersion d'eau bénite, les feux du luminaire, l'odeur de l'encens, la musique et les chants. Ces couleurs et ces sons, tranchant sur la grisaille du quotidien, contribuent à faire de la grand-messe un événement à part, d'une beauté éthérée. La magie joue encore plus aux jours de grandes fêtes — Noël, Pâques, Fête-Dieu, Toussaint... — quand la solennité, les ornements et les chants sont encore plus élaborés. Au cours de la messe, les assistants demeurent plutôt passifs; quelques-uns, de rares exceptions, suivent la cérémonie dans un missel qui donne la traduction des textes latins, les autres récitent intérieurement leur chapelet ou font leurs dévotions personnelles. Le prône et le sermon, en langue vernaculaire, peuvent éveiller une certaine communication entre le célébrant et l'assistance, bien sûr quand ils ne sont pas eux-mêmes causes d'assoupissement...

Seule la messe est obligatoire, mais les curés invitent fortement les fidèles à assister, également le dimanche, aux vêpres et au catéchisme. Malgré leurs instances réitérées, la réponse est généralement faible, et les paroissiens justifient facilement leur absence: éloignement de l'église, visites familiales, occupations diverses. Par contre, le repos dominical — essentiellement l'abstention des œuvres serviles — semble assez bien observé. De temps en temps, des curés doivent quand même s'élever contre des manquements: commerce le dimanche (mais on permet aux marchands de servir les gens éloignés du village), activité professionnelle obligée (chez les travailleurs des transports ou de certaines usines par exemple), voyages qui font manquer la messe, loisirs organisés, etc.

Aux 52 dimanches s'ajoutent quelques fêtes d'obligation, assez peu nombreuses à la fin du XIXe siècle: la Circoncision (1er janvier), l'Épiphanie (6 janvier), l'Ascension, la Toussaint (1er Novembre), l'Immaculée Conception (8 décembre) et la Noël (25 décembre); à partir de 1892, aux jours de l'Annonciation (25 mars), de la Fête-Dieu et de la Saint-Pierre (29 juin), les fidèles doivent assister à la messe, mais peuvent ensuite travailler.

Le rendez-vous dominical ou festif est l'occasion la plus courante de réunir la communauté paroissiale. Venus des quatre coins du territoire, les gens se rassemblent non seulement pour prier en commun, mais aussi pour échanger des nouvelles, visiter la parenté, pour acheter des marchandises, participer à certaines réunions ou simplement pour se sentir solidaires des autres membres de la communauté. Pendant longtemps d'ailleurs, les hommes politiques, particulièrement en temps de campagne électorale, profitent des rassemblements du dimanche pour tenir leurs assemblées. Très souvent même, avant 1878, c'est le perron de l'église qui leur sert d'estrade! C'est que le temple religieux, avec à proximité le presbytère (où se trouve parfois la salle des habitants) et le cimetière, est réellement le centre de la vie communautaire. Et la fierté de la population. Il doit être suffisamment spacieux pour recevoir tous les communiants; d'où le bon nombre d'agrandissements ou de remplacements des vieilles églises par des neuves (hélas pas toujours plus belles!). Malgré tous les débats que suscitent souvent ces projets, les paroissiens s'entendent ordinairement pour que leur temple soit propre, beau, ornementé selon les goûts du jour. Certaines rivalités de paroisses aboutissent parfois à la construction d'églises bien trop grandes pour les besoins.

L'immense majorité des fidèles assiste donc à la grand-messe, ou du moins à une messe basse, le dimanche et les jours de fêtes. Et sont pointés du doigt ceux qui s'absentent régulièrement sans raison suffisante. Cependant, certaines catégories de personnes manquent la messe à l'occasion, parfois même pendant de longues périodes. Ce sont par exemple les mères de famille empêchées par leur grossesse et les soins aux très jeunes enfants; ou les femmes obligées de «garder» la maison en attendant qu'une des filles puisse prendre cette responsabilité de temps en temps. Ce sont aussi les bûcherons «montés» dans les chantiers à l'automne et qui n'en reviennent qu'au printemps, parfois même seulement après la drave; ils sont ainsi plusieurs mois absents, sans secours religieux, sauf à l'occasion du passage d'un missionnaire vers le temps des Fêtes. S'ajoutent les ouvriers de certains métiers — navigateurs, employés des chemins de fer... — quand ils travaillent le dimanche. Enfin, à certaines périodes de l'année et dans certains milieux, tous ceux que la maladie, la pauvreté, le manque de vêtements ou le mauvais état des chemins empêchent de se rendre à l'église.

DU BERCEAU À LA TOMBE

Si le déroulement de l'année est scandé par les cérémonies des dimanches et fêtes, la vie personnelle de chacun des fidèles est aussi marquée d'étapes reconnues par la religion et sanctifiées par les sacrements, ces «signes sensibles, institués par Jésus-Christ, pour nous donner la grâce». Dans la dernière partie du XIXe siècle, la pratique sacramentaire est généralisée et ne connaît pas de bouleversements profonds; elle est simplement davantage uniformisée et réglementée.

Pour établir, en effet, une «sainte uniformité», le premier concile provincial de Québec (1851) impose le rituel romain à l'exclusion de tout autre; en 1853 paraît un *Compendium* du rituel romain, approuvé par le Saint-Siège. Il devient obligatoire partout et efface toute coutume contraire: «Aucun prêtre n'étant maître d'introduire à son gré des rites particuliers, il est strictement défendu à tous de s'éloigner de la forme prescrite dans le Rituel, sous prétexte de coutume contraire, ou sous tout autre prétexte» (Mgr Jean Langevin). Après un certain flottement, occasionné surtout par le manque d'information et une certaine mésentente entre Québec et Montréal, les curés se plient volontiers aux règles imposées. Ainsi les fidèles ne sont pas dépaysés d'un diocèse à l'autre.

Le baptême

«Absolument nécessaire au salut», le baptême est conféré le plus tôt possible après la naissance, ordinairement la journée même ou dans les trois jours qui suivent; en cas de nécessité, c'est-à-dire quand l'enfant est en danger de mort, le médecin, la sage-femme ou tout autre personne doit présider à l'ondoiement. Dans la majorité des cas, cette charge revient aux sages-femmes et les curés veillent à leur formation dans ce domaine «en leur faisant subir là-dessus un examen strict sur tous les cas embarrassants dans lesquels elles peuvent se trouver, et leur donnant [eux]-mêmes des exercices sur l'administration de ce sacrement» (Mgr Bourget). Mais, en plusieurs endroits, des médecins catholiques pratiquants prennent la relève[1].

Le clergé se plaint assez peu dans les cas d'ondoiements, mais la règle commune est de rebaptiser sous condition les enfants survivants, «parce que, explique Mgr Bourget, tout fait croire qu'il reste toujours un doute probable sur la validité de ce baptême, quand il est administré par des laïques dans un moment critique, tel qu'est toujours celui d'un danger de mort».

Les gens connaissent bien les cérémonies du baptême solennel, toutes chargées de symbolisme et qui n'ont pas changé depuis le concile de Trente. Le prêtre doit faire les interrogations en latin, mais peut les répéter en français ou en anglais; la tendance est plutôt à les faire uniquement dans la langue vulgaire.

Les prêtres doivent aussi veiller «à ce que l'on ne donne pas aux enfants des noms ridicules, impies ou romanesques, mais bien plutôt des noms de saints *connus,* que les enfants puissent prendre pour modèles». Ils n'y réussissent pas toujours, mais compensent par l'habitude d'ajouter aux prénoms choisis par la famille celui de Marie et de Joseph, selon le sexe. Le plus couramment, le prénom est celui d'un ancêtre, d'un parent, du saint ou de la sainte du jour.

Le baptême marque l'entrée du nouveau-né dans la communauté chrétienne. L'importance de ce rite de passage est soulignée par l'exceptionnelle beauté de la robe et des autres atours du bébé, très souvent transmis d'une génération à l'autre, et par la décoration des baptistères qui, sans avoir tous l'exubérante beauté de celui de Saint-Joseph-de-Boucherville, sont ordinairement parmi les plus beaux endroits de l'église. Mais le baptême contribue également à l'intégration sociale, c'est-à-dire à l'acceptation de l'enfant dans la collectivité paroissiale. Cette intégration obéit à tout un lot de coutumes: choix du nom par la mère, désignation des parrain et marraine, «défilé» du compérage, fête du parrain, etc[2].

La pénitence

Initiés très jeunes à la prière et instruits à la maison des premiers rudiments du catéchisme — c'est du moins l'idéal proposé par le clergé —, les enfants font leur première confession quand ils atteignent l'âge de discrétion, c'est-à-dire vers sept ans. On doit les y préparer par une catéchèse spéciale «pour leur expliquer les principaux mystères de la foi, les dispositions qu'ils doivent apporter à la confession qu'ils vont faire; et on leur fera produire tous ensemble les actes de foi, d'espérance, de charité, de contrition et autres prières» (Mgr Bourget). Après cette première confession, les enfants, qui n'ont pas encore communié, se présentent au confessionnal au moins une fois par année, de préférence deux ou trois fois l'an.

Le troisième commandement de l'Église — «Tous tes péchés confesseras À tout le moins une fois l'an» — oblige aussi les adultes à la confession annuelle. Le temps n'en est pas fixé comme pour la communion pascale, mais il va sans dire que ceux qui se limitent à la stricte obligation de la communion et de la confession annuelles les font ordinairement coïncider. La très grande majorité des fidèles dépassent cependant ce minimum; on peut dire qu'un catholique ordinaire se confesse (et communie) quatre fois par année environ — «je me confesse et communie trois et quatre fois l'an», écrit Louis-Olivier David à Mgr Conroy pour l'assurer qu'il est un bon catholique[3]; les plus fervents dépassent largement ce compte. Ce qui donne, dans une paroisse comme La Prairie, une moyenne annuelle de 3,8 à 5,3 confessions par catholique[4].

La pratique du confessionnal s'humanise pendant tout le XIXe siècle. Il y a de moins en moins de ces confessions de deux ou trois heures, avec report d'absolution; de même, règle générale, les confesseurs restreignent leurs questions et n'exigent plus une complète conversion avant de donner l'absolution. Désormais enseignée et acceptée partout, la morale de saint Alphonse de Liguori remplace la vieille théologie «mesquine, rigide, intolérante» (Henri-Raymond Casgrain) et atténue l'aspect punitif de la confession. Il reste cependant quelques adeptes de l'ancienne rigueur. Comme l'abbé Luc

Désilets, curé du Cap-de-la-Madeleine, qui peut faire durer les confessions, même celles des enfants, de une heure à une heure et demie, questionnant et répétant: «Dis-le, n'aie pas honte». Il a un goût particulier pour les confessions générales qui peuvent s'échelonner sur six mois à raison d'une séance par dimanche; pour les confessions ordinaires, il lui arrive aussi de retarder l'absolution de semaine en semaine pendant deux mois, avec défense de communier. Même compensée par une bonté et une patience exemplaires — «jamais une parole amère, dure...», assurent des contemporains —, sa sévérité excessive pousse bien des pénitents à s'adresser à des prêtres moins scrupuleux[5].

Les pénitences publiques ont disparu, mais subsistent encore, quoique peu utilisés, les interdits et excommunications. À partir de 1851, les conciles ont restreint à deux le nombre des péchés (ou cas) réservés — il s'agit de fautes, jugées particulièrement graves, dont on réserve l'absolution à l'évêque ou à quelques prêtres désignés: il s'agit du concubinage public et de la location de logements aux prostituées, auxquels s'ajoute un troisième, le parjure, en 1873. Désormais, on donne à tous les confesseurs de multiples occasions d'absoudre ces péchés réservés — par exemple, lors d'une mission, d'une retraite paroissiale ou d'une confession générale —, de telle sorte que le recours à l'évêque ou à ses délégués spéciaux devient rarement nécessaire.

Tout le rituel de la confession est uniformisé et bien surveillé. La coutume s'établit en plusieurs endroits de «réserver un côté du confessionnal pour les hommes, et l'autre pour les femmes»; l'évêque de Rimouski en fait une règle pour toutes les paroisses de son diocèse. Dès leur jeune âge, les fidèles apprennent une formule qu'ils doivent utiliser avec tous les confesseurs. Par souci de conformité au rituel romain, la demande de bénédiction en entrant au confessionnal — «Bénissez-moi, mon père, parce que j'ai péché» — disparaît pendant un certain temps; mais elle reparaît plus tard.

Les confesseurs eux-mêmes doivent se conformer scrupuleusement aux règles minutieuses concernant les lieux, les confessionnaux (la grille, par exemple), l'habit (surplis et étole violette obligatoires) et la formule sacramentelle. Des sanctions très sévères menacent ceux qui oseraient violer le secret de la confession, faire de la sollicitation au confessionnal ou absoudre leurs complices; si on ne connaît aucun cas relatif au premier délit, Rome a dû intervenir quelquefois pour relever des censures attachées aux deux autres.

La confirmation

Les enfants peuvent recevoir le sacrement de confirmation à partir de sept ans environ. Mais comme l'évêque en est le seul ministre ordinaire, ils doivent attendre sa visite, tous les trois ou quatre ans. Quel que soit leur âge, les confirmands doivent être préparés, nous l'avons vu, par un catéchisme spécial. Au jour de la confirmation, un prédicateur de la suite de l'évêque explique le sens de la cérémonie aux enfants et aux parents. Le décorum contribue encore à les sensibiliser à l'importance de l'événement: l'évêque pontifiant somptueusement vêtu, les jeunes filles portant le voile et les garçons, le brassard. Le curé de la paroisse tient registre de tous les confirmés; plus tard, il sera obligé de noter la confirmation dans la marge de l'acte de baptême du registre paroissial.

L'eucharistie

L'âge normal de la première communion demeure toujours 10 ou 11 ans; même s'il y a tendance à faire communier les enfants plus jeunes, Mgr Paul Bruchési, de Montréal, rappelle encore en 1898: «Dorénavant, on n'admettra pas les enfants à la première communion avant qu'ils aient atteint dix ans révolus. Ce règlement [...] permettra d'apporter une préparation plus soignée et plus efficace à la réception de cet auguste sacrement[6].» Des curés retardent ainsi l'admission de certains enfants sous le prétexte «d'ignorance» ou par crainte qu'ils n'abandonnent le catéchisme et l'école après leur première communion. Chaque année, un bon pourcentage d'enfants ne réussissent pas leurs examens et doivent recommencer l'année suivante; après plusieurs essais infructueux, on accepte tout de même l'adolescent démuni «par charité», mais à la grande honte de ses parents.

En effet, nous l'avons vu plus haut, pour recevoir la première communion, il faut savoir son catéchisme par cœur et pouvoir en donner une certaine explication, à la discrétion de monsieur le curé. C'est lui le seul juge de la science des enfants; il doit d'ailleurs le rappeler souvent aux parents impatients. Car la première communion est une fête très attendue, très spéciale pour la famille tout autant que pour la paroisse entière. On se met en frais de tenue, plus encore que pour la confirmation. Les autorités religieuses distribuent ordinairement à chacun des enfants une image-certificat qu'ils conserveront précieusement. Après la cérémonie, c'est la fête à la maison. Les plus riches font photographier leur héros ou leur héroïne dans ses plus beaux atours. Bref, pour les premiers communiants, ce doit être «le plus beau jour» de leur vie.

Après la première communion, tout catholique est obligé de communier au moins une fois par année, pendant le temps pascal: «Ton Créateur tu recevras, Au moins à Pâques humblement». On doit faire sa communion pascale dans sa paroisse, «à moins qu'on n'obtienne de son curé ou de son évêque la permission de la faire ailleurs»; à la fin du XIXe siècle, par indult spécial, le temps pascal commence, au Québec, le mercredi des cendres et finit le dimanche de la Quasimodo.

Indice d'une pratique religieuse quasi unanime, il y a peu de cas de non-pascalisants: quelques exceptions par paroisse, selon les rapports annuels des curés. Ce sont ordinairement, assurent les pasteurs, des habitudinaires invincibles (ivrognes, concubinaires, usuriers...); plus rarement encore, des négligents qui ne se repentent pas à l'occasion des missions paroissiales ou au moment de la mort. De telle sorte que les refus de sépulture religieuse pour cette raison sont très peu nombreux.

En fait, la majorité des gens ne se contentent pas de cette communion annuelle et la moyenne de communions du pratiquant ordinaire est de trois ou quatre; la tendance est même à la hausse. Grâce aux confréries et aux associations religieuses, la communion fréquente se répand non seulement chez les enfants, mais aussi parmi les adultes, les femmes particulièrement. Elle est conseillée par le catéchisme de 1888:

> 277. Est-il bon de recevoir souvent la sainte communion? Oui, il est bon, et assez souvent nécessaire, de recevoir souvent la sainte communion, qui augmente en nous la grâce et nous fortifie contre le mal.

Plus loin, au numéro 287, on précise que recevoir la sainte communion est une manière de bien entendre la messe; dans son commentaire, l'abbé David Gosselin précise: «Ceux qui veulent mener une vie véritablement sainte, devraient s'approcher de la sainte Table chaque semaine, si leur confesseur les en juge dignes et leur en donne la permission». On voit bien là toutes les limites de la communion fréquente avant les décrets de Pie X. Mais elle est quand même conseillée aux membres de plusieurs associations religieuses, notamment à ceux de l'Association de la Communion réparatrice lancée après le jubilé de 1875. Le groupement vise les «âmes ferventes» des paroisses, mais plus particulièrement «les Séminaristes et les Élèves des Collèges, des Couvents et autres maisons d'éducation», ainsi que les gens vivant «dans les Asiles de charité, les orphelinats et autres hospices, qui abritent tant de bonnes personnes à qui la religion enseigne à bien vivre, pour bien communier[7]».

Le mariage

Sauf pour des motifs supérieurs (vocation sacerdotale et religieuse, service d'autrui), le mariage est le destin commun des jeunes gens et des jeunes filles. Ils ne doivent pas trop tarder à s'y engager, car la société sanctionne sévèrement l'état peu recommandable de vieux garçon et de vieille fille par des expressions («coiffer sainte Catherine») ou des dictons («Vieux garçon, vieux cochon»).

Aux yeux de l'Église, le mariage est d'abord et surtout un sacrement «qui sanctifie l'alliance légitime de l'homme chrétien et de la femme chrétienne, en leur donnant la grâce de vivre ensemble chrétiennement». Mais il est aussi un contrat civil, qui unit deux jeunes gens et surtout deux familles, et un rite de passage d'une classe d'âge à une autre, rite incluant un certain nombre de pratiques.

Le clergé revendique une juridiction totale sur l'institution du mariage et ne consent à l'État que certains droits sur ses effets civils. Ce qui donne lieu à des difficultés et à des frictions, comme nous le verrons plus loin. Et puis, comme un grand nombre de pratiques populaires précèdent et accompagnent la cérémonie du mariage, la «loi populaire» joue un rôle important dans la formation des couples, comme Robert Cliche et Madeleine Ferron l'ont bien mis en valeur pour la Beauce[8]. D'ordinaire, les curés n'osent pas s'y opposer, en autant qu'on respecte certains principes — la liberté des conjoints, par exemple — et qu'il n'y a pas de désordre.

Le clergé multiplie cependant les conseils et les mises en garde à propos des fréquentations préparatoires au mariage: sermons, prônes, exhortations de toute sorte reviennent souvent sur le sujet et rappellent aux parents leurs obligations et leurs devoirs.

Les fréquentations

Notre XIXe Ordonnance Synodale signale les dangers des *fréquentations* qui précèdent le mariage, telles qu'elles se pratiquent malheureusement parmi beaucoup de jeunes gens. Nous y avertissons les confesseurs qu'ils doivent refuser les sacrements: 1° aux parents qui permettent à leurs enfants des amitiés trop longues, des entretiens trop fréquents ou trop prolongés le soir, enfin des rencontres ou des promenades seul à seule; et 2° aux jeunes gens qui font durer trop longtemps ces fréquentations, sans avoir l'intention sincère ou les moyens de se marier bientôt, qui cherchent à se rencontrer à l'insu ou en l'absence des parents, enfin qui ont des tête-à-tête, soit à la maison (surtout sans lumière), soit dehors, dans les chemins, les champs, les bois, soit en voiture, soit sur l'eau. Ah! N.C.F., que de malheurs, que de crimes, que de déshonneurs seraient prévenus, si l'on voulait enfin suivre ces règles si sages!

(Mgr J. Langevin, «Lettre pastorale Au sujet des Ordonnances du Premier Synode Diocésain», 31 mars 1871, MER, I, p. 328.)

Malgré cela, il existe un certain relâchement des conduites, comme nous le fait bien voir la fréquence de rappel des directives et, à l'occasion, des rapports de paroisses.

Les fréquentations «pour le bon motif» durent ordinairement de quatre à 12 mois et conduisent non à des fiançailles, assez peu répandues, mais à la demande en mariage, «petite demande» si elle se fait à la veillée devant les membres de la famille, «grande demande», plus solennelle, quand elle réunit les pères et les futurs. Une fois prise la décision du mariage, intervient le curé de la paroisse de la conjointe, où la cérémonie aura lieu. Il n'est pas défendu de se marier pendant le carême et l'avent, mais il ne peut alors y avoir de solennités, ni pompe ni messe nuptiale, ce qui équivaut presque à une prohibition. La publication des bans — trois en théorie — se fait les dimanches précédant la cérémonie. Les futurs mariés obtiennent facilement la dispense d'un ou de deux bans, plus rarement des trois; dans la paroisse de La Prairie, de 1854 à 1877, il y a 57,4% de publications d'un ban et 5,8% de deux bans[9].

Malgré les demandes du clergé, qui voudrait un intervalle entre la publication du dernier ban et la cérémonie nuptiale, il y a encore beaucoup de mariages le lundi, même si le mardi et le mercredi sont populaires. Toujours à La Prairie, de 1854 à 1877, 69% des mariages se célèbrent le mardi et 28% le lundi; à Sainte-Brigide de Montréal, de 1905 à 1914, 48,23% des mariages ont lieu le lundi et 34,23% le mardi[10].

Quand le curé rencontre les promis pour la première fois, il les soumet à un véritable interrogatoire. Il s'assure, entre autres choses, du libre consentement de chacun, de l'absence d'empêchements (de parenté surtout) au mariage et, aussi, du degré suffisant de leur instruction religieuse: «Le curé ne doit pas marier ceux qui ne savent pas les éléments de la Doctrine Chrétienne», insistent les évêques. Parfois, également, il lui faut «enseigner à ceux qui se marient, les devoirs de leur état», mais toujours en respectant la «pudeur sacerdotale» et en évitant «de faire connaître, avant le temps, des choses qui pourraient faire ternir l'éclat de l'innocence de ceux qui vont recevoir un aussi grand sacrement». Mais en réalité, leur entretien doit porter bien plus sur les principaux éléments d'une spiritualité du mariage que sur des notions d'éducation sexuelle.

Le mariage donne lieu à la fête, à cette «joie mondaine» que le clergé est bien obligé de tolérer, non sans réitérer ses conseils de prudence et de simplicité pour éviter des excès et «des divertissements, qui feraient rougir des idolâtres». Il faut, disent les moralistes, accepter «une pompe et une gaîté modestes», et éviter les «danses bruyantes et lascives». Mais plusieurs se demandent justement «quelles sont les danses qui ne sont *ni bruyantes ni lascives?*»

Ces recommandations n'empêchent pas les réjouissances. La noce commence chez les parents de la mariée avec repas, danses et joyeuses libations, pour se poursuivre le soir ou le lendemain chez les parents du marié. Il n'est pas rare que la fête se prolonge pendant quelques jours. Au témoignage d'Édouard-Zotique Massicotte, la palme de la noce la plus longue reviendrait à un riche cultivateur de Saint-Jean-Port-Joli, dans les années 1870: «Les noces durèrent trois semaines. Pendant la première semaine étaient invités les parents et amis de la paroisse des jeunes époux. Dans la deuxième semaine et la troisième semaine, ce fut au tour des parents et amis de deux autres paroisses voisines. Pendant tout ce temps, ces invités furent hébergés chez le père des nouveaux époux [...] Les violoneux se remplacèrent et faillirent mourir à la peine[11]». C'est évidemment un cas limite.

L'extrême-onction et le viatique

Les chrétiens du XIXe siècle attachent une grande importance à la «bonne mort», qu'ils ne conçoivent pas sans le support du prêtre; mourir subitement, sans les derniers sacrements — sans les «secours de la religion», comme on dit —, est une des pires calamités: «De la mort subite, délivrez-nous, Seigneur», chante-t-on dans les litanies des Saints. «Rien donc de plus nécessaire et de plus désirable qu'une bonne mort, comme aussi rien de plus terrible qu'une mauvaise mort, la mort dans le péché», prêche le clergé[12].

La mort subite de Louis-Hippolyte LaFontaine

oui, j'ai appris dans le temps la mort inopinée du pauvre et mal-heureux M. Lafontaine, frappé d'apoplexie à l'audience, et trans-porté de là chez lui où il est mort le soir du même jour. un juge de ses collègues lui a suggéré quelques actes de repentir; mais peut etre n'avait-il plus sa connaissance; et voilà comment il est mort, après avoir renvoyé de jour en jour son retour à Dieu, quoi-qu'il craignit depuis long temps de mourir de mort subite. Il s'est sacrifié pour les autres, n'a laissé que fort peu de biens; et avec tout cela, n'a rien fait pour Dieu et s'est présenté devant lui les mains vides. Il eut mieux valu pour lui, n'être qu'un *bon habitant* de Boucherville, fidèle [à] ses devoirs de chrétien et de père de famille, que d'avoir été décoré de titre de Baron, et de celui de grand juge, ces titres d'honneur ne lui seront gueres utiles dans le pays ou il est allé, ni au tribunal du Souverain juge des actions libres des hommes, car dans cette cour suprême, la maxime rigou-reusement observée pour tous, est celle-ci: *reddat uni cuique secon-dum opera ejus* [il rendra à chacun selon ses œuvres].

(Michel-Étienne Faillon à Pierre Margry, 17 avril 1864, Louis-Philippe Cormier, éd., *Lettres à Pierre Margry*, Québec, PUL, 1968, p. 126-127.)

L'une des tâches importantes du curé consiste à visiter les malades et surtout les mourants. Il doit leur accorder «tous ses soins», «de lui-même et sans qu'on l'appelle, les visiter aussi souvent qu'il est nécessaire» et «pourvoir aux besoins de ses malades, surtout quand ils sont pauvres». Quand le moment suprême approche, il doit tout faire «pour que les fidèles ne soient pas exposés à mourir sans les secours et les consolations de la religion». Quelles que soient les conditions de transport ou de temps, le prêtre, dès qu'il est appelé, doit se rendre au chevet des mourants, leur administrer les der-niers sacrements et les assister jusqu'à la fin.

La plupart du temps, l'extrême-onction, la saint viatique et l'indulgence de la bonne mort se donnent en même temps. Quand les conditions le permettent, on le fait avec une cer-taine solennité: «On doit avoir une clochette et au moins un fanal allumé pour porter le saint-Viatique, excepté dans les missions éloignées, ou quand il y danger de sacrilège, de la part des hérétiques». Dans les environs de l'église, on le porte en procession: chaque paroisse doit «se pourvoir d'une ombrelle et de tout ce qui est requis par le Rituel, pour donner à l'administration du Saint-Viatique toute la solennité possible». Cette dernière directive de Mgr Bourget est cependant contestée par les Sulpiciens de la paroisse Notre-Dame de Montréal, qui y voient de multiples invonvénients. L'évêque de Montréal aurait également voulu que «chaque paroisse ait sa voiture pour porter les sacrements», mais il semble bien que ce soit resté dans l'ensemble un vœu pieux[13].

Dans la mesure du possible, le prêtre reste au chevet du mourant. Il récite les prières des agonisants, en latin, au milieu des parents et des voisins accourus. La moindre négligence à accomplir ce devoir est immédiatement dénoncée par les laïcs et entraîne de sévères admonestations de l'évêque et, presque toujours, le déplacement du coupable. C'est, par exemple, l'une des raisons retenues par Mgr Laflèche pour limoger en 1877 l'abbé Calixte Marquis de sa cure de Saint-Célestin. Une pétition des paroissiens avait signalé: «nos malades n'ont pas, à raison de ses absences, les soins qu'ils devraient avoir, et [...] souvent on est obligé d'aller requérir les services des curés voisins»; l'évêque avait ajouté, de sa main, en note: «Le fils d'Isidore Daneau est mort sans sacrements à cause de l'absence du Curé[14]».

La mort est l'occasion d'une solidarité exceptionnelle, non seulement au sein de la famille, mais aussi de la communauté. C'est le voisin immédiat, par exemple, qui annonce la nouvelle à la parenté éloignée et qui prépare le nécessaire pour l'exposition du corps: toilette du mort, préparation des planches recouvertes de draps blancs et posées sur des tréteaux, fabrication du cercueil. C'est lui aussi qui soigne les animaux et qui rend tous les services requis. Au jour des funérailles, il conduit le corbillard de la fabrique ou la voiture du défunt à laquelle il a attelé son cheval harnaché de noir. Dans les villes, cependant, la gestion des pompes funèbres et les corbillards appartiennent à des entrepreneurs spécialisés[15].

Pour avertir d'un décès la communauté paroissiale, on sonne le glas: trois volées et trois tintons pour un homme, deux volées et deux tintons pour une femme. On veille le corps exposé jour et nuit; on récite le chapelet toutes les heures. Ceux qui sont de garde pour la nuit ont droit à un réveillon et il n'est pas rare qu'ils tuent le temps à se raconter des histoires parfois gaillardes, ou à «prendre un coup», ou à jouer des tours, même des tours impliquant le cadavre...

Les funérailles ont lieu à l'église paroissiale avec plus ou moins de pompe, de cierges ou de parures funéraires suivant la classe de la cérémonie, donc les moyens de la famille. «Quant aux pauvres, la fabrique doit fournir quelques cierges à ses dépens, et le curé exciter la charité des chantres et des clercs, afin que ces pauvres ne manquent pas de la messe et du chant du *Libera*». Certaines associations prévoient un service funèbre pour leurs membres.

La sépulture est faite dans le cimetière paroissial, presque jamais (sauf pour les curés) dans l'église[16]. Les familles achètent ordinairement un lot; les pauvres sont enterrés dans une fosse commune. Il faut des raisons très graves, comme la mort en état de péché public (concubinage, ivrognerie...) ou la non-observance prolongée des pratiques religieuses, pour qu'un curé refuse la sépulture ecclésiastique; et il doit toujours en référer à l'évêque qui, règle ordinaire, essaie de trouver une raison pour se montrer libéral.

Par respect pour les morts, le cimetière doit être clos, bien entretenu; il s'agit d'un lieu de prière où le recueillement est tout autant requis qu'à l'église[17]. D'abord adjacent au temple paroissial, ce «champ des morts» s'éloigne désormais de l'église. Les catholiques du Québec viennent au cimetière prier pour l'âme de leurs défunts et se recueillir sur leur tombe non seulement le jour des morts (2 novembre), mais très souvent au sortir de la messe dominicale. Ils paient aussi beaucoup de messes pour leurs défunts[18].

Le jeûne et l'abstinence

À l'obligation d'observer les dimanches et fêtes et de se confesser et de communier une fois l'an s'ajoute l'observance du jeûne et de l'abstinence:

Quatre-temps, vigiles jeûneras,
Et le Carême entièrement.

Vendredi chair ne mangeras,
Ni le samedi mêmement.

À la fin du XIXᵉ siècle, les jours de jeûne sont: le mercredi, le vendredi et le samedi de chaque semaine des Quatre-Temps, c'est-à-dire au début de chaque saison; tous les jours du Carême, sauf le dimanche; les veilles de Noël, de la Pentecôte, de la Saint-Pierre, de l'Assomption et de la Toussaint; les mercredis et les vendredis de l'Avent.

L'obligation du jeûne commence à 21 ans accomplis. Des règles claires, sur lesquelles se penchent régulièrement les évêques, précisent ce qui est permis ou défendu. Jeûner, c'est d'abord ne prendre «qu'un seul repas principal, auquel il est permis d'ajouter une légère collation». Explications du *Code catholique*: «À cette légère collation, qui est généralement le repas du soir, il est permis de prendre huit onces de nourriture, à part le thé, le café, l'eau et les autres liquides qui ne comptent pas avec les huit onces. Il est aussi permis, le matin, de prendre deux onces de pain, avec une tasse de thé, de café ou de chocolat». Le jeûne s'accompagne de l'abstinence — «Tout jour de jeûne est un jour d'abstinence» —, mais on permet le gras à certains jours du carême (dimanches, lundis, mardis et jeudis): «ceux qui sont tenus de jeûner ne peuvent, règle générale, manger de la viande avant midi, les jours où par dispense, on peut manger gras au [seul] repas principal»; néanmoins, «il est défendu de faire usage de poisson ou d'huîtres et de viande au même repas».

Cette obligation stricte du jeûne souffre néanmoins plusieurs exceptions dont les causes principales sont la maladie et le travail. En cas de doute, on conseille fortement de consulter son confesseur, qui pourra accorder une dispense.

En plus des jours de jeûne, tous les vendredis de l'année sont maigres. Même si le sixième commandement de l'Église et le catéchisme de 1888 parlent encore de l'abstinence du samedi, elle a été levée par un indult du Saint-Siège. L'interprétation de la règle donne lieu à beaucoup de discussions et tend généralement vers l'assouplissement. Elle permet, par exemple, l'usage des œufs, du lait, du fromage et de l'huile d'olive; de même, il est permis «d'apprêter les mets avec de la graisse ou du saindoux, c'est-à-dire de substituer la graisse ou le saindoux au beurre ou à l'huile, dans la friture, la cuisson ou la préparation des aliments maigres; mais cette permission, ajoute l'abbé Gosselin, ne comporte pas celle de manger de la soupe grasse». Une interprétation plus large prend cependant le dessus, sanctionnée en 1897: «On peut aussi apprêter au lard ou au suif (graisse de bœuf) des fèves, de la soupe, pourvu que le lard ou le suif se liquéfie dans la cuisson de l'aliment. S'il en reste des déchets, il suffit de les écraser de manière qu'ils se confondent avec la partie liquéfiée».

À côté de pratiques scrupuleuses comme peser les rations, le jeûne et l'abstinence, si l'on en croit les rapports de paroisses de l'époque, sont «médiocrement» ou, moins souvent, «très mal» observés. Mais il n'est pas facile de savoir ce qui se cache derrière cette formule vague. Il semble bien que les curés reprochent à leurs fidèles de trop nombreux accrocs à la règle: «On donne pour prétexte la pauvreté et les travaux des chantiers», explique le curé de Saint-André-d'Acton. Ou encore, leur tendance à se dispenser du jeûne de leur propre chef, sans consulter leur confesseur.

Ces pratiques obligatoires, si nombreuses et contraignantes soient-elles, ne dévoilent qu'un aspect, le plus uniforme, le plus social de la vie religieuse de la population catholique du Québec, à la fin du XIXe siècle. Il s'y ajoute presque toujours, même chez les moins fervents des fidèles, des dévotions qui, étant facultatives, sont plus révélatrices des mentalités individuelles.

CHAPITRE VI

LES DÉVOTIONS

Il n'existe pas d'études systématiques et spécifiques des multiples dévotions des catholiques du Québec au XIXe siècle. Aussi, à défaut d'un tableau complet, devons-nous nous contenter encore d'approximations.

LA DÉVOTION MARIALE

La dévotion mariale est l'une des plus anciennes au pays. Elle prend racine dès les débuts de la colonie sous l'impulsion des missionnaires, Récollets et Jésuites, puis des premiers évêques Laval et Saint-Vallier, suivis des curés de paroisses. Du XVIIe au XIXe siècle, la piété mariale se développe continûment. Et d'autant mieux qu'elle est régulièrement relancée, avec éclat, par les prélats ultramontains portés par les écrits de Pie IX et de Léon XIII et par l'effervescence causée par les apparitions de la rue du Bac (la médaille miraculeuse), de Lourdes, de La Salette et de Pontmain. Le meilleur exemple en est celui de Mgr Bourget qui, dès le début de son épiscopat, multiplie les occasions de prier et d'honorer la Vierge: fondation de l'archiconfrérie du Très Saint et Immaculé Cœur de Marie (1841), consécration des jeunes filles de la ville à la Sainte Vierge dans la cathédrale (1843), vœu à Notre-Dame de Bonsecours (1847) et restauration du pèlerinage (1848), entre autres.

Dans l'ensemble des diocèses, la dévotion mariale touche à peu près tous les fidèles, quoique à des degrés divers. À peu d'exceptions près, tous reçoivent et portent le scapulaire de Notre-Dame du Mont-Carmel «pour obtenir de la Sainte Vierge une protection particulière», avec le devoir de «réciter, tous les jours, quelques prières en l'honneur de la Très-Sainte Vierge». Quelques-uns y ajoutent au choix, le scapulaire de Notre-Dame des Sept Douleurs, le scapulaire bleu «pour la réforme des mœurs et la conversion des pécheurs» et le scapulaire rouge ou de la passion «pour le triomphe de l'Église». De façon générale, également, parmi les nombreuses médailles qu'on aime porter, il y a toujours la célèbre médaille miraculeuse.

L'ensemble du peuple chrétien est convié à fêter avec solennité les diverses fêtes de la Vierge, occasions de prédications spéciales et, cela n'est pas rare, de processions et de réjouissances de toutes sortes. Les exercices du mois de Marie, en mai, accomplis sous forme de cérémonie dans les églises ou en toute simplicité aux croix de chemin, servent de support à la piété mariale généralisée. Ils contribuent aussi à répandre la dévotion du chapelet que plusieurs portent toujours sur eux et récitent quotidiennement seuls ou en famille, comme le recommande le clergé qui ne cesse de conseiller cette «excellente prière». «L'expérience est là pour prouver que les meilleures familles, comme les meilleures paroisses, sont celles où la dévotion du saint Rosaire est le plus pratiquée», assure Mgr Bourget. On célèbre également le mois du Rosaire en octobre. Et on conseille à ceux qui n'ont pas de missel de réciter leur chapelet durant la messe.

Certaines personnes veulent cependant dépasser la dévotion ordinaire. Elles s'engagent alors dans des associations pieuses davantage exigeantes. Telles sont les congrégations de la Très Sainte-Vierge, présentes dans quelques paroisses urbaines et surtout dans les séminaires et les collèges; réunion hebdomadaire, avec récitation de l'office de la Sainte Vierge, et œuvres diverses constituent les charges principales des congréganistes, qui sont essentiellement des hommes. Pour les

femmes il n'y a, à Montréal, que la congrégation des demoiselles de Notre-Dame de la Victoire ou congrégation des filles
externes, fondée par Marguerite Bourgeois en 1658 et regroupant 300 membres environ dans les années 1860[1].

Par contre, dans les couvents et les paroisses, les jeunes
filles sont massivement embrigadées dans les Enfants de
Marie. Les Oblats de Marie-Immaculée ont été les instigateurs
de cette confrérie, aidés par les communautés religieuses féminines; on y prône la piété mariale et un code moral rigoriste
destiné à protéger la vertu des jeunes filles. Même si toutes
n'en font pas partie, à cause des obligations relativement exigeantes, il s'agit d'une association de masse regroupant un
très grand nombre de membres et qui ne saurait être compa-
rée à une confrérie élitiste comme la congrégation mariale:
rien que dans la paroisse Saint-Sauveur, à Québec, les Enfants
de Marie, fondées en 1871, comptent 850 membres en 1875 et
1000 en 1885[2].

Les temps forts de la dévotion mariale, ce sont d'abord
les nombreuses fêtes de la Vierge qui jalonnent l'année liturgique; elles sont célébrées partout avec solennité et plus particulièrement encore au sein des 80 paroisses et des associations
qui l'ont pour patronne; on prépare plusieurs de ces fêtes par
des neuvaines prêchées. Autres occasions privilégiées: les
pèlerinages, désormais facilités par l'amélioration des routes
et des moyens de transport. Au Québec, comme en France,
ils deviennent, dans la sensibilité ultramontaine, une façon
d'affirmer publiquement sa foi et de lutter contre le libéralisme: «La prière aura l'effet de dissiper ces brouillards mal-
sains qui commençaient à se répandre sur notre peuple et à
l'aveugler. C'est le résultat que nous attendons des pèlerinages qui ont commencé cette année et qui se continueront
les années prochaines avec un enthousiasme toujours crois-
sant[3]». Mais il va sans dire que les pèlerins eux-mêmes en
attendent des grâces beaucoup moins «politiques» ou apolo-
gétiques que spirituelles ou simplement matérielles.

À la fin du XIXe siècle, il y a au Québec une dizaine de
centres de pèlerinage à la Vierge, la plupart de création ré-
cente (cinq ont été fondés dans les années 1870). Deux exceptions: le sanctuaire de Notre-Dame-de-Bonsecours à Montréal,

fondé en 1670 mais restauré en 1848, et l'église Notre-Dame-des-Victoires de Québec, qui existe depuis 1690. Selon la nomenclature de Guy Laperrière, qui a fait une première enquête en 1975, un seul des lieux de pèlerinage à la Vierge peut être classé comme très grand pèlerinage national: Notre-Dame-du-Cap; un autre comme moyen: Notre-Dame-de-Lourdes, à Rigaud; trois comme pèlerinages paroissiaux: Oratoire Notre-Dame-de-Bonsecours à Joliette, Notre-Dame-des-Bois dans le comté de Frontenac, Notre-Dame-de-Lourdes à Saint-Michel-de-Bellechasse; auxquels s'ajoutent quatre sanctuaires urbains: Notre-Dame-de-Bonsecours, Notre-Dame-de-Lourdes, Notre-Dame-de-Liesse (Gésu) à Montréal; et Notre-Dame-des-Victoires à Québec. On aura noté la popularité de Notre-Dame-de-Lourdes, dont le message concorde bien avec celui du clergé; il faudrait également ajouter les grottes érigées dans quelques paroisses, qui attirent des groupes de fidèles mais ne constituent pas à proprement parler des lieux de pèlerinage.

Même s'il n'en est encore qu'à ses débuts comme pèlerinage national, il faut considérer à part le sanctuaire de Notre-Dame-du-Cap, dans le diocèse de Trois-Rivières. Un premier pèlerinage public s'y rend au printemps de 1883: les religieuses et les élèves du couvent de Trois-Rivières viennent à pied y prier aux intentions de Mgr Laflèche, alors à Rome pour défendre son diocèse contre la division; quelques mois plus tard, en octobre, le Séminaire de Trois-Rivières fait la même démarche. Dès lors se multiplient d'année en année les groupes de pèlerins, surtout après la construction, en 1887, d'un quai qui permet les pèlerinages en bateau. Luc Désilets, l'instigateur, meurt en août 1888, moins de trois mois après l'inauguration d'un sanctuaire rénové et du «miracle des yeux»: comme ils priaient au pied de la statue de la Vierge, le curé Désilets, le père Frédéric et le laïc Pierre Lacroix auraient vu Marie lever les yeux «comme si elle eût regardé au-dessus de nous, vers les Trois-Rivières» selon leur témoignage. En cette année 1888, puis les années suivantes, plus de 10 000 personnes font le pèlerinage et l'on parle de plus en plus souvent de guérisons. Familier avec les pèlerinages de la Terre sainte, prédicateur populaire et thaumaturge à son heure, le père Frédéric, aidé par le curé Duguay, se fait le meilleur propagandiste du sanctuaire marial qu'il aide aussi à instituer sur une base solide: il offre des reliques à vénérer, fait ériger un chemin de croix extérieur et rédige en très grande partie les *Annales du Très Saint-Rosaire* publiées à partir de 1892. Autant que la statue miraculeuse peut-être, le franciscain attire des foules considérables: comme l'écrit Romain Légaré, «il passait pour un saint et semblait, comme plusieurs amis de Dieu, avoir reçu le don de faire des miracles et de lire dans les consciences». Le père Frédéric, qui attribue cependant tout le mérite à Notre-Dame-du-Cap, contribue plus que tout autre à faire de l'ancienne petite église paroissiale un sanctuaire national. Il n'est que de lire les remerciements publiés dans les *Annales* pour constater que son rayonnement s'étend désormais à l'ensemble du Québec et rejoint plusieurs endroits du Canada et des États-Unis. Les dévôts à Marie ont enfin trouvé un lieu sacré pour exprimer leurs demandes et leur amour à «la Vierge chérie».

LA DÉVOTION À SAINT JOSEPH

La dévotion à saint Joseph remonte elle aussi au début de la Nouvelle-France — qu'on songe à Marie de l'Incarnation — et ne cesse de se développer, même si c'est de façon moins spectaculaire.

Quelques indices nous permettent de préciser les contours de cette dévotion populaire. Le premier est le nombre considérable de paroisses qui prennent saint Joseph comme patron: 35 selon un calcul de Pierre Savard. On peut vérifier cela dans toutes les régions du Québec et plusieurs de ces dédicaces datent du XIXe siècle. On peut dire la même chose pour les associations les plus diverses qui se placent sous sa protection: par exemple, les Unions Saint-Joseph créées dans plusieurs villes «pour la classe travaillante», qui sont des sociétés mutuelles à vocation culturelle, avec bibliothèque, salle de réunion et conférences publiques.

Il y a, par contre, assez peu d'associations pieuses ou de confréries sous le vocable de saint Joseph. À partir de 1867 existe à la paroisse Saint-Sauveur de Québec une Union de prières sous le patronage de saint Joseph. Elle a pour but d'obtenir pour les associés la grâce d'une bonne mort et de procurer à chacun un service funèbre. Les obligations des membres sont minimes: chaque jour, récitation du *De Profundis* ou de trois *Pater* et trois *Ave* et de l'invocation «saint Joseph, priez pour nous»; contributions de 30 cents par année; assistance aux funérailles des membres. C'est une association très populaire avec 3500 membres en 1885.

L'existence de cette confrérie nous rappelle qu'on prie beaucoup saint Joseph comme patron de la bonne mort à l'époque. De là, sans doute, dans plusieurs paroisses, la popularité du mois de saint Joseph qui attire chaque jour de mars des groupes considérables à la prière: «Le mois de Mars, consacré à honorer St Joseph, a été suivi dans notre église St Pierre [de Montréal] d'une manière extraordinaire, chaque soir l'église se remplissait comme les jours de grande solennité», écrivent les Oblats en 1865. Mêmes échos dans les journaux de Québec. Plusieurs communautés enseignantes, comme les Frères des Écoles chrétiennes, initient très tôt les écoliers à la dévotion à saint Joseph.

Autre indice de popularité: on fête saint Joseph, avec beaucoup d'éclat, le 19 mars ou le dimanche de la solennité, non seulement dans les associations dont il est le patron, mais dans la plupart des paroisses.

Cependant, à la fin du XIXe siècle, saint Joseph n'a pas encore de sanctuaire national — le frère André inaugurera l'oratoire du Mont-Royal en 1904 — et ses fervents doivent se contenter de lieux de pèlerinage locaux comme la chapelle Saint-Joseph à Joliette (1877) et le Mont-Saint-Joseph dans Frontenac (1882). Reste quand même l'impression que la dévotion à saint Joseph est beaucoup plus individuelle ou intimiste que celles à la Vierge et à sainte Anne[4].

LA DÉVOTION À SAINTE ANNE

À la fin du XIXe siècle, la dévotion à sainte Anne connaît un essor à nul autre pareil. Elle aussi a bercé les premiers jours de la Nouvelle-France, au point que Mgr de Laval en parle déjà comme une des caractéristiques de la piété populaire; et le sanctuaire de Sainte-Anne-de-Beaupré a été un des premiers lieux de pèlerinage de la colonie française. Sa faveur n'a guère connu de fléchissement au long des ans, malgré certaines législations ecclésiastiques restrictives. Le renouveau catholique du milieu du XIXe siècle augmente encore le nombre des pèlerins et, pour ne pas être en reste, les évêques obtiennent en 1877 la proclamation de sainte Anne comme «Patronne particulière de la Province Écclésiastique et Civile de Québec». À Sainte-Anne-de-Beaupré même, l'afflux des pèlerins oblige à construire une nouvelle église — en 1872 et 1876, l'épiscopat du Québec lance une souscription nationale en faveur de la construction de l'édifice et une autre pour le maître-autel en 1885 — et à faire appel à une communauté religieuse pour remplacer le clergé local totalement débordé: «En l'été de 1877, écrit le Père Édouard Lamontagne, à peu près 40 000 pèlerins visitèrent le nouveau sanctuaire ouvert au culte l'automne précédent. Nous n'avions de repos ni jour, ni nuit, tant le travail était considérable. Il est bien difficile, nous dit un jour M. Gauvreau [le curé], à des prêtres séculiers de faire convenablement tout ce travail. Nous le savions par notre propre expérience. [...] Confier les pèlerinages à une communauté déjà existante nous parut le meilleur parti à prendre.»

Finalement, les Rédemptoristes acceptent la tâche et font de Sainte-Anne-de-Beaupré de loin le plus grand centre de pèlerinage du Canada. Les appels fréquents des évêques, la beauté de la nouvelle église, la publication, à partir de 1873, des *Annales de la Bonne Sainte Anne*, les récits de miracles et l'exposition d'une relique (1892), tout contribue à attirer de plus en plus de pèlerins.

À partir de ce lieu privilégié, la dévotion à sainte Anne s'étend à tout le Québec. En 1886, le cardinal Taschereau érige dans son diocèse la confrérie de Sainte-Anne, qui devient une archiconfrérie en 1888: enrichie de multiples indulgences, elle se donne pour but de propager la dévotion à sainte Anne; le recteur de Sainte-Anne-de-Beaupré en est le directeur. Si, pour le moment, elle se répand assez peu en dehors de l'archidiocèse de Québec — seul Mgr Moreau en publie le rescrit dans son diocèse de Saint-Hyacinthe —, cette association contribue quand même à donner une impulsion nouvelle à une autre confrérie, fondée en 1850 par l'oblat Jean-Baptiste Honorat. La Congrégation des Dames de Sainte-Anne, qui s'adresse aux femmes mariées, apparaît bientôt dans un très grand nombre de paroisses du Québec.

Les indices se multiplient, dans toutes les régions, d'une grande dévotion à la mère de Marie. Dans plusieurs des 24 églises dédicacées à sainte Anne s'organisent des pèlerinages diocésains ou régionaux. Sainte-Anne-de-Restigouche, par exemple, reçoit surtout des pèlerins indiens; à Sainte-Anne-de-Varennes, un tableau, couronné solennellement par Mgr Bourget en 1842, attire beaucoup de fidèles des environs; les pèlerinages à Sainte-Anne-d'Yamachiche sont relancés par le curé Dumoulin à partir de 1846 et vont toujours en augmentant; à partir de 1874, Sainte-Anne-de-la-Pointe-au-Père devient «en quelque sorte, le Beaupré de la ville épiscopale de Rimouski», comme le dit Mgr Charles-Eugène Parent, avec de nombreux pèlerins du diocèse — 10 000 environ en 1888 —, des guérisons exceptionnelles et, à partir de 1882, son *Messager de Sainte-Anne* qui en répand la nouvelle dans toute l'Amérique du Nord. Ailleurs, comme à Sainte-Marie-de-Beauce, à Joliette et à Sainte-Rose-du-Dégelis, ce sont des chapelles dédiées à sainte Anne qui attirent les fidèles. Beaucoup de dévots peuvent donc prier leur sainte et lui demander des faveurs un peu partout au Québec.

Mais il n'y a pas que le pèlerinage pour augmenter la dévotion à sainte Anne. Comme pour Marie et Joseph, très populaires sont les neuvaines préparatoires à la fête de la sainte, la fête elle-même célébrée souvent avec éclat, la vénération de la statue, les images, tout ce qui peut rappeler le souvenir de la thaumaturge et inviter les gens à la prier.

Bientôt, la multiplication des lieux de dévotion, les fêtes profanes accompagnant souvent les pèlerinages mais aussi la nécessité de dirimer certains conflits à propos des profits qu'ils engendrent incitent les évêques, en 1877, à promulguer des directives sur l'*Organisation des pèlerinages dans toute la province ecclésiastique de Québec*: il faut, par exemple, demander

par écrit une permission de l'évêque et choisir un autre jour
que le dimanche; les confesseurs sont soumis à des règles précises: surplis, étole, «grille pour confesser les femmes». Le
document détermine ainsi ce qui revient au lieu de pèlerinage:
«7° Le profit total de la quête faite dans l'église, ou dans les
alentours, appartient à l'église du pèlerinage. 8° Quand le
pèlerinage est organisé pour le profit d'une autre bonne
œuvre, la moitié au moins du profit doit être laissée à l'église
du pèlerinage». Le concile provincial de 1886 reprend les
mêmes directives, mais les assortit de réflexions sur le caractère religieux des pèlerinages et de conseils de prudence pour
le conserver; il exhorte, par exemple, les fidèles revenus de
pèlerinage à être discrets sur ce qu'ils auraient pu voir ou
entendre de moins édifiant et à souligner davantage les aspects positifs, «afin que s'accroissent dans l'esprit des gens la
renommée et l'utilité de ces lieux de pèlerinage». Certains
Ordinaires vont plus loin: Mgr Fabre, par exemple, prohibe
les pèlerinages mixtes, «surtout les longs pèlerinages où, soit
dans les chemins de fer, soit dans les bateaux, on doit passer
toute une nuit et quelquefois plus ensemble[5]».

QUELQUES DÉVOTIONS «NOUVELLES»

Dévotions très anciennes ayant conservé leur élan initial, telles
nous apparaissent les dévotions à Marie, Joseph et Anne. Mais
elles ne représentent qu'une part du culte populaire des
saints. Car, au cours du XIXe siècle, apparaissent tout un lot
de dévotions nouvelles ou renouvelées.

La dévotion au Saint-Sacrement

La dévotion au Saint-Sacrement apparaît avec les fondateurs
de l'Église canadienne qui l'ont en haute estime, mais elle
connaît un tel renouveau au XIXe siècle qu'on peut la qualifier
de nouvelle. Connue depuis longtemps, la procession du
Saint-Sacrement (Fête-Dieu) s'affirme de façon importante
dans l'esprit ultramontain qui entend publier partout la

présence de l'Église: «On la fera, demande Mgr Bourget, en tous lieux, avec toute la pompe possible; et c'est pour frapper davantage les fidèles, par cet éclat extérieur, qu'on ne la fait qu'une fois, dans chaque Église». Dans tous les diocèses, dans chaque paroisse, la procession donne lieu à tout un déploiement extérieur avec reposoir, arcs de triomphe, balises, décorations, fleurs. Dans une ambiance de fête, se multiplient les marques de vénération au Saint-Sacrement: marche, chants, génuflexions. À Montréal, cependant, la procession soulève, pendant quelque temps, des objections de la part de certains protestants et les Sulpiciens pencheraient plutôt pour une plus grande prudence et moins d'apparat, mais l'évêque de Montréal tient à la manifestation, signe tangible du pouvoir de Jésus-Hostie sur la cité.

Autre élément important de la dévotion au Saint-Sacrement: les Quarante-Heures ou exposition solennelle du Saint-Sacrement accompagnée de cérémonies spéciales (messes, exercices publics d'adoration, adoration nocturne, etc.). Organisées surtout pour réparer les «blasphèmes de l'impiété et de l'hérésie» et les outrages faits à Dieu, elles connaissent un nouvel élan au XIXe siècle: tous les diocèses en implantent la coutume dans leurs paroisses, Québec à partir de 1872, Rimouski en 1873, Trois-Rivières en 1877, ainsi de suite. Mais c'est de Montréal que part le mouvement, en 1850 et, sept ans plus tard, la pratique s'est étendue à l'ensemble du diocèse. L'évêque en profite pour promulguer, l'année suivante, un règlement très précis et il prend l'habitude de rédiger, chaque année, un texte proposant une intention spéciale pour les prières des Quarante-Heures. Ce sont:

— en 1854-1855:   l'acceptation du nouveau dogme de l'Immaculée Conception;

— en 1859-1860:   l'extirpation de tous les vices et de toutes les erreurs;

— en 1860-1861:   le pardon pour les péchés qui se commettent;

— en 1861-1862:   le déshonneur de la Passion de Notre-Seigneur et de la Compassion de la Très-Sainte-Vierge;

— en 1863-1864:   l'extirpation des erreurs (philosophisme, rationalisme, indifférentisme, sensualisme); la réforme des abus scandaleux (ivrognerie, débauche, luxe, usure, jeu, injustice, théâtre);

— en 1867-1868:   le dévouement envers le pape;

— en 1870-1871:   l'obtention du secours de Dieu pour toutes les nécessités du temps présent;

— en 1871-1872:   le plein et entier effet du décret faisant de saint Joseph le patron de l'Église universelle;

— en 1872-1873 et 1873-1874:   la fin des grandes misères dans lesquelles se trouvent toutes les sociétés humaines dans ces temps mauvais;

— en 1874-1875:   la dévotion au Sacré-Cœur;

— en 1875-1876:   en l'honneur de la Passion, «pour détourner le fléau de la colère de Dieu, que les crimes de la terre ne cessent de provoquer[6]».

Au témoignage de Mgr Bourget et des curés, les fidèles répondent massivement à leurs appels et font des Quarante-Heures des journées pieuses démonstratives, propices aux conversions. Le clergé en profite pour faire de longues séances de confessions et il propose certaines pratiques de dévotion envers le Saint-Sacrement pour en prolonger les effets: dévotion particulière à la présence réelle, visite journalière au Saint-Sacrement, communion fréquente, communions spirituelles, amendes honorables, etc. Il encourage tout particulièrement l'Adoration perpétuelle. Avec Bourget, il s'agit presque d'un état de vie: non seulement les membres de cette association se succèdent jour et nuit dans les églises et les chapelles pour prier, mais, en plus de leur heure de garde hebdomadaire «au pied du tabernacle», ils sont conviés à propager avec zèle dans leur voisinage la dévotion au Saint-Sacrement en toutes occasions (Fête-Dieu, Quarante-Heures, viatique, etc.). Saint Joseph est établi patron spécial de l'association qui, du moins à Montréal, est mise au même niveau que la Propagation de la foi et que l'Archiconfrérie du Très Saint et Immaculée Cœur de Marie. Les résultats semblent encourageants, mais l'Adoration perpétuelle ne rejoint qu'une tranche infime (7% en moyenne) de la population.

Ailleurs, l'implantation est plus lente et l'évêque de Rimouski ne peut que soupirer: «Que Nous serions heureux de voir s'établir dans chaque paroisse et mission l'adoration, sinon perpétuelle, du moins assidue du Très-Saint-Sacrement! Nous avons la douce confiance que chaque Curé trouvera, parmi son troupeau, un certain nombre d'âmes ferventes qui se feront une joie de venir ainsi, à tour de rôle, passer quelques temps en prière et en adoration au pied de l'autel[7]». Cet appel montre bien que certaines pratiques ne sont pas encore généralisées et ne touchent que l'élite spirituelle.

La dévotion au Sacré-Cœur

La dévotion au Sacré-Cœur se développe considérablement sous l'impulsion de Pie IX et grâce au zèle des Jésuites. C'est ce que reconnaissent les pères du cinquième concile provincial de Québec, en 1873, qui décident «de mettre toute cette province ecclésiastique sous la protection spéciale de ce Cœur Divin» et qui établissent «le pieux et touchant usage d'une consécration annuelle de toutes les paroisses, communautés et familles»; elle se fait le dimanche qui suit la fête du Sacré-Cœur. En 1875, elle prend une signification spéciale, puisqu'elle a lieu le 16 juin, jour où le souverain pontife termine «la vingt-neuvième année de son glorieux pontificat» et qu'en union avec le monde entier, on commémore le 200e anniversaire des apparitions à la bienheureuse Marguerite-Marie. L'archevêque de Québec invite ses curés à faire la consécration après une messe spéciale «à laquelle tous les paroissiens seront exhortés à assister, pour remercier le Divin Cœur de Jésus de la protection accordée à Notre Saint-Père, et pour le supplier de mettre bientôt un terme aux maux dont l'Église est affligée». C'est également cette année-là que se généralisent les exercices du mois du Sacré-Cœur, accomplis le matin après la messe ou, plus généralement, le soir[8].

La dévotion au Sacré-Cœur est particulièrement poussée par l'Apostolat de la prière, une confrérie dirigée par les Jésuites. Fondée en décembre 1844, elle s'est rapidement développée, à partir de 1860, sous la direction du père Henri Ramière, jésuite. Afin de créer une mentalité apostolique, le mouvement demande à ses membres de prier le Sacré-Cœur, chaque jour, aux intentions générales et missionnaires fixées chaque mois par le pape; on demande aux associés «d'offrir une fois par jour les prières, les œuvres et les souffrances de la journée aux intentions du Très-Saint Cœur de Jésus» et on leur conseille divers moyens «propres à entretenir et à activer l'ardeur pour la prière», comme le rosaire de l'Apostolat (une dizaine de chapelet par jour récitée par 15 personnes), la communion réparatrice (30 personnes communient une fois dans le mois, chacune à son jour) et surtout la communion du premier vendredi du mois, qui aura une grande et longue popularité.

Une fois de plus, c'est Montréal qui donne le ton. On établit l'Apostolat de la prière au Grand Séminaire de Montréal en mars 1863 et on l'érige canoniquement pour l'ensemble du diocèse en décembre de la même année. La plupart des diocèses attendent cependant le mouvement de 1875: Rimouski et Trois-Rivières, par exemple, acceptent l'association cette année-là; Québec fait la même chose en 1877. À partir de ces années, le mouvement s'étend à toutes les paroisses et dans les communautés. La ferveur des associés est entretenue par le *Messager du Cœur de Jésus,* publié mensuellement à Toulouse, qui devient bientôt, dans son édition canadienne, le *Messager canadien du Sacré-Cœur.*

Autre indice de cette dévotion: la multiplication des statues du Sacré-Cœur dans les églises. Très souvent offertes en don par des paroissiens riches, elles trônent sur un autel latéral et les évêques les enrichissent d'indulgences. Vers la fin du siècle commencent à s'ériger des monuments au Sacré-Cœur devant les églises.

Le mouvement de dévotion au Sacré-Cœur véhicule un fort contenu social et cadre bien avec la nouvelle sensibilité ultramontaine désireuse de «régénérer» la société. En naissent des œuvres qui deviendront extrêmement importantes au XXe siècle: les Ligues du Sacré-Cœur (1885), l'Association des

Voyageurs de commerce, l'Œuvre des retraites fermées... d'où sortiront l'Action catholique générale et plusieurs œuvres sociales. Déjà à la fin du XIXᵉ siècle le fringant Cercle catholique de Québec se donne le Sacré-Cœur de Jésus comme patron[9].

La dévotion à saint Antoine de Padoue

Voici une autre dévotion qui traverse les mers dès le début de la colonie, avec les premiers missionnaires, les Récollets. «Titres d'églises et de paroisses, institutions et œuvres diverses, imprimés, manuscrits, tableaux et statues, neuvaines publiques, etc., autant de monuments qui attestent l'ancienneté du culte antonien au pays», écrit le père Hugolin. Mais il décline, en partie à cause du départ des Récollets après la Conquête; il ne reprend son essor, au Québec comme en Europe, que dans les années 1890: par exemple, la *Revue du Tiers-Ordre et de la Terre-Sainte*, publiée à Montréal depuis 1884, ouvre une chronique sur la dévotion à saint Antoine de Padoue en 1894.

Mais c'est surtout l'abbé Elzéar DeLamarre le principal instigateur de cette dévotion au Québec et en Amérique francophone. En juin 1889, au début de ses études théologiques à Rome, il fait le voyage à Padoue et rencontre le père Antoine-Marie Locatelli. Il a alors, semble-t-il, le coup de foudre pour saint Antoine, et sa piété chaleureuse de même que son sens de l'entreprise et de l'organisation le poussent, de retour au pays, à faire partager sa dévotion à ses concitoyens. Il met donc en place une multitude d'œuvres: entre autres, deux associations pieuses (Association universelle, consécration des enfants à saint Antoine), une communauté religieuse (Sœurs de saint Antoine de Padoue), un centre de pèlerinage (Ermitage San'Tonio, au lac Bouchette), une revue, le *Messager de St-Antoine*. Fondée en 1895, cette revue connaît une diffusion importante — entre 10 000 et 15 000 abonnés — au Québec, au Canada et aux États-Unis. Elle popularise plusieurs formes de culte au thaumaturge, présenté comme un saint populaire prêt à aider les petites gens. Parmi les prières recommandées sont favorites, entre autres, 1) le *bref*, formule d'exorcisme utilisée par saint Antoine lui-même; 2) le *répons miraculeux*, longue prière qui date du XIIIᵉ siècle et qui «semble plaire par excellence à saint Antoine de Padoue»; 3) les mardis de saint Antoine, neuvaine de mardis consécutifs; 4) le mois de saint Antoine, prières spéciales pendant le mois de février.

Procession du Saint-Sacrement à Saint-Roch de Québec, 1899. ANQ, fonds Philippe Gingras.

Le *Messager* fait aussi la publicité de diverses œuvres reliées au culte de saint Antoine: l'œuvre du pain pour l'orphelinat Saint-Antoine à Chicoutimi, l'œuvre du petit séminariste en faveur des vocations sacerdotales, l'œuvre de la chapelle Saint-Antoine de l'Hôtel-Dieu de Chicoutimi et, surtout, l'ermitage San'Tonio qui devient centre de pèlerinage en l'honneur de Notre-Dame-de-Lourdes et de saint Antoine de Padoue.

Une étude faite par Louise Gagnon-Arguin montre que la dévotion à saint Antoine se répand partout au Québec, mais plus particulièrement dans les diocèses de Chicoutimi, de Rimouski et de Québec, plus près du centre de diffusion; ailleurs, le nombre des adhérents semble varier selon le dévouement des zélateurs et zélatrices de la revue. Le mouvement rejoint également la population francophone des autres provinces canadiennes et de l'Est des États-Unis. C'est un bel exemple de l'influence des *Annales*[10].

Mais la dévotion nouvelle par excellence, c'est celle à sainte Philomène, dont il a déjà été question. Après une certaine éclipse vers 1850, elle renaît avec une grande intensité dans les années 1880 et draine, à Sainte-Pétronille de l'île d'Orléans, des groupes de pèlerins — 3721 en 1886, un sommet — très souvent en route vers Sainte-Anne-de-Beaupré. C'est d'ailleurs l'accroissement de la dévotion à sainte Anne et le départ du curé Pâquet qui entraînent le déclin des pèlerinages à sainte Philomène à partir de 1889, même s'il subsiste, surtout dans des communautés religieuses, une dévotion à la sainte[11].

Ces dévotions collectives, dont grandit l'importance dans un Québec fortement marqué par l'ultramontanisme, ont plusieurs caractéristiques communes. Elles sont d'abord bien surveillées par le clergé — évêques et prêtres — qui en est souvent l'initiateur ou qui, du moins, exerce son contrôle sur les manifestations populaires. Sans doute les chrétiens ordinaires réussissent-ils à exprimer leur foi de façon plus spontanée, moins guindée que lors des cérémonies liturgiques établies, mais la créativité et l'exubérance propres aux pèlerinages et aux dévotions populaires s'expriment assez difficilement ici. Comme l'a bien dit Pierre Boglioni, «l'ensemble du phénomène des pèlerinages est [...] plus policé que dans l'Ancien Monde. La religion populaire y est, d'une certaine façon, plus apprivoisée[12]».

Il faut noter aussi le caractère «pratique» de ces dévotions. Car si le clergé insiste sur l'aspect spirituel des dévotions et sur le rôle primordial de modèles des saints et saintes honorés, il est aussi le premier à en faire connaître les béné-

Calvaire érigé à Louiseville en 1886. ANQ, coll. initiale.

fices à caractère religieux (indulgences, conversions) ou profane (faveurs obtenues, fléaux repoussés, guérisons miracu-
leuses...), le tout présenté avec les conseils de prudence
habituels. Il semble bien — il ne faut surtout pas s'en surprendre! — que beaucoup de fidèles retiennent davantage cet
aspect pratique et concret des dévotions. Le gain des indulgences, par exemple, constitue en quelque sorte une assurance
sur l'Au-Delà en diminuant, sinon en effaçant totalement, le
temps à passer au purgatoire. C'est d'ailleurs ce que l'on explique au catéchisme et ce que dit le *Code catholique*: «Celui

qui gagne une indulgence plénière tout entière n'a plus aucune pénitence à faire, et s'il vient à mourir sans commettre
de nouvelles fautes, il entre aussitôt dans le ciel, puisqu'il n'a
aucune peine à expier dans le purgatoire». Même si l'explication des indulgences partielles est moins claire, les gens
aiment les accumuler et recherchent des gestes ou des dévotions qui leur en fournissent. Cette façon de faire est généralisée au point que le clergé ne manque aucune occasion
d'attacher des indulgences aux prières, aux objets, aux associations les plus diverses; on voit même un curé demander à
son évêque d'attacher des indulgences à la fréquentation de
la messe dominicale dans sa paroisse!

Il n'y a pas qu'un côté mercantile ou égoïste dans ces
diverses pratiques. C'est la façon la plus concrète de vivre la
communion des saints, car le plus humble des fidèles peut
participer au trésor accumulé grâce aux mérites de Jésus-
Christ, de la sainte Vierge, des saints et des âmes d'élite qui,
assure le *Code catholique*, «ont évidemment plus payé à la justice divine qu'elles ne lui devaient pour leur propre compte».
On peut même faire la charité en offrant ses propres mérites
pour les autres, les âmes du purgatoire.

Enfin, ces dévotions collectives ne sont pas sans influencer les dévotions personnelles. Voilà une *terra incognita* pour
l'historiographie canadienne du XIXe siècle. Quelques études
font voir que généralement, il y a coïncidence entre les dévotions publiques ou semi-publiques et la piété personnelle.
Mais elles ne permettent pas d'affirmer l'inexistence de cultes
personnels envers certains saints plus obscurs ou même de
pratiques plus ou moins superstitieuses.

CHAPITRE VII

L'ÉGLISE ET LA POLITIQUE

De 1871 à 1901 — il s'agit des années des recensements nationaux —, la population du Québec passe de 1 191 516 à 1 648 898 habitants. Cette augmentation de 38,2% demeure inférieure à celle du reste du Canada (49%) — d'où infériorité aussi du poids politique — et s'appuie essentiellement sur des taux élevés de natalité (encore une moyenne de 38,3 pour mille de 1896 à 1906) et d'accroissement naturel (environ 17 pour mille à la fin du siècle). Mais la progression est sensiblement ralentie par une émigration massive vers les États-Unis qui menace de devenir «le cimetière de la race» selon le mot du curé Labelle. Pendant les 30 dernières années du XIXe siècle, en effet, 410 000 personnes environ (la très grande majorité de langue française) vont tenter leur chance outre-frontière, au grand dam du clergé et des hommes politiques.

La population du Québec demeure majoritairement rurale — 80,1% en 1871, 63,9% en 1901 —, même si la migration vers les villes augmente. Montréal s'affirme de plus en plus comme métropole du Canada et progresse à vue d'œil: son nombre d'habitants passe de 107 225 à 267 730 et celui de la banlieue, de 126 314 à 324 380, les mêmes années. Cet essor rapide, lié à l'industrialisation, provoque d'énormes problèmes sociaux que doivent affronter gouvernements et Églises.

La population est mobile également à l'intérieur du cadre rural. En continuité avec un mouvement commencé au début du XIXe siècle, les plateaux laurentien et appalachien s'ouvrent à la colonisation, de même que certaines régions comme le Saguenay-Lac-Saint-Jean, le Témiscamingue, les vallées de la Matapédia et du Témiscouata, etc. L'œkoumène déborde de plus en plus les basses terres du Saint-Laurent et les premières vallées habitées (Richelieu, Beauce...).

L'augmentation de la population et la migration intérieure exigent de l'Église du Québec des ressources humaines et financières considérables: nouvelles paroisses, édifices religieux, écoles, encadrement du mouvement de colonisation, œuvres sociales, etc. Ces changements ont aussi des répercussions politiques qui risquent d'altérer les relations entre l'Église et l'État. C'est pourquoi le clergé surveille de près les hommes politiques et défend énergiquement son droit de regard sur la législation.

LA DOCTRINE COMMUNE

De 1871 à 1898, le clergé intervient à plusieurs reprises dans les questions politiques, à propos de lois ou à l'occasion d'élections. Les polémiques qui en résultent obligent à établir une doctrine commune, reçue quasi unanimement dans le clergé, mais mise en application de façon très divergente selon les divers milieux.

Les principes de base de cette doctrine se retrouvent dans plusieurs textes solennels rappelant aux fidèles, et particulièrement aux hommes politiques, les «droits de l'Église» et les limites des deux sociétés, religieuse et civile. Le texte principal est sans contredit la *Lettre pastorale des évêques de la province ecclésiastique de Québec* du 22 septembre 1875, dont les idées sont reprises et expliquées, en 1881, dans le *Manuel du citoyen catholique* des oblats Michel Froc et Jules Fillâtre et mieux encore, au tournant du siècle, dans le célèbre cours de *Droit public de l'Église* de l'abbé Louis-Adolphe Pâquet[1].

Quelques idées clés sont à retenir. D'abord, l'affirmation de la prééminence de l'Église sur l'État. La première est une société à la fois «parfaite en elle-même», c'est-à-dire ayant tous les attributs et les pouvoirs (législatifs, judiciaires...) et «distincte et indépendante de la société civile». Elle est supérieure à l'État «par son origine, par son étendue et par sa fin». Ce qui fait que, «par la nature même des choses, la société civile se trouve *indirectement,* mais véritablement subordonnée; car non seulement elle doit s'abstenir de tout ce qui peut mettre obstacle à la fin dernière et suprême de l'homme, mais encore, elle doit aider l'Église dans sa mission divine et au besoin la protéger et la défendre». De multiples conséquences en découlent. D'abord, le refus de toute «séparation absolue de l'ordre civil et politique d'avec l'ordre religieux» — c'est Mgr Laflèche qui parle. Mais aussi, plus concrètement, la revendication de l'immunité des personnes et des lieux ecclésiastiques, que l'on ramène très souvent, cependant, au problème de la citation des prêtres devant les tribunaux: «l'Église a ses tribunaux régulièrement constitués, et si quelqu'un croit avoir droit de se plaindre d'un ministre de l'Église, ce n'est pas au tribunal civil qu'il doit le citer, mais bien au tribunal ecclésiastique, seul compétent à juger la doctrine et les actes du Prêtre».

Cette idée clé en engendre directement une autre: le droit pour l'Église (c'est-à-dire le clergé) d'intervenir en politique. Elle se présente sous deux aspects. D'abord, condamnation de ceux — les libéraux, bien sûr! — qui veulent confiner le prêtre à la sacristie. Puis, revendication du droit de l'Église de légiférer dans les domaines de juridiction mixte comme l'éducation, le mariage, etc. Enfin, affirmation péremptoire du droit du prêtre d'intervenir dans les élections soit comme simple citoyen, instruit et désintéressé, soit «au nom de la religion» quand des questions politiques touchent les intérêts spirituels des âmes ou se rapportent à la foi et à la morale, quand un candidat est hostile à l'Église ou quand un parti est jugé dangereux. Mais, reconnaissent les évêques, il faut user de ce droit avec circonspection; en temps normal, on se contentera d'exposer au peuple «les règles générales qui doivent le guider dans les élections» et cela, «brièvement, clairement et après une préparation soignée»; dans les cas particuliers, on consultera toujours l'Ordinaire et on agira avec prudence[2].

Ces principes et ces règles, rappelés et explicités dans les décrets des conciles et les mandements des évêques, ne posent guère de problèmes au plan théorique, puisqu'ils viennent en droite ligne de la pensée romaine. Mais leur application soulève beaucoup de remous dans l'Église du Québec. Quand il s'agit d'analyser les situations concrètes et de leur appliquer les principes, deux groupes s'affrontent, parfois avec acharnement. D'une part, l'archevêque Taschereau et les catholiques modérés — il faut se garder, croyons-nous, de leur attribuer l'épithète de «catholiques libéraux» ou de «libéraux catholiques» comme le font généreusement leurs adversaires — soutiennent prioritairement la bonne entente avec le pouvoir public et la nécessité d'éviter tout conflit, parce que les catholiques, minoritaires au Canada, sont en position de faiblesse vis-à-vis des protestants, qui détiennent beaucoup de pouvoirs, même au Québec; il faut donc s'en tenir à une affirmation prudente des droits de l'Église et à une attitude attentiste, et n'intervenir auprès des hommes politiques que le moins possible, et seulement dans les limites des principes, jamais dans les élections. Les modérés croient également que les partis politiques — y compris le parti libéral — ne sont pas opposés à l'Église; seuls quelques radicaux, qu'on retrouve d'ailleurs dans les deux formations antagonistes, peuvent être dangereux.

Les ultramontains, au contraire, intransigeants par définition, sont fermement persuadés qu'il y a au Québec un libéralisme tout aussi dangereux que celui d'Europe condamné par le pape et qu'il gangrène irrémédiablement le parti libéral, ramassis, à leurs yeux, de radicaux et de catholiques libéraux; d'écrire Mgr Laflèche en 1876: «le parti libéral tel qu'il existe en Canada, n'est pas seulement un parti politique, mais [...] il s'immisce dans la religion et combat les intérêts de l'Église; [...] la petite poignée de ceux qui tout en se disant libéraux, ou plutôt nationaux, *réformistes* prétendent cependant professer les principes catholiques, ne sont que des dupes dans le parti qu'ils ne conduisent pas, mais [...] ils sont conduits et exploités par les chefs d'un libéralisme avancé[3]». En conséquence, un catholique ne devrait pas voter pour ce parti et l'Église devrait en avertir ses fidèles. Comme elle devrait d'ailleurs exiger *immédiatement* la conformité de toutes les lois du Québec à la doctrine et à la législation catholiques.

La position et les attitudes des deux groupes se manifestent bien lors de la publication et de l'entrée en vigueur du code civil révisé du Bas-Canada en 1866. Mgr Bourget met le doigt sur plusieurs lois «anticatholiques», s'insurge contre des jugements, basés sur le nouveau code, annulant des mariages bénits par des prêtres et décide finalement de dénoncer le nouveau code civil à Rome; Mgr Laflèche se range à son avis et soutient: «C'est en ne laissant passer aucune atteinte à nos droits de Catholiques, sans la relever et exposer en regard la véritable doctrine, avec toute la solidité et les convenances, que demandent de pareils sujets, que l'on éclairera l'opinion publique et que l'on gagnera du terrain[4]». L'archevêque Baillargeon, au contraire, avoue son impuissance à faire cesser les «empiètements», à moins qu'il ne soit demandé aux législateurs de modifier les dispositions de la loi, et il prêche plutôt la tolérance «par nécessité». La question est de nouveau débattue au quatrième concile provincial en 1868, où le coadjuteur de Trois-Rivières propose de discuter «l'à-propos de réclamer les droits de l'Église contre certains articles du code civil», mais les divergences d'opinions demeurent encore secrètes. Elles ne descendront sur la place publique qu'avec la querelle du *Programme catholique*.

Le Programme catholique

Le 20 avril 1871, le *Journal des Trois-Rivières* publie un article intitulé *Programme catholique / Les prochaines élections*, repris aussitôt par tous les journaux ultramontains de la province. C'est un manifeste électoral, qui offre l'appui des catholiques au parti conservateur, «le seul qui offre des garanties sérieuses aux intérêts religieux», mais qui exige de tout candidat catholique «l'adhésion pleine et entière aux doctrines catholiques romaines en religion, en politique et en économie sociale» et l'engagement de corriger «dans nos lois des lacunes, des ambiguïtés ou des dispositions qui mettent en péril les intérêts des catholiques».

Le Programme catholique

Ainsi la presse religieuse se plaint avec raison que nos lois sur le mariage, sur l'éducation, sur l'érection des paroisses et sur les registres de l'état civil, sont défectueuses en ce qu'elles blessent les droits de l'Église, gênent sa liberté, entravent son administration ou peuvent prêter à des interprétations hostiles. Cet état de choses impose aux députés catholiques le devoir de les changer et modifier selon que Nos Seigneurs les Évêques de la Province pourraient le demander afin de les mettre en harmonie avec les doctrines de l'Église catholique romaine. Or, pour que les députés s'acquittent plus diligemment de ce devoir, les électeurs doivent en faire une condition de leur appui. C'est le devoir des électeurs de n'accorder leurs suffrages qu'à ceux qui veulent se conformer entièrement aux enseignements de l'Église relativement à ces matières.

(«Programme catholique / Les prochaines élections», *Le Journal des Trois-Rivières*, 20 avril 1871.)

Concocté par un groupe d'anciens zouaves et de journalistes ultramontains qui mettent en doute l'orthodoxie de certains députés conservateurs, le document propose le contrôle, sinon la tutelle, du parti conservateur par les forces catholiques (lisez: ultramontaines et cléricales). Mais ce radicalisme menace de détruire un *modus vivendi* de plusieurs décennies entre les deux groupes sociaux les plus importants du Québec: le clergé et la petite bourgeoisie conservatrice. C'est pourquoi il est combattu âprement à la fois par les partis libéral et conservateur et par les catholiques modérés, ce qui le voue à un échec complet[5].

Le *Programme catholique* n'en a pas moins des conséquences importantes. Au point de vue politique, il constitue une pomme de discorde au sein du parti conservateur et les «programmistes», devenus après 1881 les «castors» (à cause

François-Xavier-Anselme Trudel, journaliste et homme politique ultramontain. ANQ, coll. initiale.

d'une brochure que François-Xavier-Anselme Trudel signe du pseudonyme de Castor), critiquent constamment le manque de moralité et de foi des modérés comme J.-Adolphe Chapleau et J.-Alfred Mousseau; ils contribuent même à la défaite de leur parti et à la victoire du libéral nationaliste Honoré Mercier en 1886. Au point de vue ecclésiastique, le manifeste électoral s'avère un révélateur de la division du corps épiscopal. Mgr Taschereau le dénonce comme ayant «le grave inconvénient d'avoir été formulé en dehors de toute participation de l'épiscopat» et, dans une lettre à l'évêque de Saint-Hyacinthe, le qualifie de «grande machine montée à grand frais»; très liés au parti conservateur, les évêques La Rocque et Jean Langevin appuient leur archevêque. Bourget et Laflèche, au contraire, qui avaient été consultés par les rédacteurs du *Programme catholique*, ne cachent pas leur approbation.

Appui au Programme catholique

Des hommes éclairés et dévoués à la protection de nos intérêts religieux, profitant de cette latitude, se sont entendus et concertés ensemble pour assurer davantage cet heureux résultat [la protection des intérêts religieux] en travaillant à éclairer l'opinion publique sur les questions agitées et à lui donner une direction commune, toujours si puissante par la force de l'association. En cela ils n'ont fait qu'user d'un droit commun à tous les Catholiques. Leurs écrits dans la presse n'ont sans doute rien du caractère de l'Autorité; ce qui est un inconvénient commun à tous les articles de journaux; mais ils ne laissent pas néanmoins de se recommander à la confiance des Catholiques par la pureté de la doctrine, par le dévouement à l'autorité religieuse, par le respect de tous les droits, ainsi que par la modération et la convenance des formes, en général.

(Mgr Laflèche, «Circulaire au clergé», METR, Mgr Laflèche, I, p.162.)

D'ailleurs, l'évêque de Trois-Rivières tient à être bien compris. Aussi spécifie-t-il dans une lettre à F.-X.-A. Trudel: «Je l'ai approuvé [le programme catholique] parce que j'y ai trouvé le but légitime et bon et que les moyens proposés pour atteindre ce but sont justes et honnêtes[6]». Quel camouflet pour l'archevêque! Les commentaires des journaux soulignent le dilemme des fidèles: «Notre population, écrit l'*Événement* de Québec, se trouve donc placée dans la déplorable alternative de déplaire à deux Évêques ou à désobéir à trois. Il nous semble, pour notre part, que rien n'aurait dû être épargné pour éviter de la mettre dans une pareille position et de constituer ainsi l'opinion publique en tribunal décidant les questions qui divisent les chefs de l'Épiscopat[7]».

Alimentée par de violentes polémiques entre les organes des partis politiques et les journaux religieux, la discorde entre les évêques trouve de nouveaux prétextes dans certains débats politiques — par exemple, la question de la construction du chemin de fer de la rive nord et celle des écoles du Nouveau-Brunswick — et la campagne électorale de l'été 1872 ramène le *Programme catholique* sur le tapis. Mgr Jean Langevin prend le devant en dénonçant de nouveau ceux qui «prétendent encore dicter aux catholiques du pays entier la conduite qu'ils auront à y tenir», tandis que le *Journal des Trois-Rivières*, dans des articles violents, engage les hommes politiques à revenir aux idées du manifeste de 1871. Bien plus, à l'automne 1872, à l'occasion du cinquantième anniversaire d'ordination de Mgr Bourget, le jésuite Braun fait un éloge dithyrambique du jubilaire, qui «a signalé, combattu les erreurs, et fait prévaloir, dans ce vaste diocèse, les décisions doctrinales de l'Église»: «la suprématie et l'infaillibilité du Pape, l'indépendance et la liberté de l'Église, la subordination et la soumission de l'État à l'Église, et par cette subordination et cette soumission, mais pas à une autre condition, l'union de l'Église et de l'État; le droit de l'Église de posséder et d'administrer ses biens tempo-rels, d'ériger des paroisses, les saintes immunités de l'Église, le droit qu'a l'Église de régler, de surveiller et de diriger les écoles, indépendamment de l'État». Tout le sermon est farci des thèses ultramontaines les plus radicales — celles que vou-drait nuancer l'archevêque — et laisse entendre que Mgr Bourget et ses disciples sont seuls à fonder leur action sur les doctrines romaines; il se termine même par des louanges aux rédacteurs du *Nouveau Monde*, ces «hommes généreux», ces «défenseurs de la vérité», qui ont mené le bon combat «malgré de puissantes oppositions» favorisant «ces compromis si com-muns parmi les prétendus politiques de nos jours[8]». Qui ne reconnaît pas, sous ces mots, Mgr Taschereau, qui a dénoncé le *Nouveau Monde* et l'a renvoyé? Sauf les ultramontains, qui sont aux anges, les assistants et les journalistes parlent de l'in-délicatesse, de l'inconvenance et de l'inopportunité du texte du père jésuite. Mais les journaux de Québec y voient ni plus ni moins que le «plus grand scandale qui se soit encore pro-duit au milieu de notre société religieuse» et dénoncent «cette

grande mise en scène, ces réclames, ces invitations innombrables, ces noces d'or enfin [qui] n'ont été qu'un prétexte ou,
pour parler plus franchement, un guet-apens afin de faire
tomber, dans le gouffre du programme, évêques, prêtres et
laïques, et, suivant le langage du *Nouveau-Monde* lui-même,
l'occasion, choisie de Dieu pour le triomphe de son fidèle
serviteur[9]».

Comme ils en prennent de plus en plus l'habitude, les
deux partis portent leur différend devant le jugement de
Rome. Le 4 août 1874, le cardinal Constantino Patrizi blâme
l'archevêque pour sa conduite «peut-être trop précipitée» et
exige le silence complet sur le *Programme*; il demande aussi
aux évêques de s'en tenir à ce qui «a été sagement et prudemment réglé et ordonné dans les Conciles provinciaux[10]». Le
texte romain conforte, en effet, diverses décisions collégiales
de l'épiscopat du Québec, et particulièrement un décret du
cinquième concile provincial de 1873 sur les écrivains catholiques, invités à «se montrer sans cesse prudents et charitables
envers leurs adversaires, surtout lorsque ces derniers sont catholiques eux-mêmes et plus encore s'ils occupent des charges
dans la hiérarchie civile ou ecclésiastique». Mais les polémiques n'en continuent pas moins[11].

L'OFFENSIVE ANTILIBÉRALE

Tous les débats tournent autour de la position à adopter face
au libéralisme et aux libéraux. Existe-t-il, au Canada et au
Québec, un libéralisme radical tel que le dénoncent régulièrement les papes? Les libéraux d'ici, c'est-à-dire les adhérents
au parti politique libéral, peuvent-ils être assimilés aux libéraux européens qui malmènent les catholiques français et
menacent le pape dans la péninsule italienne? Pour prévenir
des maux semblables au Québec, ne faut-il pas y appliquer
toutes les condamnations pontificales et détruire tout embryon de libéralisme?

Les ultramontains intransigeants ne s'embarrassent pas
de nuances. Ils voient du libéralisme dans tout ce qui n'est
pas conforme à leurs propres idées; leur thèse tient toute dans

cette affirmation de l'abbé Alexis Pelletier: «le libéralisme canadien, par sa nature, ses caractères et ses agissements, ne diffère en rien du libéralisme européen, c'est-à-dire qu'ils sont tous deux parfaitement identiques[12]». Même si certains évêques partagent ce point de vue, la majorité d'entre eux ne mettent pas tous les libéraux dans le même sac et surtout ne voient pas le Québec déjà ou bientôt sous la coupe libérale. Témoin le décret XXIII *De liberalismo catholico* du cinquième concile provincial de 1873: s'il condamne une erreur qui «séduit les âmes imprudentes», il précise qu'elle est peu répandue dans la province.

À partir de 1875, cependant, les catholiques modérés se laissent entraîner dans une véritable croisade antilibérale, déclenchée par l'application d'un article de la nouvelle loi électorale. Pour endiguer la corruption électorale, si souvent dénoncée par l'épiscopat, les législateurs provinciaux ont emprunté à la loi fédérale de 1874 la notion d'«influence indue» appelée à devenir célèbre; ainsi, proclame l'article 258 de l'*Acte concernant l'élection des membres de l'Assemblée Législative de la Province de Québec*,

> Seront réputés avoir commis l'acte appelé «influence indue», et passibles, en conséquence, d'une amende de deux cents piastres ou d'un emprisonnement de six mois à défaut de paiement:
> 1. Quiconque, directement ou indirectement, par lui-même ou par quelque autre, en son nom, emploie ou menace d'employer la force, la violence ou la contrainte, ou inflige ou menace d'infliger par lui-même ou par l'entremise de toute autre personne, quelque lésion, dommage, préjudice ou perte d'emploi, ou de toute manière que ce soit a recours à l'intimidation contre quelque personne pour induire ou forcer cette personne à voter ou à s'abstenir de voter, ou parce qu'elle aura voté ou se sera abstenue de voter à une élection. [...]

Sur le moment, ce texte paraît bien anodin, mais il devient bientôt une arme efficace entre les mains du parti libéral.

Les élections provinciales de 1875, en effet, donnent lieu à plusieurs interventions cléricales. Deux évêques sont particulièrement actifs: Mgr Bourget et Mgr Jean Langevin. Ce dernier adresse deux lettres circulaires à son clergé et une lettre pastorale aux fidèles.

Sus aux libéraux

Eh! ne nous dites pas, N[os] C[hers] F[rères], que l'on voit parmi les partisans de ces doctrines dangereuses, dites libérales, des hommes honorables, paisibles, exemplaires: ce sont les dupes de ceux qui les mènent. Ne nous dites pas que vous ne voyez en cela que de simples opinions politiques, parfaitement libres: il vous est facile de voir, au contraire, par les principes avoués des chefs, que ce qu'ils veulent en définitive, c'est amoindrir la juste et salutaire influence du clergé sur les masses; c'est de détruire tout ce qui peut gêner leurs projets contre la liberté et les droits de l'Église; c'est de s'emparer exclusivement de l'éducation de la jeunesse; c'est de favoriser la licence de tout dire, de tout écrire, de tout propager; c'est de faire prévaloir les intérêts matériels sur les intérêts spirituels et religieux.

(Mgr J. Langevin, «Lettre pastorale sur les élections», 28 mai 1875, II, n° 72, p. 6-7.)

Et pour bien se faire entendre de tous, il fait écrire par son grand vicaire au curé de Sainte-Anne-des-Monts: «Par les réponses de cet homme [M. St-Laurent], je vois que les gens n'ont pas compris les explications que vous leur avez données sur la lettre pastorale, car d'après lui, ils sont sous l'impression que les voteurs peuvent sans offenser Dieu voter pour un candidat du parti rouge qui prêche le libéralisme à la porte de leur église. Il est encore temps. Je pense que vous serez obligé de revenir là-dessus à votre prône de dimanche prochain. Il ne faut pas que notre peuple se fasse illusion, ni qu'il dise plus tard qu'il ne nous a pas compris[13]». La lettre est aussitôt reproduite dans les journaux et fait son tour de province. De telle sorte que les curés sont encore plus nombreux à dénoncer en chaire les libéraux.

Immédiatement après les élections, plusieurs candidats libéraux défaits s'appuient sur la nouvelle loi électorale pour contester la victoire de leurs adversaires. Leurs arguments suivent à peu près ceux de François Langelier, professeur de droit à l'Université Laval, défait dans Montmagny.

L'influence spirituelle indue

[...] Et vos pétitionnaires allèguent qu'avant et pendant ladite élection, des prêtres et ministres de la religion catholique romaine, qui est celle de la totalité des électeurs du district électoral, ont dans l'intérêt de la candidature dudit Philippe Landry, à sa connaissance et de son consentement, exercé une pression morale et religieuse sur les esprits desdits électeurs en représentant faussement et illégalement le parti politique auquel appartenait ledit François Langelier comme étant un parti infâme, dangereux et ennemi des doctrines et des ministres de ladite religion, et le parti auquel appartenait ledit Philippe Landry comme étant le seul parti en faveur duquel les catholiques pouvaient et devaient voter, et en menaçant les électeurs qui voteraient pour ledit François Langelier des peines de l'autre vie; et cela tant au cours des sermons ou prônes prononcés par lesdits prêtres ou ministres aux offices divins dans les églises, que dans le cours de conversations privées avec ces électeurs: qu'une grande partie des électeurs dudit District Électoral ont été ainsi influencés, intimidés et forcés à voter, et que le résultat de ladite élection a été affecté et changé par suite et par l'effet desdites influences indues et dudit système général d'intimidation.

(«La requête en contestation», *Le Courrier du Canada*, 13 août 1875, p. 2.)

Voilà donc lancée — et par un professeur de l'Université Laval! — la bataille de l'«influence spirituelle indue».

L'épiscopat est bientôt aux abois. Car les procès pour influence spirituelle indue se multiplient et avec eux les risques de citations de prêtre devant les tribunaux civils. Les journaux libéraux dénoncent sans relâche le rôle du clergé dans la dernière défaite de leur parti. Les chefs libéraux — Joseph Cauchon en tête — s'en mêlent, adressant à l'archevêque une lettre dans laquelle ils se plaignent de l'antagonisme «d'une

portion» du clergé et réfutent toute accusation de «catholicisme libéral». Et, pour comble, l'affaire Guibord refait surface: dans sa décision finale, le Comité judiciaire du Conseil
privé de Londres condamne la fabrique de Montréal et
l'oblige à accepter l'inhumation du typographe dans son cimetière. Mais, au jour dit, le 2 septembre 1875, une foule de
catholiques ferme le portail du cimetière devant le cortège;
Mgr Bourget, par une circulaire, doit demander au peuple de
demeurer calme et, le 16 novembre 1875, le corps de Guibord
peut enfin être transféré du cimetière protestant au cimetière
catholique sous la protection de 1255 soldats. Ce sont des
«temps d'excitation universelle», note Mgr Taschereau.

Les évêques décident donc de faire front commun et
d'éclairer leurs ouailles sur les problèmes de l'heure. Lors
d'une première réunion, le 1er septembre 1875, ils répondent
aux chefs libéraux par un simple accusé de réception et sollicitent de l'archevêque un texte à adresser aux fidèles sous
forme de lettre pastorale collective; ils confient à Mgr Langevin la tâche de rédiger une circulaire au clergé. Discutées au
cours d'une nouvelle assemblée, la *Lettre pastorale des évêques
de la province ecclésiastique de Québec* et la *Circulaire des évêques
de la province ecclésiastique de Québec au clergé de ladite province*
sont publiées le 22 septembre 1875. Leur retentissement est
énorme et immédiat.

Le premier texte comprend huit parties. La première rappelle les fondements et l'étendue des pouvoirs de l'Église,
comme nous l'avons résumé plus haut; elle spécifie que «du
moment qu'une question touche à la foi ou à la morale ou à
la constitution divine de l'Église, à son indépendance, ou à ce
qui lui est nécessaire pour remplir sa mission spirituelle, c'est
à l'Église seule à juger». Ce jugement, précise la deuxième
partie, peut être porté par le souverain pontife, mais aussi par
les évêques qui «ont dans leurs diocèses respectifs pouvoir
d'enseigner, de commander, de juger» et par chaque prêtre
qui a «la mission de prêcher» et «un droit rigoureux au respect, à l'amour et à l'obéissance de ceux dont les intérêts spirituels sont confiés à sa sollicitude pastorale».

C'est précisément ce qu'attaque le libéralisme catholique,
dit-on dans la troisième partie. Ennemi «le plus acharné et le

plus dangereux de la divine constitution de l'Église» — ce sont les mots mêmes de Pie IX —, «il présente aux enfants d'Adam l'appât trompeur d'une certaine liberté, d'une certaine science du bien et du mal» et il s'efforce subtilement de «briser les liens qui unissent les peuples aux Évêques et les Évêques au Vicaire de Jésus-Christ». Aussi, «en présence de cinq brefs apostoliques qui dénoncent *le libéralisme catholique* comme absolument incompatible avec la doctrine de l'Église, quoiqu'il ne soit pas encore formellement condamné comme hérétique, il ne peut plus être permis en conscience d'être *un libéral catholique*».

En opposition à cette «erreur», la quatrième partie définit, d'après saint Thomas d'Aquin, la politique catholique dont le bien commun constitue la fin unique et suprême et qui se fonde sur la raison et l'autorité. Comme on est loin du régime constitutionnel canadien basé sur l'affrontement des partis «qui se tiennent les uns les autres en échec»!

De la nature de l'Église découle, explique la cinquième partie, le droit d'intervention du clergé en politique. Prêtres et évêques *doivent* intervenir quand le bien spirituel des âmes est menacé par un candidat, un parti ou un projet de loi, mais ils *peuvent* aussi le faire, en temps ordinaire, avec prudence et charité. Leur dénier ce droit pour les confiner à la sacristie, c'est pratiquer «l'indépendance morale» en politique, c'est en exclure l'Église et se priver «de tout ce qu'elle renferme de salutaire et d'immuable: Dieu, la morale, la justice, la vérité, et quand on a fait ainsi main basse sur tout le reste, on n'a plus qu'à compter avec la force!» Ainsi, «les plus grands ennemis du peuple sont donc ceux qui veulent bannir la religion de la politique».

La sixième partie vante les mérites des journalistes catholiques «qui se proposent avant tout de propager et de défendre la vérité», mais leur rappelle aussi leurs devoirs de justice et de charité. La septième souligne l'importance du serment et la nécessité de le respecter. La huitième et dernière, ajoutée par Mgr Taschereau de sa propre initiative, affirme que la sépulture ecclésiastique est réservée «tout entière et uniquement au jugement de l'Église». Les évêques repoussent donc, dans ce domaine, l'intervention de quelque «puissance temporelle» que ce soit et arguënt de l'affaire Guibord, «tristement célèbre», pour démontrer que «l'Église Catholique du Canada est menacée dans sa liberté et ses droits les plus précieux».

Puis, le texte épiscopal s'achève sur une dernière et rigoureuse mise en garde contre le libéralisme:

> Défiez-vous de ce *libéralisme* qui veut se décorer du beau nom de *catholique* pour accomplir plus sûrement son œuvre criminelle. Vous le reconnaîtrez facilement à la peinture qu'en a faite souvent le Souverain Pontife: 1° Efforts pour asservir l'Église à l'État; 2° Tentatives incessantes pour briser les liens qui unissent les enfants de l'Église entre eux et avec le clergé; 3° Alliance monstrueuse de la vérité et de l'erreur, sous prétexte de concilier toutes choses et d'éviter les conflits; 4° Enfin, illusion, et quelquefois hypocrisie, qui sous des dehors religieux et de belles protestations de soumission à l'Église, cache un orgueil sans mesure[14].

Adressée confidentiellement au clergé, la lettre circulaire lance un appel paternel à l'unité basée sur la soumission et le respect des prêtres envers les évêques. Quand des flatteurs, adversaires de l'Église, leur tendent la main pour les «gagner à leur cause», les membres du clergé doivent consulter leurs chefs et suivre leurs directives. Si leur conduite pastorale les amène devant la justice, ils doivent «récuser respectueusement, mais fermement, la compétence du tribunal civil, et invoquer le recours au tribunal ecclésiastique»; s'ils sont condamnés, ils doivent «souffrir patiemment cette persécution, par amour pour la sainte Église». Enfin, nouveau rappel des conseils usuels de prudence: il n'est pas toujours opportun d'user de son droit d'intervenir «comme ministre de la religion»; quand des circonstances particulières nécessitent une action, il faut avoir soin de ne rien faire ou dire «sans avoir consulté» son évêque; dans tous les cas, il faut éviter les paroles blessantes et les attaques personnelles. En définitive, conclut le document, «il convient à un prêtre de ne pas se mêler activement aux luttes de partis[15]».

Les deux textes, mais surtout le premier, révèlent un durcissement des positions épiscopales face au problème politique: l'archevêque et ses suffragants empruntent aux ultramontains leurs accents les plus forts pour condamner le libéralisme catholique, sans même préciser s'ils ne visent pas un parti politique en particulier. Même si les dénonciations ne sont pas illustrées par un *syllabus errorum*, comme l'avait proposé Mgr Antoine Racine, elles peuvent aisément être rattachées à tel partisan de l'Institut canadien ou à tel candidat libéral. La tentation est bien grande d'étendre à TOUS les partisans libéraux la condamnation qui vise, au moins dans l'esprit de Taschereau, uniquement les doctrinaires du groupe politique; les évêques eux-mêmes n'y échappent pas ni, à plus forte raison, les journalistes conservateurs et ultramontains qui reçoivent ainsi un appui «providentiel». La publication du mandement du 22 septembre 1875 est donc grosse d'équivoques et de querelles d'interprétation que la peur du libéralisme et l'euphorie de l'unité retrouvée font oublier momentanément.

En effet, cet exposé de principes, qui pourrait, selon le souhait du *Courrier du Canada*, servir «de point de ralliement à tous les cœurs vraiment catholiques», apaise pour un temps — mais pour un temps seulement — les polémiques journalistiques, réveillant du même coup l'antagonisme protestant. En décembre 1875, un ministre libéral fédéral, Lucius Seth Huntington, dénonce «ceux qui travaillent dans le Bas-Canada à soumettre l'État à l'Église et qui soutiennent que le seul devoir du premier est d'affermir la domination de celle-ci»; il lance un appel à une union défensive: «Le temps est venu où les Anglais protestants devraient s'allier avec les libéraux français du Bas-Canada. C'est là la seule alliance possible dans l'intérêt de la libre pensée et de la libre parole». Ce «manifeste politico-religieux» crée beaucoup de remous et, quand il perd de son mordant, le conservateur Alexander Tilloch Galt prend la relève en publiant un pamphlet sur les libertés civiles au Québec menacées par le document épiscopal[16].

On veut «démolir le mandement du 22 septembre dernier et [...] exciter une guerre de races et de religions dont les conséquences seront désastreuses», s'inquiète Mgr Taschereau,

avant de se lancer à la défense du bien-fondé et de l'oppor-
tunité de la déclaration solennelle[17]. Mais l'utilisation outran-
cière qu'en font les politiciens conservateurs et les journalistes
ultramontains l'amène à suggérer une nouvelle déclaration
commune pour clarifier les intentions des évêques et souligner
qu'aucun parti politique (lisez: le parti libéral) n'est visé en
particulier. Comme aucun de ses suffragants ne le suit, l'archevêque prend sur lui de promulguer, le 25 mai 1876, un
mandement personnel qui atténue la rigueur de la lettre pastorale collective et met clairement les deux partis politiques
sur le même pied[18]. C'est, considère-t-on partout, une rétrac-
tation, au moins une désapprobation à peine voilée du texte
qu'il a lui-même rédigé et signé en septembre 1875; c'est surtout une nouvelle manifestation de la division des évêques,
au moment où rebondit la question de l'«influence spirituelle
indue».

Deux contestations d'élections en sont la cause. En janvier 1876, l'ex-ministre conservateur Hector Langevin, frère
de l'évêque de Rimouski, et le libéral Pierre-Alexis (Pitre)
Tremblay s'affrontent dans la circonscription de Charlevoix.
La campagne électorale, violente comme de coutume dans la
région, prend une tournure de guerre de religion (les conservateurs se servent pour la première fois de la lettre pastorale
des évêques) et plusieurs curés interviennent fermement
contre le candidat libéral. Défait, Tremblay les dénonce auprès
de l'archevêque, puis à Rome et, en même temps, demande
aux tribunaux d'annuler l'élection pour cause d'ingérence cléricale. En été 1876, un premier procès donne lieu à plusieurs
incidents; le juge Adolphe-Basile Routhier — un ultramontain
de la meilleure eau et un des signataires du *Programme catholique* — renvoie l'accusation et confirme l'élection de Langevin. Tremblay interjette immédiatement appel devant la Cour
suprême nouvellement créée qui, le 28 février 1877, renverse
la décision du juge Routhier. Dans ses arrêts motivés, le juge
Jean-Thomas Taschereau — le propre frère de l'archevêque
de Québec! — est d'une remarquable clarté:

> Tous ces discours, accompagnés de menaces, et d'affir-
> mations *de cas de conscience*, étaient de nature à produire
> dans l'esprit du plus grand nombre des électeurs du

comté, condamnés à entendre ces choses pendant plusieurs dimanches consécutifs, une crainte sérieuse de
commettre un péché grave, et d'être privés des sacrements de l'Église. Il y a en cela l'exercice d'une influence
indue de la pire espèce. En effet, ces menaces et ces déclarations tombaient de la bouche du prêtre parlant du haut
de la chaire et au nom de la religion, et étaient adressées
à des gens peu instruits et généralement bien disposés à
écouter la voix de leurs curés[19].

Ce jugement de la plus haute cour de justice du Canada
a d'autant plus de retentissement qu'une décision semblable,
quelques semaines auparavant, a annulé l'élection de Bonaventure de 1875. Trois points retiennent particulièrement l'attention du tribunal:

1. Que la menace par un prêtre catholique de refuser les
sacrements à ceux qui voteront pour un candidat constitue un acte d'influence indue aux termes de la clause 258
de l'Acte Électoral de Québec.
2. Que lorsque les curés se mêlent activement d'une élection en faveur d'un des candidats, lequel déclare dans
un discours aux électeurs qu'il est le candidat du clergé,
qu'il a été demandé par le clergé, et que sans l'assurance
de l'appui du clergé il n'aurait pas accepté la candidature, ces curés seront considérés comme les agents du
candidat au point de le rendre responsable de leurs actes.
3. Que si, en présence d'un candidat, un curé constitué
agent, menace ses paroissiens de refus des sacrements au
cas où ils voteraient pour le candidat opposé, le candidat
ainsi présent sera considéré comme ayant consenti à cet
acte d'influence indue et comme l'ayant approuvé, et
sera déqualifié si, dans un discours prononcé quelques
heures après, il se déclare le candidat du clergé et ne
désavoue pas ces menaces, ou n'en dégage pas autrement
sa responsabilité[20].

Bien plus, le juge Louis-Napoléon Casault, professeur à
l'Université Laval, explique par écrit son interprétation de la
loi électorale. Repoussant la prétention qu'elle ne vise que
«l'intimidation matérielle, et non celle qui ne peut créer que

la persuasion», il soutient que les législateurs connaissaient la portée de la mesure, quand ils l'ont votée, et qu'ils n'ont pas manifesté le désir de l'atténuer; qui plus est, ajoute-t-il, «je ne sache pas qu'un seul membre de l'épiscopat ou du clergé catholique ait songé à s'en plaindre ou à en demander le rappel». L'explication en est simple: la loi ne gêne pas la prédication et la liberté du culte. «La loi ne peut et ne veut que réprimer des abus; elle ne veut pas et ne peut pas contrôler la doctrine». Bien plus, même si elle brimait la liberté religieuse, le juge devrait l'appliquer telle quelle[21].

Les évêques s'émeuvent «d'une pareille prétention et d'une loi susceptible d'une pareille interprétation de la part d'un juge catholique de la valeur de M. Casault», comme l'exprime Mgr Laflèche. Mgr Langevin, qui compte Bonaventure dans son diocèse, réagit vivement: il cite le juge Casault devant le chancelier apostolique de l'Université Laval, l'archevêque Taschereau, et il exige sa démission; le 15 janvier 1877, il publie un mandement virulent condamnant les conclusions des juges de la Cour supérieure et qui déclare «indignes des sacrements» tous ceux qui soutiendraient cinq propositions prétendument incluses dans le jugement[22].

La lecture du mandement dans la cathédrale de Rimouski, en présence de John Maguire, l'un des trois juges de la Cour supérieure, donne lieu à une série d'incidents entre l'homme de loi et l'évêque. Mais la magistrature elle-même et, en bout de ligne, les autorités politiques ne peuvent rester indifférentes devant cette condamnation de juges dans l'exercice de leur fonction. Et même si les collègues de Mgr Langevin ne le suivent pas dans sa dénonciation, les relations se tendent entre l'épiscopat du Québec et le gouvernement d'Ottawa[23].

Ces frictions s'intensifient encore quand les évêques décident de réagir devant le jugement de la Cour suprême du Canada. N'y voyant «rien autre chose que la condamnation publique et solennelle de [leur] lettre collective, des décrets de [leurs] derniers conciles, de [leurs] directives aux curés, et enfin de toutes [leurs] instructions aux fidèles pour leur faire connaître leur devoir en temps d'élection» (Mgr Moreau), ils adressent aux autorités gouvernementales d'Ottawa et rendent publique une *Déclaration de l'archevêque et des évêques de la province ecclésiastique de Québec, au sujet de la loi électorale.* Le texte est à la fois poli et ferme. Après avoir signifié leur «douleur profonde» devant la décision de la Cour suprême, les évêques déplorent «le conflit que ce jugement constate entre la loi ainsi interprétée et les droits imprescriptibles de l'Église Catholique exposés dans [leur] pastorale commune du 22 septembre 1875». Puis ils affirment qu'une interprétation «si rigoureuse et si absolue» de la loi électorale enlève à l'Église tout droit de légitime défense. C'est pourquoi, après avoir rappelé que le Québec avait déjà voté des amendements «pour mettre la loi civile en accord avec la loi ecclésiastique», les chefs religieux réclament «que [les] Législateurs [fédéraux], dans leur sagesse et leur désir de rendre justice à tous, apportent à cet état de choses un remède convenable[24]».

Cette *Déclaration* du 26 mars 1877 est plus que l'«acte de courage épiscopal» qu'y voit Mgr Jean Langevin, elle marque la volonté de l'épiscopat d'affirmer les droits de l'Église face à l'État, au risque même de susciter un affrontement entre les autorités civiles et les autorités religieuses. Ce danger incite la Propagande à intervenir.

L'INTERVENTION DE ROME

Alertée par toutes les parties, hommes politiques libéraux, catholiques modérés et ultramontains, Rome temporise d'abord, suggère quelques solutions «à l'irlandaise» — le meilleur exemple est un texte sur les immunités ecclésiastiques qu'on doit emprunter au diocèse de Maynooth en Irlande —, puis décide de déléguer Mgr George Conroy, un Irlandais. Bien des gens se méprennent sur le véritable but de sa mission, les ultramontains les premiers. Comme l'écrit le chanoine Godefroy Lamarche, par exemple, ils croient que le délégué apostolique enquête pour la Propagande, qui veut aller «jusqu'au fond des choses et se persuader, par elle-même qui de l'Archevêque ou de ses Suffragants a raison». Mais ses instructions, qui ne sont pas publiées, sont particulièrement claires à propos de la politique. Elles posent d'abord un

jugement global sur la situation au Québec: la question principale, qui agite les esprits dans cette province, est l'attitude
du clergé dans les élections et son comportement envers les
partis conservateur et libéral; trois documents ont particulièrement contribué à augmenter l'effervescence: la lettre collective du 22 septembre 1875, la lettre pastorale de Mgr Bourget
du 1er février 1876 sur le libéralisme et les commentaires de
Mgr Laflèche sur un bref à lui accordé par Pie IX en septembre
1876. En conséquence, le délégué devra remettre en vigueur
le silence déjà imposé par le décret romain du 4 août 1874 et,
«en autant qu'il le croit nécessaire», il fera savoir que ce n'était
pas l'intention du Saint-Siège de condamner directement le
parti politique libéral et que par conséquent les condamnations de Rome se réfèrent uniquement aux catholiques libéraux et à leurs principes; il rappellera donc que c'est dans ce
sens qu'on doit interpréter le bref de Pie IX. Concernant la
conduite du clergé, il convaincra les évêques de faire observer
strictement et sévèrement les dispositions des quatrième et
cinquième conciles de Québec et le décret du 4 août 1874. Il
remettra au jugement des Ordinaires le cas des prêtres cités
devant les tribunaux pour s'être ingérés indûment dans les
questions électorales et avoir condamné du haut de la chaire
le parti libéral; pour l'avenir, il prescrira l'abstention de telles
interventions, selon les règles déjà fixées pour le clergé
d'Irlande[25].

Même si le délégué apostolique lui-même donne parfois
l'impression d'être venu au Canada pour apprendre ou pour
enquêter — il visite presque tous les diocèses du pays et, partout, s'entretient avec le clergé et des laïcs des problèmes
locaux ou provinciaux —, il s'organise rapidement pour régler
les difficultés politico-religieuses. Il communique les instructions de la Propagande à Mgr Taschereau, mais n'en fait
connaître que les grandes lignes et l'esprit à Mgr Laflèche,
porte-parole des suffragants et des ultramontains. Le 8 août
1877, il annonce au cardinal Franchi qu'il sera bientôt en mesure de lui faire un premier rapport; à son avis, laisse-t-il déjà
entendre, la lettre collective du 22 septembre 1875 contenait
au moins une ébauche de condamnation du parti libéral, ce
qui confirme la justesse des décisions romaines[26].

La réunion abordant la question politique et électorale se tient à Québec du 9 au 11 octobre 1877. Le délégué la prépare avec soin, car il veut que les évêques s'occupent eux-mêmes de transmettre au peuple et au clergé les décisions de Rome. Il charge donc les deux chefs de file de l'épiscopat, l'archevêque Taschereau et Mgr Laflèche, de préparer les documents préliminaires en conformité avec les directives romaines. Taschereau rédige une lettre circulaire au clergé; l'évêque de Trois-Rivières accepte de préparer un projet de lettre pastorale collective aux fidèles. Il le fait, dit-il, dans l'esprit des «instructions du Saint-Siège» et sans renier les textes antérieurs, mais de manière à ne pas «compromettre le Clergé et les Évêques ni donner aux libéraux l'occasion de s'en prévaloir comme d'une approbation de leur parti[27]».

Pour plus de sûreté, Mgr Conroy préside lui-même l'assemblée des évêques et conduit les débats. Les deux textes proposés sont acceptés unanimement après quelques corrections. La *Lettre pastorale des évêques de la province ecclésiastique de Québec* et la *Circulaire des évêques de la province ecclésiastique de Québec au clergé de ladite province*, du 11 octobre 1877, font donc connaître l'interprétation officielle, imposée par Rome, de la lettre collective du 22 septembre 1875 et prescrivent au clergé une «sage réserve» et une «grande prudence»; elles affirment publiquement que le parti libéral n'est pas condamné en lui-même et qu'en définitive, il y a beaucoup moins de catholiques libéraux au Québec que ne le laissaient entendre les déclarations précédentes. Le délégué met les choses au point quand, le 1er novembre 1877, à Montréal, forteresse ultramontaine, il invite les catholiques à respecter l'épiscopat «quel que soit le parti politique qu'ils croient pouvoir suivre[28]».

Comme il fallait s'y attendre, les intransigeants se scandalisent et organisent, à Montréal et à Rimouski particulièrement, des mouvements d'opposition. Les Langevin de Rimouski — l'évêque Jean et le grand vicaire Edmond — colportent à tous vents leur déception.

Au sujet de
Mgr George Conroy

Le Délégué (*entre nous*) me paraît être venu avec des idées *pré-conçues*, très favorables à nos *libéraux* et opposés aux *Conservateurs*. Il est encore à dire un seul mot pour encourager ou approuver ceux qui ont soutenu les droits de l'Église et du Clergé. Nous devrions lui parler *franchement et ouvertement*; autrement sa mission va avoir fait un tort irrémédiable à la cause des bons principes. Ne sommes-nous pas tous solidaires après notre *déclaration commune* contre la décision de la Cour Suprême. Nous ne sommes pas des enfants à être menés par le bout du nez; je crois qu'il est temps pour nous de mettre la pusillanimité de côté.

(Mgr J. Langevin à Mgr Duhamel, 1 janv. 1878, AAR, RL, II, p. 100-101.)

Le curé Stanislas Tassé de Sainte-Scholastique est encore plus incisif: «Mgr Conroy est devenu impossible. Qu'il s'en aille[29]!»

LES DERNIERS REMOUS

La mort subite de Mgr Conroy, le 4 août 1878, n'arrête pas les critiques, bien au contraire. Les ultramontains y reconnaissent la main de Dieu — «Telle a été l'œuvre du Délégué parmi nous, œuvre de destruction et de ruine; c'est bien pourquoi sa disparition de ce monde a été comme un soulagement pour la conscience de tant de catholiques, et a paru si providentielle», écrit Luc Désilets[30] — et un nouvel encouragement à dénoncer les libéraux et l'archevêque à Rome.

Le passage du délégué contribue néanmoins à restreindre les interventions politiques du clergé. Chaque fois qu'ils perdent une élection, les libéraux continuent à évoquer l'«influence spirituelle indue», mais la rengaine ne convainc guère, puisque leurs divisions et leurs propres carences sont à l'évidence la cause de leurs déboires. Naturellement, certains curés ne peuvent s'empêcher de révéler leurs convictions politiques, ordinairement conservatrices, et, jusqu'à la fin du siècle, les évêques devront veiller à tenir leur clergé dans les limites de la prudence et de la légalité.

Quelques questions entraînent encore la division des évêques et l'intervention de Rome. Au début des années 1880, par exemple, Mgr Laflèche, appuyé par ses collègues de Rimouski et d'Ottawa, lance une croisade en faveur d'une réforme de la loi électorale relativement à l'«influence indue». Le prétexte en est la contestation de l'élection de Berthier: les témoins sont interrogés sur ce qu'il leur a été dit au confessionnal et on songe un moment à faire témoigner des théologiens et même des évêques. L'épiscopat du Québec s'inquiète de cette pratique «tout-à-fait contraire au respect dû à la religion et au sacrement, aussi bien qu'à la charité et à la justice que tout pénitent doit à son confesseur[31]», puis, le 1er juin 1880, publie une lettre pastorale collective «sur le respect dû à la parole de Dieu et au sacrement de pénitence[32]». Les évêques refusent cependant, comme le leur conseillent certains députés catholiques, d'exiger les changements déjà demandés dans leur déclaration du 26 mars 1877; «ils sont d'avis que le temps le plus opportun doit être choisi», explique le procès-verbal de la réunion[33].

Pour Mgr Laflèche, ce temps est arrivé. Quand il apprend l'annulation de l'élection de Berthier «pour cause d'influence spirituelle indue», il rédige une série d'articles, les publie anonymement dans le *Journal des Trois-Rivières* et les édite presque immédiatement en brochure. Sa conclusion est précise:

> Nous croyons que ce qui précède établit clairement et solidement que la loi de *l'influence spirituelle indue*, telle qu'interprétée par les tribunaux civils de la province, produit un conflit fort regrettable entre l'Église et l'État, porte une atteinte grave à la liberté religieuse et civile de tous les citoyens, à quelque parti politique, et à quelque croyance religieuse qu'ils appartiennent, et sans aucun avantage pour personne.
> En conséquence, nous engageons tous les amis sincères de la véritable liberté, à user de toute leur influence pour faire abroger une loi qui comporte d'aussi funestes conséquences, ou à la faire amender de manière qu'elle ne

puisse jamais être appliquée aux choses du domaine religieux et spirituel[34].

La brochure est largement distribuée dans le clergé et chez les députés. Mgr Laflèche l'accompagne d'instances auprès de collègues et d'hommes politiques amis à qui il confie: «dans le cas même où il n'y aurait pas de chance de succès, il faudrait même la présenter [la nouvelle loi électorale provinciale], et provoquer un vote sur cette mesure, afin que l'on connaisse les hommes sur lesquels on peut compter pour la protection de nos droits religieux[35]». Faisant fi des objections de l'archevêque, il s'adresse directement au premier ministre de la province, J.-Adolphe Chapleau, l'incitant à laisser tomber ses craintes «problématiques» et à oser agir en vrai catholique. Sans succès, cependant, car ni la majorité des évêques ni le parti ministériel n'osent ouvrir la boîte de Pandore que serait un débat sur une nouvelle loi électorale. Bien plus, exaspéré par les manœuvres de l'évêque de Trois-Rivières, Mgr Taschereau les dénonce à Rome et obtient une réponse immédiate du préfet de la Propagande, le cardinal Simeoni:

> Il est [...] connu de la susdite Sacrée Congrégation que certain suffragant de Votre Seigneurie cherche actuellement à recourir au Parlement, pour faire modifier la loi des élections relativement à l'influence indue.
> Votre Seigneurie devra notifier à chacun des suffragants, de la part de Sa Sainteté, que chacun des Prélats, individuellement, ait à s'abstenir d'agiter ou de faire agiter soit dans le Parlement, soit dans la presse, la question de la modification de la loi concernant la dite influence indue. Que s'il arrivait une époque où les Évêques réunis jugeassent tous ensemble que le temps opportun est venu de faire la susdite demande, ils devront d'abord recourir à cette Sacrée Congrégation pour en recevoir les instructions convenables[36].

Se reconnaissant facilement dans le «certain suffragant», Mgr Laflèche multiplie les démarches à Rome pour justifier son point de vue et décrire la montée libérale, mais le Saint-

Siège ne déroge pas à sa décision et la clause de l'«influence indue» tombe d'elle-même en désuétude.

L'évolution même du parti libéral amène le clergé, y compris le plus conservateur, à admettre que cette formation politique ne constitue plus une menace pour l'Église. L'élément radical, le rougisme, avait été marginalisé dès les années 1860, mais conservateurs et ultramontains n'avaient jamais voulu le reconnaître. Deux chefs charismatiques vont particulièrement contribuer à dessiner l'image d'un parti libéral modéré, donc acceptable par le clergé, et lui attirer une clientèle de plus en plus désabusée par un parti conservateur désuni, miné par son aile ultramontaine. Wilfrid Laurier établit, dans son fameux discours de 1877, la différence fondamentale entre le libéralisme politique de type britannique, pratiqué au Canada, et le libéralisme révolutionnaire et même catholique d'Europe, condamné par les papes[37]. À mesure que son étoile monte, et surtout une fois devenu chef du parti libéral du Canada en 1887, il coupe à la racine toute velléité de rougisme et manœuvre pour établir la respectabilité de son parti[38].

Évolution semblable au Québec. Après avoir participé à des tentatives d'union avec les conservateurs de Chapleau, modérés comme lui, Honoré Mercier prend la tête des libéraux provinciaux en 1883 et joue à fond la carte nationaliste. Il est bien servi, en 1885-1886, par l'effervescence progressive provoquée dans les masses canadiennes-françaises par l'insurrection des Métis dans l'Ouest canadien, par l'arrestation et le procès «inique» de Louis Riel, puis sa pendaison en novembre 1885. «Notre frère Riel est mort», victime de l'incurie du gouvernement conservateur et de la haine anglo-saxonne, clame partout le chef libéral qui lance un mouvement national rassemblant des libéraux, des conservateurs nationalistes ou modérés et, *horresco referens!* des ultramontains. Même si Mgr Laflèche et quelques irréductibles refusent cette union sacrée, la très grande partie du clergé se reconnaît dans ce nationalisme fervent, conquérant même, arc-bouté sur la langue et sur la religion.

Qui plus est, devenu premier ministre du Québec, Mercier réussit le tour de force de régler la question des Biens

392 HISTOIRE DU CATHOLICISME QUÉBÉCOIS

des Jésuites, dont la solution traînait depuis des décennies. Les domaines et seigneuries qui, sous le régime français, avaient été attribués aux Jésuites, étaient devenus biens de la Couronne à la mort du dernier jésuite canadien en 1800. En 1867, le gouvernement du Québec en devient propriétaire. Depuis 1838, les évêques réclament en vain la restitution de ces biens à l'Église. En 1871, Rome autorise les Jésuites à entreprendre des négociations avec le gouvernement provincial, mais Mgr Taschereau intervient, prétendant que ces biens doivent être répartis entre les écoles catholiques — et spécialement l'Université Laval — plutôt que donnés aux Jésuites pour établir une université rivale à Montréal.

Ancien membre de l'Union catholique, Mercier est très sensible aux arguments de ses maîtres jésuites. Pour résoudre le problème, il propose une compensation globale et demande au Saint-Siège de répartir l'argent entre les groupes catholiques. Le 12 juillet 1888, une loi votée à l'unanimité accorde la somme de 400 000 $ à la Compagnie de Jésus, 140 000 $ à l'Université Laval et 100 000 $ à divers diocèses. Même si le premier ministre a eu la précaution d'offrir 60 000 $ aux universités et collèges anglo-protestants, la mesure soulève la colère des orangistes ontariens qui, scandalisés de voir le pape intervenir dans un pays britannique, fondent l'Equal Rights Association[39]. Quelques années plus tard, Léon XIII crée Mercier comte palatin, à l'occasion d'un voyage du premier ministre à Rome. À l'évidence, le chef libéral et ses troupes ne peuvent plus être considérés comme une menace.

LA QUESTION DES ÉCOLES DU MANITOBA

La dernière intervention du clergé en politique au XIXe siècle se situe dans un contexte très particulier. Parallèlement au sursaut nationaliste du Québec se développe, au Canada anglais, un mouvement anti-canadien-français. L'Equal Rights Association, par exemple, prêche l'unilinguisme anglais et, dans cette foulée, la province du Manitoba abolit, en 1890, le caractère officiel de la langue française et le système des écoles séparées. Ces accrocs aux droits constitutionnels — le français

et les écoles étaient protégés par l'Acte du Manitoba — soulèvent la colère des Franco-Manitobains et de leurs partisans
du Québec, qui recourent à toute la panoplie juridique pour
faire recouvrer leurs droits aux catholiques (irlandais compris)
et aux francophones: procès devant les tribunaux, appels au
Conseil privé de Londres, demande de désaveu de la loi par
Ottawa et, finalement, suggestion d'une «loi rémédiatrice» imposée par le gouvernement central.

Dès le début, alerté par l'archevêque Alexandre-Antonin
Taché, l'épiscopat canadien — le cardinal Taschereau, sept
archevêques et 20 évêques — envoie au gouvernement d'Ottawa une pétition à l'effet d'empêcher «des molestations contraires aux assurances données au nom de Sa Majesté à la
population de Manitoba et qui seraient le résultat d'une législation qui imposerait à une partie considérable des loyaux
sujets de Sa Majesté la conviction qu'on a manqué à la bonne
foi publique[40]». Et pendant les longues années d'attente et de
débats qui suivent, le clergé du Québec — évêques et prêtres
— ne ménage ni sa sympathie ni son appui à l'archevêque
Taché et à son successeur, Adélard Langevin.

Après toutes ces années de lutte, les élections fédérales
de 1896, du moins au Québec, portent en grande partie sur
la question des écoles du Manitoba. Les conservateurs pro-
mettent une nouvelle loi réparatrice, tandis que Laurier et ses
troupes dénoncent l'insuffisance et l'inefficacité de ce projet
et s'engagent vaguement à redresser les droits des catholiques
manitobains «à la satisfaction légitime de la minorité comme
de la majorité», selon la formule d'un ami du chef libéral, le
curé Jean-Baptiste Proulx de Saint-Lin (la paroisse natale de
Laurier).

Pour appuyer les sermons politiques que multiplie Mgr
Adélard Langevin en tournée au Québec, les évêques se
réunissent à Montréal, le 6 mai 1896. Avec une unanimité
qu'entament à peine certaines réticences de Mgr Médard
Émard de Valleyfield, ils rédigent un mandement collectif, lu
dans toutes les églises de la province le 17 suivant. Nouvelle
mouture d'une première version, très sévère, écrite par Mgr
Laflèche, le texte se montre prudent tout en étant très explicite. Les évêques rappellent d'abord leur droit et leur devoir

«d'élever la voix» et, tout en se défendant de s'inféoder «à aucun des partis qui se combattent dans l'arène politique», ils proclament que «tous les catholiques ne devront accorder leur suffrage qu'aux candidats qui s'engageront formellement et solennellement à voter, au Parlement, en faveur d'une législation rendant à la minorité catholique du Manitoba les droits scolaires qui lui sont reconnus par l'Honorable Conseil Privé d'Angleterre».

Dans une circulaire au clergé de leurs diocèses, les évêques ordonnent de faire la lecture du mandement épiscopal «sans commentaires», mais ne manquent pas, indice que de plus en plus de curés penchent du côté libéral, d'insister sur le respect et l'obéissance que «tous les prêtres» leur ont promis «au jour de leur ordination» et ajoutent: «nous osons espérer que tous les membres du clergé, dont l'union est si nécessaire à l'accomplissement du bien de la société, seront les premiers à donner l'exemple de la prudence et de la soumission dans ces circonstances aussi solennelles[41]».

Même s'il ne contient pas la condamnation explicite de leurs positions comme l'appréhendaient les libéraux, le mandement fait sensation; arme politique aux mains des conservateurs, il se situe au cœur des débats et des discours électoraux. Les candidats et les journaux l'interprètent en fonction de leurs attaches partisanes. Les libéraux en minimisent l'ampleur et la sévérité en s'appuyant sur un texte de Mgr Émard qui rappelle la neutralité absolue de l'évêque et le droit, pour chaque électeur, de voter selon ses convictions. Mais les conservateurs ont beau jeu de montrer que l'évêque de Valleyfield fait cavalier seul, qu'il est une espèce de dissident; tous les autres évêques qui se prononcent renchérissent sur le texte original et laissent poindre, c'est le moins qu'on puisse dire, une condamnation du flou de la position libérale.

L'appui le plus important aux conservateurs vient de Mgr Laflèche. Doyen de l'épiscopat canadien, le «vieux prophète» de Trois-Rivières, comme on l'appelle familièrement, a conservé la fougue et l'éloquence de ses jeunes années. Tout le pousse à s'impliquer dans les débats sur les écoles du Manitoba: son expérience de missionnaire à la Rivière-Rouge, sa profonde amitié pour Mgr Taché, ses convictions nationalistes et messianiques et, surtout, sa haine viscérale des idées libérales. C'est pourquoi il a été l'un des premiers à intervenir privément auprès des hommes politiques d'Ottawa; c'est pourquoi aussi, dans sa cathédrale de Trois-Rivières, il accompagne la lecture du mandement collectif de commentaires qui font immédiatement le tour du pays. Il s'agit ni plus ni moins d'une condamnation sans nuance de Laurier et de son parti et d'un appel à voter contre eux.

L'Électeur, suivis par tous les journaux libéraux, a beau fustiger le «sermon politique de l'évêque de Trois-Rivières» et dénoncer le «trafic honteux de la religion», les autres évêques refusent de censurer leur aîné; et même, plusieurs transmettent sa consigne de voter pour les conservateurs.

Tous ces efforts épiscopaux ne réussissent cependant pas à contenir la débandade des troupes gouvernementales ni à endiguer la vague libérale gonflée de sentimentalité — «Un Canadien français va devenir premier ministre du Canada!» — et d'esprit de parti. Le 23 juin 1896, le Québec suit l'ensemble du Canada et donne une majorité de députés libéraux (49 sur 65) à Laurier. «Les catholiques de la province sont restés sourds à la voix de l'épiscopat», constate avec regret Thomas Chapais dans le Courrier du Canada; «Laurier est plus fort que les évêques!», claironnent les libéraux.

Le clergé, et tout particulièrement les évêques, sort passablement amoché de cet ultime affrontement avec le parti libéral. Ses adversaires les plus radicaux ont l'ironie facile et relancent une campagne anticléricale. Manœuvrées par les chef libéraux, les autorités romaines jouent une fois de plus la carte de la prudence avec l'envoi du délégué apostolique Merry del Val; et tout en dénonçant l'iniquité des lois manitobaines et l'injustice du règlement Laurier-Greenway, consécutif à la victoire libérale, elles imposent aux catholiques canadiens un silence absolu. Un certain temps, plusieurs ont pu souscrire au jugement de la Patrie au lendemain de l'élection: «Le clergé a essuyé mardi une plus écrasante défaite que le parti conservateur lui-même, dans la province de Québec. Pour la première fois aujourd'hui, il lui faut voir malgré lui, au resplendissant soleil de la Saint-Jean-Baptiste, son ancienne et incommensurable influence sombrée dans le naufrage général[42]».

Mais il s'avère très tôt que les rouges ont sonné prématurément le glas de l'influence politique de l'Église. L'échec épiscopal de 1896 marque bien la fin des interventions collectives et directes à l'occasion des élections: leur inefficacité a été amplement prouvée et leur style autoritaire ne convient plus à une société de plus en plus démocratique. Mais les évêques continuent à parler beaucoup et fort, sur de nombreux sujets, et les partis politiques connaissent les dangers d'un affrontement avec la puissance politique de l'Église. Ils cherchent donc sinon une alliance, au moins un pacte de non-agression qui se traduit tout aussi bien par l'éviction de personnes inacceptables par le clergé (Laurier lui-même le fait) que par des consultations régulières à propos de la législation et des mesures politiques.

CHAPITRE VIII

L'ÉGLISE, L'ÉDUCATION ET LA CULTURE

L'Acte de l'Amérique du nord britannique, en 1867, confie aux provinces la responsabilité de l'éducation; l'Église catholique du Québec voit ainsi garantis les acquis — confessionnalité du système public et droit de regard du clergé —, et la minorité protestante se trouve protégée en surabondance. Ce système conduit bientôt à la création de deux réseaux scolaires publics, confessionnels et autonomes.

L'ÉGLISE ET L'ÉDUCATION

Spécialiste en éducation et encore surintendant de l'Instruction publique, le premier ministre Pierre-Joseph-Olivier Chauveau ne veut pas quitter un domaine dans lequel il a investi beaucoup de temps et de talent. Dès le début de son gouvernement, il crée donc un ministère de l'Instruction publique, dont il sera le titulaire. La mesure ne déplaît pas au clergé: Chauveau a sa confiance et ne fait rien pour l'apeurer, bien au contraire. En 1869, le Conseil de l'Instruction publique est scindé en deux comités confessionnels (un catholique de 14 membres; un protestant de sept), ce qui accentue l'influence des Églises sur le système scolaire et oriente le secteur protestant vers une plus large autonomie. Mais la prudence des hommes politiques n'empêche pas certaines critiques: les intransigeants sous-entendent dans les journaux que l'État s'occupe beaucoup trop d'éducation, dont l'Église seule devrait avoir le contrôle, disent-ils, et l'archevêque Baillargeon doit en référer à des consultants romains pour faire accepter un partage des responsabilités entre l'Église et l'État. La circulaire qu'il envoie à son clergé en 1870 rappelle d'abord que le Christ a confié à l'Église seule «l'enseignement *de la doctrine de Jésus-Christ*». Il s'appuie sur le *Syllabus* de Pie IX pour condamner la pernicieuse erreur «qui prétend soumettre l'éducation de la jeunesse à la direction *exclusive* de l'État, de telle manière que l'Église n'y ait plus d'autorité pour sauvegarder la foi et les mœurs de ses enfants». Cependant, il précise aussitôt:

> Mais, partir de la condamnation de ces propositions pour refuser à l'État toute intervention dans l'instruction littéraire et scientifique de la jeunesse, en tant que la fin légitime de la société et le bien commun le demandent; pour stigmatiser comme usurpation sacrilège toute loi civile concernant l'éducation de la jeunesse; pour dire enfin, que, par sa constitution divine, l'Église doit avoir seule la direction positive des écoles, même en ce qui concerne les lettres et les sciences naturelles, ce serait méconnaître à la fois la logique et l'enseignement des docteurs les plus autorisés[1].

Ces propos prudents font taire pour un temps les polémiques, mais ne convainquent pas les ultramontains les plus irréductibles, qui continuent à paver la voie à un contrôle plus total de l'éducation par l'Église. En 1875, Charles-Eugène Boucher de Boucherville devient premier ministre et titulaire du ministère de l'Instruction publique. Au contraire de ses prédécesseurs Chauveau et Gédéon Ouimet, il se sent peu préparé pour diriger le système scolaire; influencé à la fois par des ultramontains et des protestants et sous prétexte d'écarter la politique de l'école, il décide de supprimer le ministère de

l'Instruction publique et confie ses attributions à un surintendant, comme auparavant. Par la même occasion et après consultation des évêques et de quelques laïcs, il réforme le
Conseil de l'Instruction publique: création de deux comités
distincts, l'un protestant, l'autre catholique, ce dernier formé
des évêques, nommés *ex officio*, et d'un nombre égal de laïcs,
chargés du contrôle des écoles et de ce qui s'y rattache. Il
existe désormais deux systèmes scolaires parallèles, dirigés
par leur comité respectif — le Conseil de l'Instruction publique se réunit seulement quelques fois avant 1900 et pour ainsi
dire jamais par après — et, du côté catholique, l'Église prend
à toutes fins utiles le contrôle entier de l'enseignement primaire et secondaire[2].

Quelques débats publics

Cette réforme, si favorable aux milieux ecclésiastiques, ne
calme pourtant pas les craintes de certains catholiques persuadés que l'État tente de reprendre subtilement ce qu'il a
concédé dans les lois. Leurs dénonciations mettent les
hommes politiques sur la sellette, particulièrement durant la
décennie de 1880, alors que la France républicaine donne le
mauvais exemple d'une poussée laïciste. En écho à ce qui se
passe là-bas, les ultramontains du Québec voient partout l'influence de Jules Ferry et de ses adeptes. Ils redoutent surtout
les instituteurs laïques, qui revendiquent de plus en plus leur
place au soleil. Que dans un congrès pédagogique tenu à
Montréal, l'un d'entre eux, Jean-Baptiste Cloutier, louange à
la fois les réformes françaises et le rôle des laïcs dans l'enseignement, et c'est le tollé chez les intransigeants: le frère Réticius, des Écoles chrétiennes, fustige cet éducateur frayant trop
volontiers avec les artisans de «*l'État sans Dieu, l'État-Dieu et
l'État contre Dieu*[3]». Quand, quelques mois plus tard, Urgel-
Eusèbe Archambault, principal de l'école du Plateau de Montréal, et 133 instituteurs laïques demandent aux évêques de se
prononcer sur le droit de l'État à faire enseigner les sciences
profanes et à prélever des taxes pour le soutien des écoles,
Mgr Taschereau répond que la question ne se pose même pas,

puisqu'elle a été clairement réglée par l'ancien archevêque Baillargeon. Quant à Mgr Moreau, il s'indigne:

> C'est bien, comme le dit si justement Votre Grandeur [Mgr Laflèche], le loup qui se plaint de la brebis. Je n'en revenais pas d'étonnement en lisant ce document inspiré, je ne puis penser autrement, par la plus sotte vanité et par les plus injustes préventions. Parce qu'ils seraient l'objet de la critique de quelques hommes, il faut de suite que les Évêques leur donnent un certificat d'innocence et d'orthodoxie, et les couvrent de leur manteau protecteur; c'est tout simplement ridicule et d'une exigence qui n'a pas de nom. [...] Je suis effrayé de ces dispositions, qui annoncent des tempêtes par la suite[4].

Dans ce contexte, qui se détériore d'année en année, toute législation scolaire devient suspecte, parfois d'ailleurs avec raison. Pour corriger une situation dénoncée depuis longtemps par les inspecteurs d'écoles et le surintendant, le gouvernement vote, en 1876, une loi créant un dépôt de manuels de classe où les commissions scolaires pourront s'approvisionner au prix coûtant; dans une circulaire datée du 10 mars 1877, le surintendant Gédéon Ouimet précise qu'il veut ainsi mettre fin à la confusion dans le domaine des manuels et faire faire de grandes économies aux parents. Il cache habilement qu'il vise avant tout à l'uniformité des livres scolaires dans toute la province, «alors que Jules Ferry, comme le fait remarquer André Labarrère-Paulé, n'osera pas ouvertement aller si loin, quelque temps plus tard, en France!»

Le projet rencontre une opposition farouche. De la part des libraires d'abord, y compris des communautés religieuses, qui verraient se tarir une bonne source de revenus. Du clergé, en général, qui voit poindre la menace du favoritisme et de l'embrigadement. Une brochure, intitulée *Observations au sujet de la dernière loi concernant l'Instruction publique dans la province de Québec* et attribuée à l'abbé Thomas-Aimé Chandonnet (l'âme damnée de certains ultramontains, pourtant), résume les principaux griefs en parlant de «mesure inouïe» qui aura «les conséquences les plus funestes[5]».

Faisant fi des critiques, Gédéon Ouimet continue sa croisade pour l'uniformité des manuels scolaires, met sur pied le dépôt des livres et, en 1880, fait voter une loi ordonnant de réviser la liste des livres de classe et de n'approuver qu'un seul ouvrage par matière d'enseignement.

Mais le Conseil de l'Instruction publique, qui n'a pas été consulté, ne l'entend pas de la même oreille et proteste énergiquement. Commentaires de Pierre Boucher de la Bruère, qui condamne le gouvernement: «Dans les hautes sphères de la société, on s'émut de cette hardiesse du législateur» et plusieurs journaux se demandèrent «quelle était la puissance occulte qu'il pouvait y avoir au fond de l'affaire[6]». Les évêques du Comité catholique sont particulièrement actifs et surveillent de plus près les projets de loi de 1881 et de 1882. Mgr Laflèche, par exemple, y voit «une tendance bien prononcée au laïcisme dans l'éducation» et il pointe du doigt la responsable, la franc-maçonnerie.

L'influence de la franc-maçonnerie

La franc-maçonnerie exerce ici depuis quelques années une influence considérable, que nos hommes politiques, même sincèrement catholiques, subissent à leur insu; et depuis quelques années cette influence funeste apparaît visiblement à l'œil observateur dans le département catholique de l'éducation. Les laïques qui en ont la direction, bien que bons chrétiens dans le fond sont infatués de ces systèmes modernes prônés par les revues européennes, auxquelles ils vont demander la direction à donner à notre enseignement, sans se douter que presque toutes ces revues sont inspirées par le souffle des loges maçonniques, et il est déjà facile d'en voir chez ces hommes les funestes effets par la direction qu'ils donnent à leurs écoles, et par leur hostilité sourde croissante contre nos communautés enseignantes.

(Mgr Laflèche à Ferdinand J. Moulard, 10 avril 1881, AETR, RL, VII, p. 9.)

L'évêque de Trois-Rivières n'est pas seul: l'archevêque Taschereau lui-même, tout modéré qu'il soit, intervient auprès du premier ministre Adolphe Chapleau et obtient des amendements importants. L'État cède une fois de plus. Et en décembre 1882, le nouveau premier ministre, J.-Alfred Mousseau, déclare: «aussi longtemps que je serai au poste que j'ai l'honneur d'occuper maintenant, je resterai opposé à toute législation tendant à mettre en danger notre instruction religieuse»; au désir que lui exprime le Comité catholique que «dorénavant aucun projet de loi sur l'éducation ne soit présenté à la législature sans avoir d'abord été communiqué à ce comité pour lui fournir l'occasion de donner son opinion», il répond qu'il veut «faire connaître de suite et une fois pour toutes à Messieurs les membres du Conseil de l'Instruction publique, surtout lorsqu'il s'agira de légiférer sur le sujet, [qu'il sera] toujours bien content de recevoir leurs sages conseils et d'en tirer tout le profit possible dans une matière où la religion a à jouer le premier rôle[7]». La lettre satisfait les évêques, mais déçoit certains cercles ultramontains.

Rassurés sur ce point, les hommes d'Église — du moins la majorité d'entre eux — n'en demeurent pas moins en état d'alerte. La situation française, qui se gâte pour les congrégations enseignantes et l'école catholique en général, a des échos au Québec, transmis abondamment par la presse ultramontaine et les diverses communautés religieuses françaises. On joue facilement les Cassandres et on voit partout le spectre de la laïcité et de la franc-maçonnerie. De préciser, dès 1879, le frère Armin-Victor, visiteur provincial des Frères des Écoles chrétiennes: «Pas d'illusion. Au Canada, le laïcisme est fondé; [...] Il y a, pour ce mouvement là, des forces et des influences dont nous ne serons pas les maîtres. N'allons pas au devant des chaînes, mais n'ignorons pas que l'on nous en fabrique[8].» Certaines campagnes de la *Patrie*, dirigée par le franc-maçon notoire Honoré Beaugrand, et la *Canada-Revue*, remplie d'une abondante prose anticléricale, lui donnent partiellement raison. On frémit de peur dans les évêchés, les séminaires et les presbytères quand on lit ou qu'on se fait rapporter les propos, anciens mais réédités en 1884, de la *Lanterne* d'Arthur Buies:

> Les écoles publiques en Canada sont un mythe, une farce honteuse.

Si les enfants par hasard y apprennent à lire, on ne leur met guère entre les mains d'autres livres que le caté-chisme et la petite *histoire sainte* [...] Dans d'immenses paroisses, on trouve une seule école où les enfants en petit nombre qui la fréquentent viennent souvent de très-loin, ou ne viennent que rarement, débitent une petite leçon d'histoire sainte, regardent curieusement l'institu-teur s'embrouiller dans les quatre premières règles de l'arithmétique, s'en vont, reviennent, et ainsi de suite, pendant trois à quatre ans, sans avoir rien appris. Le curé du village est là qui guette s'il se glisse un ouvrage de science élémentaire égaré sur les bancs de l'école, et le proscrit sans miséricorde. Ça n'est pas *approuvé par Mon-seigneur*!

Ou cette charge d'un certain Duroc (pseudonyme de Paul-Marc Sauvalle) dans la *Canada-Revue* de 1893:

Qui nous débarrassera du Conseil [de l'Instruction pu-blique], de cette machine fossile, de ce rouage hétérogène dans notre organisme, sans responsabilité, sans cohésion, sans direction? (...)
Pour parler franc, nous prétendons que, par le nombre et l'influence, le clergé dans cet État dans l'État a une part plus forte que ne le nécessite la juste surveillance qu'il est en droit d'exercer dans les questions tempo-relles.
Nous n'hésitons pas un seul instant à déclarer que nous sommes pour l'abolition du Conseil de l'Instruction Pu-blique et son remplacement par un ministre de l'Instruc-tion Publique qui représente l'État dans cette importante opération du corps social: l'éducation du peuple.

Ou même la mise en boîte dans la *Patrie*, par Louis-Honoré Fréchette, de l'abbé Frédéric-Alexandre Baillairgé, un professeur de collège que le prurit d'écrire empêche de soi-gner suffisamment son style...[9]
Convaincue que c'est à l'école que se joue l'avenir de la nation et de la religion, l'Église refuse de relâcher son emprise sur le système scolaire et s'efforce même de freiner des réformes reconnues nécessaires par tous, sous prétexte d'une

menace d'intrusion étatique laïcisante. C'est ainsi qu'elle combat, par exemple, l'instruction obligatoire. Honoré Mercier s'en fait le protagoniste à partir des années 1870 et rappelle régulièrement sa position: «Répandre l'instruction primaire, la faire pénétrer dans nos campagnes les plus reculées, vaincre la résistance ou l'indifférence des parents à proclamer l'obligation de la fréquentation des écoles dans certaines conditions, voilà quel est le premier devoir de nos législateurs[10]». Une fois au pouvoir, cependant, il perd beaucoup de son ardeur réformiste, en partie du reste depuis que son habile tentative de renouveler les membres laïques du Comité catholique a échoué et que ce même Comité a refusé d'appuyer certains amendements à la Loi de l'Instruction publique. Certains journaux et certaines organisations ouvrières n'en continuent pas moins de prêcher l'instruction obligatoire; des religieux reconnaissent même, quoique de façon plutôt timide encore, son bien-fondé. Ainsi, dans ses explications de l'encyclique *Rerum Novarum* de Léon XIII, données dans des conférences publiques devant les ouvriers de Saint-Sauveur de Québec, l'oblat Charles Gohiet, professeur à l'Université d'Ottawa, confirme ce devoir de l'État:

Le gouvernement doit favoriser l'instruction populaire. Il faut au besoin stimuler la coupable insouciance des parents, qui aiment mieux voir leurs enfants dans la rue, ramasser plus de vices en leur âme que de taches sur leurs habits, au lieu d'aller à l'école puiser ces principes élémentaires des connaissances humaines, garanties précieuses de leur moralité et de leur prospérité dans l'avenir. [...] Ah! mes frères, une lamentable expérience montre que la vie industrielle tend à faire de l'ouvrier un simple ressort mécanique, neutralise son intelligence, engourdit ses plus nobles facultés. Pour conjurer ce malheur sans nom, est-ce trop demander les influences réunies de la famille, de l'Église et de l'État pour l'éducation et l'instruction des enfants pauvres[11]?

En 1895, au terme d'un débat sur le thème «L'instruction obligatoire est-elle justifiable ou non?», le supérieur de Saint-Sulpice à Montréal, Frédéric-Louis Colin, conclut dans la

Minerve du 28 janvier, qu'elle est légitime. Mais Jules-Paul Tardivel et les autres ultramontains veillent au grain. Et l'Église du Québec se range pour longtemps du côté de son théologien le plus célèbre, Louis-Adolphe Pâquet, qui dénonce l'école obligatoire comme «le produit commun, pour ne pas dire simultané, du césarisme protestant et de l'absolutisme jacobin» et qui voit dans l'école laïque-gratuite-obligatoire cette «dramatique trilogie» conçue et propagée par la franc-maçonnerie satanique[12].

Mêmes réflexes de peur et de défense quand, en 1897, le nouveau premier ministre libéral Félix-Gabriel Marchand propose une réforme majeure du système d'éducation. Voilà un homme politique bien au fait de la question — il a été longtemps président de la commission scolaire de Saint-Jean-sur-Richelieu — et désireux de mettre en œuvre le programme de son parti approuvé par l'électorat. Le temps lui semble propice, car depuis 1895, les Comités catholique et protestant travaillent à une réforme complète de la Loi de l'instruction publique et le Conseil de l'instruction publique lui a remis les projets de révision dès son arrivée au pouvoir. Il veut donc en profiter pour dépasser les modifications proposées et pour élaborer un projet de loi plus novateur.

Le 1er septembre 1897, les membres du Comité catholique reçoivent le texte. C'est la consternation. Ils y apprennent, entre autres choses, la volonté du gouvernement de supprimer la charge de surintendant et de créer un ministère de l'Instruction publique; de nommer deux inspecteurs généraux ni désignés ni approuvés par les Comités; de soumettre les religieux enseignants à l'examen du brevet de capacité devant le bureau central des examinateurs; d'imposer au ministre de l'Instruction publique le choix des livres, cartes, globes et plans approuvés par l'un ou l'autre comité du Conseil et de lui accorder aussi le droit de propriété des publications scolaires, facultés jusqu'alors réservées à chacun des Comités. Une opposition vive et énergique s'organise donc immédiatement contre le projet gouvernemental, «qui jette un voile sombre sur l'avenir».

C'est le nouvel archevêque de Montréal, Mgr Paul Bruchési, qui mène le mouvement avec une fougue digne de son prédécesseur Bourget. De Rome, où il s'est rendu au début d'octobre 1897, il expédie, le 22 novembre, un télégramme au premier ministre, avec copie au lieutenant-gouverneur de la Province, J.-Adolphe Chapleau: «Pape vous demande surseoir pour bill instruction publique Lettre partie aujourd'hui». Surprise et stupeur dans le parti libéral, car Marchand a pris soin d'écrire à Mgr Merry del Val, l'ancien délégué apostolique, pour l'informer du projet et se plaindre de la «malheureuse défiance» du clergé. Mais il est trop tard pour reculer et la réforme de l'éducation est annoncée comme prévue dans le Discours du Trône du 23 novembre. Quelques jours après arrive la lettre promise par Mgr Bruchési; elle fait état d'une conversation avec le pape qui aurait déclaré: «Écrivez à M. Marchand; dites-lui que le Pape veut la paix et l'union de tous les catholiques du Canada; qu'il veut qu'on écarte pour le moment toute mesure qui pourrait les diviser. Dites-lui que le Pape demande avec instance de ne pas présenter cette loi, de ne pas traiter cette question maintenant, et de ne pas toucher pour le moment au système de l'Instruction publique dans votre province». Marchand, qui n'en croit pas ses yeux, convoque d'urgence ses ministres dont plusieurs affirment songer à démissionner si le gouvernement cède devant les autorités religieuses; il informe également le lieutenant-gouverneur Chapleau, qui l'assure de son appui et demande par télégramme au cardinal secrétaire d'État Rampolla si les paroles du pape constituent «un ordre absolu au Premier Ministre comme catholique». La réponse arrive aussitôt par la même voie: «Saint Père a voulu exprimer désir d'éviter toute innovation qui pût troubler la paix et les bons rapports entre l'Église et l'État. Il n'a pas eu l'intention d'exercer de telles pressions qui puissent amener Ministre à donner démission». Quel soulagement pour le premier ministre! Il défend victorieusement son projet de loi à l'assemblée législative et le fait accepter par 48 voix contre 19. Mais, pilotée par Thomas Chapais, qui passe pour le porte-parole des archevêques Bégin, Bruchési et Duhamel, l'opposition prend sa revanche au conseil législatif et rejette la mesure gouvernementale. Le premier ministre en est réduit à proposer sa réforme pièce à pièce au cours des années suivantes[13].

Tout cela sur les conseils mêmes de Wilfrid Laurier qui se rapproche de l'archevêque de Montréal en vue de prévenir de nouveaux coups contre son règlement du conflit scolaire au Manitoba.

Car, et c'est ce qui explique en partie l'acharnement de l'épiscopat et certaines manœuvres de Mgr Bruchési, le débat se poursuit à propos des écoles du Manitoba et sert de toile de fond aux discussions sur la réforme scolaire au Québec: règlement Laurier-Greenway que le pape qualifiera de loi «défectueuse, imparfaite, insuffisante»; enquête du délégué apostolique Merry del Val et ses relations difficiles avec l'épiscopat; encyclique *Affari Vos* (1897) de Léon XIII qui, tout en reconnaissant les droits des catholiques manitobains, recommande patience et souplesse... Les évêques du Québec ne sont pas loin de penser que Rome ne peut comprendre réellement la situation canadienne, qu'ils ne peuvent guère attendre d'appui efficace des plus hautes instances catholiques et qu'il vaut mieux protéger rigoureusement ses droits acquis que de risquer, par des réformes, un accroissement progressif du pouvoir de l'État et de nouveaux combats pour la défense des droits de l'Église. Un tiens vaut mieux que deux tu l'auras...

La question universitaire

Dans le domaine de l'éducation, la question universitaire se distingue de toute autre par sa durée et sa complexité — questions pastorales, financières, politiques et idéologiques compliquées par la dissension chronique qui mine alors l'épiscopat du Québec.

En 1852, comme on l'a vu dans la première partie, faute de moyens financiers pour créer une université catholique à Montréal, Mgr Bourget approuve la fondation de l'Université Laval à Québec, une institution qu'il aurait préférée provinciale et soumise à l'ensemble des évêques. Très tôt, cependant, il se rend compte que les jeunes Montréalais refusent d'aller étudier dans la capitale provinciale et préfèrent s'inscrire à l'Université McGill, protestante et anglophone, mettant ainsi leur foi en danger. Comme il lui apparaît impossible de vaincre cette répugnance, alimentée par une rivalité existant entre les deux villes «depuis deux siècles», l'évêque propose la création d'une université catholique à Montréal. Il ne faut pas, écrit-il en 1864, «laisser une œuvre protestante se montrer comme la première Institution d'une ville dont près des trois quarts sont catholiques»; il y va de «l'honneur de la religion». De plus, une «Université catholique dans la principale ville du pays, serait une citadelle pour le maintien de la nationalité canadienne et de la religion». Sans compter qu'au point de vue social, elle servirait de régulateur en réduisant l'encombrement des professions et en diminuant le nombre des collèges[14].

Bien déterminée à défendre son monopole, qu'elle considère comme son seul moyen de développement et même de survie, l'Université Laval, forte de l'appui de la majorité des évêques, réfute les arguments de Mgr Bourget et obtient de Rome des décisions favorables à ses thèses en 1862 et 1865. Mgr Bourget s'y soumet, non sans prédire de «fâcheux résultats»:

> Tout ce que l'on peut dire contre l'érection de l'Université à Montréal n'empêche pas [...] que l'Université McGill protestante occupe la tête de l'instruction à Montréal [...]; que cette institution a une organisation telle qu'elle s'empare même de l'enfance; qu'elle veut encore se fortifier et s'agrandir, et qu'elle y réussira d'autant plus facilement que les catholiques manqueront de moyens d'y faire opposition; qu'elle est aidée dans ses efforts de propagande par un collège nouvellement établi par les Suisses protestants; qu'un *Institut* établi depuis quelques années au sein de la ville de Montréal, menace fortement la foi d'un grand nombre de jeunes gens; qu'une Université laïque s'établira, ou que les Écoles de droit et de médecine finiront par s'unir à quelques institutions qui seront loin de travailler à conserver la foi et les mœurs des jeunes gens[15].

Mis en veilleuse pendant quelques années, le projet montréalais refait surface entre 1872 et 1874, dans un contexte où le souci pastoral cède au débat politique et idéologique.

Les «fâcheux résultats» annoncés par Mgr Bourget s'amplifient d'année en année: par exemple, l'École de médecine et de chirurgie de Montréal ne réussit pas à s'entendre avec l'Université Laval et s'affilie à une université protestante; l'École de droit du Collège Sainte-Marie ferme ses portes et celle de l'Institut canadien, affiliée à l'Université Victoria puis à l'Université McGill, prend la relève et promet de devenir le noyau de l'Université canadienne (laïque) de Montréal. Et le *Nouveau Monde* de commenter: «Au fond, l'Université de Montréal est déjà commencée, et si nous ne voulons pas qu'elle soit l'œuvre et la fille de l'Institut, qui n'a de canadien que le nom, le temps est venu d'agir».

Tout en poursuivant son combat contre l'Institut canadien, Mgr Bourget suggère aux Jésuites du Collège Sainte-Marie de suivre l'exemple de Kingston et d'Ottawa et de demander, à la Chambre d'assemblée de Québec, le pouvoir de conférer les degrés en droit et en médecine. Ils le font à l'automne 1872 et, dans les premiers jours de novembre, la *Gazette officielle* publie leur projet dans la liste de ceux qui seront proposés à la prochaine session de la législature.

Le recteur du Collège Sainte-Marie, Frédéric Lopinto, l'avocat Édouard de Bellefeuille et le curé de Saint-Jérôme, Antoine Labelle, vont rencontrer à Québec une bonne partie de la députation pour expliciter la demande des Montréalais. Le célèbre curé résume ainsi ses interventions colorées:

> Nous avons besoin d'une Université à Montréal: nous vous avons envoyés en Chambre pour nous accorder ce qui nous est utile et nécessaire. Eh bien, si vous ne nous l'accordez pas, nous en enverrons d'autres qui nous l'accorderont. Bientôt des pétitions de tout le diocèse de Montréal et des Trois-Rivières vont pleuvoir en Chambre pour demander une Université à Montréal, et malheur aux légistes de ces districts qui n'obéiront pas aux vœux de leurs constituants. Les affaires de l'Évêque avec Rome, avec l'Archevêque et les autres Évêques ne vous regardent pas. Ce n'est pas l'Évêque de Montréal qui demande une Université, mais ce sont tous les citoyens de Montréal, qui vous ont donné des mandats pour servir leurs intérêts, et non ceux de Québec[16].

Québec contre-attaque immédiatement: l'université publie *Quelques remarques sur l'Université Laval* et les journaux dénoncent le projet montréalais comme une désobéissance aux volontés de Rome; bientôt, l'archevêché laisse entendre qu'on fait un cas de conscience aux députés d'accorder au projet de loi un vote favorable. Ce que confirme une lettre de l'archevêque Taschereau à Mgr Bourget, immédiatement rendue publique:

> [...] ici, à Québec, et ailleurs, on dit tout haut que l'on ne peut en conscience et sans désobéir au Saint-Siège, voter en faveur du projet d'une nouvelle Université. J'avoue que je partage tout à fait cette manière de voir, et je déclare à Votre Grandeur que je proteste contre ce projet comme contraire aux décrets du Saint-Siège, qui conservent toute leur force, tant qu'ils n'auront pas été révoqués par l'autorité compétente. Tous les arguments du monde viennent se briser contre ces paroles: *Roma locuta est, causa finita est...*[17]

Les députés se trouvent désormais au cœur de la controverse et seront plusieurs fois requis de prendre position pour ou contre une université catholique autonome à Montréal. Seuls les ultramontains intransigeants — en politique, les programmistes et les castors — se montreront partisans fidèles des Montréalais et adversaires tenaces de l'université «gallicane et libérale» de Québec.

Car, c'est un autre aspect à souligner, à partir des années 1860 et de la querelle autour du gaumisme, nombreux sont ceux qui doutent de l'orthodoxie des professeurs — parfois protestants et francs-maçons! — de l'Université Laval. Plusieurs enseignants de cette institution sont membres et même candidats du parti libéral. Et, accusent les intransigeants, tous, sauf de rares exceptions, manquent de conviction pour répandre la «bonne doctrine» et surtout pour combattre les erreurs, particulièrement, bête noire entre toutes, le libéralisme catholique. Aussi, dès 1872, Mgr Bourget décrit-il sa future université comme ultramontaine et combative: «Vous pourrez attester que nous pouvons, avec le personnel, ou celui que nous aurons au besoin, organiser et mettre sur un bon pied l'Université en projet, qui sera connue sous le nom d'Université-Pie, et qui aura pour principale mission de combattre et d'extirper de notre heureux pays toutes les erreurs condamnées par cet immortel et intrépide Pontife[18]».

Cet objectif ne s'estompe pas, même après la démission de l'évêque de Montréal en 1876.

Ce sont les interventions de Rome, à l'instigation de l'archevêque Taschereau et de l'Université Laval, qui poussent Mgr Bourget à abandonner son poste. Le 27 novembre 1872, un télégramme de Québec demande au cardinal Barnabo, préfet de la Propagande: «Primo. Décrets sur l'Université Laval sont-ils révoqués? Secondo. L'évêque Bourget peut-il s'adresser au parlement avant révocation formelle?» La réponse arrive le 28 novembre par la même voie: «Négativement aux deux demandes. Explications par lettre».

Dès qu'il prend connaissance de cet échange et sans attendre la lettre promise, Mgr Bourget ordonne aux Jésuites de retirer leur projet de loi; et il envoie Mgr Laflèche à Rome défendre ses positions face à l'archevêque, lui-même parti pour la Ville éternelle le 5 décembre 1872.

Après de longs débats, les autorités romaines entérinent les positions québécoises: non seulement l'Université Laval est lavée de tout soupçon de laxisme doctrinal, mais elle reçoit des bulles pontificales qui l'érigent canoniquement comme université catholique et la placent sous la protection du cardinal préfet de la Propagande; un autre décret lui donne l'autorisation d'établir une succursale à Montréal[19]. Le délégué apostolique George Conroy, arrivé au Canada en 1877, reçoit la mission, entre autres, de hâter l'exécution du décret du 1er février 1876 et, en janvier 1878, il inaugure solennellement la succursale en présence des évêques du Québec. Mais Mgr Bourget n'est pas là. Dès qu'il apprend la teneur des décisions romaines de 1876, il fait parvenir sa démission à Rome; il ne veut pas, dit-il, être «un obstacle à l'exécution des propositions de la S. Congrégation». Une fois n'est pas coutume, les autorités romaines réagissent vite: dès le 16 mai 1876, elles annoncent leur acceptation de la démission de l'évêque de Montréal.

Le départ de Mgr Bourget et l'inauguration de la succursale de Montréal n'entraînent pas la paix escomptée. Autour de l'École de médecine et de chirurgie de Montréal, qui défend son autonomie et même sa survie, se forme un groupe d'irréductibles, ultramontains intransigeants pour la plupart, qui, de 1875 à 1891, mènent un âpre combat aux péripéties confuses et inénarrables. Évêques, prêtres, députés... se mobilisent pour l'une ou l'autre faction et inondent Rome de mémoires et de contre-mémoires défendus par des délégations ou des procureurs établis sur place. Un nouveau délégué apostolique, Henri Smeulders, vient étudier la situation en 1884 et 1885, mais ses recommandations ne font pas le poids devant le lobbyisme des Québécois. Sans tout de même tomber complètement dans l'oubli, l'argumentation idéologique de la querelle cède la place à la rivalité séculaire entre Québec et Montréal et à l'aspect financier de la question[20].

Peu à peu, cependant, et particulièrement après une longue série de défaites pour les intransigeants (décrets favorables à Laval, «condamnation» de Mgr Laflèche, division du diocèse de Trois-Rivières, élévation de Mgr Taschereau au cardinalat...), commencent à se dessiner des solutions acceptables aux deux parties. En voici quelques-unes: le 8 juin 1886, Montréal est érigé en archevêché et peut songer à prendre ses distances par rapport à Québec; en février 1889, la bulle *Jamdudum* reconnaît une grande autonomie à la succursale de l'Université Laval à Montréal et un statut particulier aux Jésuites et à leurs collèges. Même le règlement de la question des Biens des Jésuites en 1888 contribue à calmer les esprits. Tout n'est pas réglé entre Québec et Montréal, mais la voie est pavée pour que le vice-recteur Jean-Baptiste Proulx mette, en 1891, le point final à cette querelle de près d'un demi-siècle.

UNE CULTURE SOUS SURVEILLANCE

Le plan de «régénération» et de «christianisation» conçu par Mgr Bourget est bien appuyé par l'ensemble de l'épiscopat, qui le développe tout particulièrement à l'occasion des conciles provinciaux. L'école, à tous ses niveaux, y joue un rôle primordial, de même que la «bonne presse» et les publications pieuses, mais aussi les œuvres culturelles.

La première, l'Œuvre des bons livres, connaît un bon départ à Québec et à Montréal. Ailleurs, ce sont les bibliothèques paroissiales qui reprennent ses objectifs. Créées en grande partie pour lutter contre les écrits protestants et la littérature malsaine, elles doivent aussi collaborer à l'instruction des fidèles.

Les buts demeurent les mêmes jusqu'à la fin du siècle et dans tous les diocèses. En 1871, par exemple, l'évêque de Rimouski écrit: «Les bibliothèques paroissiales sont un moyen puissant d'entretenir chez les enfants qui ont une certaine instruction le goût de l'étude et des bonnes lectures», et il mandate son frère et grand vicaire Edmond Langevin pour offrir, à bon compte, «un certain nombre de volumes spécialement recommandés pour les bibliothèques paroissiales[21]». Encore en 1894 et en 1898, Mgr Bégin de Québec suggère une liste de *Livres de choix pour les bibliothèques paroissiales* et rappelle les déclarations de ses prédécesseurs sur l'utilité des bibliothèques paroissiales.

En 1853, il existe 90 bibliothèques paroissiales regroupant 47 763 volumes; quatre ans plus tard, elles sont 96, avec 60 570 livres. En 1860, d'après le *Rapport du surintendant de l'Instruction publique*, une centaine de bibliothèques paroissiales offrent à peu près 100 000 volumes. En 1898, la célèbre bibliothèque paroissiale de Notre-Dame de Montréal, qui est le centre de tout un mouvement culturel, en contient 11 043 et celle de Notre-Dame de Québec, 4000. Ailleurs, des bibliothèques existent dans presque toutes les paroisses, un certain nombre d'entre elles ouvertes dans les années 1880 et 1890; mais, sauf de rares exceptions, elles sont très modestes — on les loge ordinairement dans les sacristies —, offrant peu de volumes à une poignée de lecteurs[22].

Leur rôle n'est cependant pas minime. Non seulement elles constituent une des seules sources de lecture pour une bonne partie de la population, mais elles empêchent la création de bibliothèques publiques, supportées par l'État, libres, ouvertes à tout citoyen dans un but d'information, d'éducation et de distraction, et que le clergé craint beaucoup. André Siegfried l'a bien perçu au début du XXᵉ siècle:

> Ce n'est toutefois pas par l'intermédiaire du volume acheté que les doctrines nouvelles ou subversives risquent surtout de se répandre, c'est par les bibliothèques publiques. Aussi l'Église leur a-t-elle déclaré une guerre sans merci. Non qu'elle s'oppose à la création ou à l'existence de toute bibliothèque, quelle qu'elle soit, mais elle tient essentiellement à contrôler toutes celles qui se fondent et à les contrôler souverainement, faute de quoi elle les empêche de naître ou bien les détruit. L'histoire du Canada, depuis un demi-siècle, a fourni plusieurs exemples frappants de cette opposition raisonnée du clergé à la lecture libre, facile et indépendante des livres modernes[23].

Cette surveillance s'exerce aussi à propos de la production littéraire et elle s'accompagne, dans les documents épiscopaux et la presse religieuse, d'une dénonciation de la «mauvaise» littérature et de l'élaboration de normes pour la «bonne».

Dans la première catégorie se retrouvent non seulement les livres «impies et immoraux», «ces livres infâmes qui alarment les âmes pudibondes», mais également «ces livres où le vice est couvert, en quelque sorte, d'un masque séduisant, où le libertinage affecte un langage sincère et naïf». Dans cette lignée et plus que tous les autres genres, les romans et les feuilletons s'écartent de l'idéal du Bien, du Vrai et du Beau de la «bonne» littérature.

Cette littérature «frivole» se répand partout, dit-on, et plusieurs journaux ne se privent pas de la diffuser à la campagne comme à la ville. Il faut donc réagir. D'où le rôle essentiel de censure que la presse religieuse — pensons aux *Mélanges religieux* et surtout à la *Vérité* — exercera d'une façon continue contre le roman d'abord, que Jules-Paul Tardivel dénonce comme «une *invention diabolique*» dans l'avant-propos de son propre roman *Pour la Patrie*, et contre le théâtre. Dans ce dernier cas, cependant, la morale ultramontaine permet des spectacles honnêtes présentés par des collégiens ou par des troupes d'amateurs. Les premières condamnations frappent, à partir de 1859, les troupes étrangères, françaises ou américaines, dont le répertoire vient, comme dit Mgr Bourget, «nous exposer à mériter le courroux du Ciel» et elles se généralisent lors du troisième concile provincial de 1863.

> Le troisième désordre que vous avez à craindre, c'est l'amour des plaisirs du siècle. Nous entendons par là les pièces de théâtre, les spectacles, la comédie et l'opéra, où les lois de la modestie sont foulées aux pieds ainsi que ces danses révoltantes pour la pudeur, que l'on ne se permet que trop souvent dans les bals, ou d'autres réunions mondaines. On ne saurait prendre part à ces divertissements profanes, sans être exposés à l'occasion prochaine du péché; car tout y est propre à porter au mal, à donner du scandale, à flétrir la pureté et l'innocence.

La rigueur de la dénonciation est sans doute un peu atténuée par ces remarques du même document:

> N'allez pas croire toutefois, nos Très Chers Frères, que notre intention soit de vous défendre toutes sortes d'amusements et la fréquentation de toutes espèces de sociétés. Loin de nous cette pensée, car nous savons que la loi de Dieu vous permet de vous réjouir, de prendre d'innocentes récréations, et de procurer à vos enfants l'occasion de se trouver à certaines réunions, à certaines soirées, où tout se passe selon les règles de la bonne éducation, et où l'on a soin d'adopter les sages précautions que prescrit la prudence chrétienne[24].

Mais à partir des années 1870 jusqu'à la fin du XIXe siècle et au-delà, des circonstances particulières et même les débats idéologiques conduisent les autorités religieuses à une sévérité de plus en plus grande[25].

Pour protéger mieux encore la religion et la société, les hommes d'Église proposent une conception catholique et nationale de la «vraie» littérature. Celle-ci doit oublier les sujets frivoles et les aventures rocambolesques — «Laissons aux vieux pays, que la civilisation a gâtés, leurs romans ensanglantés», précise Patrice Lacombe[26] — et se vouer plutôt à sa mission «de favoriser les saines doctrines, de faire aimer le bien, admirer le beau, connaître le vrai, de moraliser le peuple», comme le prêche l'abbé Henri-Raymond Casgrain, qui aimerait bien devenir le «père» de cette littérature. En conséquence, ajoute-t-il, la littérature canadienne-française doit être «essentiellement croyante, religieuse; [...] sinon elle n'a pas d'autre raison d'existence; pas plus que notre peuple n'a de principe de vie sans religion, sans foi; du jour où il cessera de croire, il cessera d'exister».

De plus, au lieu de tomber dans le «réalisme moderne, manifestation de la pensée impie, matérialiste», cette littérature se fera «le reflet des mœurs, du caractère, des aptitudes, du génie d'une nation» et gardera l'empreinte «des lieux d'où elle surgit, des divers aspects de la nature, des sites, des perspectives, des horizons». Ainsi, conclut-il,

> la nôtre sera grave, méditative, spiritualiste, religieuse, évangélisatrice comme nos missionnaires, généreuse comme nos martyrs, énergique et persévérante comme nos pionniers d'autrefois; et en même temps elle sera largement découpée, comme nos vastes fleuves, nos larges horizons, notre grandiose nature, mystérieuse comme les échos de nos immenses et impénétrables forêts, comme les éclairs de nos aurores boréales, mélancolique comme nos pâles soirs d'automne enveloppés d'ombres vaporeuses — comme l'azur profond, un peu sévère de notre ciel —, chaste et pure comme le manteau virginal de nos longs hivers[27].

Il faudra donc construire sur le passé collectif et éviter la gratuité; la fantaisie et l'aventure devront céder la place à l'éducation sociale et nationale; même la langue devra être châtiée. Ces propos du guide et tuteur, «paterne ou ombrageux» comme le décrit Réjean Robidoux, de la jeune littérature canadienne-française ne détonnent pas, car on les retrouve sous la plume de «libéraux» comme Louis-Olivier David et Hector Fabre, normes moralisantes en moins cependant[28].

Voiture portant le petit saint Jean-Baptiste, 1896. ANQ, coll. initiale.

Ce programme est en partie réalisé par les écrivains regroupés autour de l'abbé Casgrain et de son confrère Jean-Baptiste-Antoine Ferland, qui renouvellent les lettres québécoises dans les années 1860, mais il sert surtout de norme aux critiques postérieurs, Jules-Paul Tardivel en tête, «qui passent les œuvres au crible, dénoncent les moindres vétilles contre la morale et prêtent inconsidérément aux auteurs les plus anodins les plus noirs desseins». Il s'ensuit un rétrécissement remarquable de l'éventail des thèmes et une aseptisation du milieu littéraire et culturel «au point de le rendre presque stérile», selon Maurice Lemire qui exagère cependant, croyons-nous, le pouvoir des bien-pensants[29]. Puisque dans les dernières années du siècle, naît un mouvement poétique

nettement détaché du conformisme et du conservatisme offi-
ciels: l'École littéraire de Montréal dont Émile Nelligan sera
la plus belle étoile filante[30].

La vie culturelle est également influencée par des associations, littéraires ou autres, qui visent particulièrement à
encadrer la jeunesse et à la former à l'action. Mgr Bourget l'a
bien compris, quand il a voulu épurer l'Institut canadien de
Montréal de son libéralisme et lui opposer des associations
rivales. Les Sulpiciens lui emboîtent le pas avec le Cabinet de
lecture paroissial et le Cercle littéraire[31]. De leur côté, les Jésuites lancent l'Union catholique de Montréal, à but plutôt apostolique[32].

Le mouvement culturel général, parti de Montréal, gagne
plusieurs régions; y surgissent de multiples associations, la
plupart bien tenues en main par le clergé. Le réseau ainsi créé,
augmenté de quelques revues comme l'*Écho du Cabinet de lecture paroissial* (1859-1873) et la *Revue Canadienne* (à partir de
1864), permet d'atteindre l'objectif de Mgr Bourget: être «utile
à l'Église, en inspirant l'amour des Saintes doctrines, en popu-
larisant les principes féconds de la philosophie chrétienne, et
en répandant dans le pays le goût d'une littérature saine».
Mais tout n'est pas positif dans ce succès: le cléricalisme qui
en résulte en philosophie, en art et en littérature débouche
trop souvent sur l'intransigeance tyrannique. Certains esprits
indépendants vont s'élever contre elle: entre autres, Arthur
Buies, Louis-Antoine Dessaulles et Louis Fréchette[33].

CHAPITRE IX

L'ÉGLISE ET LES PROBLÈMES
DE SON TEMPS:
ÉMIGRATION, INDUSTRIALISATION,
COLONISATION, MISSIONS

Toujours sur la brèche pour défendre sa conception de l'éducation et de la culture, l'Église du Québec s'intéresse aussi de très près aux problèmes sociaux de l'époque. Mais son discours continue à mettre l'accent sur les causes et les remèdes moraux, sur les devoirs de charité. Ce n'est qu'à la fin du siècle, dans la foulée de l'encyclique *Rerum Novarum* de Léon XIII, que s'esquisse une doctrine sociale plus élaborée.

L'ÉMIGRATION AUX ÉTATS-UNIS

Pendant la seconde moitié du XIXe siècle, la migration des Canadiens français du Québec vers les États-Unis constitue l'une des menaces les plus graves pour la fragile collectivité. Commencée vers les années 1830 de façon sporadique et provisoire — on allait travailler quelque temps aux États-Unis pour se faire de l'argent —, l'émigration s'accélère dans les années 1860 au point de devenir une véritable saignée démographique: dans les dernières décennies du siècle, le Québec perd environ 10% de sa population. Cette hémorragie a des incidences politiques, mais aussi religieuses. Car, exposés aux virus anglo-saxons, ces expatriés sont menacés de perdre leur langue et leur foi — «La langue est gardienne de la foi», commence-t-on à proclamer. Qui sait si d'aucuns, revenus au pays, ne risquent pas de contaminer leurs compatriotes! Sans compter, ajoutent certains, que ces départs réduisent les ressources du clergé: moins de fidèles, moins de dîmes... Pour l'Église du Québec, la lutte contre le fléau social de l'émigration devient donc une question religieuse et nationale.

Le mal de l'émigration

Un autre mal qui afflige ce pays, c'est l'émigration de ses enfants. Qui nous dira à quels dangers on s'expose par cet éloignement du foyer paternel! Ce serait une bien longue et bien lamentable histoire que de répéter les récits navrants, faits par un certain nombre de ceux qui reviennent au milieu de nous. Combien de cœurs, formés avec soin par des parents religieux, se sont refroidis peu à peu dans cette atmosphère étrangère! Combien de catholiques sont devenus la proie de l'indifférence religieuse, quand ils ne sont pas tombés dans le gouffre plus effroyable de l'hérésie et de l'apostasie formelle! Combien de familles canadiennes émigrées ne songent plus même à baptiser leurs enfants, lesquels, ainsi privés de la grâce de la régénération, grandissent, vivent et meurent sous l'empire du démon!

(«Lettre pastorale des Pères du cinquième concile provincial de Québec», 22 mai 1873, MEQ, V, p. 166-168.)

Le clergé va alors appuyer les hommes politiques qui avancent des solutions (plus ou moins heureuses): amélioration de l'agriculture et de son enseignement, extension du réseau de communication, velléité d'industrialisation, croisade pour la colonisation (mais certaines de ces solutions ne sont-elles pas suggérées par les clercs eux-mêmes[1]?). Et, d'une manière quasi unanime, il va militer, de toute son influence, contre l'émigration. Il la dénonce régulièrement et sur tous les tons. Ainsi font souvent les évêques à l'occasion de leurs réunions, régulières ou extraordinaires. «Une triste expérience n'a que trop prouvé que le séjour de nos catholiques aux États-Unis a été funeste à leur foi», écrivent déjà les pasteurs réunis pour le pré-concile provincial de 1850. Et leurs dénonciations s'amplifient quand le mal s'aggrave, comme le prouve la *Lettre pastorale des Pères du cinquième concile provincial de Québec* du 22 mai 1873.

Renforçant ce discours collectif, chacun des évêques de la province reprend les arguments nationalistes et surtout religieux pour condamner l'émigration et supplier ses diocésains de résister aux séductions de la vie américaine. Mgr Langevin, de Rimouski, dénonce cette «maladie dangereuse» qui commence à se propager dans certaines paroisses de son diocèse, «cette rage d'émigration qui s'est emparée d'un trop grand nombre de nos jeunes gens de la campagne, et même dernièrement de quelques pères et mères de famille, et de quelques jeunes filles». Il conclut: «Nous considérons cette manie comme tout-à-fait insensée, et désastreuse tant pour la patrie que pour ceux qui s'y laissent entraîner[2].» Mgr Laflèche est celui qui revient le plus souvent sur le sujet et encore en 1895, devant les missionnaires agricoles réunis en congrès, il jette ce cri d'alarme:

> Nos frères de l'émigration [...] ont eu à traverser la terrible guerre de la sécession, et l'on estime que 45 mille se sont engagés pour aller porter la guerre et la dévastation chez des populations qui ne leur avaient jamais fait de mal, et qu'environ 15 mille ont succombé dans ces luttes fratricides!! Et que de milliers ont ruiné en quelques années leur santé dans le travail délétère des manufactures américaines et sont morts à la fleur de l'âge! Ce qui est encore plus triste, c'est la perte des mœurs et de la foi pour un nombre encore beaucoup plus grand[3]!

Les textes des évêques sont abondamment commentés par les curés de paroisse et par les journaux qui, régulièrement, se font un point d'honneur de rappeler eux aussi la «misère» de leurs compatriotes en exil. La *Minerve* du 3 novembre 1880, par exemple, assimile la situation des Canadiens français dans les manufactures américaines à celle des esclaves noirs dans les plantations du sud. Ainsi, assure Jules-Paul Tardivel dans le *Courrier de Saint-Hyacinthe* du 8 février 1873, les États-Unis sont devenus «un vaste Sodome» où les Canadiens français perdent leur corps et leur âme.

L'analyse des hommes d'Église, très souvent reprise telle quelle par les politiciens — qu'on songe au jugement féroce attribué à George-Étienne Cartier: «Laissez-les partir, c'est la canaille qui s'en va» —, se base essentiellement sur des considérations morales et oublie presque totalement l'aspect économique. Sans doute les censeurs concèdent-ils que les gens partent vers les États-Unis dans le but d'améliorer leur sort, mais, affirment-ils, la misère chez les agriculteurs ou les colons résulte, en dernière analyse, de tares morales: goût du luxe, ivrognerie, paresse... qui conduisent à l'endettement et à la nécessité de trouver de l'argent ailleurs.

Pendant longtemps, seuls quelques hommes politiques et quelques journaux libéraux osent parler des conditions de vie meilleures des exilés canadiens et du rôle que certains jouent dans la république américaine. Mais, au début des années 1880, chez les élites du Québec, s'amorce une nouvelle lecture de l'émigration aux États-Unis.

Lors de la grande fête nationale des Canadiens français à Québec, en juin 1880, plusieurs orateurs font amende honorable devant leurs compatriotes émigrés, à l'exemple de Pierre-Joseph-Olivier Chauveau qui s'écrie dans le discours inaugural:

> Nous avions presque désespéré de cette multitude de nos compatriotes émigrés aux États-Unis, qui y avaient fixé leurs pénates. Sur des rapports exagérés nous pensions qu'ils avaient été ou allaient être bientôt fondus dans cette ardente fournaise où tant de nationalités ont déjà disparu. Nous nous étions trompés [...][4].

Ils peuvent se permettre de tels propos, maintenant que les Franco-Américains eux-mêmes ont réussi à répandre l'opinion que les émigrés constituent «les avant-gardes et non les déserteurs» de la nationalité canadienne-française.

Pour plusieurs, désormais, l'émigration est un fait de la Providence — «Laissons-la faire. Elle saura tirer le bien de ce qui nous semble un mal», écrit le jésuite Édouard Hamon en 1891 — et elle s'inscrit dans la mission des Canadiens français de jouer, en terre américaine, le rôle que la France a joué en Europe (*Gesta Dei per Francos*): celui de messagers, de zélateurs de la foi et de la civilisation française ou mieux, selon l'expression d'Adolphe-Basile Routhier, de «commissionnaires de Dieu». De là à en faire les porte-étendard de ce messianisme conquérant qu'avaient déjà décrit Edme Rameau de Saint-Père et l'abbé Casgrain en 1859 et 1864, il n'y a qu'un pas que certains — non pas tous! — franchissent. «L'émigrant français aux États-Unis, comme le colon canadien dans l'Ontario est un avant-garde, un éclaireur de la grande armée d'invasion dont M. Rameau nous a prédit la victoire pour le siècle suivant», soutient Adolphe Chapleau en 1884. François-Xavier-Anselme Trudel, son adversaire politique, ne pense pas autrement: «Ne dirait-on pas qu'elles [ces migrations] ont été des corps expéditionnaires lancés par la Providence à la conquête de tout l'ancien territoire découvert par nos pères et arrosé par le sang de nos martyrs!» Au dire d'Edmond de Nevers, les Franco-Américains sont des patriotes plus ardents et plus actifs que leurs frères du Québec: ils «n'ont pas quitté la patrie, ils l'ont agrandie».

Il n'y a pas que le discours qui change. Pour assurer cette conquête, cet «*envahissement* lent et mesuré» (Joseph-Camille Hogue), l'Église du Québec envoie en renfort des centaines de prêtres — près de 800, soutient Gabriel Nadeau en 1943 — qui, aidés de religieux et de religieuses, se font les apôtres inconditionnels de la survivance et les architectes d'un réseau institutionnel remarquable. Désormais, comme le souligne l'historien Yves Roby, sauf pour Mgr Laflèche et quelques irréductibles, les émigrés ne sont plus des dévoyés, mais des missionnaires. Les élites ont trouvé le meilleur là où on n'envisageait que le pire[5].

INDUSTRIALISATION ET URBANISATION

Aux yeux de l'Église du Québec, le monde rural est également menacé par les migrations intérieures vers les villes, surtout vers Montréal. Le Québec connaît, dans la seconde partie du XIXᵉ siècle, une première poussée qui fait passer sa population urbaine de 15% en 1851 à 19,5% en 1871, 29,2% en 1891 et 39,8% en 1901. Mais la ville, c'est d'abord Montréal qui comprend en 1901 40,7% des citadins de toute la province et dont la population a quadruplé dans les 50 dernières années. La métropole, qui s'apparente aux grandes villes américaines, se détache des autres agglomérations du Québec par son gigantisme, par son cosmopolitisme créateur d'idées nouvelles, mais aussi par la misère de certains de ses quartiers. Québec et, à plus forte raison, les petites villes régionales ne ressemblent que de loin aux villes modernes; même Montréal peut encore être considérée comme un «conglomérat de gros villages» où le quartier et la paroisse jouent un rôle essentiel.

Souvent déracinés de leur terroir natal, désemparés devant les bouleversements socio-économiques, prolétarisés dans les usines sous contrôle étranger, beaucoup de citadins vivent dans des conditions pénibles: chômage saisonnier, logements mal adaptés, insalubrité, épidémies, etc. Leur environnement moral n'est pas meilleur: ils sont constamment sollicités par les tavernes, les prostituées, les distractions «malsaines», les idées «subversives»..., sans compter qu'ils peuvent plus facilement se soustraire au contrôle clérical. Voilà pourquoi le discours des élites catholiques vilipende la ville, lieu de perdition.

La ville, oui, mais pas la ville en tant que telle, seulement celle qui déshumanise et corrompt. Le sociologue Gabriel Dussault l'a très bien fait voir dans sa magistrale étude sur le curé Labelle:

> La ville que l'on refuse, c'est la ville «des familles entières réduites à la dernière abjection»; la ville des «pauvres enfants élevés au sein de la crapule, n'ayant jamais reçu des auteurs de leur jour que les plus rudes traitements ou l'exemple de toutes les mauvaises passions»; la ville où le chômage «est une source féconde de privations pour la classe laborieuse» et fait languir «des centaines de familles dans la misère»; la ville des «habitations basses, humides, malsaines», foyers «de maladies, de misère, de vices»; la ville où «l'enfant [...] presque toute

l'année resserré entre quatre murs [...] respire l'air vicié et la poussière des rues».

C'est donc la prolétarisation urbaine qui est visée: «la critique de la ville et de l'industrie (et l'éloge en tout point corrélatif de la campagne et de l'agriculture) n'est pas davantage une critique du principe même de toute urbanisation et de toute industrialisation possibles, mais se réduit tout aussi bien à une critique de la prolétarisation[6]».

Sans doute est-il possible de trouver des textes moins nuancés, mais, dans l'ensemble, on n'exclut pas la ville du projet collectif. Bien au contraire, puisque, dans le roman par excellence du ruralisme, *Jean Rivard*, le héros fonde une colonie, mais aussi une ville. Il s'en explique ainsi: «notre ambition serait de transporter à la campagne tout ce qu'il y a de bon dans la vie de votre monde citadin, en nous gardant avec soin de tout ce qu'on y trouve de mensonger, d'exagéré, d'immoral[7]».

Même constatation, d'ailleurs, pour l'industrialisation liée de très près à la ville. Elle a plusieurs aspects négatifs que le clergé ne se gêne pas de dénoncer, mais clercs et laïcs, de Mgr Bourget à Étienne Parent, du curé Labelle à Louis-Olivier David, ne craignent pas d'affirmer, comme Mgr Laflèche, que «l'agriculture et l'industrie doivent donc dans les plans de la Providence se donner la main pour faire de notre pays, une contrée prospère et heureuse» ou, comme Antoine Gérin-Lajoie par la bouche de son *Jean Rivard* encore une fois: «Le Canada peut être à la fois pays agricole et pays manufacturier». C'est aussi ce dernier qui définit les limites de l'acceptation de l'industrialisation:

> Nous ne nous cachons pas les inconvénients que présente l'industrie manufacturière exercée sur une grande échelle, comme dans les vieux pays de l'Europe, où le bonheur et la vie même des pauvres ouvriers sont à la merci des fabricants, où les jeunes enfants s'étiolent, où les jeunes filles se dépravent, où des êtres humains devenus machines passent leur vie dans l'ignorance et l'abrutissement le plus complet. Mais ne pouvons-nous nous prémunir contre ces dangers? D'ailleurs l'établissement

de fabriques au milieu de nos campagnes — et c'est là qu'elles devraient être — serait loin, il me semble, de présenter les inconvénients qu'on redoute avec tant de raison[8].

Mais en attendant, il faut trouver des remèdes aux maux qui sévissent. Si, à la campagne, on continue à faire appel à la solidarité locale pour soulager les pauvres, les malades et les infirmes, les villes doivent se doter d'hôpitaux, d'asiles, de maisons de charité, œuvres multiples presque toutes dirigées par les communautés religieuses et soutenues par une cohorte de laïcs engagés. Montréal donne toujours le ton, après s'être pourvu, avant 1871, d'un «premier réseau de lutte contre la pauvreté» qu'a bien décrit l'historienne Huguette Lapointe-Roy. L'Église de la métropole poursuit son œuvre dans la ville, en banlieue et dans l'ensemble du diocèse. Si bien qu'en 1900 paraît «un album ou plutôt un panorama» de 800 pages qui offre à Mgr Bruchési une «revue des forces catholiques les plus vives et les mieux disciplinées de son diocèse». Le tableau est si impressionnant et, pourrait-on dire, si triomphaliste, que le préfacier Raphaël Bellemare croit bon d'expliquer: «On s'étonnera, sans doute, du nombre de ces institutions dévouées à l'instruction de la jeunesse, à la piété, à la charité, et d'aucuns répéteront peut-être qu'elles sont trop nombreuses. Nous prions ceux-là de s'enquérir davantage et d'en signaler, s'ils le peuvent, une seule qui ne réponde pas à un besoin réel et urgent de notre société. Sans ces multiples institutions, ouvertes, pour l'amour de Dieu, à toutes les misères morales et physiques, notre grande ville serait un foyer de désordre et de honte[9]».

Néanmoins, pour reprendre une conclusion des historiens Paul-André Linteau, Jean-Claude Robert et René Durocher, «les réponses qu'apporte la charité privée sont bien insuffisantes pour résoudre les problèmes posés par l'inégalité des conditions de vie. On s'attaque aux symptômes plutôt qu'aux causes et même sur ce plan on ne répond qu'à une partie des besoins[10]».

LA COLONISATION

Visant à éradiquer les épidémies de l'émigration et de la misère ouvrière, l'Église et les gouvernements ne rêvent, pendant longtemps et au point d'en faire une utopie englobante, que d'«un remède miracle à tous les maux collectifs»: la colonisation.

Amorcé et dirigé par le clergé, le mouvement de colonisation, panacée à toutes les calamités économiques, prône la conquête des terres neuves et la fondation de paroisses dans un oekoumène de plus en plus étendu. Les sociétés de colonisation servent d'instruments au mouvement et les missionnaires-colonisateurs agissent comme agents principaux, tandis que l'État se contente d'un rôle bien secondaire (construction de routes, contrôle et aliénation des terres publiques).

Mais ce n'est pas là l'aspect le plus important. Le célèbre curé Labelle et tout son cercle de disciples et d'amis, et bien d'autres comme eux: évêques, prêtres, laïcs conservateurs ou libéraux, anticléricaux même... font de la colonisation une «utopie de reconquête et d'indépendance politico-culturelle promettant aux francophones catholiques la réappropriation d'un pays par la force du nombre et l'occupation effective d'un territoire».

Pour nous en tenir à la vision de Labelle, la colonisation du nord de Montréal vers l'ouest — comme d'ailleurs celle des cantons de l'Est — n'est que la légitime reconquête d'une partie de l'ancien empire français perdu aux mains des Anglais protestants:

> Nous les enfants du Nord, nous les fondateurs de ce futur empire de l'Amérique du Nord, nous les hommes désignés à renouveler en Amérique les faits glorieux et célèbres de la vieille France, nous qui devons conquérir sur les Philistins anglais cette terre de l'Amérique par notre vigueur, notre fécondité, notre habileté, et par ces secours d'en haut qui nous viennent si à propos pour réaliser ces grandes conceptions. [...] L'immigration française va devenir ruisseau, rivière et fleuve dans les temps à venir et c'est alors que la revanche de Montcalm sera

accomplie par la voie pacifique de la force native de la race française sans même brûler une cartouche. Ce sera la plus grande victoire que jamais nation ait accomplie: conquérir ses conquérants[11]!

La colonisation constitue en même temps un rempart pour le territoire national, la vallée de l'Outaouais devenant «comme la forteresse de la race française dans l'avenir». Bien plus, ainsi protégée contre les assauts du protestantisme, la «nation catholique française», choisie par Dieu pour répandre le catholicisme en Amérique, s'élancera vers «la domination de ce continent». Ainsi parle François-Xavier-Anselme Trudel:

> Si enfin l'on songe que par la force d'expansion de notre race, ces groupes de Canadiens français, placés de proche en proche vont bientôt se réunir, l'on voit que la marche continue de l'élément français depuis les rives de l'Atlantique jusqu'au Pacifique finira bientôt par compléter son évolution et occupera une vaste zone de pays d'un océan à l'autre; les nombreux jalons qui ne sont aujourd'hui que les groupes disséminés çà et là devant finir par former l'une des plus puissantes nations du globe, s'appuyant au nord à la baie d'Hudson et à l'ouest et à l'est aux deux océans.

«Réponse d'une ethnie menacée par une présence étrangère politiquement et économiquement dominante», «utopie de reconquête par une stratégie formellement légale et pacifique d'expansion et d'occupation territoriale», «rêve d'une patrie perdue et à retrouver», le projet de colonisation a été mis en œuvre par ses concepteurs, Labelle en tête, mais avec un succès très relatif: ouverture de six grandes régions, augmentation de 78% des terres occupées, placement d'environ 1000 colons par année de 1851 à 1900. C'est peu, comparé au rêve initial. Mais ce «fait social total» nous en apprend plus que tout autre sur le double aspect conservateur et nationaliste du catholicisme traditionnel québécois qui, tout en contribuant «à sanctionner, conserver, préserver, maintenir, perpétuer les valeurs, les structures et l'ordre traditionnels», se fait conquérant et messianique, «expression problématique de l'identité de la nation et de sa différence[12]».

LES MISSIONS

Après la Conquête, le départ des grands ordres missionnaires — Jésuites, Récollets, Spiritains... — porte un coup presque fatal aux missions catholiques auprès des autochtones. Mais l'Église du Canada ne peut abandonner les groupes d'Indiens et de Métis déjà touchés par l'évangélisation. Non plus qu'elle ne peut résister longtemps aux appels des catholiques — surtout de langue française — dispersés dans les régions neuves de l'Ontario, des Maritimes et même des États-Unis. Aussi, quoique très occupée à survivre et à répondre aux multiples besoins de ses fidèles concentrés dans la vallée du Saint-Laurent, elle se fait missionnaire par la force des choses. Elle se déploiera sur deux fronts: celui de l'ouest, entre Ottawa et Victoria, et celui de l'est (Maritimes et Nouvelle-Angleterre). Mais elle ne connaîtra une réelle impulsion qu'avec le réveil religieux des années 1840, l'action des papes — particulièrement Grégoire XVI, ancien préfet de la Propagande — et la fondation d'œuvres missionnaires comme l'Association de la propagation de la foi (1832).

Les missions auprès des Amérindiens et des Métis

Comme l'a montré Lucien Lemieux dans le tome premier du présent ouvrage, les Sulpiciens et le clergé séculier assurent pendant un certain temps la relève des communautés missionnaires disparues. Mais tout change avec l'arrivée des Oblats de Marie-Immaculée en 1841 et le retour des Jésuites l'année suivante.

La marche vers l'ouest

Pendant que les Jésuites se chargent des missions du nord-ouest de l'Ontario, les Oblats acceptent, en 1844, de s'occuper de plusieurs groupes autochtones, dont ceux de l'Abitibi et du Témiscamingue. Prenant appui sur la paroisse de Bytown (Ottawa) dont ils sont désormais responsables, les pères commencent leur longue marche vers le nord. En 1849, ils sont à

Maniwaki et, moins de vingt ans après, ils s'installent à Témiscamingue, du côté ontarien, avant de fonder Ville-Marie du
côté québécois. La mission de Mattawa sert de tremplin vers
la Baie de James que le père Nicolas Laverlochère atteint dès
1847. À partir de l'une ou l'autre de leurs bases, les Oblats
rayonnent dans tout le territoire; ils empruntent régulièrement
la route vers la Baie de James où ils établissent finalement
une résidence permanente en 1892.

La Côte-Nord

Même scénario pour les anciennes missions jésuites de la
Côte-Nord du Saint-Laurent: le clergé séculier s'en occupe
vaille que vaille avant d'en remettre la tâche aux Oblats. Le
père Fisette ouvre la voie en 1844 en compagnie de l'abbé
François Boucher: ils sillonnent le pays des Montagnais depuis
le Saguenay jusqu'à la seigneurie de Mingan. Ils desservent
tous les postes à partir de leurs résidences de la Grande-Baie
du Saguenay (1844-1853), de Québec (1853), puis finalement
de Betsiamites. Plusieurs pères — Charles Arnauld et Louis
Babel, notamment — se lancent également à la recherche des
Inuit; mais les quelques contacts établis ne permettent pas de
fonder une véritable mission.

Ce vaste territoire est annexé au nouveau diocèse de
Rimouski en 1867 et Mgr Langevin y fait une première visite
pastorale en 1875[13]. En 1882, on y crée la préfecture apostolique du Golfe Saint-Laurent, sous la direction de Mgr
François-Xavier Bossé. Le territoire passe au diocèse de Chicoutimi en 1892, puis est confié aux Eudistes en 1903 avant
d'être érigé, en 1905, en vicariat apostolique du Golfe Saint-
Laurent, avec Mgr Gustave Blanche à sa tête.

Les missions du nord-ouest

La mission principale, cependant, est celle du nord-ouest.
Située au cœur de l'immense territoire de la compagnie de la
Baie d'Hudson, appelé aussi district du Nord-Ouest ou Terre

de Rupert, qui s'étend des Grands Lacs aux montagnes Rocheuses et de la frontière américaine à l'océan Arctique, cette mission veut rejoindre les nombreuses tribus indiennes des plaines et des zones boisées, les Métis issus des rencontres entre voyageurs et Indiennes, sans négliger la population blanche regroupée à la Rivière-Rouge ou disséminée dans les postes de traite. Créée en 1816 à l'instigation de Thomas Douglas, comte de Selkirk, qui la souhaite pour des raisons tout autant politiques et économiques que religieuses — contribuer à la pacification de la région en même temps que desservir les colons catholiques —, elle s'est développée grâce au travail des prêtres séculiers du diocèse de Québec jusqu'à l'arrivée des Oblats en 1845.

Ceux-là relancent l'évangélisation et le mouvement s'accentue encore quand, en 1853, Mgr Taché succède à Mgr Norbert Provencher, d'abord auxiliaire de l'évêque de Québec avec charge du district du Nord-Ouest, puis vicaire apostolique en 1844, enfin évêque du Nord-Ouest depuis 1847. On commence par se tourner vers le nord où la mission de l'Île-à-la-Crosse, fondée en 1846 par Laflèche et Taché, devient la «perle des missions» et le centre d'un déploiement vers le Grand Nord. Dans la plaine, l'abbé Joseph-Noël Ritchot fonde une mission à Qu'Appelle en 1866 et les Oblats le remplacent deux ans plus tard. Du lac Sainte-Anne part un double courant vers la Rivière-à-la-Paix et vers Saint-Albert. Tout un chapelet de missions surgit à travers la Saskatchewan et l'Alberta.

L'expérience acquise sur le terrain entraîne le développement d'une réelle science des missions. L'une des bases de cette missiologie est la connaissance des langues indiennes. Les missionnaires, qui ne réussissent à les maîtriser qu'au prix de difficultés considérables, les normalisent dans de nombreux ouvrages manuscrits ou imprimés. Ils rédigent et diffusent ainsi toute une collection de livres de prière, de catéchismes, de cantiques, de grammaires et de dictionnaires. L'éducation reste toujours une priorité: les premiers missionnaires fondent rapidement des écoles, enseignent la lecture et l'écriture et, dès que possible, se font relever par des frères (les Frères des Écoles chrétiennes, par exemple, séjournent à Saint-Boniface de 1854 à 1860) et des religieuses; les premières, les Sœurs Grises de Montréal, arrivent à Saint-Boniface en 1844; elles sont suivies par plusieurs autres. La mission proprement dite comporte des séjours prolongés dans les camps où le missionnaire est constamment de service et l'instruction, continue. La prédication est privilégiée, mais l'enseignement passe aussi par les livres de prières et les images pieuses, dont la célèbre échelle catholique imaginée par Norbert Blanchet en 1838. Le chant des cantiques et des vêpres permet également l'initiation aux principales vérités religieuses. Quand cela est possible, les missionnaires délèguent aux catéchumènes qui savent lire le soin d'expliquer la religion à leurs proches.

Dans une mission, si pauvre soit-elle, la «cabane de la prière» est toujours la construction la plus belle et la plus décorée. La liturgie y a valeur pédagogique et on y multiplie les cérémonies spéciales, les processions solennelles par exemple, qui frappent l'imagination. Comme chez les Blancs, les associations pieuses contribuent au développement de la communauté chrétienne.

Les résultats sont-ils à la mesure des efforts? Bien sûr que non, mais les progrès sont remarquables. En 1853, Mgr Taché fait un bilan élogieux et lucide du travail de son prédécesseur: «À y regarder de loin, dit-il, on peut être porté à considérer le travail de Mgr Provencher comme modeste, mais de plus près, on est étonné de l'immensité du travail que se sont imposé ses prêtres qui ont porté la Bonne Nouvelle à des distances immenses, se multipliant à l'exemple de leur chef pour atteindre les âmes dans ces déserts sans fin. Malheureusement, le zèle et la vertu, même héroïques, ne peuvent suppléer au nombre. Nulle part, l'échec n'est complet; mais nulle part non plus le succès n'est ce qu'on aurait pu obtenir avec des forces plus nombreuses et plus stables».

En 1888, dans un rapport à la Propagation de la foi de Paris, Mgr Taché répète que les résultats ne sont pas à la hauteur des rêves missionnaires, mais souligne une certaine satisfaction quant aux chiffres: auprès de plus de 50 000 catholiques œuvrent un archevêque, cinq évêques, 60 prêtres séculiers, 140 religieux et près de 350 religieuses. En 1900, les circonscriptions ecclésiastiques comprennent, outre l'archidiocèse de Saint-Boniface, le diocèse de Saint-Albert (1871), ainsi que les vicariats apostoliques d'Athabaska-Mackenzie (1862) et de Saskatchewan (1891). Quant aux Indiens, ils sont 21 275 catholiques sur une population totale de 57 893[14].

La côte ouest: Orégon et Colombie

L'Église du Québec participe également à l'implantation du catholicisme en Orégon. En réponse aux demandes des catholiques de la vallée de la Willamette, l'abbé Norbert Blanchet se porte volontaire et part, en 1838, en compagnie de Modeste Demers; ils s'établissent à Cowlitz d'où ils rayonnent dans toutes les directions. La mission est passablement retardée par la pénurie de prêtres, mais l'Orégon n'en est pas moins érigé en vicariat apostolique en 1845, puis en archevêché (Oregon City) en 1850 avec deux suffragants: Magloire Blanchet à Walla Walla et Demers à l'île de Vancouver (Victoria). La plupart des missionnaires viennent cependant d'Europe.

Auprès de la population canadienne-française dispersée

Tout au long du XIXe siècle, l'Église missionnaire ne se limite pas à l'évangélisation des Amérindiens, mais comprend aussi le ministère auprès des populations catholiques, surtout canadiennes-françaises, dispersées en Amérique du Nord. Ainsi, pour nous en tenir à l'est du Canada, plusieurs prêtres du Québec vont desservir des endroits aussi éloignés que l'Assomption de Détroit, Caraquet et même la Nouvelle-Écosse. Les évêques eux-mêmes — Mgr Denaut en 1801 et en 1803, Mgr Plessis en 1811 et en 1815 — visitent ces contrées, prenant ainsi conscience de leurs besoins immenses. Cela les amène à exiger de Rome et de Londres l'érection de nouveaux diocèses.

Mais, même une fois séparés, ces diocèses sollicitent les services du Québec pour leur population francophone, plutôt négligée, sauf exception, par le clergé anglophone en majorité irlandais. Ainsi, très dipersés, les Acadiens sont d'abord

desservis par des prêtres venus du Québec qui, peu nombreux, ne peuvent séjourner que brièvement dans la plupart
des endroits. L'arrivée d'un certain nombre de prêtres exilés
français corrige ensuite légèrement la situation. En fait, la fondation de diocèses dans les Maritimes ne représente pas toujours
un progrès pour les Acadiens; jusqu'à la fin du XIX\ siècle,
leurs évêques sont tous anglophones, la plupart farouchement
opposés à la formation d'un diocèse acadien et bien peu ten-
tent de se rapprocher de leurs ouailles acadiennes. L'Acadie
française doit compter sur ses propres forces, alimentées par
un nouveau sentiment national, et demander secours aux
communautés missionnaires du Québec: Oblats, pères de
Sainte-Croix, Frères des Écoles chrétiennes, religieuses[15]...

En Ontario, la politique agressive de colonisation, dont
nous avons déjà parlé, fait dévier vers l'Outaouais le courant
d'émigration dirigé à l'origine vers les États-Unis. La vallée
se développe au profit des Canadiens français catholiques, qui
augmentent considérablement en nombre et en pourcentage
au sein de l'Église ontarienne. Ils sont 26 417 sur 167 695
(15,75%) en 1851, 102 743 sur 320 839 (32,07%) en 1881, 158 671
sur 390 304 (40,63%) en 1891 et 233 145 sur 479 151 (48,66%)
en 1901. Concentrés dans certaines régions, ils sont majori-
taires dans le diocèse d'Ottawa. C'est le Québec, plus tard
considérablement aidé par les communautés comme celles des
Oblats et des Jésuites, qui fournit les premiers missionnaires,
une partie du clergé francophone et les premiers évêques. Au
cours des années 1860, l'épiscopat ontarien devient majoritairement anglophone, mais, dans la plupart des diocèses, les
francophones se débattent pour qu'on leur envoie des prêtres
qui parlent français; ils viendront le plus souvent du Québec,
de même qu'une bonne partie des communautés religieuses[16].

Enfin, l'Église du Québec se sent aussi des obligations envers les Franco-Américains. Au début, les émigrés
canadiens-français s'étaient répandus dans tous les États-Unis,
tout aussi bien dans l'Ouest que dans l'Est, mais l'émigration
massive de la seconde partie du siècle les entraîne davantage
vers les États de New York et de la Nouvelle-Angleterre.

Ceux qui sont installés non loin de la frontière canadienne reçoivent, de temps en temps, la visite de prêtres du

Québec. Ce sont, par exemple, le curé Pierre-Marie Mignault, de Chambly, qui, de 1819 à 1853, rencontre régulièrement les catholiques des rives du lac Champlain; l'abbé Joseph Quevillon, de Montréal, qui ouvre l'église Saint-Joseph à Burlington en 1850; ou l'abbé Zéphirin Lévesque, qui se rend à Worcester en 1846.

Car même s'ils luttent contre l'émigration de leurs compatriotes, les évêques du Québec ne sont pas sourds aux appels des expatriés, qui comprennent mal la langue de leur pays d'adoption et pour lesquels il faut songer à former des paroisses françaises. À leur réunion de mai 1850, ils décident que les Ordinaires de Québec et de Montréal engageront «quelques-uns de leurs Curés à aller visiter les Canadiens établis dans les diocèses voisins des États-Unis. [...]» Et qu'ils «s'entendront pour cela avec les Évêques des diocèses où résident les dits Canadiens». Cette solution s'avère insuffisante et les évêques américains font pression sur l'épiscopat du Québec pour recevoir davantage de secours. La réponse vient à la fois des Oblats, qui envoient de leurs religieux prêcher des missions dans différents diocèses et qui établissent plusieurs résidences surtout après 1871, et des évêques, qui acceptent de fournir en nombre suffisant des prêtres canadiens-français qui résideront dans les centres les plus populeux et assureront des missions auprès des groupes dispersés. Dès lors se multiplient les paroisses françaises, qui reproduisent, dans les «Petits Canadas», les institutions catholiques du Québec: églises, couvents, écoles, œuvres socio-culturelles; des prêtres de tous les diocèses vont y travailler pour un temps ou s'y établir de façon permanente. Il en va ainsi des communautés religieuses d'hommes et de femmes. En 1900, on compte 202 paroisses et 101 missions franco-américaines, desservies par 302 prêtres séculiers et 130 religieux.

Les missions extérieures

Bernard Denault a calculé qu'en 1901, les 60 communautés religieuses masculines et féminines du Québec comptent 11 992 sujets; de ce nombre, 3380, issus de 36 communautés, travaillent hors du Québec, la plupart en Amérique du Nord (Canada anglais et États-Unis). Mais un certain nombre, difficile à évaluer, part pour les missions lointaines. C'est souvent le fait de membres de communautés d'origine européenne.

D'une part, ils essaiment en Amérique du Sud. C'est le cas, par exemple, des Sœurs du Bon-Pasteur d'Angers qui se rendent en Équateur (1871), au Pérou (1871) et en Bolivie (1892). D'autre part, on se rend en Asie, comme les Religieuses de Jésus-Marie qui s'installent aux Indes en 1869. Ou les Pères de Sainte-Croix qui se rendent au Bengale en 1879.

Les Frères des Écoles chrétiennes les ont cependant précédés dans les missions extérieures. Arrivés à Montréal en 1837, ceux-là fournissent des maîtres d'abord au Québec et au Canada anglais (Ontario et Maritimes), mais très tôt aussi à presque toutes les régions des États-Unis. On calcule que 280 frères au moins, sortis du noviciat de Montréal, ont fini leurs jours du côté américain. Mais quelques-uns vont aller bien plus loin: aux Indes, à Singapour, en Malaisie, à Hong Kong, à l'Île Maurice, en Équateur... Plus d'une vingtaine de frères des Écoles chrétiennes partent ainsi avant 1900 et la plupart mourront en mission. En 1851, par exemple, ce sont les frères Hierom of Jesus, Gregory et Switbert qui sont requis aux Indes à cause de leur connaissance de l'anglais (le premier est allemand de naissance et les deux autres, irlandais). De 1869 à 1873, six frères canadiens vont prêter main-forte en Équateur à leurs confrères français arrivés en 1863 pour répondre aux appels pressants de Garcia Moreno; ils s'illustrent à la direction d'un Protectorat catholique.

La carrière du frère Abban illustre bien tout le travail exigé d'un frère missionnaire. Né à Saint-Thomas-de-Montmagny en 1837, François Gendreau entre au noviciat des Frères des Écoles chrétiennes à Montréal en septembre 1851, prend l'habit et reçoit son nouveau nom le 8 décembre de la même année et, dès mai 1852, commence à enseigner dans une école de Montréal. Il promet beaucoup et, au début de 1854, on l'envoie à Clermont, en France, comme professeur d'anglais au pensionnat Godefroy de Bouillon. À partir de 1855, il assume des tâches d'enseignant et de directeur à Londres, à Liverpool, à Chambly, à New York et en Irlande. En

1888, il part pour Colombo, au Ceylan, où il séjourne au noviciat; l'année suivante, il devient directeur du Collège Saint-Joseph à Hong Kong. Ses supérieurs le nomment visiteur (provincial) du district de l'Extrême-Orient en 1893 et de celui de Colombo en 1894. Cette mission l'use rapidement: le travail est énorme et le climat, difficile. On le rappelle donc à Marseille pour l'y faire reposer, mais il meurt en chemin, à Alexandrie (Égypte), le 23 décembre 1895[17].

Les communautés religieuses fondées au Québec font également leur part, même si elles sont plus particulièrement actives dans les missions de l'Amérique du Nord. Les Sœurs de la Providence, par exemple, se fixent au Chili en 1853. Leur décision est due au hasard. Au cours d'un voyage maritime vers l'Orégon, elles sont arrêtées par les tempêtes; obligées de faire escale au Chili, elles y sont accueillies comme un don de Dieu par les autorités religieuses. Elles acceptent de rester. On sait aussi qu'en 1893, deux religieuses hospitalières de l'Hôpital général de Montréal partent pour l'Afrique porter secours à d'autres religieuses déjà en poste.

Ce n'est cependant qu'au XXe siècle que l'Église du Québec apporte une contribution plus notable à l'essor missionnaire hors de l'Amérique du Nord. Mais, pendant plusieurs années, ses missions sont encore «immergées dans des entreprises étrangères», comme le déplore le cardinal Bégin, et elle ne possède aucun territoire en propre. Aussi les catholiques du Québec reçoivent-ils comme une injure les propos d'un ecclésiastique français prétendant que «les Canadiens français n'ont pas l'expérience des missions» et conseillant de former en France les futurs missionnaires canadiens. Henri Bourassa prononce et publie une longue conférence sur le *Canada apostolique* où il brosse un tableau statistique des œuvres des communautés religieuses au delà des frontières du Québec, mais essentiellement au Canada anglais et aux États-Unis. Il consacre néanmoins deux courts chapitres aux missions d'Amérique du Sud, d'Afrique et d'Asie, qui se multiplient depuis 1900, et à la communauté des Sœurs missionnaires de l'Immaculée Conception fondée en 1902. Le cardinal Bégin lui-même proteste auprès de Mgr de Guébriant et revendique pour l'Église du Québec le droit de prendre sa place et de «tailler

son domaine dans l'immense champ d'évangélisation».
«Désormais, assure Sophie-Laurence Lamontagne, on allait
davantage préparer le rayonnement, et faire plus encore[18].»

CONCLUSION DU DEUXIÈME VOLUME

Durant la longue période qui va de la fin du régime français à l'aube du XXe siècle, ce n'est pas la Conquête qui nous apparaît cruciale pour le catholicisme du Québec.

Sans doute, comme l'ensemble de la société canadienne, l'Église est-elle fortement secouée par la guerre, l'occupation militaire et le changement d'allégeance politique: elle subit des pertes matérielles et humaines considérables et se voit désormais coupée d'une Église mère qui la soutenait de son personnel et de ses deniers. À première vue, également, les capitulations et le traité ne concèdent aux catholiques qu'une liberté bien restreinte — «selon les lois de la Grande-Bretagne» — et, pendant longtemps, les instructions royales aux gouverneurs n'autorisent guère à l'élargir, bien au contraire. Cependant, la conjoncture politique s'avère plutôt favorable: l'immigration protestante est si faible que les catholiques détiennent une immense majorité au Canada; les colonies anglaises du sud se soulèvent contre leur métropole et font de l'œil aux Canadiens; malgré la différence de religion, il y a affinité culturelle entre les autorités politiques et les autorités religieuses abreuvées aux mêmes sources humanistes. De sorte que les évêques réussissent à protéger les acquis et même à faire accepter, dans les faits, le catholicisme comme religion établie, à côté de l'anglicanisme. Le peuple, quant à lui, se replie sur la vie paroissiale qui lui permet de manifester à la fois son identité linguistique et son identité religieuse.

Victorieuse sur le front politique par sa reconquête graduelle d'une liberté que pourraient lui envier bien des catholiques d'autres pays, l'Église connaît néanmoins une crise qui l'ébranle jusque dans ses fondements. Dans la première partie du XIXe siècle, pour des raisons politiques (les prises de position du clergé, favorables au gouvernement, mécontentent les partisans du parti français ou patriote) et morales (la rigueur des confesseurs et des condamnations du prêt à intérêt, par exemple), plusieurs catholiques s'éloignent de l'Église ou, du moins, en prennent large avec ses lois et ses exhortations. Il y a, dit-on, un relâchement général, que fustige en vain le clergé: «la mauvaise foi dans le commerce, l'infidélité dans le service, la licence dans le discours, la hardiesse à lire les livres les plus dangereux et écouter le langage de l'impiété et de l'irreligion, le libertinage, ne marchent-ils pas la tête levée parmi vous?» La dévotion, la ferveur n'y sont plus. Même chez les pratiquants, se plaint l'évêque de Québec, «[les dimanches et fêtes] on se contente souvent d'une messe basse, on se dispense d'aller entendre la parole de Dieu, on vaque sans permission et sans nécessité aux œuvres serviles, on fréquente les cabarets, on donne des repas, on fait des parties de campagne, on passe les après-midi au jeu». Plus révélateur encore de cette crise religieuse: le nombre de ceux qui ne pratiquent plus régulièrement et ne font pas leurs pâques augmente. Louis Rousseau donne les chiffres suivants pour l'année 1839 dans la région de Montréal: 63,7% de non-pascalisants dans la paroisse Notre-Dame de Montréal, 48,84% à Saint-Benoît, 38,4% à Lachine, 20% à Longue-Pointe, etc[1]. Ce phénomène n'est pas exclusif au diocèse de Montréal, si l'on en croit les témoignages des autorités de Québec. «Une personne qui connaît très bien et depuis longtemps le pays m'assure que la religion s'y perd sensiblement», lance ironiquement Craig à Mgr Plessis en 1811. «Tous les jours la religion diminue», dit-on encore dans les années 1830.

Cette crise va susciter l'événement capital de l'histoire du catholicisme canadien-français au XIXe siècle: le réveil religieux des années 1840 et 1850, qui va le marquer pendant un siècle.

Mgr Plessis le prépare déjà durant son épiscopat (1806-1825) à tous points remarquable. Certains indices, aujourd'hui repérables par les historiens, l'annoncent plusieurs années auparavant: par exemple, l'augmentation des vocations sacerdotales avant 1840; Brigitte Caulier a étudié les confréries de dévotion à Montréal et a démontré que «la remontée du recrutement au XIXe siècle a débuté bien avant 1840 à Montréal. Depuis les années 1820, la vitalité confraternelle connaît un nouvel élan qui s'accentue dans les années 1840[2]». Des hommes et des femmes se préparent, qui joueront un rôle important dans le renouveau catholique.

Le réveil religieux doit beaucoup aux deux évêques ultramontains de Montréal, Lartigue et Bourget. S'inspirant d'une ecclésiologie définissant l'Église comme une société parfaite supérieure à l'État à tous points de vue, ils remplacent la stratégie à leurs yeux trop diplomatique et trop timorée des évêques de Québec par la proclamation constante des droits de l'Église et de continuelles pressions sur les hommes politiques. Ils réussissent ainsi à libérer l'Église de bien des contraintes et, la conjoncture politique aidant, à lui donner un poids politique de plus en plus considérable. Mais le rêve des ultramontains les plus intransigeants de contrôler absolument la vie politique — qu'on songe au *Programme catholique* de 1871 — ne se réalise pas, car la majorité de l'épiscopat adapte la position plus modérée appuyée par Rome. Cet échec politique ainsi qu'une forte résistance parmi le clergé et les hommes politiques rejettent sur la défensive les disciples de Mgr Bourget et de Mgr Laflèche[3], mais ne les empêchent pas de contribuer «à accentuer le conservatisme social des groupes dirigeants» (Linteau/Durocher/Robert) et à raffermir le contrôle clérical sur les institutions d'enseignement, sur les services sociaux, sur l'expression des idées et même sur la littérature. Ce contrôle social, cependant, est moins absolu que ne l'ont cru certains historiens, car il doit se mesurer aux idées de progrès, d'harmonie et de liberté prêchées par un courant libéral important, que vient d'analyser avec brio l'historienne Fernande Roy[4]. Le Québec n'en devient pas moins, comme l'a si bien dit Fernand Dumont, une «société religieuse»: «L'Église catholique a édifié l'idéologie de la société francophone du Canada. Elle en a fait une société. [...] La société québécoise n'a pas seulement subi le pouvoir religieux; elle a subsisté en tant que société religieuse. Telle fut sa conscience de soi et sa différence[5]».

Le réveil religieux du milieu du XIXe siècle imprime un nouvel essor à la religion populaire. Il réussit à colmater la brèche qui s'ouvrait entre l'Église et les masses populaires au début du XIXe siècle. Un clergé plus nombreux, «issu du peuple qu'il sert et qui le vénère, directement solidaire des problèmes les plus divers», secondé par des cohortes de frères et de sœurs, propose une religion active et omniprésente qui parle de solidarité et de fidélité, ainsi que des pratiques et tout un lot de manifestations collectives rejoignant «le besoin de visualiser d'un peuple à la tradition orale déjà éprise de merveilleux et de spectaculaire». Au Québec comme en France, les grandes dévotions au Sacré-Cœur et à Marie, le réveil ou la création des grands lieux de pèlerinage voués à sainte Anne, à la Vierge et, plus tard, à saint Joseph, alimentent, dans un continent si majoritairement anglo-saxon et protestant, une chrétienté vivante et originale, «bien enracinée à même la terre, tour à tour soumise, joyeuse et rigoriste, faite d'héritage, de traditions et de transmission, mêlant souvent langue et foi comme si l'une ne pouvait pas résister au vainqueur sans l'autre[6]».

Ce catholicisme a ses failles, dont la moindre n'est pas le cléricalisme, qui laisse les prêtres s'infiltrer partout et diriger tout de façon paternaliste, ne laissant qu'à une élite laïque choisie et surveillée le droit de participer aux œuvres. D'où perte de dynamisme et germes de dissension que l'Action catholique révélera très tôt au XXe siècle. Et puis cette religion à saveur rurale, totalement centrée sur la paroisse, est-elle bien préparée à affronter les réalités de l'urbanisation et de l'industrialisation? Pourra-t-elle assumer les solidarités nouvelles? Enfin, si la masse est pratiquante, «fidèle aux rites, aux prières domestiques du matin et du soir, à la célébration des fêtes, à la pratique des sacrements, surtout de la confession et de la communion[7]», il se trouve beaucoup de «catholiques du dimanche» qui n'ont pas intériorisé le message évangélique et qui ne réussissent pas à ajuster aux valeurs chrétiennes leurs gestes quotidiens. Voilà autant de facteurs qui provoqueront le «lent glissement» vers «l'effritement de la société québécoise comme société religieuse[8]».

NOTES ET RÉFÉRENCES

Introduction

1. J. Huston, éd., *Le Répertoire national*, Montréal, Lovell et Gibson, 1848, II, p. 47-51 et p. 118-122.
2. F.-M. Derome, «Adresse du petit gazetier aux abonnés», cité dans Jeanne d'Arc Lortie, *La Poésie nationaliste au Canada français (1606-1867)*, Québec, PUL, 1975, p. 226.
3. Chauveau, «L'Union des Canadas ou la fête des banquiers», J. Huston, *op. cit*, p. 190-191.

PREMIÈRE PARTIE: LE RÉVEIL RELIGIEUX (1840-1870)

Chapitre I: Un nouveau départ pour l'Église canadienne

1. Gilles Chaussé, *Jean-Jacques Lartigue, premier évêque de Montréal*, Montréal, Fides, 1980, p. 227.
2. A. Simon, *Rencontres Mennaisiennes en Belgique*, Bruxelles, Palais des Académies, 1963, p. 128.
3. Chaussé, *op. cit.*, p. 233.
4. Pour une biographie plus complète de Bourget, voir Philippe Sylvain, «Bourget, Ignace», DBC, XI, p. 103-115.
5. Chaussé, *op. cit*, p. 138-139.
6. Lucien Lemieux, *Les Années difficiles (1760-1839). Histoire du catholicisme québécois**, Les XVIIIe et XIXe siècles*, 1, Montréal, Boréal, 1989, p. 95-98 et p. 383-394.
7. Mgr Bourget à Mgr Turgeon, 20 nov. 1837, cité dans Léon Pouliot, *Monseigneur Bourget et son temps*, I, Montréal, Beauchemin, 1955, p. 144.

8. Mgr Bourget, «Mandement d'entrée de Monseigneur Ignace Bourget évêque de Montréal», 3 mai 1840, MEM, 1, p. 75.

9. Philippe Sylvain, «Forbin-Janson, Charles-Auguste-Marie-Joseph de», DBC, VII, p. 329-332; Claude Galarneau, «Monseigneur de Forbin-Janson au Québec en 1840-1841», dans Nive Voisine et Jean Hamelin, *Les Ultramontains canadiens-français*, Montréal, Boréal Express, 1985, p. 121-142; Louis Rousseau, «Les missions populaires de 1840-42: acteurs principaux et conséquences», SCHEC, *Sessions d'étude* 53(1986), p. 7-21.

10. N.-E. Dionne, *Mgr de Forbin-Janson, Évêque de Nancy et de Toul, Primat de Lorraine. Sa vie, son œuvre en Canada*, Québec, Laflamme et Proulx, 1910, p. 10.

11. Léon Pouliot, *La Réaction catholique de Montréal, 1840-1841*, Montréal, Impr. du Messager, 1942, p. 51.

12. Lionel Groulx, «La situation religieuse au Canada français vers 1840», SCHEC, *Rapport 1941-1942*, p. 61.

13. Paul Lesourd, *Un grand cœur missionnaire, Monseigneur de Forbin-Janson, 1785-1844*, Paris, Flammarion, 1944, p. 8.

14. J. Leflon, «Forbin-Janson (Charles de)», *Catholicisme*, IV, col. 1442.

15. Jay P. Dolan, *Catholic Revivalism. The American Experience (1830-1900)*, Notre Dame, University of Notre Dame Press, 1978, xx, 248 p.

16. Vincent Quiblier, *Notes sur le Séminaire de Montréal*, 1846, 105, ASSP, ms. 1208.

17. Cité par René Hardy, «Note sur certaines manifestations du réveil religieux de 1840 dans la paroisse Notre-Dame de Québec», SCHEC, *Sessions d'étude* 35 (1968), p. 85; cet article reproduit l'essentiel d'une thèse de D.E.S.: *Aperçu du rôle social et religieux du curé de Notre-Dame de Québec (1840-1860)*, Québec, Université Laval, 1968, 114 p.

18. Hardy, *op. cit.*, p. 86.

19. *Ibid.*, p. 87.

20. Mgr Bourget à Joseph Marcoux, 28 avril 1840, RAPQ, 1946-1947, p. 86.

21. Rousseau, *op. cit.*, p. 13-15.

22. Ernest Sevrin, *Les Missions religieuses en France sous la Restauration, 1815-1830*, Saint-Mandé, Procure des Prêtres de la Miséricorde, 1948, t. I, p. 314. Déjà au siècle précédent, en France, la dévotion à la croix avait connu un renouveau qui se manifestait surtout lors d'une mission paroissiale, au cours de laquelle l'apogée était atteint par le «plantement» d'une croix (Jean de Viguerie, «Quelques aspects du catholicisme des Français au XVIIIᵉ siècle, *Revue historique*, 538 (avril-juin 1981), p. 361).

23. Élisabeth Germain, *Parler du salut? Aux origines d'une mentalité religieuse*, Paris, Beauchesne, 1967, p. 412.

24. L. Rousseau, «À l'origine d'une société maintenant perdue: le réveil religieux montréalais de 1840», dans Yvon Desrosiers, dir., *Religion et culture au Québec, Figures contemporaines du sacré*, Montréal, Fides, 1986, p. 77-83.

25. L. Pouliot, *Monseigneur Bourget et son temps*, Montréal, Beauchemin, 1956, t. II, p. 49.
26. Philippe Sylvain, «Aperçu sur le prosélytisme protestant au Canada français, de 1760 à 1860», *Mémoires de la Société royale du Canada*, Série III, 1 (1962), p. 65-76; René Hardy, «La rébellion de 1837-38 et l'essor du protestantisme», RHAF, XXIX, 2(sept. 1975), p. 163-189; «Nous devons regretter, écrivait Étienne Parent au début de 1841, les efforts qu'on avoue faire pour jeter le trouble et la discorde dans un pays qui a échappé jusqu'à présent aux dissensions religieuses que sont de nature à amener les efforts que l'on fait pour faire circuler parmi notre population des livres hétérodoxes ou non reconnus par l'Église Romaine.» (*Le Canadien*, 1er fév. 1841).
27. G. de Bertier de Sauvigny, *La Restauration*, nouvelle édition revue et augmentée, Paris, Flammarion, 1963, p. 323-324.

Chapitre II: Une Église en voie d'affermissement

1. Jacques Monet, *La Première Révolution tranquille*, Montréal, Fides, [1981], p. 153-154.
2. Claude Galarneau, «Le Philanthrope Vattemare, le Rapprochement des ''Races'' et des Classes au Canada: 1840-1855», W. L. Morton, éd., *The Shield of Achilles / Le Bouclier d'Achille*, Toronto, McClelland and Stewart, 1968, p. 97-107.
3. Pouliot, *La Réaction catholique*, p. 14.
4. Mgr Bourget à Louis-Marie Lefebvre, 22 nov. 1841, RAPQ, 1946-1947, p. 165.
5. *Mélanges religieux*, 15 avril 1842.
6. André Beaulieu et Jean Hamelin, *La Presse québécoise des origines à nos jours*, I, Québec, PUL, 1973, p. 113-115.
7. Marcel Lajeunesse, *Les Sulpiciens et la vie intellectuelle à Montréal au XIXe siècle*, Montréal, Fides, 1982, p. 27-29.
8. Mgr Bourget, «Mandement d'installation de l'Œuvre des bons livres à Montréal», 20 sept. 1845, MEM, I, p. 304-312.
9. Lajeunesse, *op. cit.*, p. 37.
10. François Mauriac, *Nouveaux Mémoires intérieurs*, Paris, Flammarion, 1965, p. 142.
11. Lajeunesse, *op. cit.*, p. 44.
12. Louis Perrault à Ludger Duvernay, 4 fév. 1842, RAPQ, 1926-1927, p. 247.
13. Gaston Carrière, *Histoire documentaire de la Congrégation des Missionnaires Oblats de Marie-Immaculée dans l'Est du Canada*, 1ère partie, II, Ottawa, Éd. de l'Université d'Ottawa, 1959, p. 198-199.
14. Gabriel Dussault, avec la collaboration de Gilles Martel, *Charisme et Économie. Les cinq premières communautés masculines établies au Québec sous le régime anglais (1837-1870)*, Québec, Faculté des Sciences Sociales de l'Université Laval, 1981, p. 57-64.
15. Mgr Bourget à Mgr Gaulin, 25 avril 1841, cité dans *ibid.*, p. 58.

16. *Ibid.*, p. 71.
17. Cité dans *ibid.*, p. 67.
18. Cité dans Pouliot, *op. cit.*, p. 82-83.
19. Cité par Lorenzo Cadieux, *Lettres des nouvelles missions du Canada, 1843-1852*, Montréal, Bellarmin, 1973, p. 25.
20. G. Courteau et F. Lanoue, *Une nouvelle Acadie*, s.l.s.d., p. 220-221.
21. Extrait des *Annales des Religieuses du Sacré-Cœur*, Manhattanville, New York; communiqué par Sœur A. Archambault, archiviste du Couvent du Sacré-Cœur, 3635, rue Atwater, Montréal.
22. Louise Callan, *The Society of the Sacred Heart in North America*, New York, Longmans, Green and Co., 1937, p. 401.
23. Cité par Marguerite Jean, *Évolution des communautés religieuses de femmes au Canada, de 1639 à nos jours*, Montréal, Fides, 1977, p. 82.
24. Louis-Adolphe Huguet-Latour, *Annuaire de Ville-Marie*, Montréal, 1863-1877, p. 82-85.
25. Claude Langlois, *Le Catholicisme au féminin*, Paris, Cerf, 1984, 776 p.
26. Cité par Élisabeth Germain, *Parler du salut?*, p. 594.
27. *La Condamnation de Lamennais*, dossier présenté par M. J. Le Guillou et Louis Le Guillou, Paris, Beauchesne, 1982, p. 168-181.
28. Gérard Cholvy et Yves-Marie Hilaire, *Histoire religieuse de la France contemporaine*, t. I: *1800-1880*, Toulouse, Privat, 1985, p. 183-184.
29. Mgr Bourget, «Circulaire au clergé du diocèse de Montréal», 5 janv. 1842, MEM, I, p. 183-184.

Chapitre III: La mise en place des organismes de bienfaisance et d'éducation

1. La célèbre sœur Rosalie connaissait alors à Paris une popularité sans égale (Odile Arnold, *Le Corps et l'Âme. La Vie des religieuses au XIXe siècle*, Paris, Seuil, 1984, p. 224-230).
2. L. Pouliot, *Monseigneur Bourget et son temps*, t. II, Montréal, Beauchemin, 1956, p. 86-109.
3. Marguerite Jean, «Tavernier, Émilie (Gamelin)», DBC, VIII, p. 961.
4. Huguette Lapointe-Roy, *Charité bien ordonnée*, Montréal, Boréal, 1987, p. 77.
5. Pouliot, *op. cit.*, p. 123-139.
6. Andrée Désilets, «Cadron, Marie-Rosalie, dite de la Nativité (Jetté)», DBC, XI, p. 121-122.
7. Eugène Nadeau, «Sureau (Sureault), dite Blondin, Esther (Christine), dite mère Marie-Anne», DBC, XI, p. 958-959.
8. Cité par L. Pouliot, *op. cit.*, p. 211.
9. Cité dans Pouliot, *Monseigneur Bourget et son temps*, t. III, Montréal, Bellarmin, 1972, p. 69.
10. Cité dans *ibid.*, p. 71.
11. Cité dans *ibid.*, t. II, p. 192.
12. Cité dans *ibid.*, p. 196.
13. L. Rousseau, «Quiblier, Joseph-Vincent», DBC, VIII, p. 810.

14. L. Rousseau, *La Prédication à Montréal, de 1800 à 1830*, Montréal, Fides, 1976, p. 96; H. Lapointe-Roy, *op. cit.*, p. 19-38.
15. *Ibid.*, p. 36.
16. Nive Voisine, *Les Frères des Écoles chrétiennes au Canada*, I, Québec, Anne Sigier, 1987, p. 34-62.
17. Cité dans Pouliot, *op. cit.*, II, p. 210.
18. Jean-Pierre Peter, préface à Odile Arnold, *op. cit.*, p. 8.
19. Lapointe-Roy, *op. cit.*, p. 81-123.
20. Louis Painchaud, «Painchaud, Joseph», DBC, VIII, p. 751.
21. Raphaël Bellemare devait garder cette présidence jusqu'en 1904, alors qu'il remettait sa démission au conseil particulier de Montréal. Ses 83 ans ne lui permettaient plus d'exercer cette charge. (Marie-Claire Daveluy, «Un Canadien éminent: Raphaël Bellemare (1821-1906)», RHAF, XII, 3 (déc. 1958), p. 355).
22. Lapointe-Roy, *op. cit.*, p. 96-112.
23. *Ibid.*, p. 51-53.
24. L. Pouliot, «Berthelet, Antoine-Olivier», DBC, X, p. 56.
25. Paul-André Linteau et Jean-Claude Robert, «Propriété foncière et société à Montréal: une hypothèse», RHAF, 28, 1 (juin 1974), p. 60.
26. L. Pouliot, «Berthelet...», p. 56; H. Lapointe-Roy, *op cit.*, p. 112-123.
27. André Jardin, *Alexis de Tocqueville, 1805-1859*, Paris, Hachette, 1984, p. 135.
28. L. Rousseau, «Quiblier, Joseph-Vincent», DBC, VIII, p. 810.
29. C. Langlois, *Le Catholicisme au féminin*, p. 213.
30. H. Lapointe-Roy, *Histoire sociale de Montréal, 1837-1871: l'assistance aux pauvres*, Québec, Université Laval, thèse de Ph. D., 1985, p. 800. L'auteur ne reprend pas ces propos tels quels dans l'édition de sa thèse chez Boréal.

Chapitre IV: Le diocèse et la province ecclésiastiques de Québec

1. Étienne-Charles Brasseur de Bourbourg, *Histoire du Canada, de son Église et de ses missions depuis la découverte de l'Amérique jusqu'à nos jours, écrite sur des documents inédits compulsés dans les archives de l'archevêché et de la ville de Québec, etc.*, Paris, Sagnier et Bray, 1852, II, p. 236-237.
2. Armand Gagné, «Turgeon, Pierre-Flavien», DBC, IX, p. 882.
3. G. Chaussé, *Jean-Jacques Lartigue...*, p. 147-164.
4. Andrée Désilets, «Fisbach (Fitzbach, Fisbacht), Marie [...], dite du Sacré-Cœur (Roy)», DBC, XI, p. 349-350.
5. Marcel Bellavance et Pierre Dufour, «Cazeau, Charles-Félix», DBC, XI, p. 185.
6. Lucien Lemieux, «Baillargeon, Charles-François», *ibid.*, IX, p. 19.
7. René Hardy, «L'activité sociale...», p. 8.
8. *Ibid.*, p. 9-10.
9. *Ibid.*, p. 11.
10. *Ibid.*
11. *Ibid.*, p. 14.

12. *Ibid.*, p. 17.
13. *Ibid.*, p. 23; Nive Voisine, *Les Frères des Écoles chrétiennes au Canada*, I, p. 73-86.
14. Hardy, *op. cit.*, p. 28.
15. *Ibid.*, p. 30.
16. C. Galarneau, «Holmes, John (rebaptisé Jean)», DBC, VIII, p. 450-454.
17. Dont ils pouvaient suivre les progrès dans les *Annales de la propagation de la foi* et, Mgr Bourget, dans l'*Univers* de Louis Veuillot, auquel s'alimentaient les *Mélanges religieux*, à partir du moment où Henry de Courcy en devint le correspondant à New York en 1845. Voir P. Sylvain, *La vie et l'œuvre de Henry de Courcy (1820-1861), premier historien de l'Église catholique aux États-Unis*, Québec, PUL, 1955, p. 103-127.
18. L. Lemieux, *op. cit.*, 69-74; voir aussi Lemieux, *L'Établissement de la première province ecclésiastique au Canada, 1783-1844*, Montréal, Fides, 1968, p. 403-518.
19. Cité dans P. Sylvain, «Bourget, Ignace», DBC, XI, p. 105-106.
20. Sonia Chassé, «Signay, Joseph», DBC, VII, p. 866.

Chapitre V: Le diocèse de Montréal, fer de lance de l'Église canadienne

1. Édouard-Raymond Fabre à Hector Fabre, 28 sept. 1846, ANQ, *Lettres de Édouard-Raymond Fabre à sa famille*, exemplaire dactylographié, p. 142.
2. Cité par dom Delatte, *Dom Guéranger*, Paris, Plon, 1909, I, p. 410.
3. Mgr Bourget, «Instruction pastorale de Mgr. l'Évêque de Montréal sur l'indépendance et l'inviolabilité des États pontificaux», 19 mars 1860, MEM, IV, p. 78.
4. Cité par L. Pouliot, *Mgr Bourget...*, III, p. 19-20.
5. Nadia Fahmy-Eid, «Prince, Jean-Charles», DBC, VIII, p. 791.
6. L. Pouliot, *op. cit.*, p. 25-39.
7. Jean-Claude Robert, «Un seigneur entrepreneur, Barthélemy Joliette, et la fondation du village d'Industrie (Joliette)», RHAF, XXVI, 3(déc. 1972), p. 392.
8. Benoît Lévesque, «Champagneur, Étienne», DBC, XI, p. 190; G. Dussault, *Charisme et Économie*, p. 109.
9. *Ibid.*, p. 107; B. Denault et B. Lévesque, *Éléments pour une sociologie des communautés religieuses*, p. 152.
10. L. Rousseau, «Saint-Germain, Jean-Baptiste», DBC, IX, p. 771; Dussault, *Charisme et Économie*, p. 107.
11. *Ibid.*
12. *Ibid.*, p. 91.
13. *Ibid.*, p. 92.
14. *Ibid.*, p. 94-96.
15. «Circulaire des évêques de Sydime, de Montréal, de Carrha, de Martyropolis et de Bytown, réunis à Montréal, au clergé des diocèses de Québec, de Kingston, de Montréal, de Bytown et de Toronto», 11 mai 1850, MEM, II, p. 118.

16. P. Sylvain, *Clerc, garibaldien, prédicant des deux mondes, Alessandro Gavazzi (1808-1889)*, Québec, Le Centre pédagogique, 1962, II, p. 317-329.

17. Jacques Grisé, *Les Conciles provinciaux de Québec et l'Église canadienne (1851-1886)*, Montréal, Fides, 1979, p. 139.

18. Cité dans *ibid.*, p. 46.

19. Textes cités dans *ibid.*, p. 45-46.

20. Lucien Lemieux, «Baillargeon, Charles-François», DBC, IX, p. 20.

21. Renée Dubeau-Legentil, «Le *Petit Catéchisme* du premier concile provincial de Québec (1853), Défi de l'unité dans la diversité»; Raymond Brodeur et Jean-Paul Rouleau, dir., *Une inconnue de l'histoire de la culture, La production des catéchismes en Amérique française*, Québec, Anne Sigier, 1986, p. 232-237.

22. *Ibid.*, p. 237-240.

23. Mgr Turgeon, «Mandement de Monseigneur l'archevêque de Québec pour la publication du Petit Catéchisme rédigé par l'ordre du Premier Concile Provincial», 10 avril 1853, MEQ, IV, p. 91.

24. «Mandement de l'archevêque et des évêques de la province ecclésiastique de Québec promulguant le nouveau catéchisme, rédigé par l'ordre du Premier Concile Provincial», 8 sept. 1853, *ibid.*, p. 98-108.

25. Nive Voisine, «Le catéchisme de 1888: victoire de l'uniformité ou compromis circonstanciel?», dans Brodeur et Rouleau, *op. cit.*, p. 281-286.

26. Sacra Congregazione de Propaganda Fide. *Ponent E^mo et F^mo Siq. Card. Ludovico Atieri. Ristretto con voto e sommario Supra gli atti del primo Concilio Provinciale Quebecense e relative instanze*, mai 1852, APFR, Acta, 214(1852), f. 226r-273v.

27. Grisé, *op. cit.*, p. 128.

28. Yves de Gibon, «Spiritisme»; Paul Poupard, dir., *Dictionnaire des religions*, Paris, PUF, 1984, p. 1615.

29. Louis Mollet, «Superstition», *ibid.*, p. 1630-1631.

30. Henry de Courcy, «De la sorcellerie moderne en Amérique», *Revue contemporaine*, VII (mai 1853), p. 609-637; l'essentiel est reproduit dans Philippe Sylvain, «Quand les tables dansaient et parlaient: les débuts du spiritisme au dix-neuvième siècle», *Mémoires de la Société royale du Canada*, quatrième série (1963), t. I, p. 231-233. On y retrouvera les références des diverses citations de la première partie.

31. Mgr Bourget, «Lettre pastorale de Mgr l'Évêque de Montréal, à l'occasion de la nouvelle année», 27 déc. 1853, MEM, II, p. 388-406.

32. Mgr Turgeon, «Lettre pastorale concernant les tables tournantes», 15 janv. 1854, MEQ, IV, p. 135-143.

33. Yvonne Castellan, *Le Spiritisme*, Paris, PUF, 1954, p. 108.

34. Joanne Petro Gury, *Compendium Theologiæ moralis*, Rome, Tip. della Pontificia Università Gregoriàna, 1875, I, p. 173-175.

Chapitre VI: La fondation de l'Université Laval

1. Louis-Adolphe Pâquet, *Droit public de l'Église, t. II: L'Église et l'éducation*

à la lumière de l'histoire et des principes chrétiens, Québec, Impr. de l'Action Sociale, 1909, p. 181.

2. André Labarrère-Paulé, *Les Instituteurs laïques au Canada français, 1836-1960*, Québec, PUL, 1965, p. 180.

3. *Ibid.*, p. 300.

4. Claude Galarneau, *Les Collèges classiques au Canada français*, Montréal, Fides, 1978, p. 110.

5. Mgr Bourget à Mgr Turgeon, 31 mars 1851, ACAM, RLB, VI, p. 398-399.

6. Philippe Sylvain, «Le premier disciple canadien de Montalembert, l'abbé Joseph-Sabin Raymond», RHAF, XVII, 1 (juin 1963), p. 102.

7. Georges-Émile Giguère, *La Restauration de la Compagnie de Jésus au Canada, 1839-1857*, Montréal, Université de Montréal, thèse de PH.D., 1965, p. 381-382.

8. *Projet d'établissement d'éducation à faire, si les Biens des Jésuites sont remis à l'Église catholique du Canada*, janv. 1845, 2-3, ASQ, *Univ.* 100-G.

9. L. Pouliot, «L'enseignement universitaire catholique au Canada français, de 1760 à 1860», RHAF, XII, 2 (sept. 1958), p. 165.

10. Aloïs Simon, *L'Hypothèse libérale en Belgique*, Wetteren, Éditions Universa, 1956, p. 99.

11. Mgr Bourget à Mgr Turgeon, 3 mai 1851, ACAM, RLB, VI, p. 495-496.

12. R. Limouzin-Lamothe et J. Leflon, *Mgr Denys-Auguste Affre, archevêque de Paris*, Paris, 1971, p. 185-187.

13. Mgr Bourget à Mgr Turgeon, 31 mars 1851, ACAM, RLB, VI, p. 398-399.

14. Le même au même, 4 mai 1852, *ibid.*, VII, p. 301.

15. Honorius Provost, *Le Séminaire de Québec. Documents et biographies*, Québec, PUL, 1964, p. 339.

16. Mgr Turgeon à Mgr Bourget, 10 avril 1851, ACAM, 295.101, 851-37.

17. Mgr Bourget à Mgr Turgeon, 30 mars 1852, *ibid.*, RLB, VII, p. 233.

18. Le même au même, 3 fév. 1852, *ibid.*, p. 157.

19. Louis-Jacques Casault à Mgr Turgeon, 19 mars 1852, ASQ, *Univ.* 100-T.

20. L.-J. Casault, *Quelques réflexions sur la lettre de Mgr de Montréal à Mgr l'Archevêque du 30 mars 1852*, ASQ, *Univ.* 100-X.

21. Mgr Bourget à Mgr Turgeon, 21 avril 1852, ACAM, RLB, VII, p. 285-287; le même au même, 4 mai 1852, *ibid.*, p. 301-302.

22. Mgr Turgeon à Mgr Bourget, 27 avril 1852, *ibid.*, 820.001, 852-6.

23. Mgr Turgeon à Mgr Bourget, 10 mai 1852, ACAM, 820.001, 852-10.

24. Mgr Bourget à Mgr Turgeon, 14 mai 1852, *ibid.*, RLB, VII, p. 315-316.

25. P. Sylvain, «Les difficiles débuts de l'université Laval», *Les cahiers des Dix*, 36(1971), p. 230-232. Voir aussi: James H. Lambert, «Le haut enseignement de la religion: Mgr. Bourget and the Founding of Laval University», *Revue de l'Université d'Ottawa*, 3(juillet-sept. 1975), p. 278-295; L. Pouliot, *Monseigneur Bourget et son temps*, t. V, Montréal, Bellarmin, 1977, p. 53-82.

26. P. Sylvain, «Casault, Louis-Jacques», DBC, IX, p. 127-132.

Chapitre VII: Résistances laïques aux entreprises cléricales:
l'Institut canadien

1. Mgr Lartigue, «Lettre circulaire à Messieurs les curés et autres prêtres du diocèse de Montréal», 10 août 1837, MEM, I, p. 13-14.
2. Fernand Ouellet, «Le mandement de Mgr Lartigue de 1837 et la réaction libérale», BRH, 58 (avril-mai-juin 1952), p. 97-104.
3. Jean-Paul Bernard, Les Rouges. Libéralisme, Nationalisme et Anticléricalisme au milieu du XIXᵉ siècle, Montréal, PUQ, 1971, p. 27-31.
4. Étienne Parent, «Du travail chez l'homme», J. Huston, Le Répertoire national, IV, Montréal, Lovell et Gibson, 1850, p. 78.
5. Georges Weill, Histoire du catholicisme libéral en France, 1828-1908, Paris, Félix Alcan, 1909, p. 66.
6. A. Beaulieu et Jean Hamelin, La Presse québécoise des origines à nos jours, I, Québec, PUL, 1973, p. 130.
7. P. Sylvain, «Dorion, Jean-Baptiste-Éric», DBC, IX, p. 231.
8. Beaulieu et Hamelin, op. cit., p. 157-158.
9. L. Pouliot, Monseigneur Bourget et son temps, t. III, p. 40-45.
10. Mgr Bourget, «Circulaire au clergé du diocèse de Montréal», 31 mai 1848, MEM, I, p. 472-473; «Lettre pastorale de Monseigneur l'évêque de Montréal, pour encourager l'Association des Établissements Canadiens des townships», 17 juin 1848, ibid., p. 475-489.
11. L. Pouliot, op. cit., p. 45-55.
12. P. Sylvain, «Doutre, Joseph (baptisé Joseph-Euloge)», DBC, XI, p. 300.
13. Le Ménestrel, 17 et 21 nov. 1844, p. 350-352, p. 353-354; John Hare, Contes et Nouvelles du Canada français, 1778-1859, Ottawa, Éd. de l'Université d'Ottawa, 1971, p. 165-173.
14. J. Doutre, Les Fiancés de 1812. Essai de littérature canadienne, Montréal, Louis Perreault, 1844, XX, 493 p.
15. Ibid., p. 359.
16. Pierre Fortier, «Les Fiancés de 1812, roman de Joseph Doutre», DOLQ, I, p. 259-262.
17. J. Doutre, «Le frère et la sœur», J. Huston, Le Répertoire national, III, Montréal, Lovell et Gibson, 1848, p. 321-342.
18. P. Sylvain, «Un adversaire irréductible du clergé canadien-français au dix-neuvième siècle: Joseph Doutre», Les Cahiers des Dix, 41(1976), p. 109-125.
19. P. Sylvain, «Un disciple canadien de Lamennais: Louis-Antoine Dessaulles», Les Cahiers des Dix, 34 (1969), p. 61-83.
20. Jean-Roch Rioux, Les Débuts de l'Institut canadien et du journal L'Avenir, Québec, Université Laval, thèse de D.E.S., 1967, p. 39.
21. Elisabeth Nish, «Mondelet, Charles-Elzéar», DBC, X, p. 560.
22. Discours reproduit dans Jean-Charles Falardeau, éd., Étienne Parent, 1802-1874, Montréal, La Presse, 1975, p. 201-227.
23. P. Sylvain, Alessandro Gavazzi, t. I, p. 86-235.
24. Jean-Paul Bernard, op. cit., p. 37-40.
25. J. Monet, La Première Révolution tranquille, p. 473.

26. Cholvy-Hilaire, *Histoire religieuse de la France contemporaine*, t. I, p. 228.
27. Mgr Bourget à Mgr J.-N. Provencher, 27 avril 1849, RAPQ, 1969, p. 24.
28. Le même au même, 28 avril 1849, *ibid.*, p. 25-26.
29. Mgr Bourget, «Lettre pastorale de Monseigneur l'évêque de Montréal, ordonnant des prières pour Notre Saint Père le Pape, Pie IX, obligé de quitter Rome et de se réfugier dans un royaume étranger, par suite des troubles arrivés dans sa capitale, en novembre dernier», 18 janv. 1849, MEM, II, p. 21-34.
30. J. Monet, *op. cit.*, p. 402.
31. J.-P. Bernard, *op. cit.*, p. 53.
32. P. Sylvain, «Libéralisme et Ultramontanisme au Canada français: affrontement idéologique et doctrinal (1840-1865)», W. L. Morton, éd., *Le Bouclier d'Achille. Regards sur le Canada de l'ère victorienne*, Montréal, McClelland and Stewart, 1968, p. 120-125.
33. Fernand Dumont, «Le Projet d'une histoire de la pensée québécoise», *Philosophie au Québec*, Montréal, Bellarmin, 1976, p. 42.

Chapitre VIII: Consolidations

1. P. Sylvain, *Alessandro Gavazzi...*, II, p. 436-442.
2. J. Grisé, *Les Conciles provinciaux de Québec*, p. 136.
3. *Ibid.*
4. *Ibid.*, p. 138; voir Brigitte Caulier, *Les Confréries de dévotion à Montréal, 17e-19e siècles*, Montréal, Université de Montréal, thèse de PH. D. (histoire), 1986, XIV, 586 p.
5. Marcel Trudel, *Chiniguy*, Trois-Rivières, Éditions du Bien Public, 1955, 339 p.; Paul Laverdure, «Charles Chiniquy: The Making of an Anti-Catholic Crusader», SCHEC, *Sessions d'étude* 54 (1987), p. 39-56.
6. Nive Voisine, «Les croisades de tempérance», Jean Simard, *Un patrimoine méprisé*, Montréal, Hurtubise HMH, 1979, p. 129-172; «Mouvements de tempérance et religion populaire», Benoît Lacroix et Jean Simard, *Religion populaire, religion de clercs?*, Québec, Institut québécois de recherche sur la culture, 1984, p. 65-78.
7. Philippe Boutry, «Les saints des Catacombes. Itinéraires français d'une piété ultramontaine (1880-1881)», *Mélanges de l'École française de Rome, Moyen Âge, Temps modernes*, t. 91 (1979), 2, p. 885.
8. Pierre Savard, *Aspects du catholicisme canadien-français au XIXe siècle*, Montréal, Fides, 1980, p. 178-196.
9. Marta Danylewycz, *Profession: religieuse. Un choix pour les Québécoises, 1840-1920*, Montréal, Boréal, 1988, p. 18.
10. Auguste Viatte, *Histoire de la Congrégation de Jésus-Marie, 1818-1850*, Québec, 1952, p. 162.
11. Germain Lesage, *Les Origines des Sœurs de l'Assomption de la Sainte-Vierge*, Nicolet, Éditions S.A.S.V., 1957, 342 p.
12. Marguerite Jean, *Évolution des communautés religieuses de femmes*, p. 102-107.
13. C. Langlois, *Le Catholicisme au féminin*, p. 643-644.

14. M. Danylewycz, *op. cit.*, p. 137-138.
15. Jean Hamelin et Yves Roby, *Histoire économique du Québec*, p. 172.
16. *Ibid.*, p. 163.
17. Michel Brunet, cité par Gabriel Dussault, *Le Curé Labelle. Messianisme, utopie et colonisation au Québec, 1850-1900*, Montréal, Hurtubise HMH, 1983, p. 18.
18. André Laganière, «Les missionnaires des Bois-Francs (1840-1870)», *Les Cahiers nicolétains*, VIII, 3(sept. 1986), p. 164-165.
19. Yolande Lavoie, *L'Émigration des Canadiens aux États-Unis avant 1930*, Montréal, PUM, 1972, p. 65-76. Sur les missionnaires colonisateurs, voir André Laganière, *Les Missionnaires colonisateurs dans les Bois Francs (1840-1870)*, Montréal, UQAM, thèse de maîtrise, 1979, 212 p.
20. Casault à T.-É. Hamel, 20 déc. 1856, ASQ, *Université 39*, p. 31.
21. P. Sylvain, «Auguste-Eugène Aubry (1819-1899)», *Les Cahiers des Dix*, 35(1970), p. 194-201.
22. André Parent, *L'Université Laval, de sa fondation à 1870. Études et étudiants*, exposé de séminaire, Département d'histoire de l'Université Laval, 1975, p. 2.
23. P. Sylvain et Antonine Gagnon, «La vie quotidienne de l'étudiant universitaire québécois au XIXe siècle», SCHEC, *Sessions d'étude* 39(1972), p. 42-43.
24. P. Sylvain, «Louis-Jacques Casault, fondateur de l'Université Laval», *Les Cahiers des Dix*, 38(1973), p. 117-133.
25. J.-P. Bernard, *op. cit.*, p. 92-100.
26. *L'Ordre*, 26 fév. 1862.
27. *Ibid.*, 17 mars 1862.
28. Beaulieu et Hamelin, *op. cit.*, p. 171.
29. L. Pouliot, «L'Institut Canadien de Montréal et l'Institut National», RHAF, XIV, 4(mars 1961), p. 481-486.
30. Garpard LeMage (pseud. de Joseph-Charles Taché), *La Pléiade rouge*, Montréal, La Minerve, 1854, 24 p.
31. P. Sylvain, «Libéralisme et Ultramontanisme...», p. 125-128.
32. L.-A. Dessaules, *Six lectures sur l'annexion du Canada aux États-Unis*, Montréal, P. Gendron, 1851, p. 35.
33. L.-A. Dessaulles, *Galilée, ses travaux scientifiques et sa condamnation*, Montréal, L'Avenir, 1856, p. 14-15.
34. Grisé, *op. cit.*, p. 156-157.
35. «Règlement disciplinaire adopté dans le second concile provincial de Québec», 4 juin 1854, MEQ, IV, p. 166.
36. J.-P. Bernard, *op. cit.*, p. 120.

Chapitre IX: Le *Courrier du Canada* et les progrès de l'ultramontanisme

1. Célestin Gauvreau à Mgr Pierre-Flavien Turgeon, 12 fév. 1852, cité dans Julienne Barnard, *Mémoires Chapais*, II, Montréal, Fides, 1963, p. 76.
2. Henri-Raymond Casgrain, *Souvenances canadiennes*, III, 53, copie

dactylographiée conservée aux ASQ, *Fonds Casgrain*; Narcisse Bellenger à Mgr Bourget, 2 août 1856, ACAM, 295.101, 856-3.

3. Célestin Gauvreau à Mgr Baillargeon, 29 nov. 1856, AESAP, *Collège Sainte-Anne*, V, p. 214.

4. Mgr Bourget à l'abbé Bellenger, RLB, IX, p. 354-355.

5. Le même à Mgr Baillargeon, 31 déc. 1856, AAQ, D.M., X, p. 189.

6. Mgr Baillargeon à Mgr Bourget, 29 déc. 1856, ACAM, 295.101, 856-19.

7. N. Bellenger à Mgr Bourget, 2 août 1856, *ibid.*, 295.101, p. 856-3.

8. P. Sylvain, «Les débuts du "Courrier du Canada" et les progrès de l'ultramontanisme canadien-français», *Les Cahiers des Dix*, 32(1967), p. 265-267; Elzéar Lavoie, «Les crises au *Courrier du Canada*: affaires et rédaction», Nive Voisine et Jean Hamelin, dir., *Les Ultramontains canadiens-français*, p. 143-148.

9. Charles Têtu à H. Langevin, 24 déc. 1856, cité dans André Désilets, *Hector-Louis Langevin, Un père de la confédération canadienne (1826-1906)*, Québec, PUL, 1969, p. 65.

10. Mgr Baillargeon, «Circulaire aux présidents des conférences ecclésiastiques du diocèse en faveur du "Courrier du Canada"», 7 mai 1858, MEQ, IV, p. 323-324.

11. Mgr Baillargeon à Mgr Bourget, 5 mai 1858, ACAM, 295.101, p. 858.

12. Le même au même, 7 sept. 1859, *ibid.*, 295.101, p. 859.

13. E. Lavoie, «Les crises au *Courrier du Canada*...», p. 144-145.

14. Casgrain, *Souvenances canadiennes*, III, p. 54.

15. E.-A. Taschereau à T.-É. Hamel, 31 mars 1857, ASQ, *Université* 40, p. 7.

16. *Le Courrier du Canada*, 4 fév. 1857.

17. Bernard, *op. cit.*, p. 138-152.

18. Casgrain, *Souvenances canadiennes*, III, p. 54.

19. *Ibid.*

20. *Le Courrier du Canada*, 31 oct. 1859.

21. *Le Courrier du Canada*, 7 sept. 1859.

22. Aubry à Edme Rameau de Saint-Père, 21 août 1863, cité dans Jean Bruchési, *Rameau de Saint-Père et les Français d'Amérique*, Montréal, Éd. des Dix, 1950, p. 50.

23. Casgrain, *Souvenances canadiennes*, III, p. 52.

Chapitre X: Affrontements

1. Jean-Claude Robert, «Urbanisation et Population: le cas de Montréal en 1861», RHAF, XXXV, 4(mars 1982), p. 523-526.

2. Cité par M. Lajeunesse, *Les Sulpiciens et la Vie culturelle à Montréal*, p. 60.

3. L. Pouliot, *op. cit.*, p. 43.

4. ACAM, RLB, 10, p. 320-342.

5. Mgr Bourget, «Circulaire au clergé», 31 mai 1858, MEQ, III, p. 378.

6. *Ibid.*, p. 379.

7. Cité dans P. Sylvain, «La Rocque (Larocque), Charles», DBC, X, p. 470.

8. Léon Dion, «L'institutionnalisation des sciences sociales au Canada

français et son contexte social», *Mémoires de la Société royale du Canada. Volume du centenaire*, XX, 4ᵉ série (1982), p. 202.

9. L. Pouliot, *Monseigneur Bourget et son temps*, t. IV, Montréal, Bellarmin, 1976, p. 19-20.

10. *Ibid.*, p. 21.

11. Cité dans Paul Desjardins, *Le Collège Sainte-Marie*, II, Montréal, Collège Sainte-Marie, 1945, p. 113-114.

12. *Ibid.*, p. 117-119.

13. M. Lajeunesse, *op. cit.*, p. 60-67.

14. *Ibid.*, p. 123-138.

15. *Ibid.*, p. 139-163.

16. Voir Claude Bressolette, *L'Abbé Maret. Le Combat d'un théologien pour une démocratie chrétienne, 1830-1851*, Paris, Beauchesne, 1977, 563 p.

17. Mgr Bourget, «Lettre pastorale de Mgr. l'Évêque de Montréal, sur l'allocution prononcée par Sa Sainteté, Pie IX, contre les erreurs du temps, le 9 décembre 1854», 10 mars 1858, MEM, III, p. 356-375.

18. *L'Ordre*, 12 fév. 1862.

19. L.-A. Dessaulles à Paul Théodore Vibert, 3 juin 1884, *La Nouvelle-France catholique*, Paris, 1908, p. 479.

20. L. Pouliot, *Monseigneur Bourget et son temps*, t. IV, Montréal, Bellarmin, 1976, p. 29-32.

21. *Ibid.*, p. 155-156.

22. Mgr Bourget, «Lettre pastorale de Mgr. l'Évêque de Montréal, sur l'Institut canadien et contre les mauvais livres», 30 avril 1858, MEM, VI, p. 23-38.

23. Mgr Bourget à Mgr Baillargeon, 28 août 1856, ACAM, 295.101, 856-6; Mgr Baillargeon à Mgr Bourget, 26 sept. 1856, *ibid.*, 856-10.

24. *Le Pays*, 13 mars 1862.

25. Mgr Bourget, «Lettre pastorale de Mgr. l'Évêque de Montréal, contre les mauvais journaux», 31 mai 1858, MEM, III, p. 380-411.

26. G. Bazin, *Vie de Mgr Maret, évêque de Sura, archevêque de Lépante, son temps et ses œuvres*, Paris, 1891, II, p. 27.

27. P. Sylvain, «Libéralisme et Ultramontanisme», p. 220-227.

28. C. Savart, *op. cit.*, p. 257.

29. *La Condamnation de Lamennais*, p. 164.

30. C. Savart, *op. cit.*, p. 296.

31. *Ibid.*, p. 331.

32. *Ibid.*, p. 326.

33. *Ibid.*, p. 292.

34. *Ibid.*, p. 657-665.

35. Cité par M. Lajeunesse, *op. cit.*, p. 82.

Chapitre XI: La lutte à finir entre deux fractions de la petite bourgeoisie canadienne-française

1. Louis-Philippe Audet, *Histoire de l'enseignement au Québec, 1608-1971*, Montréal, Holt, Rinehart et Winston, 1971, t. II, p. 118.

2. André Labarrère-Paulé, *Les Instituteurs laïques au Canada français, 1836-1900*, Québec, PUL, 1965, p. 275.
3. L.-P. Audet, *op. cit.*, p. 153.
4. A. Labarrère-Paulé, *op. cit.*, p. 13.
5. *L'Ordre*, 10, 14 et 17 déc. 1858.
6. *Ibid.*, 23 nov. 1858.
7. Édouard Lefebvre de Bellefeuille, «Essai sur le rougisme», *L'Ordre*, 13-23 mai 1859.
8. P. Sylvain, «Cyrille Boucher (1834-1865), disciple de Louis Veuillot», *Les Cahiers des Dix*, 37 (1972), p. 308-311.
9. *Le Courrier du Canada*, 23 fév. 1859.
10. Bernard, *op. cit.*, p. 161.
11. L.-F. Laflèche, «Discours de M. L.-F. Laflèche, v.g., supérieur du Séminaire de Nicolet, à la cathédrale des Trois-Rivières, en l'honneur des soldats pontificaux, 17 décembre 1860», Arthur Savaète, éd., *Œuvres oratoires de Mgr Louis-François Laflèche, évêque des Trois-Rivières*, Paris, Savaète, [s.d.], p. 21.
12. *L'Ordre*, 29 nov. 1859.
13. *Ibid.*, 6 juillet 1860.
14. *Ibid.*, 12 oct. 1860.
15. *Ibid.*, 23 nov. 1860.
16. Bernard, *op. cit.*, p. 161-185; P. Sylvain, *op. cit.*, p. 312-317.
17. P. Sylvain, «La visite du Prince Napoléon au Canada (1861)», *Mémoires de la Société royale du Canada*, quatrième série (juin 1964), II, section I, p. 105-127.
18. *Le Pays*, 19 déc. 1861.
19. P. Sylvain, «Libéralisme et ultramontanisme...», p. 232.
20. L.-A. Dessaules à Mgr Bourget, 7 mars 1862, ACAM, 901.135, 862-9.
21. Cholvy-Hilaire, *Histoire religieuse de la France contemporaine, 1800-1860*, I, p. 231.
22. MEM, IV, p. 24-111.
23. Mgr Bourget, «Circulaire au clergé», 31 mai 1860, *ibid.*, p. 111.
24. *Ibid.*, VIII, p. 208-214.
25. Mgr Bourget aux Rédacteurs du *Pays*, 12-24 fév. 1862, ACAM, 901.135, 862-1 à 862-7. Voir l'analyse faite dans P. Sylvain, «Libéralisme et ultramontanisme...», p. 236-248.
26. Wilfrid Dorion et cie à Mgr Bourget, 4 mars 1862, ACAM, 901.135, 862-8.
27. Dessaulles à Mgr Bourget, 7 mars 1862, *ibid.*, 862-9.
28. *Le Pays*, 1er juillet 1862.
29. *Discours sur l'Institut Canadien prononcé par l'Hon. L. A. Dessaules, président de l'Institut, à la séance du 23 décembre 1862, à l'occasion du dix-huitième anniversaire de sa fondation*, Montréal, Le Pays, 1863, p. 7-13.
30. Mgr Bourget, «Annonce des Quarante Heures pour les années 1863 et 1864», MEM, IV, p. 376-378.
31. Dessaulles à Mgr Bourget, 16 novembre 1864, ACAM, 901.135, 864-3.

32. Mgr Bourget, «Circulaire au clergé du diocèse de Montréal, accompagnant le mandement du 1er janv. 1865, 1er janv. 1865, MEM, V, p. 39-40.
33. J.-P. Bernard, *op. cit.*, p. 274-275.
34. *Ibid.*, p. 290.
35. Mgr Bourget, «Circulaire publiant la réponse du St. Office concernant l'Institut canadien et le décret de la S. C. de l'Index condamnant l'Annuaire du dit Institut pour 1868», 16 juillet 1869, MEM, VI, p. 38-45; «Annonce à faire au prône paroissial dans toutes les églises du diocèse de Montréal où se fait l'office public le dimanche qui aura été fixé par Mr. l'Administrateur, par ordre de Mgr. l'Évêque de Montréal, dans sa lettre circulaire en date du 16 juillet 1869», 14 août 1869, *ibid.*, p. 46-49.
36. P. Sylvain, «Truteau, Alexis-Frédéric», DBC, X, p. 754.
37. L. Pouliot, *op. cit.*, p. 89.
38. Claude Savart, *Les Catholiques en France au XIXe siècle*, p. 281.
39. J.-P. Bernard, *op. cit.*, p. 318-319.

Chapitre XII: Un nouveau sursaut de l'ultramontanisme: la question des classiques païens et chrétiens

1. J. Grisé, *Les conciles provinciaux de Québec*, p. 211.
2. Yvan Lamonde, *La Philosophie et son enseignement au Québec (1665-1920)*, Montréal, Hurtubise HMH, 1980, p. 155.
3. Urgel-Eugène Archambault à Pierre Margry, 23 déc. 1884, Ls-P. Cormier, *Lettres à Pierre Margry, de 1844 à 1896*, Québec, PUL, p. 207-208.
4. Ls-É. Bois, *Vie de Mgr Plessis*, f. 366v, ASN, *Papiers Bois*.
5. Georges Weill, *Histoire du catholicisme libéral en France, 1828-1908*, Paris, Félix Alcan, 1909, p. 135.
6. *Les Mélanges religieux*, 26 juillet 1844.
7. Pierre Savard, *Jules-Paul Tardivel, la France et les États-Unis, 1851-1905*, Québec, PUL, 1967, p. 16-17.
8. *La Minerve*, 5 juillet 1887.
9. J. Grisé, *op. cit.*, p. 146-147.
10. Joseph Burnichon, *La Compagnie de Jésus en France. Histoire d'un siècle, 1814-1914*, t. IV, Paris, Beauchesne, 1922, p. 28.
11. Louis-Michel Darveau, *Nos hommes de lettres*, Montréal, A. A. Stevenson, 1873, p. 133.
12. E.-A. Taschereau à Benjamin Pâquet, 21 juin 1865, ASQ.
13. Yvan Lamonde, «Chandonnet (Chandonnais), Thomas-Aimé», DBC, XI, p. 192.
14. E.-A. Taschereau à Alexis Pelletier, 1865, ASQ, *Lettres B*, 4; le même au même, 22 mai 1866, *ibid.*, 9.
15. Wilfrid Lebon, *Histoire du collège de Sainte-Anne-de-la-Pocatière*, Québec, Charrier & Dugal, 1948, I, p. 241.
16. La brochure avait été imprimée à Ottawa par Georges-Édouard Desbarats, imprimeur officiel du gouvernement. Joseph-Charles Taché avait servi d'intermédiaire. La lettre que lui écrivait l'abbé Pelletier du Collège de Sainte-Anne, le 5 septembre 1866, donne un bon exemple des

précautions qu'il prenait pour ne pas être découvert: «Je vous en prie encore une fois, faites l'impossible pour que la brochure paraisse vers le 15 du courant. Je vous recommande beaucoup les épreuves. N'oubliez pas, s'il vous plaît, de brûler ou de faire brûler le manuscrit immédiatement après l'impression, car les gens de Québec vont remuer. Que les MM. Desbarats soient infiniment discrets, et ne leur faites pas connaître qui est l'auteur».

17. Mgr Baillargeon, «Circulaire au sujet des classiques», 14 mars 1867, MEQ, IV, p. 564-571.

18. Mgr Baillargeon, «Mandement pour condamner les deux brochures de George Saint-Aimé», 12 août 1868, ibid., p. 646-648.

19. Albert Gravel, Aux sources de notre histoire religieuse dans les Cantons de l'Est, Sherbrooke, Apostolat de la Presse, 1952, p. 44.

20. Antonine Gagnon, «Alexis Pelletier, collaborateur au Franc-Parleur (1872-1877)», Nive Voisine et Jean Hamelin, Les ultramontains canadiens-français, p. 183-204.

21. P. Sylvain, «La querelle des classiques païens et chrétiens au Canada», Le Voilier, 13(1946), p. 71-81.

Chapitre XIII: Montréal, la «Rome» canadienne

1. J. Grisé, op. cit., p. 248.

2. R. Landry-Gauthier, Victor Bourgeau et l'architecture religieuse et conventuelle dans le diocèse de Montréal (1833-1892), Québec, Université Laval, thèse de Ph.D., p. 178-181.

3. Georges Dethan, «Napoléon III et l'opinion française dans la Question romaine (1860-1870)», Revue d'histoire diplomatique, 72(1958), p. 124.

4. Prosper Mérimée, Correspondance générale, établie et annotée par Maurice Parturier, 2e série, t. III, Toulouse, Privat, p. 366-367.

5. «En 1860, à l'Université Laval de Québec, Cartier parlera comme un ultramontain en faveur du pouvoir temporel du Pape» (Lionel Groulx, Notre Maître le passé, 1re série, Montréal, L'Action française, 1924, p. 215).

6. Voir, par exemple, le Journal des Trois-Rivières du 19 décembre 1865, critiquant une prise de position de Jean-Baptiste-Éric Dorion à L'Avenir, près de Drummondville.

7. Octave Crémazie, Œuvres, édition Condemine, t. I: Poésies, Ottawa, Éd. de l'Université d'Ottawa, 1972, p. 390.

8. Le Courrier du Canada, 2 janv. 1861.

9. Raoul Guêze, «Echi del Risorgimento italiano in alcuni rappresentati della letteratura franco-canadese del sec. XIX», Rassegna storica del Risorgimento, anno XLVI, fasciculo II-III(aprile-settembre 1959), p. 233-238.

10. P. Sylvain, «Murray, Hugh», DBC, X, p. 594-595.

11. J. Hamelin et Y. Roby, Histoire économique du Québec, p. 87.

12. René Hardy, Les Zouaves. Une stratégie du clergé québécois au XIXe siècle, Montréal, Boréal Express, 1980, p. 240-242.

13. Ibid., p. 153.

14. Mgr Bourget, «Circulaire au clergé concernant un ouvrage intitulé "Étu-

des historiques et légales sur la liberté religieuse en Canada", par M. l'avocat S. Pagnuelo», 19 mars 1872, MEM, VI, p. 236-237.
15. R. Hardy, *op. cit.*, p. 250-251.
16. Montréal, Eusèbe Sénécal, 1866, 268 p.
17. Philippe Sylvain, «Louis-François Laflèche ou certaines constantes de la pensée traditionaliste au Canada français», *L'Essai et la Prose d'idées au Québec*, Montréal, Fides, 1985, p. 340.
18. Nive Voisine, *Louis-François Laflèche, deuxième évêque de Trois-Rivières*, t. I: *Dans le sillage de Pie IX et de Mgr Bourget (1818-1878)*, Saint-Hyacinthe, Edisem, 1980, p. 120.
19. *Ibid.*, p. 129.
20. Témoignage oral à l'auteur de Thomas Chapais quelques mois avant son décès en 1946.

SECONDE PARTIE: UN RÉGIME DE CHRÉTIENTÉ (1871-1898)

Introduction

1. Walter Ulman, «The Quebec Bishops and Confederation», CHR, 44, 3(sept. 1963), p. 213-233; Léon Pouliot, «Monseigneur Bourget et la Confédération», SCHEC, *Rapport* 26(1959), p. 31-41; Armand Gagné, «Le siège métropolitain de Québec et la naissance de la Confédération», *ibid.*, 34(1967), p. 41-54; Lucien Lemieux, «Monseigneur Charles Larocque, évêque de Saint-Hyacinthe, et la Confédération», *ibid.*, p. 55-61.
2. Grisé, *Les Conciles provinciaux de Québec...*, p. 229-265.
3. Nive Voisine, *Louis-François Laflèche...*, p. 133-137.
4. George F. G. Stanley, *Louis Riel*, Toronto, UTP, 1963, 434 p.; G. F. G. Stanley, éd., *The Collected Writings of Louis Riel / Les Écrits complets de Louis Riel*, Edmonton, UAP, 1985, 5 vol.
5. Mgr Baillargeon, «Circulaire au clergé du diocèse au sujet du Code civil», 31 mai 1870, MEQ, IV, p. 719-725; Lucien Lemieux, «Baillargeon, Charles-François», DBC, IX, p. 18-22.

Chapitre I: L'épiscopat

1. Mgr Laflèche, *Conférence sur l'encyclique Humanum Genus*, Trois-Rivières, P. V. Ayotte, 1885, p. 196.
2. Mgr Bourget, «Lettre pastorale de Mgr. l'évêque de Montréal, concernant le libéralisme catholique, les journaux, etc.», 1er fév. 1876, MEM, VII, p. 306.
3. Mgr Laflèche, *op. cit.*, p. 1-8.
4. Textes cités dans Pierre Hurtubise *et al.*, *Le Laïc dans l'Église canadienne-française de 1830 à nos jours*, Montréal, Fides, [1972], p. 2.
5. Robert Choquette, *L'Église catholique dans l'Ontario français du dix-neuvième siècle*, Ottawa, Éditions de l'Université d'Ottawa, [1984], p. 251-280.
6. Nive voisine, «La Création du diocèse de Nicolet (1885)», *Les Cahiers nicolétains*, 5, 1(mars 1983), p. 1-41; 6, 4(déc. 1984), p. 146-214.

7. APFR, *Acta*, 258(1888), f.307r-323v; SOCG, 1030(1888,III), f.263r-361r.

8. «Méthode à suivre pour le choix des évêques aux États-Unis, adoptée par la province ecclésiastique de Québec à la suite du troisième concile provincial, 1863», Jacques Grisé, *op. cit.*, p. 394-397.

9. APFR, *Acta*, 239(1873,I), f.274r-392r; SOCG, 1000(1873,I), f.767r-835r.

10. *Ibid.*, *Acta*, 262(1892), f.57r-60r; SOCG, 1042(1892,I), f.237r-272v.

11. *Ibid.*, *Acta*, 269(1898), f.685r-688r; 270(1899), f.206r-208r.

12. L. Pouliot, *Les Dernières Années et la Survie de Mgr Bourget (1876-1885)*, Montréal, Beauchemin, 1960, 63 p.

13. Mgr Baillargeon, [Terna], 27 oct. 1867, AETR, FL, A1B10-16; [Mémoire d'un groupe de prêtres du diocèse de Québec], 6 janv. 1873, *ibid.*, A1T100-1.

14. Mgr Laflèche à Mgr Baillargeon, 27 nov. 1867, *ibid.*, RL, V, 9B; Mgr Lynch à Mgr Conroy, 10 mai 1877, APFR, SRC-ASC, 16 (1877a), f. 81r.

15. Siméon Pagnuelo, *Études historiques et légales sur la liberté religieuse en Canada*, Montréal, Beauchemin et Valois, 1872, [p. VIII].

16. N. Voisine, «Elzéar-Alexandre Taschereau (1820-1898), Beauceron, recteur de l'Université Laval, cardinal...», *Mélanges offerts au cardinal Louis-Albert Vachon*, Québec, Université Laval, 1989, p. 574-581.

17. Mgr Laflèche à Joachim Boucher, 9 sept. 1867, AETR, FL, B3B28; Mgr Laflèche, *Mémoire de l'évêque des Trois-Rivières sur les difficultés en Canada*, Rome, Impr. de Rome, 1882, p. 18 et 97-102.

18. Roland Litalien, *Le Prêtre québécois à la fin du XIXe siècle, Style de vie et spiritualité d'après Mgr L.-Z. Moreau*, Montréal, Fides, 1970, 5-37; Jean Houpert, *Monseigneur Moreau, Quatrième évêque de Saint-Hyacinthe*, Montréal, Éd. Paulines, 1986, 325 p.

19. Mgr Jean Langevin, [*Procès-verbal de l'assemblée des évêques*], 25 oct. 1871, AETR, FL, A4, 2-1.

20. Mgr J. Langevin à Mgr Taschereau, 30 juin 1883, AAR, RL, III, p. 226-227.

21. «Lettre pastorale des Pères du cinquième concile provincial de Québec», 22 mai 1873, MEQ, V, p. 151-171.

22. «Lettre pastorale des Pères du sixième concile de Québec», 26 mai 1878, *ibid.*, p. 94-111.

23. «Lettre pastorale des Pères du septième concile de Québec», 6 juin 1886, *ibid.*, p. 564-583.

24. Mgr J.J. Lynch à Mgr G. Conroy, 10 mai 1877, APFR, SRC-ASC, 16(1877a), f.78r-81v.

25. Mgr Taschereau à Mgr Duhamel, 9 janv. 1879, AAQ, RL, 32, p. 504-506.

26. N. Voisine, «Épiscopat canadien et collégialité», SCHEC, *Sessions d'étude* 50(1983), I, p. 119-140.

Chapitre II: Être évêque au Québec

1. N. Voisine, *op. cit.*, p. 109-112.

2. J.C.K. Laflamme au card. Ledochowski, 5 mars 1892, APFR, SOCG,

1042 (1892, I), f. 252r-255r; le même au même (télégramme), 1892, *ibid.*, f.256r.

3. Mgr Baillargeon à Laflèche, 1 avril 1863, AAQ, RL, 27, p. 606-607.

4. La Sacrée Congrégation *de Propaganda Fide* ou Propagande s'occupe de l'administration ecclésiastique des pays infidèles, hérétiques, schismatiques, de même que des chrétientés en émergence.

5. Mgr Laflèche à C.-O. Caron, s.d., AETR, FL, B3D18-17.

6. Luc Désilets à Mgr Laflèche, 1 oct. 1884, *ibid.*, B3D33.

7. Le même au même, 8 juillet 1885, *ibid.*, B3D35.

8. C.-E. Légaré à J.-A.-I. Douville, 24 avril 1884, ASN, Boîte No 1, AG-11.

9. E. Langevin à de Angelis, 22 janv. 1878, AAR, RL, B, p. 107-110.

10. Sonia Chassé, *Benjamin Pâquet, adversaire des ultramontains*, Québec, Université Laval, thèse de M.A. (histoire), 1989, p. 58-92.

11. «Istruzione per Mgr Conroy Deleg. Apo.», 6 avril 1877, APFR, *Lettere*, 373(1877), f.170r-171r; G. Lamarche à Mgr Laflèche, 1 fév. 1877, AETR, FL, A2L112a-15.

12. Roberto Perin, «La raison du plus fort est toujours la meilleure: la représentation du Saint-Siège en Canada, 1877-1917», SCHEC, *Sessions d'étude* 50(1983), p. 99-102; N. Voisine, *op. cit.*, p. 251-283.

13. *Istruzione per l'abb. Smeulders Comm. Apos.*, 11 sept. 1883, APFR, *Lettere*, 379(1883), f.587r-589r.

14. Perin, *op. cit.*, p. 102-104.

15. Paul Cunnican, *Priests and Politicians, Manitoba schools and the election of 1896*, Toronto, UTP, 1974, 359 p.

16. Mgr Cyrille-A. Marois au chan. Béland, 2 juillet 1897, AETR, FL, A2M137.

17. Le même au même, 18 juin 1897, *ibid.*

18. Perin, *op. cit.*, p. 104-108; Thomas Charland, *Le Père Gonthier et les écoles du Manitoba*, Montréal, Fides, 1977, 131 p.

19. Mgr Marois au P. Gonthier, 13 sept. 1897, cité dans *ibid.*, p. 117.

20. «Decretum III - De episcopos», *Decreta tertii Concilii Provinciae Quebecensis in civitate Quebecensi celebrati*, Québec, 1865, p. 111.

21. Mgr Bourget, «Circulaire à Messieurs les curés, missionnaires et autres prêtres du diocèse de Montréal», 21 déc. 1840, MEM, I, p. 111.

22. Litalien, *op. cit.*, p. 72-75.

23. P.-T. Sax au card. Franchi, 16 juin 1876, APFR, SRC-ASC, 14(1876), f.346r.

24. Mgr Moreau aux Directeurs du Séminaire de Saint-Hyacinthe, 21 déc. 1879, cité dans Litalien, *op. cit.*, p. 81-82.

25. APFR, *Acta*, 269(1898), f.547r-593v.

26. Mgr Moreau à un vicaire, 9 avril 1877, cité dans Litalien, *op. cit.*, p. 51.

27. Le même à Mgr Taschereau, 8 sept. 1877, cité dans *ibid.*

28. Mgr Taschereau à Mgr Laflèche, 3 sept. 1871, AETR, FL, A1T99-21.

29. Mgr Laflèche à dame L. Mackie, 31 mars 1879, AETR, RL, VI, no 2.

30. Mgr Taschereau à P.-E. Marquis, 8 sept. 1879, AAQ, RL, 32, p. 647.

31. Le même à Ernest Potvin, 1 fév. 1880, *ibid.*, 33, p. 751-752.

32. Le même à H. Gagnon, 24 déc. 1880, *ibid.*, 33, p. 200-201.

33. N. Voisine, *op. cit.*, p. 275-276.

34. P. Sylvain, «La Rocque (Larocque), Charles», DBC, X, p. 471.

35. Voisine, *op. cit.*, p. 86-87, p. 204-205.

36. Cité dans Litalien, *op. cit.*, p. 94.

37. Mgr Bourget, «Lettre pastorale de Monseigneur l'évêque de Montréal, aux fidèles de la ville et de la paroisse de Ville-Marie, pour annoncer l'ouverture d'une retraite», 12 déc. 1840, MEM, I, p. 103.

38. Mgr Taschereau, «Circulaire à Messieurs les curés du comté de Portneuf», 21 sept. 1871, MEQ, V, p. 24.

39. Mgr Taschereau au docteur C.J. Samson, 4 juin 1881, AAQ, RL, 33, p. 328-329.

40. Le même aux Rédacteurs des journaux français de Québec et de Lévis, 12 avril 1881, *ibid.*, p. 277.

41. Étienne Champagneur à Louis Querbes, 17 mai 1850, Léo-Paul Hébert, *Le Québec de 1850 en lettres détachées*, Québec, Ministère des affaires culturelles, 1985, p. 86.

42. Mgr Marius Paré, «Monseigneur Dominique Racine, premier évêque de Chicoutimi, 1878-1888», *Évocations et témoignages*, Chicoutimi, Évêché de Chicoutimi, 1978, p. 100.

43. Hector Langevin à Mgr J. Langevin, 17 oct. 1872, ANQ, *Papiers Langevin*, 5, p. 765.

44. Textes cités dans Voisine, *op. cit.*, p. 241.

45. Louis-Séverin Rheault, *Autrefois et aujourd'hui à Sainte-Anne de la Pérade, Jubilé sacerdotal de Mgr des Trois-Rivières*, Trois-Rivières, E. S. de Carufel, 1895, p. 164; Voisine, *op. cit.*, p. 241.

46. Cette partie emprunte beaucoup à Daniel Robert, *Les Préoccupations pastorales des évêques de Trois-Rivières, à travers les procès-verbaux de visites, 1852-1898*, Trois-Rivières, UQTR, thèse de maîtrise (études québécoises), 1982, 307 p.

47. Mgr Bourget, «Mandement pour la visite pastorale en l'année 1873», MEM, VI, p. 365-377; «Circulaire au clergé accompagnant le mandement de la visite pastorale pour l'année 1873», *ibid.*, p. 378-381; Mgr Taschereau, «Mandement pour la visite pastorale des paroisses», 25 mars 1871, MEQ, V, p. 20-25.

Chapitre III: Le clergé: prêtres, religieux, religieuses

1. Louis-Edmond Hamelin, «Évolution numérique séculaire du clergé catholique dans le Québec», RS, II, 2(avril 1961), p. 189-241.

2. Tous les chiffres sont tirés des rapports des évêques à la Propagande, APFR, SRC-ASC ou NS, aux dates indiquées.

3. Mgr E. Gravel, *Rapport sur l'état du diocèse de Nicolet (1885-1895)*, 27 oct. 1896, APFR, NS, 98(1896), rub.154, f.567v.

4. [Notes de Mgr Conroy], s.d., APFR, SRC-ASC, 15(1877), p. 465.

5. [Aristide Filiatreault], *Ruines cléricales, Au pays des ruines I*, Montréal, A. Filiatreault, 1893, 182 p.

6. Bernard Denault et Benoît Lévesque, *Éléments pour une sociologie des communautés religieuses au Québec*, Montréal, PUM, 1975, p. 74-86.

7. Frère Réticius, *Réponse aux cinq lettres du R. M. Verreau*, p. 15-17.

8. François DeLagrave, «Le mandat tumultueux d'un visiteur provincial: le frère Réticius, é.c. (1880-1886), N. Voisine et J. Hamelin, éd., *Les Ultramontains canadiens-français*, p. 241-253.

9. Denault et Lévesque, *op. cit.*, p. 42-43.

10. Micheline Dumont et Nadia Fahmy-Eid, *Les Couventines, L'Éducation des filles au Québec dans les congrégations religieuses enseignantes, 1840-1960*, Montréal, Boréal, 1986, 318 p.

11. À moins d'avis contraire, tous les éléments et les citations de cette partie proviennent de Rolland Litalien, *Le prêtre québécois à la fin du XIXᵉ siècle, Style de vie et spiritualité selon Mgr L.-Z. Moreau*, Montréal, Fides, 1970, 219 p.

12. Mgr J. Langevin, «Ordonnances épiscopales du diocèse de Rimouski», 1ᵉʳ nov. 1867, MER, I, p. 73.

13. *Ibid.*

14. Lionel Groulx, *Mes Mémoires*, t. I, Montréal, Fides, 1970, p. 45.

15. Lionel Roy, «Plus de soixante-quatre ans en arrière», Armand Lamontagne, *Le Livre de raison du Séminaire de Rimouski*, III, a, p. 12.

16. Voir Jean Roy, «Les revenus des cures du diocèse de Nicolet, 1885-1904», SCHEC, *Sessions d'étude* 52(1985), p. 51-67.

17. Voir la partie canadienne dans Nadine-Josette Chaline, René Hardy et Jean Roy, *La Normandie et le Québec vus du presbytère*, Rouen, Publications de l'Université de Rouen, 1987, 215 p.

18. Pierre Boglioni et Benoît Lacroix, éd., *Les Pèlerinages au Québec*, Québec, PUL, 1981, 176 p.

19. Cité dans Léon Gérin, *Le type économique et social des Canadiens*, Montréal, Éd. de l'Action canadienne-française, [s.d.], p. 52.

20. *Rapport du comité permanent sur l'agriculture, l'immigration et la colonisation*, Québec, Côté, 1868, p. 77.

21. Cité dans Jean Hamelin et Yves Roby, *Histoire économique du Québec, 1851-1896*, Montréal, Fides, [1971], p. 169; voir aussi André Laganière, «La vie quotidienne des missionnaires des Bois-Francs (1840-1870)», *Les Cahiers nicolétains*, II, 1, p. 3-28.

22. AAR, 355.122, *Notre-Dame-du-Lac*, I(1848-1873).

Chapitre IV: «Allez, enseignez...»

1. Nelson-Martin Dawson, *Le Paradoxal destin d'un catéchisme à double nationalité: L'histoire du manuel de Mgr Languet à Sens et à Québec*, Québec, Université Laval, thèse de Ph. D. (histoire), 1989, 681 p.

2. N. Voisine, «Le catéchisme de 1888: victoire de l'uniformité ou compromis circonstanciel?», Raymond Brodeur et Jean-Paul Rouleau, dir., *Une inconnue de la culture...*, p. 279-313.

3. Élisabeth Germain, *2 000 ans d'éducation de la foi*, Paris, Desclée, 1983, p. 103.

4. Raymond Brodeur *et al.*, *Les Catéchismes du Québec, 1702-1963*, Québec, PUL, 1990, 457 p.
5. Grisé, *op. cit.*, p. 308.
6. «Lettre pastorale des Pères du sixième concile de Québec», 26 mai 1878, MEQ, VI, p. 102-103.
7. Mgr J. Langevin, *Cours de pédagogie ou principes d'éducation*, 2ᵉ éd., Rimouski, Impr. de la *Voix du Golfe*, 1869, p. 69-73.
8. *Ibid.*, p. 70.
9. *Conduite à l'usage des écoles chrétiennes*, Versailles, Beau, 1870, p. 60-67; mêmes directives dans les *Constitutions de la Congrégation des Sœurs des Saints-Noms de Jésus et de Marie*, Montréal, 1887, p. 7-8.
10. Gilles Laberge, *La Vie religieuse dans la paroisse de la Nativité de La Prairie, 1854-1877*, Montréal, UQAM, mémoire de M.A. (sciences religieuses), 1987, p. 44.
11. «Ordonnances épiscopales du diocèse de Rimouski», 1 nov. 1867, MER, I, p. 65.
12. «Ordonnances épiscopales du diocèse de Rimouski», 1 nov. 1867, MER, I, p. 63-64; Mgr Taschereau, *Discipline du diocèse de Québec*, Québec, P.-G. Delisle, 1879, p. 152-154.
13. Serge Gagnon et René Hardy, *L'Église et le village au Québec, 1850-1930, L'enseignement des Cahiers de prônes*, Montréal, Leméac, [1979], 174 p.
14. Gilles Laberge, *op. cit.*, p. 21-24.
15. Mgr Thomas Hamel, *Conférences sur la prédication*, 1874-1875, ASQ, manuscrit M-656.
16. Gagnon et Hardy, *op. cit.*, p. 19-20.
17. J. Holmes à Dominique Racine, mai 1851, ASQ, manuscrit M-656.
18. Pie IX, «Encyclique de Notre Saint Père le Pape», 8 déc. 1864, MEQ, IV, p. 501.
19. Mgr Bourget, «Circulaire de Monseigneur l'Évêque de Montréal au clergé de son diocèse, accompagnant le mandement du jubilé de 1865», 23 janv. 1865, MEM, V, p. 77-89.
20. N. Voisine, *Louis-François Laflèche...*, p. 94-107.
21. Québec, Léger Brousseau, 1881, 40 p.
22. *Manuel du second noviciat, Écho de nos traditions apostoliques*, Aylmer, 1947, *passim*. Le texte date du XIXᵉ siècle.
23. Témoignages cités dans Jean-Pierre Asselin, *Les Rédemptoristes au Canada, Implantation à Sainte-Anne-de-Beaupré*, Montréal, Bellarmin, 1981, p. 56.
24. Benoît Lacroix et Madeleine Grammond, *Religion populaire au Québec*, Québec, Institut québécois de recherche sur la culture, 1985, p. 30. Toute cette partie est inspirée des divers travaux du Père Lacroix.
25. Jean Du Berger, *Le Diable à la danse*, Québec, Université Laval, thèse de doctorat (Arts et traditions populaires) 1980, p. 339-341.
26. MEM, II, p. 299.
27. Mgr Bruchési, «Circulaire de Mgr l'archevêque de Montréal au clergé de son diocèse», 8 fév. 1904, MEM, XIII, p. 605.

28. Pierre Savard, *Jules-Paul Tardivel, la France et les États-Unis, 1851-1905*, Québec, PUL, 1967, 499 p.
29. P. Savard, «Un type de laïc au Canada français traditionnel: le journaliste catholique», Pierre Hurtubise *et al.*, *Le laïc dans l'Église canadienne-française de 1830 à nos jours*, p. 175-183.
30. *Le journal de Québec*, 18 et 20 fév. 1871.
31. Mgr Laflèche, *Mémoire de l'évêque de Trois-Rivières...*, p. 35; voir N. Voisine, *Louis-François Laflèche...*, p. 179-198.
32. Jean Simard, *Les arts sacrés au Québec*, Boucherville, Éd. de Mortagne, 1989, 319 p.
33. Pierre Lassard, *Les petites images dévotes*, Québec, PUL, 1981, p. 32-35.
34. Mgr Bourget, «Mandement de Monseigneur l'évêque de Montréal, publiant la définition dogmatique de l'Immaculée Conception de la Vierge Mère de Dieu», 27 fév. 1855, MEM, III, p. 41.
35. Pierre Savard, «L'Italie dans la culture canadienne-française», Nive Voisine et Jean Hamelin, *Les Ultramontains canadiens-français*, p. 258-259.

Chapitre V: Les pratiques

1. Laberge, *op. cit.*, p. 28.
2. Jean-Philippe Gagnon, *Rites et croyances de la naissance à Charlevoix*, Montréal, Leméac, 1979, 150 p.
3. L.-O. David, [Mémoire présenté au délégué apostolique], 12 sept. 1877, APFR, SRC-ASC, 19 (1877d), f.737r.
4. Laberge, *op. cit.*, p. 54.
5. N. Voisine, «Luc Désilets et la fondation du centre de pèlerinage du Cap-de-la-Madeleine», Boglioni et Lacroix, *op. cit.*, p. 111-122.
6. Mgr Bruchési, «Circulaire de Mgr l'archevêque de Montréal, au clergé de son diocèse», 27 déc. 1898, MEM, XIII, p. 114-115.
7. Mgr Bourget, «Circulaire au clergé annonçant la clôture du jubilé de 1875», 15 déc. 1875, MEM, VII, p. 277.
8. R. Cliche et M. Ferron, *Quand le peuple fait la loi*, Montréal, Hurtubise HMH, 1972, p. 55-67.
9. Laberge, *op. cit.*, p. 100.
10. *Ibid.*, p. 103; Lucia Ferretti et Daniel Leblanc, *Cadre religieux et univers culturel dans une paroisse ouvrière montréalaise: Sainte-Brigide, 1880-1914*, Montréal, UQAM, thèse de M.A. (histoire), 1982, p. 201.
11. É.-Z. Massicotte, «De la durée des noces», BRH, 36(1930), p. 392.
12. Serge Gagnon, *Mourir hier et aujourd'hui*, Québec, PUL, 1987, p. 27-34.
13. Mgr Bourget, «Lettre pastorale de Mgr. l'évêque de Montréal, concernant les catholiques qui, dans leurs maladies, vont se faire soigner à l'Hôpital-Général protestant», 26 avril 1876, MEM, VII, p. 316-318; Mgr J. Langevin, «Ordonnances épiscopales du diocèse de Rimouski», 1 nov. 1867, MER, I, p. 46. À noter que la paroisse de La Prairie a sa voiture depuis 1859 (Laberge, *op. cit.*, p. 117).
14. *Plainte contre M. Marquis, Curé de St-Célestin*, 18 juillet 1877, AETR, FL, B3M3-22.

15. John R. Porter et Jean Bélisle, *La sculpture ancienne au Québec*, Montréal, Éd. de l'homme, 1986, p. 120-124.
16. S. Gagnon, *op. cit.*, p. 46-53.
17. Mgr Bourget, «Lettre pastorale concernant la sépulture de Joseph Guibord, membre de l'Institut canadien», 3 oct. 1875, MEM, VII, p. 235.
18. S. Gagnon, *op. cit.*, p. 56-83.

Chapitre VI: Les dévotions

1. B. Caulier, *Les Confréries de dévotion à Montréal...*, p. 17-44.
2. Marta Danylewycz, *Profession: religieuse*, p. 51-55.
3. *Le Journal des Trois-Rivières*, 28 août 1876.
4. Pierre Savard, *Aspects du catholicisme canadien-français au XIXe siècle*, Montréal, Fides, 1980, p. 163; Carrière, *op. cit.*, VI, p. 98.
5. Georges Bélanger, *La Bonne sainte Anne chez nous*, Sainte-Anne-de-Beaupré, Librairie Alphonsienne, 1845, 368 p.; Asselin, *op. cit.*, p. 21; Mgr Taschereau, *Discipline du diocèse de Québec*, Québec, Delisle, 1879, p. 151-152; Grisé, *op. cit.*, p. 346.
6. MEM, *passim*.
7. Mgr J. Langevin, «Lettre pastorale Au sujet des Ordonnances du Premier Synode Diocésain», 31 mars 1871, MER, I, p. 324.
8. «Lettre pastorale des pères du cinquième concile provincial de Québec», 22 mai 1873, MEQ, V, p. 152-154; Mgr Taschereau, «Circulaire au clergé», 31 mai 1875, *ibid.*, p. 293-294.
9. P. Savard, *Aspects...*, p. 99-133.
10. Louise Gagnon-Arguin, *La dévotion à Saint-Antoine à travers le Messager de Saint-Antoine; essai d'analyse d'une dévotion populaire*, Québec, Université Laval, thèse de M.A. (histoire), 1978, 181 p.
11. P. Savard, *Aspects...*, p. 173-196.
12. P. Boglioni et Benoît Lacroix, *Les Pèlerinages au Québec*, Québec, PUL, 1981, p. 24.

Chapitre VII: L'Église et la politique

1. [Michel Froc et Jules Fillâtre], *Manuel du citoyen catholique*, 2e éd., Montréal, Gernaey & Hamelin, 1882, 90 p.; Louis-Adolphe Pâquet, *Droit public de l'Église*, Québec, 1908-1915, 4 vol.
2. «Lettre pastorale des évêques de la province ecclésiastique de Québec, 22 sept. 1875, MEQ, V, p. 320-336; «Circulaire des évêques de la province ecclésiastique de Québec au clergé de la dite province», 22 sept. 1875, *ibid.*, p. 336-341.
3. Mgr Laflèche au card. Franchi, 10 sept. 1876, AETR, RL, VI, p. 81.
4. Mgr Laflèche au jésuite A.-N. Braun, 3 déc. 1867, *ibid.*, V, 10B.
5. Nadia F. Eid, «Les ultramontains et le *Programme catholique*», N. Voisine et Jean Hamelin, dir., *Les ultramontains canadiens-français*, p. 161-181.
6. Mgr Laflèche à F.-X.-A. Trudel, 7 juin 1871, Savaète, *Voix Canadiennes: Vers l'abîme*, II, Paris, Savaète, s.d., p. 111-112.

7. Texte reproduit dans le *Constitutionnel*, 26 mai 1871, p. 2.

8. *Noces d'or de Mgr l'évêque de Montréal. Compte rendu des fêtes du 29 octobre [...]*, Montréal, Le Nouveau-Monde, 1872, p. 4-11.

9. *Le Journal de Québec*, 2 nov. 1872, p. 2.

10. Card. Patrizi à Mgr Taschereau, 4 août 1874, *Mémoire de l'évêque des Trois-Rivières sur les difficultés religieuses en Canada, Pièces justificatives*, Rome, Impr. de Rome, 1882, p. 46-47.

11. N. Voisine, *Louis-François Laflèche...*, p. 152-198.

12. [A. Pelletier], *Coup d'œil sur le libéralisme européen et sur le libéralisme canadien, Démonstration de leur Parfaite Identité*, Montréal, Le Franc-Parleur, 1876, p. 24.

13. Edmond Langevin à Joseph-Octave Soucy, 10 août 1875, *L'Événement*, 18 août 1875, p. 2.

14. «Lettre pastorale des évêques de la province ecclésiastique de Québec», 22 sept. 1875, MEQ, V, p. 320-336.

15. «Circulaire des évêques de la province de Québec au clergé de ladite province», 22 sept. 1875, *ibid.*, p. 336-341.

16. «Le discours de M. Huntington», *L'Événement*, 7 janv. 1876, p. 2: A. T. Galt, *Civil Liberty in Lower Canada*, Montréal, Bentley, 1876, 16 p.

17. Mgr Taschereau à Joseph Cauchon, 6 janv. 1876, AAQ, RL, 31, p. 706.

18. Mgr Taschereau, «Mandement [...] sur les devoirs des électeurs pendant les élections», 25 mai 1876, MEQ, V, p. 403-409.

19. «Cour Suprême [...] Note de l'honorable Juge Taschereau», *L'Événement*, 2 mars 1877, p. 2. Sur le sujet, voir Noël Bélanger, *Une introduction au problème de l'influence indue, illustrée par la contestation de l'élection de 1876 dans le comté de Charlevoix*, Québec, Université Laval, mémoire de licence ès lettres (histoire), 1960, 155 p.

20. *The Quebec Law Reports — Rapports judiciaires de Québec*, III (1877), p. 75.

21. *Ibid.*, p. 80-87.

22. «Mandement de Monseigneur l'Évêque de Rimouski portant condamnation de certaines propositions contraires aux droits de l'Église», 15 janv. 1877, MER, III, no 31, 11 p.

23. Béatrice Chassé, *L'affaire Casault-Langevin*, Québec, Université Laval, thèse de M.A. (histoire), 1965, 184 p.

24. «Déclaration de l'archevêque et des évêques de la province ecclésiastique de Québec, au sujet de la loi électorale», 26 mars 1877, MEQ, VI, p. 10-13.

25. «Istruzione per Mgr Conroy, Deleg. Ap.o», 6 avril 1877, APFR, *Lettere*, 373 (1877), 170r-171v.

26. Mgr Conroy au card. Franchi, 8 août 1877, APFR, SRC-ASC, 15(1877), p. 347.

27. Mgr Laflèche à Mgr Conroy, 22 sept. 1877, *ibid.*, 18(1877c), p. 262.

28. MEQ, VI, p. 44-53; «Réponse de Son Excellence Mgr Conroy [...]», *Revue de Montréal*, 1(1877), p. 599.

29. S. Tassé à Mgr Laflèche, 20 fév. 1878, AETR, FL, B2T146. Sur la mission Conroy, voir N. Voisine, «Rome et le Canada: la mission de Mgr

Conroy», RHAF, XXXIII, 3(mars 1980), p. 499-519; Roberto Perin, «Troppo Ardenti Sacerdoti: The Conroy Mission Revisited», CHR, LXI, sept. 1980, p. 283-304.

30. L. Désilets à Mgr Laflèche, 23 sept. 1878, AETR, FL, B3D47.

31. Mgr Taschereau à J.-B. Champeau, 14 mai 1880, AAQ, RL, 33, p. 63-64.

32. «Lettre pastorale des évêques de la province ecclésiastique de Québec, sur le respect dû à la parole de Dieu et au sacrement de pénitence», 1er juin 1880, MEQ, VI, p. 208-214.

33. *Procès-verbal de l'assemblée des évêques tenue à Québec le 1er juin 1880*, AAQ, 10 CP, *Épiscopat du Québec*, p. 47-49.

34. *L'influence spirituelle indue devant la liberté religieuse et civile*, Trois-Rivières, Journal des Trois-Rivières, 1881, p. 100.

35. Mgr Laflèche à Israel Tarte, 30 avril 1881, AETR, RL, VII, p. 14.

36. Card. Simeoni à Mgr Taschereau, 13 sept. 1881, A. Savaète, *op. cit.*, p. 136-139.

37. Wilfrid Laurier, *Discours sur le libéralisme politique prononcé [...] le 26 juin 1877, à la salle de musique sous les auspices du Club Canadien*, Québec, L'Événement, 1877, 32 p.

38. Réal Bélanger, *Wilfrid Laurier: quand la politique devient passion*, Québec, PUL, 1986, 484 p.

39. R.C. Dalton, *The Jesuits'estates question, 1760-1888: a study of the background for the agitation of 1889*, Toronto, UTP, 1968, 201 p.; J. R. Miller, *Equal rights: the Jesuits'estate act controversy*, Montréal, McGill-Queen's Press, 1979, 223 p.

40. P. Crunigan, *Priests and Politicians*, p. 30.

41. «Circulaire de Nos Seigneurs les archevêques et évêques des provinces ecclésiastiques de Québec, de Montréal et d'Ottawa, au clergé de leurs diocèses», 6 mai 1896, MEM, XII, p. 193-195; «Lettre pastorale de Nos Seigneurs les archevêques et évêques des provinces ecclésiastiques de Québec, de Montréal et d'Ottawa Sur la question des Écoles du Manitoba», 6 mai 1896, *ibid.*, p. 196-205.

42. *Ibid.*, p. 237-315.

Chapitre VIII: L'Église, l'éducation et la culture

1. Mgr Baillargeon, «Circulaire au clergé du diocèse au sujet du code civil», 31 mai 1870, MEQ, IV, p. 719-721.

2. Ruby Heap, «Les relations Église-État dans le domaine de l'enseignement primaire public au Québec: 1867-1899», SCHEC, *Sessions d'étude* 50 (1983), I, p. 183-199.

3. Frère Réticius, *Réponses aux Cinq lettres du R. M. Verreau*, p. 17-33.

4. Mgr Moreau à Mgr Laflèche, 11 fév. 1881, AETR, FL, A1M62-37.

5. *Observations au sujet de la dernière loi concernant l'Instruction publique dans la province de Québec*, Montréal, J.-A. Plinguet, 1877, p. 23.

6. P. Boucher de la Bruère, *Le Conseil de l'Instruction publique et le Comité catholique*, Montréal, 1918, p. 116-117.

7. J.-A. Mousseau à Gégéon Ouimet, 23 déc. 1882, cité dans Louis-Philippe Audet, *Histoire de l'enseignement au Québec*, Montréal, Holt, Rinehart et Winston, 1971, II, p. 220-221.

8. Frère Armin-Victor au Frère Gédéon, 20 fév. 1879, AFECM, T27C29.

9. Arthur Buies, *La Lanterne*, nouvelle édition, Montréal, 1884, p. 82; Duroc, «Notre Système D'Éducation», *Canada-Revue*, IV, 8(25 fév. 1893), p. 114; Louis-Honoré Fréchette, *À propos d'éducation. Lettres à M. l'abbé Baillargé (sic) du Collège de Joliette*, Montréal, Desaulniers, 1893, 91 p.

10. J.-O. Pelland, *Biographie, discours, conférences de l'honorable Honoré Mercier*, Montréal, 1890, p. 210.

11. C. Gohiet, *Conférences sur la question ouvrière données à l'église Saint-Sauveur de Québec*, Québec, Leclerc & Roy, 1892, p. 76-77.

12. Louis-Adolphe Pâquet, *Droit public de l'Église. L'Église et l'éducation à la lumière de l'histoire et des principes chrétiens*, 2e éd., Québec, Laflamme, 1916, p. 234-270.

13. Louis-Philippe Audet, *Histoire de l'enseignement au Québec*, t. 2, p. 220-238.

14. *Copie du mémoire présenté par Mgr de Montréal aux évêques de la Province rassemblés aux 3 Riv., 18 oct. 1864*, p. 43, ASQ, *Université* CK; Mgr Bourget à Mgr Baillargeon, *ibid.*, 102, D.

15. *Réplique de l'Évêque de Montréal du 15 février, au Mémoire de l'Université Laval du 12 février 1865*, 15 fév. 1865, ACAM, 820.001, *Université de Montréal, 1852-1869*.

16. Antoine Labelle à Mgr Bourget, 15 nov. 1872, cité dans Paul Desjardins, *Le Collège Sainte-Marie de Montréal*, t. II, Montréal, Collège Sainte-Marie, 1945, p. 292.

17. Mgr Taschereau à Mgr Bourget, 22 novembre 1874, dans *Suite aux remarques sur l'Université Laval*, p. 11.

18. Mgr Bourget à Joseph Desautels, 2 août 1872, cité dans Desjardins, *op. cit.*, II, p. 284.

19. L. Pouliot, *Monseigneur Bourget et son temps*, t. V, Montréal, Bellarmin, 1977, p. 53-280.

20. André Lavallée, *Québec contre Montréal. La querelle universitaire, 1876-1891*, Montréal, PUM, 1974, 261 p.

21. Mgr J. Langevin, «Lettre pastorale Au sujet des Ordonnances du Premier Synode Diocésain», 31 mars 1891, MER, I, p. 325.

22. M. Lajeunesse, *Les Sulpiciens et la vie culturelle...*, p. 165-218; Antonio Drolet, *Les bibliothèques canadiennes, 1604-1960*, Montréal, Cercle du livre de France, 1965, p. 136-212.

23. André Siegfried, *Le Canada, Les Deux races*, Paris, Colin, 1906, p. 44.

24. «Lettre pastorale des Pères du troisième concile provincial de Québec», 21 mai 1863, MEQ, IV, p. 453.

25. Voir Jean Laflamme et Rémi Tourangeau, *L'Église et le théâtre au Québec*, Montréal, Fides, 1979, p. 117-214; Mireille Barrière, *La Société canadienne-française et le théâtre lyrique à Montréal entre 1840 et 1913*, Québec, Université Laval, thèse de Ph.D. (histoire), 1990, XV, 583 p.

26. «Postface à *La Terre paternelle*», Guildo Rousseau, *Préfaces des romans québécois au XIXᵉ siècle*, Sherbrooke, Cosmos, 1970, p. 36-37.

27. Henri-Raymond Casgrain, «Le mouvement littéraire au Canada», *Œuvres complètes de l'abbé H.-R. Casgrain*, III, Québec, Darveau, 1875, p. 83.

28. Réjean Robidoux, «Fonder une littérature nationale, Henri-Raymond Casgrain», *L'essai et la prose d'idées au Québec*, Montréal, Fides, 1985, p. 271-280.

29. Maurice Lemire, «La littérature canadienne-française au XIXᵉ siècle», *Dictionnaire des œuvres littéraires du Québec*, I, Montréal, Fides, 1978, XXIII.

30. Paul Wyczynski *et al.*, *L'école littéraire de Montréal*, Montréal, Fides, 1972, 353 p.

31. M. Lajeunesse, *op. cit.*, p. 57-137.

32. Firmin Vignon, cité dans Paul Desjardins, *op. cit.*, p. 117.

33. Louis Fréchette, *Satires et Polémiques ou l'École cléricale au Canada*. Édition critique par Jacques Blais, à paraître dans la collection *Bibliothèque du Nouveau Monde*.

Chapitre IX: L'Église et les problèmes de son temps: émigration, industrialisation, colonisation, missions

1. Marcel Hamelin, *Les Premières Années du parlementarisme québécois (1867-1878)*, Québec, PUL, 1974, p. 73-117.

2. Mgr J. Langevin, «Lettre pastorale Au Sujet de l'Émigration», 3 mai 1872, MER, II, no 8, p. 1.

3. «Discours de Mgr L.-F. Laflèche au congrès des missionnaires agricoles, à Oka, le 9 août, 1895», A. Savaète, *Œuvres oratoires de Mgr Louis-François Laflèche, évêque des Trois-Rivières*, Paris, Savaète, [s.d.], p. 432.

4. H.-J..-J.-B. Couillard, *Fête nationale des Canadiens-Français en 1880*, Québec, A. Côté, 1881, p. 269.

5. Yves Roby, «Les Canadiens français des États-Unis (1860-1900): dévoyés ou missionnaires», RHAF, 41, 1(été 1987), p. 19-20. C'est à cet excellent article que nous empruntons la plupart des citations. Voir aussi, du même auteur, *Les Franco-Américains de la Nouvelle-Angleterre, 1776-1930*, Sillery, Septentrion, 1990, 434 p.

6. Gabriel Dussault, *Le Curé Labelle*, Montréal, Hurtubise HMH, 1983, p. 164-165.

7. Cité dans *ibid.*, p. 165.

8. *Ibid.*

9. *Le diocèse de Montréal à la fin du dix-neuvième siècle*, Montréal, Eusèbe Senécal, 1900, XVI, 800 p.

10. Paul-André Linteau, René Durocher et Jean-Claude Robert, *Histoire du Québec contemporain*, I: *De la Confédération à la crise (1867-1929)*, Montréal, Boréal Express, [1979], p. 207.

11. A. Labelle à Onésime Reclus, 10 juin 1888, BM, RLC, I, f.55-66, p. 60-61.

12. Nous empruntons l'analyse et les citations à Dussault, *op. cit.*, *passim*.

13. René Bélanger, «L'évêque de Rimouski sur la Côte-Nord en 1875», SCHEC, *Sessions d'étude* 34(1967), p. 19-24.

14. Claude Champagne, *Les débuts de la mission dans le Nord-Ouest canadien*, Ottawa, Éditions de l'Université d'Ottawa, 1983, 276 p.; Gaston Carrière, «L'expansion missionnaire en Amérique du Nord», *Le grand héritage, L'Église catholique et la société du Québec*, Québec, Musée du Québec, 1984, p. 91-126.

15. Jean Daigle, éd., *Les Acadiens des Maritimes: études thématiques*, Moncton, Centre d'études acadiennes, 1982, 637 p.

16. Robert Choquette, *L'Église catholique dans l'Ontario français du dix-neuvième siècle*, Ottawa, Éd. de l'Université d'Ottawa, 1984, 365 p.

17. Bernard Denault et Benoît Lévesque, *Éléments pour une sociologie des communautés religieuses au Québec*, p. 46-49; Nive Voisine, *Les Frères des Écoles chrétiennes au Canada, I: La conquête de l'Amérique (1837-1880)*, Québec, Anne Sigier, 1987, p. 274-297; Brother Clair Stanilas, *Brother Abban*, Rome, Lasallian Publications, 1950, 138 p.

18. Henri Bourassa, *Le Canada apostolique*, Montréal, Bibliothèque de l'Action française, 1919, 173 p.; Sophie-Laurence Lamontagne, «La mission sans frontière», *Le Grand Héritage...*, p. 171; Lionel Groulx, *Le Canada français missionnaire*, Montréal, Fides, 1962, 532 p.

Conclusion du deuxième volume

1. Louis Rousseau, «La conduite pascale dans la région montréalaise, 1831-1865: un indice des mouvements de la ferveur religieuse», *L'Église de Montréal, 1836-1986*, Montréal, Fides, 1986, p. 280.

2. Brigitte Caulier, *op. cit.*, p. 410.

3. Sur l'ultramontanisme et les ultramontains, voir l'éclairante synthèse de Guy Laperrière, «Vingt ans de recherches sur l'ultramontanisme», *Recherches Sociographiques*, XXVII, 1, 1986, p. 79-100.

4. Fernande Roy, *Progrès, harmonie, liberté, Le libéralisme des milieux d'affaires francophones à Montréal au tournant du siècle*, Montréal, Boréal, 1988, 301 p.

5. Fernand Dumont, *Le sort de la culture*, Montréal, L'Hexagone, 1987, p. 250.

6. Benoît Lacroix, *La religion de mon père*, Montréal, Bellarmin, 1986, p. 9-30.

7. *Ibid.*, p. 52.

8. Fernand Dumont, *op. cit.*, p. 255.

Liste des sigles

AAQ	Archives de l'archidiocèse de Québec
AAR	Archives de l'archidiocèse de Rimouski
ACAM	Archives de la chancellerie de l'archevêché de Montréal
AESAP	Archives de l'évêché de Sainte-Anne-de-la-Pocatière
AETR	Archives de l'évêché de Trois-Rivières
AFECM	Archives des Frères des Écoles chrétiennes du district de Montréal
ANQ	Archives nationales du Québec
APFR	Archives «de Propaganda Fide» à Rome
ASN	Archives du Séminaire de Nicolet
ASQ	Archives du Séminaire de Québec
ASSP	Archives du Séminaire de Saint-Sulpice de Paris
BM	Bibliothèque municipale de Montréal
BRH	*Bulletin des recherches historiques*
CHR	*Canadian Historical Review*
DBC	*Dictionnaire biographique du Canada*
D.E.S.	Diplôme d'études supérieures
FL	*Fonds Laflèche*
MEM	*Mandements des évêques de Montréal*
MEQ	*Mandements des évêques de Québec*
MER	*Mandements des évêques de Rimouski*
PUF	Presses universitaires de France
PUL	Presses de l'Université Laval
PUM	Presses de l'Université de Montréal
PUQ	Presses de l'Université du Québec
RAPQ	*Rapport de l'archiviste de la province de Québec*
RL	*Registre des lettres*
RLB	*Registre des lettres de Mgr Bourget*
RLC	*Registre des lettres copiées*
SCHEC	Société canadienne d'histoire de l'Église catholique
SOCG	*Scritture originali riferite nelle Congregazioni Generali*
SRC-ASC	*Scritture riferite nei Congressi — America Settentrionale, Canadà [...]*
UQAM	Université du Québec à Montréal
UQTR	Université du Québec à Trois-Rivières
UAP	University of Alberta Press
UTP	University of Toronto Press
VLB	Victor Lévy Beaulieu (éditeur)

Orientations bibliographiques

I. SOURCES MANUSCRITES

Nos recherches antérieures, dont profite la présente étude, nous ont permis d'exploiter largement les principaux centres d'archives religieuses du Québec. De ces matériaux si riches, nous avons cité tout particulièrement les fonds suivants:

1. Archives de l'archidiocèse de Québec (AAQ)

- 10 CP: *Épiscopat du Québec*
- 26 CP: *Diocèse de Montréal*
- 210 A: *Registres des lettres*

2. Archives de l'archidiocèse de Rimouski (AAR)

- *Conciles provinciaux de Québec*
- *Diocèse de Trois-Rivières*
- *Registres des lettres*

3. *Archives de la chancellerie de l'archidiocèse de Montréal (ACAM)*

— 295.101: *Diocèse de Québec*
— 820.001: *Université de Montréal*
— 901.135: *Institut canadien; correspondance*
— *Registres des lettres*

4. *Archives de l'évêché de Trois-Rivières (AETR)*

— *Fonds Laflèche*
    — A1: Correspondance — cardinaux, évêques
    — A2: Correspondance — prêtres, religieux
    — A3: Correspondance — laïques de marque
    — A4: Documents sur le conflit politico-religieux
    — B1: Évêché — cathédrale — communautés
    — B2: Mgr Laflèche
    — B3: Correspondance — Mgr Calixte Marquis et
         Luc Désilets
    — B4: Division du diocèse
— *Registres des lettres*

5. *Archives de Propaganda Fide à Rome (APFR)*

— *Acta Sacrae Congregationis*
— *Scritture Originali riferite nelle Congregazioni Generali* (SOCG)
— *Scritture riferite nei Congressi* (SRC)
— *Lettere e Decreti della Sacra Congregazione e Biglietti di Monsignor Segretario (Lettere)*
— *Nuova Serie*

Pour connaître le contenu précis de chacune des séries, voir N. Kowalsky et J. Metzler, *Inventory of the Historical Archives of the Sacred Congregation for the Evangelization of Peoples or «de Propaganda Fide»*, New enlarged edition, Rome, Urbana University Press, 1983, 156 p.

II. SOURCES IMPRIMÉES

Nous ne signalons que celles qui ont été citées dans le texte.

BOUCHER DE LA BRUÈRE, Pierre. *Le Conseil de l'Instruction publique et le Comité Catholique*. Montréal, 1918. 270 p.

BRASSEUR DE BOURBOURG, Étienne-Charles. *Histoire du Canada, de son Église et de ses missions depuis la découverte de l'Amérique jusqu'à nos jours, écrite sur des documents inédits compulsés dans les archives de l'archevêché et de la ville de Québec, etc.* Paris, Sagnier et Bray, 1852. 2 vol.

BUIES, Arthur. *La Lanterne*. Nouvelle édition. Montréal, 1884. 336 p.

CADIEUX, Lorenzo, éd. *Lettres des nouvelles missions du Canada, 1843-1852*. Montréal, Bellarmin, 1973. 951 p.

CASGRAIN, Henri-Raymond. *Œuvres complètes*. Québec, Darveau, 1873-1875. 3 vol.

CHOUINARD, H.-J.-J.-B. *Fête nationale des Canadiens-Français célébrée à Québec en 1880*. Québec, A. Côté, 1881. 631 p.

CONDEMINE, Odette, éd. *Octave Crémazie. Œuvres*. Ottawa, Éditions de l'Université d'Ottawa, 1972-1976. 2 vol.

Constitutions de la Congrégation des Sœurs des Saints Noms de Jésus et de Marie. Montréal, 1887. 151 p.

CORMIER, Louis-P. *Lettres à Pierre Margry, de 1844 à 1896*. Québec, PUL, 1968. 229 p.

COURCY, Henry de. «De la sorcellerie moderne en Amérique». *Revue contemporaine*, VII (mai 1853), p. 609-637.

DARVEAU, Louis-Michel. *Nos hommes de lettres*. Montréal, A. A. Stevenson, 1873. VI, 276 p.

DESSAULLES, Louis-Antoine. *Discours sur l'Institut Canadien prononcé par l'Honorable L. A. Dessaulles, président de l'Institut à la séance du 23 décembre 1862, à l'occasion du dix-huitième anniversaire de sa fondation*. Montréal, Le Pays, 1863. 21 p.

— *Galilée, ses travaux scientifiques et sa condamnation*. Montréal, L'Avenir, 1856. 50 p.

— *Six lectures sur l'annexion du Canada aux États-Unis*. Montréal, P. Gendron, 1851. XI, 199 p.

Le Diocèse de Montréal à la fin du dix-neuvième siècle. Montréal, Eusèbe Senécal, 1900. XVI, 800 p.

DOUTRE, Joseph. *Les Fiancés de 1812. Essai de littérature canadienne.* Montréal, Louis Perreault, 1844. XX, 493 p.

FALARDEAU, Jean-Charles, éd. *Étienne Parent, 1802-1874.* Montréal, La Presse, 1975. 344 p.

FRÉCHETTE, Louis-Honoré. *À propos d'éducation, Lettres à M. l'abbé Baillargé du Collège de Joliette.* Montréal, Desaulniers, 1893. 91 p.

GALT, Alexander Tilloch. *Civil Liberty in Lower Canada.* Montréal, Bentley, 1876. 16 p.

GOHIET, Charles. *Conférences sur la question ouvrière données à l'église Saint-Sauveur de Québec.* Québec, Leclerc & Roy, 1892. 189 p.

GOSSELIN, David. *Le Code catholique.* Montréal, Beauchemin, 1896. 707 p.

GURY, Joanne Petro. *Compendium Theologiae moralis.* Rome, Tip. della Pontificia Università Gregoriàna, 1875. 2 vol.

HARE, John. *Contes et Nouvelles du Canada français, 1778-1859.* Ottawa, Éd. de l'Université d'Ottawa, 1971. 174 p.

HUGUET-LATOUR, Louis-Adolphe. *Annuaire de Ville-Marie. Origine, utilité et progrès des institutions catholiques de Montréal.* Montréal, 1863-1877. 440 p.

HUSTON, James, éd. *Le Répertoire national ou Recueil de littérature canadienne.* T. II. Montréal, Levell et Gibson, 1848. 384 p.

Instructions et prières pour le jubilé de 1881. Québec, Léger Brousseau, 1881. 40 p.

LAFLÈCHE, Mgr Louis-François. *Conférences sur l'encyclique Humanum Genus.* Trois-Rivières, A. V. Ayotte, 1885. 208 p.

— *L'Influence spirituelle indue devant la liberté religieuse et civile.* Trois-Rivières, Journal des Trois-Rivières, 1881. 100 p.

— *Mémoire de l'évêque des Trois-Rivières sur les difficultés en Canada.* Rome, Impr. de Rome, 1882. 63, 47 p.

— *Quelques considérations sur les rapports de la société civile avec la religion et la famille.* Montréal, Eusèbe Senécal, 1866. 269 p.

LA SALLE, Jean-Baptiste de. *Conduite à l'usage des écoles chrétiennes.* Versailles, Beau, 1870. VIII, 188 p.

LAURIER, Wilfrid. *Discours sur le libéralisme politique prononcé [...] le 26 juin 1877, à la salle de musique sous les auspices du Club Canadien*. Québec, L'Événement, 1877. 32 p.

MAILLOUX, Alexis. *Le Manuel des parents chrétiens*. Montréal, VLB, 1977. 328 p.

PAGNUELO, Siméon. *Études historiques et légales sur la liberté religieuse en Canada*. Montréal, Beauchemin et Valois, 1872. X, 400 p.

PAQUET, Louis-Adolphe. *Droit public de l'Église*. Québec, Impr. de l'Action Sociale, 1909. 4 vol.

PELLAND J.-O. *Biographie, discours, conférences de l'honorable Honoré Mercier*. Montréal, 1890. 814 p.

PELLETIER, Alexis. *Coup d'œil sur le libéralisme européen et sur le libéralisme canadien, Démonstration de leur Parfaite Identité*. Montréal, Le Franc-Parleur, 1876. 79 p.

PROVOST, Honorius. *Le Séminaire de Québec. Documents et biographies*. Québec, Presses de l'Université Laval, 1964. 542 p.

RETICIUS, Frère. *Réponse aux cinq lettres du R. M. Verreau*. [s.l.s.d.]. 74 p.

ROUSSEAU, Guildo, éd. *Préfaces des romans québécois du XIXe siècle*. Sherbrooke, Cosmos, 1970. 111 p.

ROY, Joseph-Edmond. *Souvenirs d'une classe au Séminaire de Québec (1867-1877)*. Lévis, 1905. 526 p.

SAVAÈTE, Arthur. *Voix Canadiennes, Vers l'Abîme*. Paris, Savaète, [s.d.]. 12 vol.

III. ÉTUDES

Nous ne soulignons que les œuvres que nous avons citées dans notre étude. Mais avant tout nous renvoyons nos lecteurs à trois instruments de recherche fondamentaux:

— *Dictionnaire biographique du Canada*. Québec, Presses de l'Université Laval, 1967- . 11 vol. parus.

— *Dictionnaire des œuvres littéraires du Québec. I: Des origines à 1900*. Montréal, Fides, 1978. LXVI, 918 p.

— AUBIN, Paul et Louis-Marie Côté. *Bibliographie de l'histoire*

du Québec et du Canada. Québec, Institut québécois de recherche sur la culture, 1981-1987. 3 vol. de 2 tomes chacun.

ARNOLD, Odile. *Le Corps et l'Âme. La vie des religieuses au
XIXe siècle.* Paris. Seuil, 1984. 378 p.

ASSELIN, Jean-Pierre. *Les Rédemptoristes au Canada, Implantation à Sainte-Anne-de-Beaupré.* Montréal, Bellarmin, 1981.
165 p.

AUDET, Louis-Philippe. *Histoire de l'enseignement au Québec,
1608-1971.* Montréal, Holt, Rinehart et Winston, 1971.
2 vol.

BARNARD, Julienne. *Mémoires Chapais.* Montréal, Fides, 1961-
1964. 3 vol.

BEAULIEU, André et Jean Hamelin. *La Presse québécoise des
origines à nos jours.* Québec, PUL, 1973- . 8 vol. publiés.

BÉLANGER, Georges. *La Bonne sainte Anne chez nous.* Sainte-
Anne-de-Beaupré, Librairie Alphonsienne, 1945. 368 p.

BÉLANGER, Noël. *Une introduction au problème de l'influence
indue, illustrée par la contestation de l'élection de 1876 dans le
comté de Charlevoix.* Québec, Université Laval, mémoire de
licence ès lettres (histoire), 1960. XVIII, 155 p.

BÉLANGER, Réal. *Wilfrid Laurier: quand la politique devient passion.* Québec, PUL, 1986. 484 p.

BERNARD, Jean-Paul. *Les Rouges. Libéralisme, nationalisme et
anticléricalisme au milieu du XIXe siècle.* Montréal, PUQ,
1971. 394 p.

BERTIER DE SAUVIGNY, G. de. *La Restauration.* Nouvelle
édition revue et augmentée. Paris, Flammarion, 1963.

BOGLIONI, Pierre et Benoît Lacroix. *Les Pèlerinages au Québec.*
Québec, PUL, 1981. 161 p.

BOUDOU, A. *Le Saint-Siège et la Russie. Leurs relations diplo-
matiques au XIXe siècle.* Paris, Plon, 1922.

BOUTRY, Philippe. «Un sanctuaire et son saint au XIXe siècle:
Jean-Marie-Baptiste Vianney, curé d'Ars». *Annales E.S.C.,*
35e année, 2(mars-avril 1980). p. 353-377.

BRESSOLETTE, Claude. *L'Abbé Maret. Le combat d'un théologien
pour une démocratie chrétienne, 1830-1851.* Paris, Beauchesne, 1977. 563 p.

BRODEUR, Raymond et Jean-Paul Rouleau, éd. *Une inconnue*

de l'histoire de la culture, *La production des catéchismes en Amérique française*. Québec, Anne Sigier, 1986. 480 p.

BRUCHÉSI, Jean. *Rameau de Saint-Père et les Français d'Amérique*. Montréal, Éd. des Dix, 1950. 59 p.

CARRIÈRE, Gaston. *Histoire documentaire de la Congrégation des Missionnaires Oblats de Marie-Immaculée dans l'Est du Canada*. Ottawa, Éd. de l'Université d'Ottawa, 1957-1972. 12 vol.

CALLAN, Louise. *The Society of the Sacred Heart in North America*. New York, Longmans, Green and Co., 1937. XVII, 809 p.

CAULIER, Brigitte. *Les Confréries de dévotion à Montréal, 17e-19e siècles*. Université de Montréal, Faculté des Études supérieures, thèse de Ph. D., 1986. XIX, 586 p.

CHALINE, Nadine-Josette, René Hardy et Jean Roy. *La Normandie et le Québec vus du presbytère, Correspondance inédite*. Rouen, Publications de l'Université de Rouen, 1987. 215 p.

CHASSÉ, Béatrice. *L'Affaire Casault-Langevin*. Québec, Université Laval, thèse de M. A. (histoire), 1965. XXI, 184 p.

CHASSÉ, Sonia. *Benjamin Pâquet, adversaire des ultramontains*. Québec, Université Laval, thèse de M. A. (histoire), 1989. X, 111 p.

CHAUSSÉ, Gilles. *Jean-Jacques Lartigue, premier évêque de Montréal*. Montréal, Fides, 1980. 275 p.

CHOLVY, Gérard et Yves-Marie Hilaire. *Histoire religieuse de la France contemporaine. T. I: 1800-1880*. Toulouse, Privat, 1985. 351 p.

CHOQUETTE, Robert. *L'Église catholique dans l'Ontario français du dix-neuvième siècle*. Ottawa, Éd. de l'Université d'Ottawa, 1984. 365 p.

CLICHE, Robert et Madeleine Ferron. *Quand le peuple fait la loi*. Montréal, Hurtubise HMH, 1972. 157 p.

DAIGLE, Jean, éd. *Les Acadiens des Maritimes: études thématiques*. Moncton, Centre d'études acadiennes, 1982. 637 p.

DALTON, R. C. *The Jesuits' estates question, 1760-1888: a study of the background for the agitation of 1889*. Toronto, UTP, 1968. 201 p.

DANYLEWYCZ, Marta. *Profession: religieuse, Un choix pour les Québécoises, 1840-1920*. Montréal, Boréal, 1988. 247 p.

DAVELUY, Marie-Claire. «Un Canadien éminent: Raphaël Bellemare (1821-1906)». RHAF, XII, 2(juin 1958), p. 35-53; 3(déc. 1958), p. 335-357; 4(mars 1959), p. 535-573.

DELATTE, Dom. *Dom Guéranger, abbé de Solesmes.* Paris, Plon, 1909. 2 vol.

DELUMEAU, Jean. *Le Péché et la Peur. La culpabilisation en Occident, XIIIᵉ-XVIIIᵉ siècles.* Paris, Fayard, 1983. 741 p.

DENAULT, Bernard et Benoît Lévesque. *Éléments pour une sociologie des communautés religieuses au Québec.* Montréal, PUM, 1975. 220 p.

DÉSILETS, Andrée. *Hector-Louis Langevin, Un père de la confédération canadienne (1826-1906).* Québec, PUL, 1969. 461 p.

DESJARDINS, Paul. *Le Collège Sainte-Marie de Montréal.* Montréal, Collège Sainte-Marie, 1940-1945. 2 vol.

DESROSIERS, Yvon, dir. *Religion et culture au Québec, Figures contemporaines du sacré.* Montréal, Fides, 1986. 422 p.

DIONNE, Narcisse-Eutrope. *Mgr de Forbin-Janson, Évêque de Nancy et de Toul, Primat de Lorraine. Sa vie, son œuvre en Canada.* Québec, Laflamme et Proulx, 1910. 211 p.

DOLAN, Jay P. *Catholic Revivalism. The American Experience (1830-1900).* Notre Dame, University of Notre Dame Press, 1978. XX, 248 p.

DU BERGER, Jean. *Le Diable à la danse.* Québec, Université Laval, thèse de doctorat (Arts et traditions populaires), 1980. XXXIV, 482 p.

DUMONT, Fernand. *Le Sort de la culture.* Montréal, L'Hexagone, 1987. 337 p.

DUMONT, Micheline et Nadia Fahmy-Eid. *Les Couventines. L'Éducation des filles au Québec dans les congrégations religieuses enseignantes, 1840-1960.* Montréal, Boréal, 1986. 318 p.

DUSSAULT, Gabriel. *Le Curé Labelle. Messianisme, utopie et colonisation au Québec, 1850-1900.* Montréal, Hurtubise HMH, 1983. 392 p.

—, avec la coll. de Gilles Martel. *Charisme et économie. Les cinq premières communautés masculines établies au Québec sous le régime anglais (1837-1870).* Québec, Faculté des Sciences Sociales de l'Université Laval, 1981. 149 p.

L'Église de Montréal, 1836-1986. Montréal, Fides, 1986. 397 p.

L'Essai et la Prose d'idées au Québec. Montréal, Fides, 1985. 926 p.

Évocations et Témoignages. Centenaire du diocèse de Chicoutimi, 1878-1978. Chicoutimi, Évêché de Chicoutimi, 1978. 480 p.

FERRETTI, Lucia et Daniel Leblanc. *Cadre religieux et univers culturel dans une paroisse ouvrière montréalaise: Sainte-Brigide, 1890-1914.* Montréal, UQAM, thèse de M. A. (histoire), 1982. X, 299 p.

GAGNÉ, Armand. «Le siège métropolitain de Québec et la naissance de la Confédération». SCHEC, *Rapport* 34(1967), p. 41-54.

GAGNON, Jean-Philippe. *Rites et Croyances de la naissance à Charlevoix.* Montréal, Leméac, 1979. 150 p.

GAGNON, Serge. *Mourir hier et aujourd'hui.* Québec, PUL, 1987. 192 p.

— et René Hardy. *L'Église et le Village au Québec, 1850-1930. L'enseignement des Cahiers de prônes.* Montréal, Leméac, 1979. 174 p.

GAGNON-ARGUIN, Louise. *La Dévotion à saint Antoine à travers le Messager de Saint-Antoine; essai d'analyse d'une dévotion populaire.* Québec, Université Laval, thèse de M. A. (histoire), 1978. XIII, 181 p.

GALARNEAU, Claude. *Les Collèges classiques au Canada français.* Montréal, Fides, 1978. 287 p.

GÉRIN, Léon. *Le Type économique et social des Canadiens.* Montréal, Éd. de l'Action canadienne-française, 1938. 218 p.

GERMAIN, Élisabeth. *Parler de salut? Aux sources d'une mentalité religieuse.* Paris, Beauchesne, 1967. 689 p.

GIGUÈRE, Georges. *La Restauration de la Compagnie de Jésus au Canada, 1839-1857.* Montréal, Université de Montréal, thèse de Ph. D., 1965. 566 p.

GRAVEL, Albert. *Aux sources de notre histoire religieuse dans les Cantons de l'Est.* Sherbrooke, Apostolat de la Presse, 1952. 140 p.

GRISÉ, Jacques. *Les Conciles provinciaux de Québec et l'Église canadienne (1851-1886).* Montréal, Fides, 1979. 454 p.

GROULX, Lionel. *Le Canada français missionnaire.* Montréal, Fides, 1962. 532 p.

— *Mes mémoires.* Montréal, Fides, 1970-1974. 4 vol.

— «La situation religieuse au Canada français vers 1840». SCHEC, *Rapport* 1941-1942, p. 51-75.

— *Notre Maître le passé*. 1ère série. Montréal, Bibliothèque de l'Action française, 1924. 269 p.

HAMELIN, Jean et Yves Roby. *Histoire économique du Québec, 1851-1896*. Montréal, Fides, 1971. XXXVII, 436 p.

HAMELIN, Marcel. *Les Premières Années du parlementarisme québécois (1867-1878)*. Québec, PUL, 1974. 387 p.

HARDY, René. *Aperçu du rôle social et religieux du curé de Notre-Dame de Québec (1840-1860)*. Québec, Université Laval, thèse de D.E.S., 1968. 114 p.

— «Notes sur certaines manifestations du réveil religieux de 1840 dans la paroisse Notre-Dame de Québec». SCHEC, session d'étude 1968, p. 81-98.

— «La rébellion de 1837-38 et l'essor du protestantisme». RHAF, XXIX, 2(sept. 1975), p. 163-189.

— *Les Zouaves, Une stratégie du clergé québécois au XIXe siècle*. Montréal, Boréal Express, 1980. 312 p.

HÉBERT, Léo-Paul. *Le Québec de 1850 en lettres détachées*. Québec, Ministère des affaires culturelles, 1985. 294 p.

HOUPERT, Jean. *Monseigneur Moreau, Quatrième évêque de Saint-Hyacinthe*. Montréal, Éd. Paulines, 1986. 325 p.

HURTUBISE, Pierre *et al*. *Le Laïc dans l'Église canadienne-française de 1830 à nos jours*. Montréal, Fides, 1972. 223 p.

JEAN, Marguerite. *Évolution des communautés religieuses de femmes au Canada de 1639 à nos jours*. Montréal, Fides, 1977. X, 324 p.

LABARRÈRE-PAULÉ, André. *Les Instituteurs laïques au Canada français, 1836-1960*. Québec, PUL, 1965. XVIII, 471 p.

LABERGE, Gilles. *La Vie religieuse dans la paroisse de la Nativité de La Prairie, 1854-1877; religiographie historique*. Montréal, UQAM, mémoire de M. A. (sciences religieuses), 1987, XIV, 226 p.

LACROIX, Benoît. *La Religion de mon père*. Montréal, Bellarmin, 1986. 306 p.

— et Jean Simard. *Religion populaire, religion de clercs?*. Québec, Institut québécois de recherche sur la culture, 1984. 444 p.

— et Madeleine Grammont. *Religion populaire au Québec*. Québec, Institut québécois de recherche sur la culture, 1985. 175 p.

LAFLAMME, Jean et Remi Tourangeau. *L'Église et le Théâtre au Québec*. Montréal, Fides, 1979. 355 p.

LAGANIÈRE, André. «Les missionnaires colonisateurs dans les Bois-Francs (1840-1870)». Montréal, UQAM, thèse de M. A., 1979. 212 p.

— «Les missionnaires des Bois-Francs (1840-1870)». *Les Cahiers nicolétains*, VIII, 3(sept. 1986), p. 164-165.

— «La vie religieuse des missionnaires des Bois-Francs (1840-1870)». *Les Cahiers nicolétains*, II, 1, p. 3-28.

LAJEUNESSE, Marcel. *Les Sulpiciens et la vie intellectuelle à Montréal au XIXe siècle*. Montréal, Fides, 1982. 280 p.

LAMBERT, James H. «Le haut enseignement de la religion: Mgr. Bourget and the Founding of Laval University». *Revue de l'Université d'Ottawa*, 3(juillet-sept. 1975), p. 278-295.

LAMONDE, Yvan. *La Philosophie et son enseignement au Québec (1665-1920)*. Montréal, Hurtubise HMH, 1980. 312 p.

LANDRY-GAUTHIER, Raymonde. *Victor Bourgeau et l'architecture religieuse et conventuelle dans le diocèse de Montréal (1833-1892)*. Québec, Université Laval, thèse de Ph. D., 1984. XLIX, 429 p.

LANGLOIS, Claude. *Le Catholicisme au féminin. Les congrégations françaises à supérieure générale au XIXe siècle*. Paris, Cerf, 1984. 776 p.

LAPERRIÈRE, Guy. «Vingt ans de recherches sur l'ultramontanisme. En hommage à Philippe Sylvain». *Recherches sociographiques*, XXVII, 1, 1986, p. 79-100.

LAPOINTE-ROY, Huguette. *Charité bien ordonnée. Le premier réseau de lutte contre la pauvreté à Montréal au 19e siècle*. Montréal, Boréal, 1987. 330 p.

— *Histoire sociale de Montréal, 1837-1871: l'assistance aux pauvres*. Québec, Université Laval, thèse de Ph. D. (histoire), 1985. LV, 837 p.

LAVALLÉE, André. *Québec contre Montréal. La querelle universitaire, 1876-1891*. Montréal, PUM, 1974. 261 p.

LAVERDURE, Paul. «Chiniquy: The Making of an Anti-Catholic Crusader». SCHEC, *Sessions d'étude* 54(1987), p. 39-56.

LEBON, Wilfrid. *Histoire du collège de Sainte-Anne-de-la-Pocatière*. Québec, Charrier & Dugal, 1948. 2 vol.

LE GUILLOU, M. J. et Louis Le Guillou. *La Condamnation de Lamennais*. Paris, Beauchesne, 1982. 754 p.

LEMIEUX, Lucien. *Les Années difficiles (1760-1839)*. *Histoire du catholicisme québécois**, Les XVIIIe et XIXe siècles*, I. Montréal, Boréal, 1989. 438 p.

— *L'Établissement de la première province ecclésiastique au Canada, 1783-1844*. Montréal, Fides, 1968. XXVII, 589 p.

— «Monseigneur Charles Larocque, évêque de Saint-Hyacinthe, et la Confédération». SCHEC, *Sessions d'étude* 34(1967), p. 55-61.

LESAGE, Germain. *Les Origines des Sœurs de l'Assomption de la Sainte-Vierge*. Nicolet, Éd. S.A.S.V., 1959. 342 p.

LESOURD, Paul. *Un grand cœur missionnaire, Monseigneur de Forbin-Janson, 1785-1844*. Paris, Flammarion, 1944.

LESSARD, Pierre. *Les Petites Images dévotes*. Québec, PUL, 1981. 175 p.

LINTEAU, Paul-André et Jean-Claude Robert. «Propriété foncière et société à Montréal: une hypothèse». RHAF, XXVIII 1(juin 1974), p. 45-65.

—, René Durocher et Jean-Claude Robert. *Histoire du Québec contemporain*. T. I: *De la Confédération à la crise (1867-1929)*. Montréal, Boréal Express, 1979. 660 p.

LITALIEN, Rolland. *Le Prêtre québécois à la fin du XIXe siècle, Style de vie et spiritualité selon Mgr L.-Z. Moreau*. Montréal, Fides, 1970. 219 p.

LORTIE, Jeanne d'Arc. *La Poésie nationaliste au Canada français (1606-1867)*. Québec, Presses de l'Université Laval, 1975. 555 p.

MAURIAC, François. *Nouveaux Mémoires intérieurs*. Paris, Flammarion, 1965. 260 p.

Mélanges offerts au cardinal Louis-Albert Vachon. Québec, Université Laval, 1989. XXVI, 586 p.

MILLER, J. R. *Equal rights: the Jesuits' estate act controversy*. Montréal, McGill-Queen's Press, 1979. 229 p.

MONET, Jacques. *La Première Révolution tranquille, le nationalisme canadien-français (1837-1850)*. Montréal, Fides, 1981. 504 p.

MORTON, W. L., éd. *The Shield of Achilles / Le Bouclier d'Achille. Regards sur le Canada de l'ère victorienne.* Toronto, McClelland and Stewart, 1968. 333 p.

OUELLET, Fernand. «Étienne Parent et le mouvement catholique social (1848)». BRH, 61, 3(juillet-août-sept. 1955), p. 99-118.

— «Le mandement de Mgr Lartigue de 1837 et la réaction libérale». BRH, 58(avril-mai-juin 1952), p. 97-104.

PERIN, Roberto. *Bourget and the dream of a free Church in Quebec.* Ottawa, Université d'Ottawa, thèse de Ph. D. (histoire), 1975. XVI, 412 p.

— «La raison du plus fort est toujours la meilleure: la représentation du Saint-Siège au Canada, 1877-1917». SCHEC, *Sessions d'étude* 50(1983), p. 99-117.

— «Troppo Ardenti Sacerdoti: The Conroy Mission Revisited». CHR, LXI, sept. 1980, p. 283-304.

PIETTE-SAMSON, Christine. *Louis-Antoine Dessaulles, rédacteur du Pays (1er mars 1861-24 décembre 1863). Journaliste libéral doctrinaire.* Québec, Université Laval, thèse de D.E.S., 1968. X, 132 p.

PORTER, John R. et Jean Bélisle. *La Sculpture ancienne au Québec.* Montréal, Éd. de l'homme, 1986. 513 p.

POULIOT, Léon. «L'enseignement universitaire catholique au Canada français, de 1760 à 1860». RHAF, XII, 2(sept. 1958), p. 155-169.

— «Monseigneur Bourget et la Confédération». SCHEC, *Rapport* 26(1959), p. 31-41.

— *Monseigneur Bourget et son temps.* Montréal, Beauchemin/Bellarmin, 1955-1977. 6 vol.

— *La Réaction catholique de Montréal, 1840-1841.* Montréal, Impr. du Messager, 1942. 119 p.

POUPARD, Paul, dir. *Dictionnaire des religions.* Paris, PUL, 1984. XIV, 1829 p.

PROVOST, Honorius. *Sainte-Marie de la Nouvelle-Beauce. Histoire religieuse.* Québec, La Société historique de la Chaudière, 1967. 625 p.

RIOUX, Jean-Roch. *Les Débuts de l'Institut canadien et du journal L'Avenir.* Québec, Université Laval, thèse de D.E.S., 1967. XIV, 138 p.

ROBERT, Daniel. *Les Préoccupations pastorales des évêques de Trois-Rivières, à travers les procès-verbaux de visites, 1852-1898*. Trois-Rivières, UQTR, thèse de maîtrise (études québécoises), 1982. 307 p.

ROBERT, Jean-Claude. «Un seigneur entrepreneur, Barthélemy Joliette, et la fondation du village d'Industrie (Joliette)». RHAF, XXVI, 3(déc. 1972), p. 375-395.

— «Urbanisation et population: le cas de Montréal en 1861». RHAF, XXXV, 4(mars 1982), p. 523-535.

ROBY, Yves. «Les Canadiens français des États-Unis (1860-1900): dévoyés ou missionnaires». RHAF, 41, 1(été 1987), p. 3-22.

ROUSSEAU, Louis. «Les missions populaires de 1840-42». SCHEC, *Sessions d'étude* 53(1986), p. 7-21.

— *La Prédication à Montréal, de 1800 à 1830. Approche religiologique*. Montréal, Fides, 1976. 269 p.

ROY, Fernande. *Progrès, harmonie, liberté, Le libéralisme des milieux d'affaires francophones à Montréal au tournant du siècle*. Montréal, Boréal, 1988. 301 p.

ROY, Jean. «Les revenus des cures du diocèse de Nicolet, 1885-1904». SCHEC, *Sessions d'étude* 52(1985), p. 51-67.

SAVARD, Pierre. *Aspects du catholicisme canadien-français au XIXe siècle*. Montréal, Fides, 1980. 197 p.

— *Jules-Paul Tardivel, la France et les États-Unis, 1851-1905*. Québec, PUL, 1967. 499 p.

SAVART, Claude. *Les Catholiques en France aux XIXe siècle. Le témoignage du livre religieux*. Paris, Beauchesne, 1985. 718 p.

SEVRIN, Ernest. *Les Missions religieuses en France sous la Restauration, 1815-1830*. Saint-Mandé, Procure des Prêtres de la Miséricorde, 1948. 2 vol.

SIMARD, Jean. *Les Arts sacrés au Québec*. Boucherville, Éd. de Mortagne, 1989. 319 p.

— *Un patrimoine méprisé, La religion populaire des Québécois*. Montréal, Hurtubise HMH, 1979. 309 p.

SIMON, Aloïs. *L'Hypothèse libérale en Belgique*. Wetteren, Éditions Scaldis, 1956. 381 p.

— *Rencontres Mennaisiennes en Belgique*. Bruxelles, Palais des Académies, 1963. 265 p.

SYLVAIN, Philippe. «Aperçu sur le prosélytisme protestant

au Canada, de 1760 à 1860». *Mémoires de la Société royale du Canada*, Série III, 1(1962), p. 65-76.

— «Auguste-Eugène Aubry (1819-1899)». *Les Cahiers des Dix*, 35(1970), p. 191-226.

— *Clerc, garibaldien, prédicant des deux mondes, Alessandro Gavazzi (1808-1889)*. Québec, Le Centre pédagogique, 1962. 2 vol.

— «Cyrille Boucher (1834-1865), disciple de Louis Veuillot». *Les Cahiers des Dix*, 37(1972), p. 295-318.

— «Les débuts du *Courrier du Canada* et les progrès de l'ultramontanisme canadien-français». *Les Cahiers des Dix*, 32(1967), p. 255-279.

— «Les difficiles débuts de l'Université Laval». *Les Cahiers des Dix*, 36(1971), p. 211-234.

— «Gaumisme en vase clos». *Revue de l'Université Laval*, IV, nov. 1949, p. 252-257.

— «Le premier disciple canadien de Montalembert, l'abbé Joseph-Sabin Raymond». RHAF, XVII, 1(juin 1963), p. 93-103.

— «Quand les tables dansaient et parlaient: les débuts du spiritisme au dix-neuvième siècle». *Mémoires de la Société royale du Canada*, quatrième série (1963), I, p. 221-236.

— «La querelle des classiques païens et chrétiens au Canada». *Le Voilier*, VIII (1946), p. 72-81.

— «Un adversaire irréductible du clergé canadien-français au dix-neuvième siècle: Joseph Doutre». *Les Cahiers des Dix*, 41(1976), p. 109-125.

— «Un disciple canadien de Lamennais: Louis-Antoine Dessaulles». *Les Cahiers des Dix*, 34(1969), p. 61-83.

— *La Vie et l'œuvre de Henry de Courcy (1820-1861), premier historien de l'Église catholique aux États-Unis*. Québec, Presses de l'Université Laval, 1955. 349 p.

— «La visite du Prince Napoléon au Canada (1861)». *Mémoires de la Société royale du Canada*, quatrième série, II, sect. 1(juin 1964), p. 105-127.

— et Antonnine Gagnon. «La vie quotidienne de l'étudiant universitaire québécois au XIXe siècle». SCHEC, *Sessions d'étude* 39(1972), p. 41-54.

TRUDEL, Marcel. *Chiniquy*. Trois-Rivières, Éd. du Bien Public, 1955. 339 p.

ULMAN, Walter. «The Quebec Bishops and Confederation». CHR, 44, 3(sept. 1969), p. 213-233.

VOISINE, Nive. *Les Frères des Écoles chrétiennes au Canada*. T. I: *La conquête de l'Amérique (1837-1880)*. Québec, Anne Sigier, 1987. 443 p.

— *Louis-François Laflèche, deuxième évêque de Trois-Rivières, I: Dans le sillage de Pie IX et de Mgr Bourget (1818-1870)*. Saint-Hyacinthe, Édisem, 1980. 320 p.

— «Rome et le Canada: la mission de Mgr Conroy». RHAF, XXXIII, 3(mars 1980), p. 499-519.

— et Jean Hamelin. *Les ultramontains canadiens-français*. Montréal, Boréal Express, 1985. 349 p.

INDEX DES NOMS CITÉS

TABLE DES MATIÈRES

Achevé d'imprimer
en novembre 1991 sur les presses
des Ateliers Graphiques Marc Veilleux Inc.
Cap-Saint-Ignace, Qué.